Die neue Nationalbibliothek

DIE NEUE NATIONALBIBLIOTHEK

Ergebnisse des Architektenwettbewerbs
Neubau der Deutschen Bibliothek
in Frankfurt am Main

Herausgegeben von
Egon Hölder und Kurt Nowak
unter Mitarbeit
von Reinhard Rinn

Buchhändler-Vereinigung GmbH · Frankfurt am Main 1983

Sonderveröffentlichung der Deutschen Bibliothek Nr. 12

Fotografien und architektonische Beratung: Thomas Klose

Mit 405 Abbildungen und Plänen sowie
einem Schriftenverzeichnis Günther Pflug

Gedruckt mit Unterstützung der Druckerei
Johannes Weisbecker, Frankfurt am Main

CIP-Kurztitelaufnahme der Deutschen Bibliothek

Deutsche Bibliothek ⟨Frankfurt, Main⟩:
Die neue Nationalbibliothek :
Ergebnisse d. Architektenwettbewerbs
Neubau d. Dt. Bibliothek in Frankfurt am Main ;
[Festgabe für Günther Pflug zum 60. Geburtstag] /
hrsg. von Egon Hölder u. Kurt Nowak
unter Mitarb. von Reinhard Rinn.
[Fotografien u. architekton. Beratung:
Thomas Klose]. – Frankfurt am Main:
Buchhändler-Vereinigung, 1983.
(Sonderveröffentlichungen der Deutschen
Bibliothek ; Nr. 12)
Mit 405 Abb. u. Plänen
sowie e. Schriftenverz. Günther Pflug
ISBN 3-7657-1211-6
NE: Hölder, Egon [Hrsg.]; Pflug, Günther:
Festschrift; Deutsche Bibliothek
⟨Frankfurt, Main⟩:
Sonderveröffentlichungen der Deutschen
...; HST

ISBN 3-7657-1211-6

Herausgeber: Deutsche Bibliothek, Frankfurt am Main
(Bundesunmittelbare Anstalt des öffentlichen Rechts)

Herstellung: Konrad Herzberg
Satz und Druck: Johannes Weisbecker, Frankfurt am Main
Buchbinderische Verarbeitung: C. Fikentscher KG, Darmstadt
Papier: Phoeno-Matt, holzfrei
von Papierfabrik Scheufelen GmbH & Co. KG, Oberlenningen
Einbandstoff: Naturleinen, Peyer + Co. GmbH, Leonberg
Printed in Germany

FESTGABE
FÜR
GÜNTHER PFLUG
ZUM 60. GEBURTSTAG

Zum Geleit

Eine Festschrift zum 60. Geburtstag, das ist meist eine Sammlung von wissenschaftlichen Beiträgen, die ihren Zusammenhalt nur durch die Interessen und Arbeiten des Jubilars finden.

Zum 60. Geburtstag von Günther Pflug, des langjährigen Generaldirektors der Deutschen Bibliothek, wollten wir andere Wege gehen. Sein zentrales Lebenswerk ist die Deutsche Bibliothek, ihre Arbeit, ihre Wirkung, ihre Unterbringung. Der Kampf um ein neues Haus für die Deutsche Bibliothek währt schon viele Jahre. Die politische Grundentscheidung mußte mühsam erstritten werden. Die Suche nach einem geeigneten Grundstück war in Frankfurt ein ungewöhnliches Problem. Die Suche nach einem geeigneten Entwurf für diesen Neubau vollzieht sich nicht in der Stille, sondern über eine öffentliche Ausschreibung und umfangreiche Medienberichterstattung vor aller Augen.

Der Jubilar steht mitten im Kampf für dieses neue Haus der Deutschen Bibliothek. Wenn auch Günther Pflug eine vielseitig interessierte Persönlichkeit ist, dessen Arbeiten und dessen Erfolge im Bereich der Informatik und Informationstechnik, der Organisation des Bibliothekswesens ebenso zu finden sind wie in der wissenschaftlichen Beschäftigung mit philosophischen und historischen Fragen, und wenn ihn auch eine ungewöhnliche Hinwendung zur Musik auszeichnet, so schien doch die Konzentration der Festschrift auf die wohl zentrale Leistung seines Lebens, eben die Errichtung eines neuen, Arbeits- und Erscheinungsbild der Deutschen Bibliothek prägenden, eine Buchnation symbolisierenden Bibliotheksgebäudes richtig.

Wir bringen ihm als Geschenk zu seinem 60. Geburtstag in der Erkenntnis seiner Vielfalt keine Auswahl unterschiedlichster Teilbeiträge, sondern eine Schrift, die hoffentlich weit über ihren Anlaß hinaus Beachtung findet, weil sie eine Kulturaufgabe unter verschiedensten Beleuchtungen darstellt.

Es ist eine Dokumentation der Suche um die Verbindung zwischen technisch-wirtschaftlichen Bedürfnissen und künstlerisch-städtebaulichem Ausdrucksvermögen. Nicht nur das künftige Gebäude, auch die Wege, die zu ihm führen, verdienen Interesse.

Möge das Buch die Diskussion um die sachgerechte Gestaltung öffentlicher Gebäude befruchten.

Egon Hölder
Vorsitzender des Verwaltungsrates der Deutschen Bibliothek

Günther Pflug zum 60. Geburtstag

Günther Pflug ist mit 60 Jahren noch immer auf dem Weg zum Höhepunkt seines Berufslebens. Seit vielen Jahren Generaldirektor der Deutschen Bibliothek, war doch schon früher sein Leben der Bibliothek, der Vermittlung von Wissen, dem Buch gewidmet.

Seit 30 Jahren ist er Bibliothekar von Beruf, Liebhaber von Büchern aus Berufung ist er wohl seit frühester Jugend. Verfolgt man die Stationen seines bibliothekarischen Wirkens, dann findet man ihn immer an der Front der Modernisierung, der Rationalisierung, der Kanalisierung der Informationsflut, der Hilfe für den Wissenschaftler, den Studenten, den Benutzer. In der Zeit der Massengesellschaft und der Literaturexplosion kann diese Hilfe nur durch konsequente Nutzung aller technischen und betriebswirtschaftlichen Möglichkeiten geleistet werden.

Günther Pflug ist so immer einer der Neuerer im Bereich der Informationsvermittlung gewesen.

Neben seinen Stationen bei
der Universitäts- und Stadtbibliothek Köln,
der Universitätsbibliothek Bochum,
dem Hochschulbibliothekszentrum des Landes Nordrhein-Westfalen
und
der Deutschen Bibliothek in Frankfurt
hat er im nationalen und internationalen Rahmen für die Zusammenarbeit der wissenschaftlichen und öffentlichen Bibliotheken, für den Austausch ihrer Probleme und für die Entwicklung gemeinsamer Leistungsmöglichkeiten Sorge getragen.

Das gilt sowohl für die International Federation of Library Associations and Institutions (IFLA) als auch für die Gremien des Bundesministers für Forschung und Technologie und der Deutschen Forschungsgemeinschaft, die sich mit den Automatisierungs- und Rationalisierungsmöglichkeiten des Bibliothekswesens befassen.

Neben den hauptberuflichen Leistungen und den mannigfaltigen Unterstützungen des Bibliothekswesens hat Günther Pflug Kraft und Zeit gefunden, um als Honorar-Professor für Philosophie an den Universitäten Bochum und Frankfurt und in einer Vielzahl literarischer Arbeiten geistigen Fragen nachzugehen und intellektuelle Zusammenhänge aufzuspüren.

Bei all dieser rastlosen Tätigkeit ist Günther Pflug kein Nur-Berufsmensch mit abgegrenztem Horizont geworden, sondern hat sich eine geradezu jugendlich vielseitige Lebendigkeit und Neugier bewahrt. Die Beschäftigung mit Musik ist ihm, der von Hause aus auch Mathematiker ist, vielleicht wegen ihrer gesetzmäßigen Verbindungen und Abläufe, aber sicher auch wegen ihrer Weite der Möglichkeiten zum Ausdruck seines Wesens geworden.

An seinem Geburtstag gratulieren Bibliothekare der ganzen Welt, seine deutschen Kollegen, Mitarbeiter der Deutschen Bibliothek und nicht zuletzt der Verwaltungsrat und die Beiräte dieser Einrichtung, Günther Pflug und hoffen auf eine weitere interessante und erfolgreiche Phase der Zusammenarbeit.

Egon Hölder
Vorsitzender des Verwaltungsrates der Deutschen Bibliothek

Inhalt

Kurt Nowak

Einführung

Ein Neubau bedeutet in der Geschichte jeder Bibliothek einen besonders tiefen Einschnitt. Häufig läßt sich erst mit größerem zeitlichen Abstand – dann aber oft auch noch nach Jahrhunderten – deutlich erkennen, daß mit einer Neukonzeption oft weit mehr als nur der Wunsch nach einem funktionsfähigen neuen Gebäude mit ausreichenden Raumreserven und hinreichender architektonischer Qualität realisiert werden sollte und – unter günstigen Umständen – auch realisiert werden konnte.

So spiegeln sich z. B. in dem Übergang von der romanischen Schatzkammer-Bibliothek, in der die wertvollen Pergamenthandschriften wie Kleinodien verwahrt wurden, zur gotischen Studienbibliothek, in der die zumeist an Pulten angeketteten Schriften – oft bereits recht benutzerfreundlich geordnet und inventarisiert – einem breiteren, jedoch immer noch überwiegend dem Klerus angehörigen Leserkreis zur Verfügung standen, zugleich deutlich die nahezu alle Bereiche des kulturellen Lebens umfassenden einschneidenden Änderungen wider.

Nicht minder einschneidend und deutlich sind z. B. auch die Änderungen im politischen, kulturellen und sozialen Bereich, die später zunächst zum Aufblühen und dann zum Niedergang der berühmten Schaubibliotheken des Barocks führten.

Es wäre zwar reizvoll und verlockend, diese Gedankenkette fortzuführen und mit weiteren Beispielen aus der deutschen und ausländischen Bibliotheksgeschichte anzureichern, aber im Rahmen dieser Einführung sind lediglich die zusammenfassenden beiden Feststellungen zulässig und angemessen, daß zum einen in jeder gelungenen neuen Bibliothekskonzeption immer wieder eine Vielzahl von Kräften spürbar wird und nachweisbar bleibt, und zum andern, daß jeder Neuansatz von Bedeutung zugleich als Dokument des geistigen Behauptungswillens gelten darf.

Dies gilt – cum grano salis – auch für die noch recht junge Geschichte der Deutschen Bibliothek. Es ist bekannt und darf gleichwohl an dieser Stelle wiederholt werden, daß das politische Schicksal Deutschlands ihre Gründung erzwungen hat und daß sie in der Spannung zwischen Freiheit und Einheit um der Freiheit willen entstanden ist. Als Gesamtarchiv des deutschsprachigen Schrifttums (ab 1945) ist sie deshalb nun die einzige Institution dieser Art auf deutschem Boden, die den Prinzipien der Freiheit, der Objektivität und der Unparteilichkeit verpflichtet ist und ohne jede Einschränkung dem UNESCO-Ideal des »free flow of information« durch ihre unbeschränkte Informationsverpflichtung dient.

Kaum bekannt dagegen dürfte sein, daß bereits am 8. August 1945 Dr. Konrad Adenauer – als Oberbürgermeister der Stadt Köln – in einem Schreiben, das angesichts der damaligen Situation die Bezeichnung »Dokument des geistigen Behauptungswillens« mehr als verdient, sich mit allen Kräften und konkreten Zusagen dafür eingesetzt hat, die bis dahin und auch heute noch in Leipzig angesiedelte Institution der Nationalbibliographie und der Deutschen Bücherei nach Köln zu verlegen. Mit dem Hinweis »ich kenne die Bedeutung dieser Institution für das deutsche Geistesleben ...« sicherte er zu, die für die Bibliographie notwendigen Räume in der Kölner Stadt- und Universitätsbibliothek bereitzustellen, versprach auch, für die räumlichen Bedürfnisse der Bücherei in ausreichendem Maße zu sorgen und sagte ferner zu, daß die Stadtverwaltung sich für das nächste Jahr mit 20000 Reichsmark an den Kosten beteiligen werde mit der Hoffnung, diese Zusage auch für die nachfolgenden Jahre erteilen zu können.

Die alte Buchstadt Frankfurt am Main, deren herausragende Bedeutung für die »Vor- und Frühgeschichte« der Deutschen Bibliothek hier als ebenso bekannt vorausgesetzt wird wie die Rolle des Börsenvereins des Deutschen Buchhandels und die ihres unvergessenen ersten Direktors, Professor Dr. Hanns Wilhelm Eppelsheimer, hatte aber Vergleichbares zu bieten und behielt – wenigstens auf diesem Feld – die Oberhand.

Als schließlich – Ende 1946 – die Deutsche Bibliothek ihre Arbeiten aufnahm, stellte die Frankfurter Stadt- und Universitätsbibliothek Raum und Personal bereit. Da sie aber wegen der Zerstörung ihres schönen Gebäudes an der Obermainbrücke selbst nur behelfsmäßig in der früheren Rothschild'schen Bibliothek (Untermainkai 14 und 15) untergebracht war, reichte der zur Verfügung stehende Platz weder für sie selbst noch für die Deutsche Bibliothek aus.

Es mußte daher bald – außer der bereits seit Jahrzehnten geplanten neuen Stadt- und Universitätsbibliothek – auch ein den besonderen Erfordernissen der Deutschen Bibliothek angepaßtes Bauprojekt realisiert werden. Die ersten Überlegungen zum Raumprogramm wurden 1951 angestellt, die feierliche Einweihung des Neubaus fand 1959 statt.

Mit Recht wurde im Rahmen der Einweihungsfeier – in Gegenwart von Herrn Bundespräsidenten Professor Dr. Theodor Heuss – nicht nur das neue Gebäude (und seine mit weniger als 2 Millionen DM erstaunlicherweise sogar unter den Schätzungen gebliebenen Baukosten) angemessen gewürdigt,

Untermainkai 14

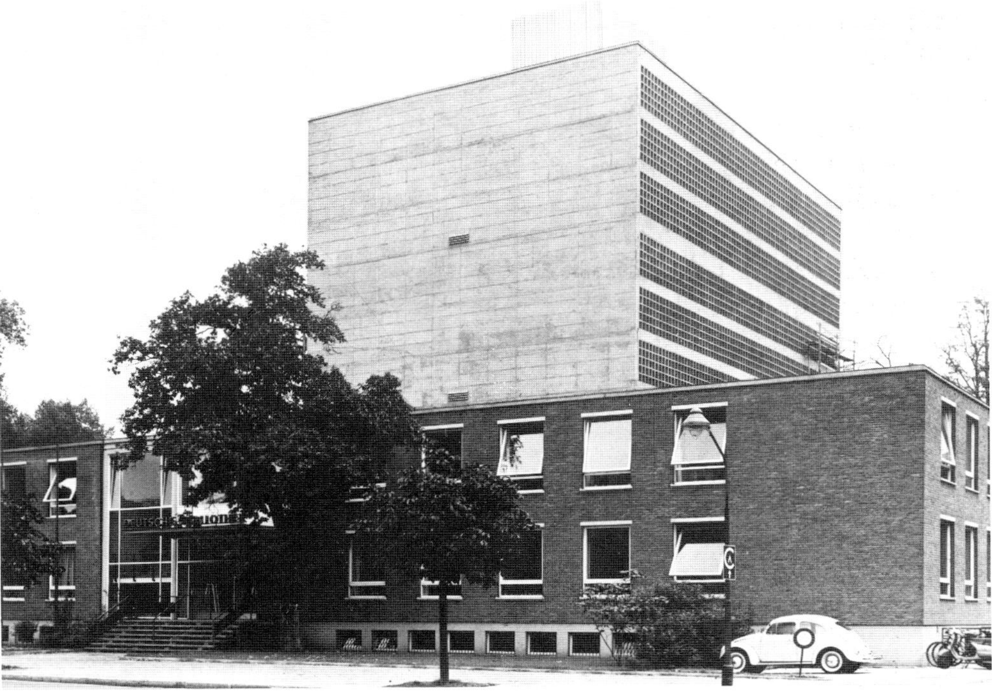

Neubau in der Zeppelinallee 8 (1. Bauabschnitt)

sondern auch in gebührender Form hervorgehoben, daß dieser Neubau seine Entstehung gleich mehreren Vätern verdankte, die sich besonders um ihn verdient gemacht hatten. In vorbildlicher Zusammenarbeit hatten sich der Bund, das Sitzland Hessen sowie die Stadt Frankfurt am Main und der Börsenverein des Deutschen Buchhandels zusammengefunden, um in einer gemeinsamen Anstrengung das gesteckte Ziel zu erreichen.

In den Stolz über das Erreichte mischte sich aber nicht nur die Trauer, daß diese Institution durch das politische Schicksal Deutschlands notwendig geworden war, sondern auch das Eingeständnis, daß damit die Sorgen – auch die räumlichen – keineswegs zu Ende waren.

Bereits beim Einzug mußte das für einen Personalstand von 80 bis maximal 90 Kräfte geplante Haus über 130 Mitarbeiter aufnehmen, und schon wenige Monate nach der Einweihung mußte Herr Professor Dr. Kurt Köster, der neue Direktor, erklären, daß der noch unausgebaute Magazinkörper spätestens 1961 seinen Innenausbau erhalten müsse. So verging in seiner Amtszeit (bis 1976) kaum ein Jahr, in dem nicht – bei laufendem Betrieb – notwendige Änderungs- und Erweiterungsbauten geplant oder ausgeführt werden mußten. Kurz vor seiner Pensionierung gelang es ihm noch, ein Gelän-

Der Neubaukomplex in der Zeppelinallee

de für die Deutsche Bibliothek zu erwerben, auf dem allerdings nur Ausweichmagazine für die ältere Literatur hätten errichtet werden können.

Sein Nachfolger, Herr Professor Dr. Günther Pflug, dem diese Festschrift gewidmet ist, erkannte schnell, daß der Deutschen Bibliothek mit Ausweichmagazinen allein nicht nachhaltig gedient sein konnte, zumal das Grundstück Zeppelinallee 4–8 am Palmengarten keinerlei zusätzliche Erweiterungsmöglichkeiten mehr bot.

Nicht nur die Zuwachsraten an Pflicht- und Belegexemplaren hatten sich gegenüber 1959 vervielfacht (von 48 000 Bänden auf fast 200 000 Einheiten), sondern auch die Aufgaben und Dienstleistungen. Das Personal war ebenfalls stark angewachsen (von 130 auf etwa 400). Auch der Computer – 1959 noch in keinem Lexikon, geschweige denn in einer Bibliothek zu finden, benötigte klimatisierten Raum, desgleichen ein Teil der Multimedien, die 1959 noch ebenso unbekannt waren wie Terminals mit On-line-Zugriff, CIP, ISDS, BIBLIO-DATA etc.

Dem neuen Generaldirektor kamen bei der Planung des Neubaus seine herausragenden Kenntnisse und Erfahrungen im nationalen und internationalen Bibliothekswesen – auch auf dem Sektor des Bibliotheksbaus hatte er sich zuvor bereits in Köln und Bochum Verdienste erworben – in besonderem Maße zu Hilfe. Er wurde nicht müde, insbesondere die Forderung nach einem in jeder Hinsicht funktionsfähigen Gebäude mit großem Nachdruck zu vertreten. Der Wunsch nach einem Neubau für die Deutsche Bibliothek hätte freilich – zu falscher Stunde vorgetragen – wohl dem neuen Generaldirektor nicht viel mehr eingebracht als den freundlichen Hinweis, daß fast jeder neue König sich nach einem neuen Schloß sehne.

Kurzum, ohne die massive Unterstützung der im Verwaltungsrat der Deutschen Bibliothek vereinten Kräfte, namentlich des Börsenvereins des Deutschen Buchhandels mit seinen Vertretern, den Herrn Dr. von Kupsch, Dr. von Lucius und Herrn Weißer sowie insbesondere von Herrn Hilmar Hoffmann, der als Vertreter der Stadt Frankfurt und als ihr Kulturdezernent zugleich das bisherige Gebäude für die benachbarte Stadt- und Universitätsbibliothek zu gewinnen trachtete und somit den Neubauplänen einen zusätzlichen – vielleicht entscheidenden – Auftrieb gab, hätte Herr Professor Pflug sein vielseitiges Lebenswerk kaum mit einem Neubau der Deutschen Bibliothek krönen können.

Ausschlaggebend war jedoch die ebenso wirkungsvolle wie unauffällige Entscheidungs- und Durchsetzungskraft des Vorsitzenden des Verwaltungsrates. Herrn Egon Hölder, zugleich oberster Dienstherr der Deutschen Bibliothek und Ministerialdirigent in dem – nur für die Rechtsaufsicht über die Deutsche Bibliothek zuständigen – Bundesministerium des Innern (Abteilung Vertriebene und Kultur) ist das Kunstwerk gelungen, das bibliothekarisch Notwendige auf politischem Feld durchzusetzen und alle für den Neubau der Deutschen Bibliothek wichtigen Kräfte so einzubinden, daß jede im Rahmen ihrer Möglichkeiten voll zur Wirkung kam. Er hat darüber hinaus auch dort, wo Festigkeit nötig war, mit der gebotenen Entschiedenheit selbst die Interessen der Deutschen Bibliothek und des Verwaltungsrates in einer Form wahrgenommen, die wohl am schönsten durch die Volksweisheit zu erklären ist: »Wer ein echter Schwab' ist, der wird nie ganz zahm.«

Ganz zahm, langweilig und widerspruchslos eingefügt wird darum – so ist zu hoffen – auch der Neubau der Deutschen Bibliothek, das erste ausschließlich von der Bundesrepublik Deutschland als Staat bereitete Sammelbecken für die literarische Produktion der Nation, nicht wirken, wenn der Wille des Verwaltungsrates der Deutschen Bibliothek angemessen berücksichtigt wird. Vielmehr wird die dem Gedanken der Freiheit besonders verpflichtete Deutsche Bibliothek auch in ihrer Gesamtkonzeption und Baugestalt etwas von dem spüren lassen, was in einem Wort von Theodor Heuss anklingt und zu einem Motto des Hauses werden könnte:

»Die äußere Freiheit
der Vielen lebt aus
der inneren Freiheit
des Einzelnen.«

Wulf D. v. Lucius

Dem gedruckten Wort soll das Haus dienen

Der Buchhandel, die Deutsche Bibliothek und ihre Bauten

Ein Rück- und Vorblick

»Dem gedruckten Wort soll das Haus dienen« – so formulierte es in anschaulicher Prägnanz der damalige Vorsitzende des Kuratoriums der Deutschen Bibliothek, Paul Hübinger, in der Festschrift zur Einweihung des Neubaus der Deutschen Bibliothek im Jahre 1959[1]. Kaum 25 Jahre später steht Günther Pflug, dem dieses Haus seit Jahren anvertraut ist und dem zu seinem 60. Geburtstag die herzlichen Glückwünsche und Worte dankbarer Anerkennung des Börsenvereins gelten, erneut als Planer und künftiger Bauherr vor der Aufgabe der Errichtung eines Bibliotheksneubaus. Schließen wir den 1913/1916 in Leipzig errichteten Bau für die erste deutsche zentrale Bibliothek als Zentrum der Sammlung und Verzeichnung des deutschsprachigen Schrifttums ein, so stehen wir vor der erstaunlichen Tatsache, daß eine nationale Institution dieses Ranges zum drittenmal in einem Jahrhundert einen für sie geplanten Bau errichtet.

Wie ungewöhnlich dies auch dann bleibt, wenn man die tragischen Verwicklungen der deutschen Geschichte im 20. Jhdt. berücksichtigt, die den zweiten Neubau im Jahre 1959 erforderlich machten, erweist ein kurzer Blick auf die großen Bibliotheken unserer europäischen Nachbarn: noch niemals hat ein Direktor der Bibliothèque Nationale in Paris in deren vielhundertjährigen Geschichte einen Neubau planen oder beziehen können: als man im Jahre 1724 nach diversen vorangegangenen Umzügen in das jetzt noch benutzte Gebäude in der Rue Vivienne einzog, war es der Einzug in einen »Altbau« – des Stadtpalais des Herzogs von Nevers. Unter den Leitern der Library of the British Museum konnte bisher lediglich der legendäre Anthony Panizzi einigermaßen als »Bauherr« gelten, als er – in einer eleganten Notlösung – im Jahre 1857 in einem Innenhof der bestehenden Gebäude den großen Lesesaal und die vier Eckmagazine (mit dem für damalige Verhältnisse phantastischen Fassungsvermögen von 1 Mio. Bänden) errichten ließ. Inzwischen ist allerdings ein Neubau, der wohl der größte Bibliotheksneubau Europas zu werden verspricht, im Stadium der Verwirklichung.

Wenn Günther Pflug – hoffentlich recht bald – den Grundstein für seinen Neubau legen kann, dann wird es in gewissem Sinne die erste Grundsteinlegung sein: im Jahre 1957, dem Baubeginn des Frankfurter Baus, hatte es in sparsamer Nachkriegszeit an einem solchen Festakt gefehlt, während die überaus festliche Grundsteinlegung im Beisein des sächsischen Königs im Oktober 1913 in Leipzig auf einem Grundstück stattfand, auf dem die Bibliothek (wegen nachfolgend aufkommender Bedenken) gar nicht errichtet wurde[2]. Ein wesentlicher Einwand war dabei die unmittelbar angrenzende Kirchhofsmauer gewesen. In seltsamer Wiederholung wird auch das Grundstück, auf dem der dritte Bau einer zentralen deutschen Bibliothek errichtet werden soll, gegenüber einem Friedhof liegen. Auch hier gibt es weitere sachliche Bedenken über die optimale Eignung des Grundstücks, sie sollen aber – das wünschen sich alle Beteiligten – kein Hemmnis für den so dringlich gewordenen raschen Baubeginn werden. Die Grundsteinlegung am rechten Platz zur rechten Zeit möge das schönste nachträgliche Geburtstagsgeschenk an unseren jubilans sein.

Welche Planungshorizonte beim Bauen für eine Institution wie die Deutsche Bibliothek notwendig sein sollten, wird deutlich an der seinerzeitigen Leipziger Planung: sie sah Baustufen vor, die den damaligen Zuwachsschätzungen gemäß für 200 Jahre (!) auf diesem einen Grundstück gereicht hätten – und das bei weitestgehend oberirdischer Lagerung der Bände. Für weiteren (!) Bedarf dachte man an Belegung nahegelegener Grundstücke und deren Anbindung durch unterirdische Tunnel; auch dies ein Motiv, das sich in der jetzt anstehenden Planung wiederholt, wenn auch nicht mit annähernd so weitgreifend geplanten Reserven. Umgekehrt war der 1959 in Frankfurt bezogene Bau praktisch schon bei Bezug zu klein und er wäre es absolut gewesen, wenn man nicht bereits während der Bauzeit die erste Ausbaustufe z. T. einbezogen hätte. Daß dennoch nach wenigen Jahren erneut Außenlager – die große crux der ersten Nachkriegsjahre – bezogen werden mußten, erweist die allzu kurzatmigen Zeithorizonte in den bescheidenen Nachkriegsjahren. Während sich heute Büchermengen in einem notdürftig hergerichteten Parkhaus stapeln, gilt es, den Blick darauf zu lenken, welche Anforderungen wir an einen Neubau stellen.

Warum beschäftigen sich eigentlich die Verleger und Buchhändler in der Bundesrepublik mit dieser Frage? Auch hier verlohnt ein kurzer Blick auf die Geschichte der Deutschen Bücherei in Leipzig und die der Deutschen Bibliothek in Frankfurt, und ebenso die der vorausgegangenen Versuche zur Errichtung einer »Reichsbibliothek«, so insbesondere durch den Buchhändler-Verleger Wilhelm Heinrich Hahn aus Hannover in den Jahren 1848/49. In allen Fällen waren es Vertreter des Buchhandels gewesen, die die Notwendigkeit einer solchen Bibliothek erkannten und zweimal aktiv durchsetzten, die das deutschsprachige Schrifttum möglichst vollständig sammelt und verzeichnet. In beiden Fällen beruhte der Zugang der Belegexemplare

Deutsche Bücherei Leipzig

auf der freiwilligen Selbstverpflichtung der Verleger – zusätzlich zu den zahlreichen Pflichtablieferungen durch Landesgesetze. Das schlägt sich besonders anschaulich in den von den Vertretern des Börsenvereins im Zusammenwirken mit den anderen Verwaltungsratsmitgliedern der Deutschen Bücherei im Jahre 1913 formulierten und im Börsenblatt (!) veröffentlichten »Grundsätzen für die Sammlung von Büchern ...« »... amtlichen Drucksachen« »... Privatdrucken« nieder, die in vielem Grundzüge des heutigen Pflichtstückrechts vorwegnehmen[3].

Schließlich brachte der Börsenverein in Leipzig die von ihm erworbenen Hinrichschen Verzeichnisse in das Projekt der nationalen Bibliographie ein. Erst auf dieser Basis gelang die ebenso entscheidende Sammlung der Schriften außerhalb des Buchhandels und der amtlichen Druckschriften. Gerade in deren Sammlung und Bewahrung (als dem viel schwerer sonst zugänglichen Teil des Schrifttums einer Nation) liegt eine bedeutsame Aufgabe der Deutschen Bücherei und der Deutschen Bibliothek.

Wenn sich auch die Voraussetzungen seit der zweimaligen Gründung wesentlich geändert haben – wir haben heute in der Bundesrepublik ein von der Verlegerschaft nahezu ausnahmslos voll mitgetragenes Pflichtstückrecht – so bleibt doch diese enge, engagierte Bindung der deutschen Verlegerschaft und des deutschen Buchhandels zu Bibliothek und zur nationalen Bibliographie – ein Anliegen, das der damalige Vorsteher des Börsenvereins, Reinhard Jaspert, beim Einzug in den Neubau im Jahre 1959 so formulierte: »Die Förderung der Bibliographie ist ein Ausdruck des Berufsethos unseres Standes« – und eine nationale Bibliographie ist ohne zentrale Sammlung praktisch nicht denkbar[4].

Die international hoch angesehene Qualität der Frankfurter Bibliographie und ihre Neukonzeption unter Einbezug moderner Datenverarbeitung ist seit vielen Jahren untrennbar mit Günther Pflug verbunden, auch dafür gilt ihm der Dank unseres Berufsstandes.

Ohne einigermaßen geeignete äußere Voraussetzungen leidet eine solche Aufgabe zeitlich und sachlich. Nach den heute gar nicht mehr vorstellbaren Schwierigkeiten der Nachkriegszeit – bis zu 27 Mitarbeiter in einem 99 qm großen Raum in der ehemaligen Rothschildschen Bibliothek am Untermainkai, Bücherbestände in Kellern und grundwassergefährdeten Bunkern – ist heute angesichts des explosiven Anwachsens der deutschsprachigen Erscheinungen wieder ein Zustand baulicher Beengung, lagermäßiger Zersplitterung und organisatorischer Erschwernisse eingetreten, daß alle, die die Deutsche Bibliothek mittragen und als Mitwirkende an der nationalen Literatur ihrer laufend bedürfen, mit Nachdruck und Engagement an diesem Neubau mitplanen und seine Beschleunigung zu fördern suchen.

Die Zeit drängt also. In der optimistischen Planung des Jahres 1913 rechnete man mit 2 Jahren Bauzeit und war – trotz Grundstückstausch, erheblicher bautechnisch-statischer Probleme im Magazinbereich und ausgebrochenem Weltkrieg – im Jahre 1916 bezugsfertig; auf einem 17 000 qm großen Grundstück waren auf 3 500 qm bebauter Fläche 76 736 m^3 umbauter Raum errichtet worden bei einer Bausumme von 2,3 Mio. Goldmark.

Damals waren sich alle einig, daß die Schaffung einer solchen nationalen Institution einen reichlich dimensionierten, zukunftssicheren, in seiner baukünstlerischen Gestaltung der Bedeutung des Hauses angemessenen Bau erfordert. Architekt Baer schrieb damals, daß die Architekten bei der Planung vor eine Reihe neuartiger Probleme gestellt waren: »... es war ein Massenproblem für Bücher und Menschen zu lösen.«[5] Genau diese Aufgabe stellt sich heute unverändert. Wenige Seiten weiter schrieb er, daß die Bauleitung von dem Gedanken erfüllt war, »daß bei diesem Bauvorhaben für Zeiträume vorgesorgt werden mußte, deren Dauer eigentlich über menschliche Voraussicht hinausgeht.«[6] Auch diese Zielsetzung sollte heute gleichermaßen beachtet werden.

Wie anders war dies alles nach 1945: ohne jegliche finanzielle, rechtliche oder organisatorische Grundlage waren sich einige engagierte Männer aus Buchhandel und Bibliothekswesen, allen voran der unvergessene Hanns W.

Eppelsheimer, darin einig, daß etwas geschehen müsse, um im geteilten Deutschland die großen Aufgaben zentraler Sammlung und bibliographischer Verzeichnung des deutschen Schrifttums ohne politische Hemmnisse fortzuführen. Diese Männer faßten also den Gedanken einer neuen »Nationalbibliothek«, ehe der Staat dazu auch nur skizziert, geschweige denn vorhanden gewesen wäre.

Dazu schreibt Kurt Köster: »Am Anfang der ... Geschichte der Deutschen Bibliothek steht kein förmlicher Gründungsakt, keine sinnfällige, weithin sichtbare Zeremonie, keine glanzvolle Grundsteinlegung ... Kein präzises Datum bezeichnet den Neubeginn in Frankfurt inmitten der Trümmer des beispiellosen Zusammenbruchs von 1945.«[7]

In schier unerträglichen Provisorien jeglicher Art[8] wurde dieser Neubeginn geschafft und nach 13 Jahren ohne eigenen Bau der Neubau bezogen. In sparsamster (oft selbst auf Notwendiges, z. B. im technischen Bereich verzichtender) Bauweise wurden auf dem 4 100 qm großen Grundstück mit einer gegenüber 1913 fast gleichen Bausumme, diesmal aber statt in Goldmark in DM, rund 30 000 m^3 umbauter Raum geschaffen – die Reserve, die in späteren Baustufen »für Jahrzehnte« reichen sollte, erwies sich bereits nach 15 Jahren als gänzlich aufgezehrt. Der zweite Neubau war also, ganz im Gegensatz zur Planung im kaiserlichen Deutschland und sehr typisch für seine Zeit, ein verspäteter Nachvollzug für eine längst intensiv arbeitende Organisation. Dazu noch einmal Kurt Köster, der feststellte, es sei »jedermann offenkundig, daß bei der Ausstattung dieses Instituts, dem mit der vollständigen Sammlung des deutschsprachigen Schrifttums und der Bearbeitung der nationalen Bibliographie wesentliche Aufgaben einer Nationalbibliothek anvertraut sind, die angemessenen Proportionen ... verfehlt worden sind.«[9]

Der dritte Bau, der nun unter dem Direktorat von Günther Pflug geplant und errichtet wird, möge zumindest ein gutes Mittelding der beiden Vorgängerbauten werden. Ein Bauvolumen von rund 200 000 m^3 umbautem Raum auf einem Grundstück von 19 000 qm Größe läßt dies erhoffen, auch wenn heute niemand mehr im Rahmen von zwei Jahrhunderten zu planen wagt: Die Reserve im Magazinbereich im Hauptbau mit rund 50 Jahren (und weiteren 20 Jahren im Zusatzbau über der Straße) scheint dennoch eher knapp bemessen. Es ist zu hoffen, daß die Finanzenge im Bundeshaushalt nicht dazu führt, daß (abermals) in falsch verstandener Sparsamkeit ein Bau mit zu geringen Reserven sowohl im Verwaltungs-, wie im Benutzer-, wie auch insbesondere im Magazinbereich errichtet wird: jede nur einplan- und baubare Reserve, jegliche Flexibilität des Bauplanes im Blick auf organische Einfügung später notwendig werdender Ergänzungen und Anbauten sollte das Hauptanliegen der Bundesregierung sein, die diesen Bau errichtet.

Wenn dann sachliche Eignung, dem Zweck angemessene qualitätvolle Ausführung mit einem Schuß repräsentativer Gestaltung innen und außen den Bau auszeichnen, dann hat der bauende Bibliothekar Günther Pflug jene verständnisvollen Partner bei den zuständigen Bundesbehörden gefunden, die wir ihm wünschen. Dann wird man auch von dem dritten Bau einer zentralen deutschen Bibliothek sagen dürfen, was Heinrich Uhlendahl am Ende des ersten Jahrzehnts der deutschen Bücherei 1925 formulierte: »Das Gebäude darf man als den modernsten, zweckmäßigsten und schönsten Bibliotheksneubau ansprechen, den Deutschland zur Zeit besitzt. Die Verwaltungsräume, die Büchermagazine, besonders die verschiedenen Lesesäle, sind ganz ihrem Zweck entsprechend angelegt, mit den neuesten technischen Anlagen versehen und, was besonders hervorzuheben ist, von Luft und Licht durchflutet.«[10]

Ein solches Haus möge in den 90er Jahren und viele weitere Jahrzehnte »dem gedruckten Wort dienen«. Das wünscht der deutsche Buchhandel »seiner« Bibliothek und ihrem verdienstvollen Generaldirektor Günther Pflug anläßlich seines 60. Geburtstages. Wenn er auch nicht mehr in seiner Dienstzeit diese neue Behausung beziehen wird: sie bleibt ihm verbunden und sehr wesentlich ihm zu danken.

Anmerkungen

1 Hübinger, Paul: (Geleitwort)
In: Bibliographie und Buchhandel. Festschrift zur Einweihung des Neubaus der Deutschen Bibliothek. Frankfurt am Main 1959. S. 5.

2 Dazu stellte der Architekt K. J. Baer fest: »Es ist heute kein Zweifel, daß es durchaus richtig war, den Bau der Deutschen Bücherei an einer städtebaulich bedeutsameren Stelle und in anderer Gestalt zu errichten, als ursprünglich geplant war«.
In: Die Deutsche Bücherei nach dem ersten Jahrzehnt ihres Bestehens. Leipzig 1925. S. 38.

3 Deutsche Bücherei des Börsenvereins der Deutschen Buchhändler zu Leipzig. Urkunden und Beiträge zu ihrer Begründung und Entwicklung. 10. Ausg. Leipzig 1915. S. 74 ff.

4 Jaspert, Reinhard: (Geleitwort)
In: Bibliographie und Buchhandel. Festschrift zur ... (vgl. Anm. 1). S. 7.

5 Die Deutsche Bücherei nach dem ersten Jahrzehnt ihres Bestehens. Leipzig 1925. S. 44.

6 ebda. S. 47 f.

7 Köster, Kurt: Die Deutsche Bibliothek 1945–1965.
In: Die Deutsche Bibliothek 1945–1965. Festgabe für Hanns Wilhelm Eppelsheimer zum 75. Geburtstag. Frankfurt am Main 1966. S. 21.

8 Eindrucksvoll mit Abbildungen belegt in:
Bibliographie und Buchhandel. Festschrift zur ... (vgl. Anm. 1). S. 23–28.

9 Köster, Kurt: Die Deutsche Bibliothek ... (vgl. Anm. 7). S. 46.

10 Uhlendahl, Heinrich: Die Deutsche Bücherei im Rahmen der deutschen Bibliotheken.
In: Die Deutsche Bücherei nach dem ersten Jahrzehnt ihres Bestehens. Leipzig 1925. S. 20.

Hilmar Hoffmann

Die Deutsche Bibliothek in ihrer Stadt

Als sich in den fünfziger Jahren der Neubau der Deutschen Bibliothek mit seinem aufstockbaren »Blauen Turm« über die Nachbarhäuser hinausschob und für viele Jahrzehnte Magazinraum verhieß, da hatten wir Zeitgenossen das Gefühl, für die vielen in der Bundesrepublik produzierten Bücher sei ein für allemal eine Heimstatt gefunden. Wer vermochte damals zu ahnen, daß die Frist, die der Nutzbarkeit dieses Bauwerks gesetzt war, nicht über die subjektive Lebenszeit jener an der Entscheidung Beteiligten hinausgehen würde?

Doch das prospektivische Denken in Zeiträumen, die länger währen als ein, zwei Jahrzehnte, ist in unserer Zeit weitgehend abhanden gekommen. Unsere Zeitvorstellungen sind vielmehr auf Abschreibungsfristen fixiert, auf Kapital-Amortisationsfristen von höchstens 10 bis 15 Jahren. Unser Leben und das der Bücher aber dauert länger. In der Kette des Lebens, in die wir eingeschlossen sind, erscheinen solche Zeiträume als winzig. Viele von uns überlegen heute schon wieder eher, wieviel es bedeutet, unseren Nachfahren eine bewohnbare Welt zu hinterlassen. Je intensiver wir uns um die Zukunft bemühen, desto mehr werden wir der Hilfe dessen bedürfen, was die Deutsche Bibliothek an Wissen speichert.

Denkbar erscheint sogar, daß jene Zuwachsraten, auf die hin der notwendige Neubau geplant wurde, diesmal unterschritten und nicht, wie in der vergangenen Periode, überschritten werden, so daß die Einrichtung länger als erwartet zur Verfügung stehen kann.

Andererseits verhalten sich kulturelle Zuwachsraten aber auch umgekehrt proportional zu den materiellen. Wenn die Menschen den von ihnen erzeugten gesellschaftlichen Reichtum nicht mehr allein dazu verwenden, sich motorisierte Prothesen für ihre Fortbewegung, elektronische für das Sehen und Hören zu beschaffen, und wenn sie sich aus dem fragwürdig gewordenen Kreislauf eines zum sich selbst aufhebenden Zweck gewordenen Wachstums befreien, dann nimmt vielleicht jene immaterielle Kultur zu, die der Entfaltung der menschlichen Wesenskräfte, der Genußfähigkeit und des Beziehungsreichtums dient. Eine solche Entwicklung wird ihren materiellen Niederschlag in Büchern immer noch finden, die dann vielleicht nicht nur gelesen, sondern sogar verarbeitet werden.

Frankfurt möchte so wenig auf »seine« Deutsche Bibliothek verzichten, wie gewiß auch diese Einrichtung und ihre Mitarbeiter den Standort Frankfurt nicht missen möchten. Die Deutsche Bibliothek gehört zu dem für Ansehen und Bedeutung unserer geistigen nationalen Kultur wichtigen Präsenzbestand. Aber sie ist nicht einfach nur eine Bundesinstitution, die in Frankfurt Arbeitsplätze bietet, auch nicht lediglich eine Einrichtung, die anderen für Frankfurt wichtigen Kräften komplementäre Funktionen erfüllt. Sicher ist sie für das Frankfurter Verlagswesen (und Frankfurt ist eine bedeutende Verlagsstadt in der Bundesrepublik) ebenso nützlich wie von ihrer Attraktivität die Frankfurter Buchmesse profitiert.

Sicher ist auch für die Goethe-Universität die Nachbarschaft dieser Einrichtung von hohem Wert, wenngleich die Studenten und Wissenschaftler mit Recht als Nutzer der Standardliteratur in einer Archivbibliothek nicht nur gern gesehen sind, wie auch jene anderen Interessenten, die ihre Lese- und Informationsbedürfnisse genausogut in der Stadt- und Universitätsbibliothek befriedigen könnten. Was die Deutsche Bibliothek für Frankfurt *neben* diesem Sekundärnutzen, der weiß Gott nicht geringzuschätzen ist, so interessant macht, sind ihre vielen virtuellen Qualitäten:

Für die Informationskultur der Menschen unserer Stadt ist es eine außergewöhnliche Chance, im Bedarfsfalle hier alles direkt greifbar zu haben, was in unserer Sprache seit 1945 gedruckt worden ist, von den bedeutenden Spezialsammlungen wie etwa der Exilliteratur einmal ganz abgesehen. Informationskultur als die Fähigkeit, die vorhandenen Hilfsmittel zum Gewinn von aktuell im gesellschaftlichen und individuellen Lebensprozeß wichtigen Informationen erschließen zu können, ist die Voraussetzung für vernünftiges Handeln. Für die vielen Diskussionsprozesse in einer vitalen Stadt wie Frankfurt ist das diversifizierte Wissen lebenswichtig, das universellste Datenspeicher parat halten. Auch durch die umfassendsten Datenbanken ist diese geistige Vorratskammer nicht zu entwerten, weil immer noch das Lesen – also der sinnliche Umgang mit dem Buch – durch die Computer-Oligarchie keineswegs obsolet geworden ist.

Dies ist gemeinsam mit den genannten Nebennutzungen der Ertrag der räumlichen Präsenz dieser Bibliothek, die damit zum kulturellen Profil unserer Stadt erheblich beiträgt. Als wichtiges geistiges Ferment ist aber auch die Anwesenheit einer so großen Anzahl hochqualifizierter Fachkräfte für eine Stadt zu werten, die zusammen mit den Wissenschaftlern der Universität und der übrigen Kulturinstitute in diesem konkreten Fall vielleicht ein willkommenes Gegengewicht zum Kommerz bilden. Banken, Büros und Bibliotheken sind zwar umweltfreundliche »weiße« Industrien, aber bezüglich der kulturellen Dominanzen bestehen wohl doch gewisse Unterschiede.

Nicht erwähnt ist damit die ganze Vielfalt der Dienstleistungsfunktionen der Deutschen Bibliothek im dokumentarischen und bibliographischen Rahmen. Sie tragen den Namen der Stadt Frankfurt in alle Welt: Jeder, der irgendwo mit Büchern aus der Bundesrepublik zu tun hat, stößt auf die Deutsche Bibliothek und damit auf den Namen unserer Stadt Frankfurt am Main. Für eine entsprechende Sympathiewerbung müßte unsere Stadt sonst sehr viel Geld, und was fast noch wichtiger ist: Ideenreichtum aufwenden. Aus der kulturpolitischen Perspektive sind gleichwohl die anderen genannten Einflußfaktoren wichtiger. Nicht zuletzt der hier dokumentierte Architektenwettbewerb hat unter Beweis gestellt, wie die Wirksamkeit einer so bedeutenden Einrichtung befruchtend in unserer Stadt wirkt.

Der Wettbewerb

Reinhard Rinn

Die Wettbewerbsauslobung

Verlauf

Die Auslobung des Wettbewerbs wurde im August 1981 in den einschlägigen Fachzeitschriften veröffentlicht, nachdem am 20. 7. 1981 eine Preisrichter-Vorbesprechung stattgefunden hatte und die Stellungnahme der Architektenkammer eingegangen war. Die Unterlagen konnten vom 2. September 1981 bis 10. Oktober 1981 gegen eine Schutzgebühr von DM 200,– angefordert oder abgeholt werden; dem kamen insgesamt 501 Architekturbüros nach.

Letzter Termin für Rückfragen war der 30. November 1981. Es folgte am 16. Dezember 1981 ein Kolloquium in Frankfurt, an dem ca. 100 Personen teilnahmen. Hier wurden teils die angefallenen Rückfragen, teils neue Fragen beantwortet. Mit dem Versand des Kolloquium-Protokolls einschließlich der Antworten auf die schriftlichen Anfragen endete der Informationsfluß zwischen Auslober und Wettbewerbsteilnehmern. Es war jedoch auf Wunsch noch Gelegenheit gegeben worden, den derzeitigen Gebäudekomplex der Deutschen Bibliothek am Tag des Kolloquiums sowie am 5. und 12. Januar 1982 zu besichtigen; ca. 60 Personen machten davon Gebrauch.

Der letzte Termin für die Rückgabe der Auslobungsunterlagen beim Staatsbauamt mit Rückerstattung der Schutzgebühr war der 15. Januar 1982; 140 Teilnehmer nahmen diesen Termin wahr, so daß noch 361 Teilnehmer im Wettbewerb verblieben.

Abgabetermin für die Wettbewerbsarbeiten war der 16. März 1982, die Modelle mußten bis zum 12. April 1982 nachgeliefert werden. 155 Wettbewerbsarbeiten wurden schließlich eingereicht.

Die Vorprüfung begann ihre Arbeit am 23. März 1982 in angemieteten Räumen in Frankfurt, Hanauer Landstraße 208–216, wo auch vom 18.–20. August 1982 das Preisgericht tagte.

Allgemeine Wettbewerbsbedingungen

Der Wettbewerb wurde von der Bundesrepublik Deutschland, vertreten durch den Bundesminister für Raumordnung, Bauwesen und Städtebau, dieser vertreten durch die Oberfinanzdirektion Frankfurt am Main, diese vertreten durch das Staatsbauamt Frankfurt am Main, als ein offener, einstufiger Realisierungswettbewerb im anonymen Verfahren ausgeschrieben. Teilnahmeberechtigt waren alle Architekten, die in der Bundesrepublik einschließlich Berlin (West) ansässig sind.

Es waren vor allem folgende Leistungen von den Teilnehmern zu erbringen:

- Lageplan mit der Darstellung der Baumassen, Außenanlagen, Erschließung und Stellplatzanlagen im Maßstab 1:500;
- alle Grundrisse und Ansichten sowie zum Verständnis erforderliche Schnittzeichnungen im Maßstab 1:500;
- Grundrisse im Maßstab 1:200 von Eingangs-, Benutzungs- einschließlich Kantinenbereich, je 2 bis 3 Raumachsen eines Verwaltungsgeschosses und eines Magazingeschosses;
- Erläuterungsbericht;
- Berechnung und Zusammenstellung der Planungsdaten;
- Modell.

Folgende Preise wurden für die ausgezeichneten Arbeiten festgesetzt:

1. Preis	DM 100 000,–
2. Preis	DM 70 000,–
3. Preis	DM 50 000,–
4. Preis	DM 35 000,–
5. Preis	DM 25 000,–
dazu 8 Ankäufe zu je	DM 15 000,–.

Das Preisgericht bestand aus 5 Fachpreisrichtern und 4 Sachpreisrichtern.

Fachpreisrichter:

Professor Walter Belz, Technische Hochschule, Darmstadt

Dipl.-Ing. Alois Giefer, Architekt, Frankfurt am Main

Ministerialdirigent Werner Lautz, Hessischer Minister der Finanzen, Wiesbaden

Dipl.-Ing. Max Meid, Architekt, Frankfurt am Main

Ministerialdirektor Erhard Weiß, Bundesminister für Raumordnung, Bauwesen und Städtebau, Bonn

Stellvertretende Fachpreisrichter:

Dipl.-Ing. Hermann Josef Beu, Architekt, Leverkusen

Ministerialdirigent Otto Casser, Bundesminister für Raumordnung, Bauwesen und Städtebau, Bonn

Professor Dr.-Ing. Gerd Fesel, Technische Hochschule, Darmstadt

Ministerialrat Georg-Dietrich Kern, Hessischer Minister der Finanzen, Wiesbaden

Professor Carlfried Mutschler, Mannheim; Staatliche Hochschule für Bildende Künste, Frankfurt am Main

Professor Erich Rossmann, Architekt, Karlsruhe

Sachpreisrichter:

Präsident Professor Dr. Hans Booms, Bundesarchiv, Koblenz

Ministerialdirigent Egon Hölder, Bundesminister des Innern, Bonn

Stadtrat Dr. Hans Küppers, Magistrat der Stadt Frankfurt am Main

Generaldirektor Professor Dr. Günther Pflug, Deutsche Bibliothek, Frankfurt am Main

Stellvertretende Sachpreisrichter:

Bibliotheksdirektor Dr. Werner Berthold, Deutsche Bibliothek, Frankfurt am Main

Stadtrat Hilmar Hoffmann, Magistrat der Stadt Frankfurt am Main

Ministerialdirektor Dr. Sieghardt von Köckritz, Bundesminister des Innern, Bonn

Als Sachverständige für die Beratung des Preisgerichts nahmen teil:

Archiv-Oberrat Wolf Buchmann, Bundesarchiv, Koblenz

Ltd. Bibliotheksdirektor Dr. Kurt Wolfgang Drozd, Staatsbibliothek Preußischer Kulturbesitz, Berlin

Ministerialrat Dr. Ottokar Handke, Bundesminister für Raumordnung, Bauwesen und Städtebau, Bonn

Ltd. Baudirektor Rainer Müller-Raemisch, Magistrat der Stadt Frankfurt am Main

Direktor bei der Deutschen Bibliothek Kurt Nowak, Deutsche Bibliothek, Frankfurt am Main

Ltd. Bibliotheksdirektor Dr.-Ing. Gerhard Schlitt, Universitätsbibliothek und Technische Informationsbibliothek, Hannover

Dipl.-Ing. Anselm Thürwächter, Architekt, Frankfurt am Main

Vorprüfer:

Bibliotheksoberrätin Dr. Brita Eckert, Deutsche Bibliothek, Frankfurt am Main
Baudirektor Alfred Horas, Oberfinanzdirektion, Frankfurt am Main
Bau-Oberrat Peter Köhler, Staatsbauamt, Frankfurt am Main
Bibliotheksdirektor Dr. Bertold Picard, Deutsche Bibliothek, Frankfurt am Main
Bau-Oberrat Dieter Protzen, Oberfinanzdirektion, Frankfurt am Main
Bibliotheksrat Reinhard Rinn, Deutsche Bibliothek, Frankfurt am Main
Dipl.-Ing. Peter Rottler, Staatsbauamt, Frankfurt am Main
Ing. grad. Wolfgang Schäpermeier, Oberfinanzdirektion, Frankfurt am Main
Dipl.-Ing. Herbert Tempes, Staatsbauamt, Frankfurt am Main

Wettbewerbsaufgabe

Raumprogramm

Im Mai 1978 erhielt die Deutsche Bibliothek von den zuständigen Bundesbehörden den Auftrag, innerhalb von 4 Wochen ein Raumprogramm zu erarbeiten, in dem der Raumbedarf für 50 Jahre angegeben werden sollte – dies allerdings mit der Einschränkung, daß für Büroräume der damalige Stellenplan sowie die lt. RB-Bau zulässigen Flächen pro Mitarbeiter zugrundegelegt werden mußten. Nach den »üblichen« Kürzungen im Laufe des Genehmigungsverfahrens (insgesamt ca. 15 % des angemeldeten Raumbedarfs), das im September 1978 abgeschlossen werden konnte, beinhaltete der genehmigte Raumbedarfsplan folgende Flächen:

a. Dienstbereich → 3 Teile · zentrale Bibliotheksverwaltung · Buchbearbeitungsbereich · Technischer Bereich

- Büroräume — 5 047 m²
  Darin sind 928 m² Zuschläge für Sonderflächen (umfangreichere Karteien und Ablagen, Arbeitsplätze für Datensichtgeräte usw.) sowie 459 m² Büroreserveflächen enthalten.
- Sitzungs- und Besprechungsräume im Dienstbereich — 178 m²
- Unterrichts-, Aufenthalts- und Studienräume — 198 m²
- Dienstkatalograum (**) — 700 m²
  Diese Fläche umfaßt nur etwa 50 % des für 50 Jahre errechneten und angemel-

deten Bedarfs. Die Kürzung erfolgte mit dem Hinweis auf den später zu erwartenden Einsatz anderer Katalogformen.

– Zentrale Handbibliothek	400 m²	
– Zeitschriftenablage	1 200 m²	
– DVA-Räume	445 m²	
– Reprographie-Zentrum	110 m²	
– Buchbinderei, Restaurierung	224 m²	
– Druckerei	170 m²	
– Fotolabor	100 m²	
– Sonstige	2 904 m²	
Dienstbereich insgesamt		11 676 m²

b. Magazinbereich — 30 000 m²

Bei der Bedarfsberechnung wurde bis 1988 um 7 % jährlich steigender, ab 1989 konstanter Zugang angenommen; der Raum kann bei der Aufstellungsweise der Deutschen Bibliothek (formatweise akzessorisch, 60 Bände je Regalboden wegen eines relativ hohen Anteils an Kleinschrifttum) knapp 13 Millionen Bände in Normalregalen aufnehmen.

c. Öffentlicher Bereich

– Benutzungsbereich

→ Benutzer und Dienstkatalogbereich (**) sollen zusammen liegen (möglichst auf einer Ebene).

– – Katalog- und Informationsräume Diese Fläche umfaßt nur ca. 40 % des für 50 Jahre errechneten Bedarfs (vgl. o. Dienstkatalograum)	1 110 m²
– – Hauptlesesaal mit 250 Plätzen zu je 2,5 m² und Handbibliothek	825 m²
– – Zeitschriftenlesesaal mit 50 Plätzen und Zeitschriftenauslage	400 m²
– – Kartenleseraum	40 m²
– – Leseraum für die Sammlung Exilliteratur	30 m²
– – Benutzungsräume für AV-Medien	225 m²
– – Arbeitsräume für Benutzer mit je 10 m²	230 m²

– – sonstige Räume	493 m^2	
		3 353 m^2
– Sonstiger öffentlicher Bereich		
– – Konferenz- und Vortragsraum für ca. 300 Personen	600 m^2	
– – Kleiner Tagungsraum	50 m^2	
– – Projektarbeitsräume	120 m^1	
– – Ausstellungsraum	250 m^2	
– – Kantine	510 m^2	
– – Sonstige	73 m^2	
		1 603 m^2
Hauptnutzfläche		46 632 m^2

Dazu kommen noch 119 m^2 für Räume der Stiftung Buchkunst sowie eine Tiefgarage für 300 PKW und je zwei Hausmeister- und Gästewohnungen.

Grundstück

Für den oben angegebenen Raumbedarf von ca. 46 000 m^2 Hauptnutzfläche wurde ein Grundstück mit einer Fläche von 20 000 bis 30 000 m^2 in einer möglichst repräsentativen und zentralen Lage Frankfurts gesucht. Wer die Grundstückssituation in Frankfurt kennt, weiß, daß es nur wenige nach Größe, Lage und Kosten geeignete Grundstücke gibt. Es wurden insgesamt ca. 30 Angebote geprüft, von denen der weitaus größte Teil sofort als ungeeignet ausscheiden mußte. Letztlich blieb nur ein Grundstück übrig, das am 1. April 1980 in das Eigentum der Deutschen Bibliothek überging. Dieses Grundstück liegt am nördlichen Rand der Frankfurter City. Es ist sowohl vom Zentrum über die Eschersheimer und die Eckenheimer Landstraße, als auch von den westlichen Stadtteilen, besonders der Universität in Bockenheim, den östlichen Stadtteilen und der Autobahn über den Alleenring – auch mit öffentlichen Verkehrsmitteln – gut erreichbar.

Die städtebauliche Situation ist heterogen: An der zur Stadt gerichteten südlichen Seite der Adickesallee lückenhafte Randwohnbebauung, an der nördlichen Seite einzelstehende öffentliche Großbauten wie z. B. Oberfinanzdirektion oder Hessischer Rundfunk. Die Verlängerung der Adickesallee über die Kreuzung mit der Eckenheimer Landstraße hinaus, die Nibelungenallee, weist an der südlichen Seite dichte, vier- bis fünfgeschossige Blockrandwohnbebauung auf, an der nördlichen Seite liegt die große Grünzone des Hauptfriedhofs. Das Bild der Eckenheimer Landstraße wird stadt-

Ausschnitt aus dem Stadtplan von Frankfurt am Main; die Lage des Grundstücks ist durch den Kreis gekennzeichnet.

Luftaufnahme der Kreuzung Adickes-/Nibelungenallee/Eckenheimer Landstraße; Blick von Nordosten, das Grundstück liegt in der Bildmitte.

Blick auf das Grundstück von Nordwesten. Im Vordergrund Adickesallee, links am Bildrand die Kreuzung mit der Eckenheimer Landstraße

Nordseite der Adickesallee

Kreuzung Adickes-/Nibelungenallee/Eckenheimer Landstraße;
Blick in die Eckenheimer Landstraße nach Süden mit dem Grundstück rechts

Blockbebauung an der dem Grundstück gegenüberliegenden Seite
der Eckenheimer Landstraße

Portal des Hauptfriedhofs

Bebauung in der Cronstettenstraße

Bebauung in der Schlosserstraße

Kreuzung Eckenheimer Landstraße/Cronstettenstraße; rechts das gründerzeitliche Wohnhaus in der südöstlichen Ecke des Grundstücks

einwärts ebenfalls von dichter Blockrandwohnbebauung geprägt, stadtauswärts herrscht jedoch an der Westseite offene, durchgrünte Bebauung vor, die Ostseite wird bestimmt durch den Hauptfriedhof mit dem klassizistischen Säulenportal. Südlich und westlich des Grundstücks (Cronstetten-, Schlosserstraße) schließt sich die ein- bis dreigeschossige Wohnbebauung mit den Einzelhäusern des Holzhausenviertels an.

Das Grundstück hat eine Größe von 19 113 m². Dazu kommt ein auf der nördlichen Seite der Adickesallee direkt gegenüber liegendes Reservegrundstück mit ca. 5000 m², das von der Stadt Frankfurt zur Verfügung gestellt werden wird. Es wurde in die jetzige Bauplanung noch nicht direkt einbezogen, da eine Baumassenstudie gezeigt hatte, daß der derzeitige Raumbedarf auf dem Hauptgrundstück verwirklicht werden kann; doch wird im Zuge der Bauausführung eine Verbindung – vermutlich als Tunnel – vorgesehen werden.

Die unregelmäßige Form des Grundstücks ist ungünstig – besonders störend wirkt das an der südöstlichen Ecke liegende, mit einem fünfgeschossigen Wohnhaus aus der Gründerzeit bebaute kleine Eckgrundstück, das der Deutschen Bibliothek nicht zur Verfügung steht; ein Anbau an den nach Norden gerichteten Brandgiebel des Hauses ist zulässig.

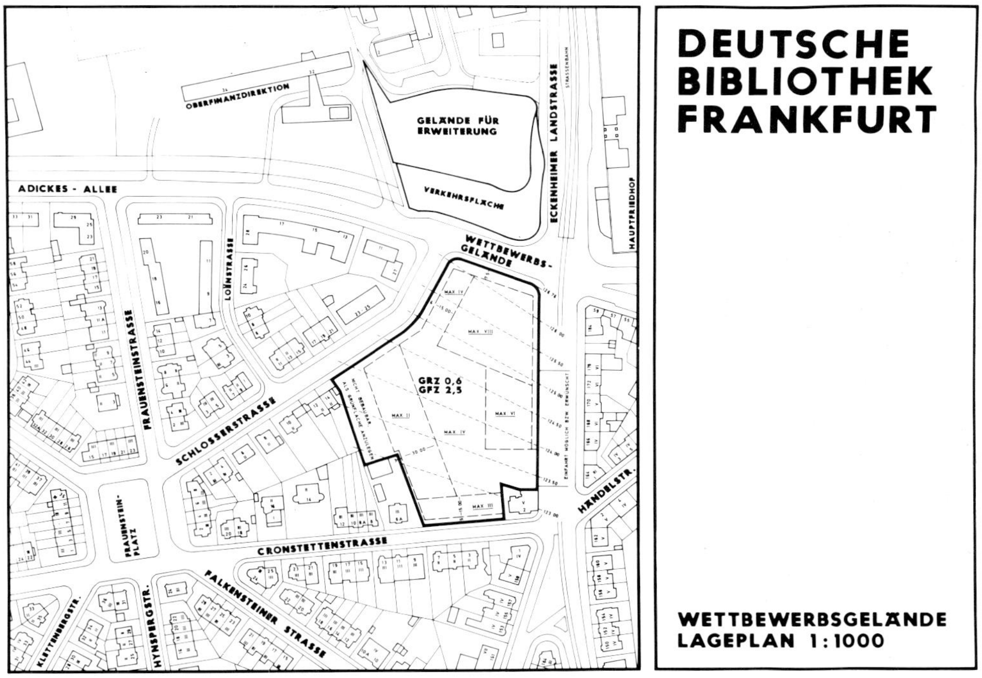

Lageplan mit Angaben aus dem Entwurf des Bebauungsplans

Das Grundstück hat von der nördlichen zur südlichen Grenze ein Gefälle von ca. 4 Metern.

Der in Erarbeitung befindliche Bebauungsplan wurde im Dezember 1980 im ersten Anhörungsverfahren gemäß § 2a Bundesbaugesetz den Bewohnern des Stadtteils vorgestellt, wobei sich keine wesentlichen Einsprüche erhoben. Im Gegenteil zeigte man sich befriedigt, daß das Grundstück, das zur Zeit als Lagerplatz mit den entsprechenden Belästigungen für die Anwohner dient, für den Bau eines Bibliotheksgebäudes verwendet wird; früher war hier einmal ein 20geschossiger Komplex mit Geschäften, Gaststätten und Wohnungen geplant.

Der Bebauungsplanentwurf sieht eine abgestufte Höhenentwicklung vor, die die Höhenentwicklung der umliegenden Bebauung im wesentlichen aufnimmt. Die Grundflächenzahl ist 0,6, die Geschoßflächenzahl 2,5.

Aus dem bisher Gesagten ist leicht ersichtlich, daß die Gestaltungsfreiheit der am Wettbewerb teilnehmenden Architekten teils wesentlich beeinträchtigt, teils zumindest stark beeinflußt war von den Gegebenheiten, die mit dem Grundstück zusammenhängen: eine im Hinblick auf den Raumbedarf relativ geringe Größe, ungünstiger Grundriß mit dem auszusparenden Wohnhaus an der Eckenheimer Landstraße, einengende Vorschriften des Bebauungsplanentwurfs, spezifische städtebauliche Gegebenheiten des Stadtteils, Begrenzung des Grundstücks auf zwei Seiten durch verkehrsreiche Straßen; dazu traten noch die funktionellen Anforderungen der Deutschen Bibliothek an das Gebäude.

Das Grundstück ist gewiß nicht optimal; dies ist allen Beteiligten klar. Es stellt jedoch nach Meinung der Deutschen Bibliothek einen Kompromiß dar, der aus den verschiedenen, teilweise schwer miteinander zu vereinbarenden Anforderungen (zentrale und repräsentative Lage, gute Verkehrsanbindung, ausreichende Größe, wenig Lärm- und Schmutzbelästigung, freizügige Bebaubarkeit, Finanzierbarkeit usw.) unter Berücksichtigung der schwierigen Frankfurter Grundstückssituation erwachsen mußte.

Funktionsplanung

Die Grundkonzeption der Deutschen Bibliothek für den Neubau sieht eine deutliche Dreiteilung in Magazin-, Verwaltungs- und öffentlichen Bereich vor. Sie resultiert zwingend aus der im Vergleich zu anderen wissenschaftlichen Bibliotheken besonderen Aufgabe: Sammlung, Inventarisierung und bibliographische Verzeichnung eines bestimmten Spektrums von Druckwerken (§ 2 des Gesetzes über die Deutsche Bibliothek); gleichsam nebenbei wird im § 4 des Gesetzes gesagt, daß die Bestände der Deutschen Bibliothek an Ort und Stelle der Allgemeinheit im Rahmen einer Benutzungsordnung zur Verfügung stehen. Als »zentrale Archivbibliothek der Bundesrepublik Deutschland« (§ 1) ist die Deutsche Bibliothek somit verpflichtet, der Sicherheit und der Erhaltung der Bestände den Vorrang vor der Benutzung zu geben; oder, etwas zugespitzt ausgedrückt: die Deutsche Bibliothek erwirbt nicht Bücher, um sie dem Benutzer zur Verfügung zu stellen, wie dies andere wissenschaftliche Bibliotheken tun, sondern sie erwirbt Bücher, um sie zu archivieren und bibliographisch zu verzeichnen – und stellt sie außerdem, in eingeschränkter Weise, dem Benutzer zur Verfügung.

Somit stand der Sicherheitsgedanke bei der Entwicklung einer Baukonzeption an erster Stelle. Der Magazinbereich soll für die Öffentlichkeit absolut unzugänglich, aber auch für Mitarbeiter nur eingeschränkt zugänglich sein; die Öffentlichkeit darf den Verwaltungsbereich nur an einer – durch die Pforte kontrollierten – Stelle betreten können; der öffentliche Bereich ist zweigeteilt in einen eigentlichen Benutzerbereich mit Katalogzentrum und – kontrolliertem – Lesebereich und einen Konferenz- und Ausstellungsbereich mit Café und Tiefgarage, der auch außerhalb der Dienststunden mit Hilfe eines separaten Zugangs und Abschließung von allen anderen Bereichen benutzbar sein soll.

Es sei zugegeben, daß diese Sicherheitsanforderungen nicht leicht zu erfüllen waren, wenn man allein an notwendige Treppen, Fahrstühle und Fluchtwege denkt, die einerseits in ausreichender Zahl und leicht erreichbar vorhanden sein müssen, andererseits aber keine unkontrollierte Verbindung zwischen verschiedenen Bereichen herstellen sollen; erschwerend kam noch hinzu, daß die Sicherheit mit baulichen Mitteln, nicht mit Hilfe technischer Vorkehrungen wie z. B. Schlüssel- oder Magnetkartensysteme, programmierte Fahrstühle u. ä. gewährleistet werden sollte.

Dieses Sicherheitsbedürfnis mag dem einen oder anderen übertrieben vorkommen, aber man möge dabei folgendes bedenken: die Bestände der Deutschen Bibliothek setzen sich zum weit überwiegenden Teil aus Pflichtexemplaren zusammen, die aufgrund der Pflichtstückverordnung im allgemeinen kostenlos von Verlagen und anderen publizierenden Stellen abgeliefert werden müssen. Als Gegengabe für die Ablieferung gewissermaßen ist die Deutsche Bibliothek durch Gesetz verpflichtet, als Archivbibliothek für die Sicherheit und Erhaltung dieser Bestände sowie für ihre bibliographische Verzeichnung zu sorgen; die Pflichtablieferung findet nur so lange ihre Rechtfertigung, wie die Deutsche Bibliothek bereit und in der Lage ist, die ihr zugewiesenen Aufgaben zu erfüllen.

Es kommt hinzu, daß eine Institution wie die Deutsche Bibliothek nur dann eine sinnvolle Institution ist, wenn sie das Prinzip verfolgt, Vollständigkeit zu erreichen und zu erhalten. Ein mehr zufällig zusammengetragener, lückenhafter Bestand, der – bei mangelnden Sicherheitsvorkehrungen – zu noch größeren Lücken tendiert, macht die Deutsche Bibliothek schlichtweg überflüssig.

Ein dritter Punkt, der im Zusammenhang mit dem zweiten steht, soll noch angeführt werden: Die Bestände der Deutschen Bibliothek sind, mit heutigen Maßstäben gemessen, größtenteils im künstlerischen oder technischen Sinn nicht so wertvoll, daß auch von hier ein starkes Sicherheitsbedürfnis zu begründen wäre; ihr Wert liegt jedoch darin, daß sie heute schon teilweise und in Zukunft in immer größerem Umfang singuläre Bestände darstellen, auf die die Öffentlichkeit bei Bedarf ohne Schwierigkeiten, ohne langes Suchen und mit einer hohen Wahrscheinlichkeit, das Gesuchte auch zu finden, zugreifen kann. Somit findet das Prinzip, Vollständigkeit zu erreichen und zu erhalten, auch in der Benutzung der Bestände seine Rechtfertigung.

Diese Forderungen beschränkten zusätzlich zu den oben genannten Gegebenheiten des Grundstücks die Gestaltungsfreiheit der Architekten, doch sah sich die Deutsche Bibliothek aus grundsätzlichen Erwägungen und aufgrund negativer Erfahrungen mit dem derzeitigen Gebäude zu solchen Vorkehrungen gezwungen – und es zeigte sich, daß trotzdem unterschiedliche, durchaus gute Lösungen erreicht werden konnten.

Ein weiteres Hauptanliegen der Deutschen Bibliothek war, ein funktionell gutes Gebäude zu erhalten; keinerlei bauliche Vorgaben sollen die Arbeit, die Zusammenarbeit der Beschäftigten behindern. Um den Architekten hierzu Anhaltspunkte zu liefern, wurde ein Funktionsschema entworfen, das die notwendige räumliche Zuordnung einzelner Bereiche, Abteilungen und Referate aufzeigen sollte. Die Deutsche Bibliothek war sich allerdings von Anbeginn an bewußt, daß ein solches Funktionsschema nur vorläufigen Charakter tragen konnte. Organisationsformen sind permanenter Änderung unterworfen, sie müssen laufend neuen Entwicklungen angepaßt werden. Dies gilt ganz besonders für die Organisation der Deutschen Bibliothek: sie sieht sich derzeit in einer Umbruchphase, die von einer sukzessiven Einführung der Datenverarbeitung in die internen Betriebsabläufe mit dem Ziel der Installation eines integrierten DV-Systems ausgelöst wurde. Das im Frühjahr/Sommer 1981 entwickelte Funktionsschema stimmt bereits heute nicht mehr mit der Wirklichkeit überein – welche Änderungen werden sich dann noch bis zum Einzug in den Neubau ergeben! Deshalb war es für die Deutsche Bibliothek wichtig, ein zunächst einmal zumindest im Dienstbereich flexibel zu verwendendes Haus zu konzipieren; d. h. möglichst günstige Voraussetzungen zu schaffen für unterschiedliche Nutzung von Räumen und für die »Verschiebung« von Organisationseinheiten innerhalb des Hauses, um sie in den gewünschten Funktionszusammenhang mit anderen Organisationseinheiten zu bringen. Dazu wurde gefordert, Dienstkatalog und

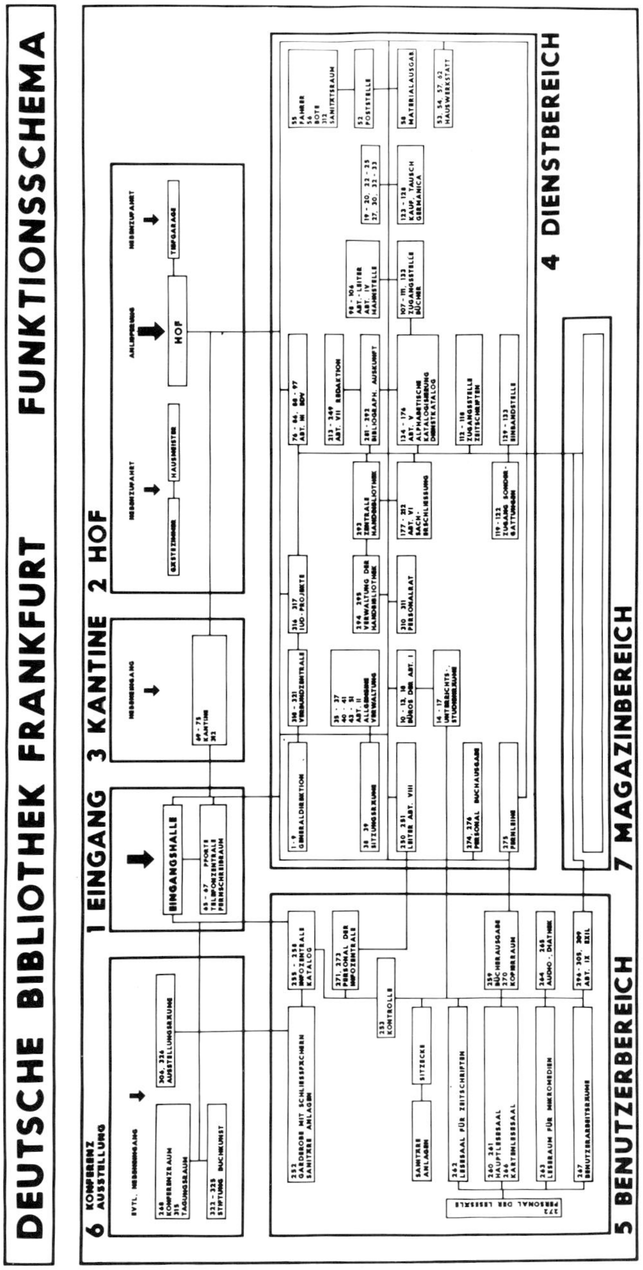

Funktionsschema der Deutschen Bibliothek

zentrale Handbibliothek als zentrale Einrichtungen des Dienstbereichs sowohl vertikal als auch horizontal in den Mittelpunkt zu legen. Um diesen Mittelpunkt sollten auf Geschoßebenen mit Flächen von mindestens 1000 m² die übrigen Räume des Dienstbereichs angeordnet werden, die, abgesehen von Vormagazinen, Karteien- und Ablageräumen, aus kleinen Büroräumen bestehen; Großraumbüros wurden ausdrücklich abgelehnt. Damit hoffte die Deutsche Bibliothek, Entwürfe zu erhalten, die lange Wege vermeiden und die leichte »Verschiebbarkeit« von Organisationseinheiten unterschiedlicher Größe ohne Einbuße an Funktionalität der Zuordnung gewährleisten.

Eine weitere – man darf wohl sagen – naheliegende Forderung war, auf Klimatisierung im Dienstbereich zu verzichten. Alle Büroräume und möglichst viele Funktionsräume sollen natürliche Belichtung durch zu öffnende Fenster erhalten. Bei der großen Zahl von kleinen Räumen (258) war dies wohl nicht leicht zu erfüllen und hatte sicher wesentlichen Einfluß auf die Konzeption der Architekten. Die weitergehende Forderung, Büroräume nicht an die beiden Hauptverkehrsstraßen (Adickesallee und Eckenheimer Landstraße) zu legen, um damit die Qualität der Arbeitsplätze zu erhöhen, wurde nicht gestellt, da sie wohl kaum mit der geschilderten Konzeption des Dienstbereichs und den Gegebenheiten des Grundstücks, insbesondere den Einschränkungen des Bebauungsplans, in Einklang zu bringen gewesen wäre. Dies hat der Wettbewerb bewiesen: Arbeiten, in denen versucht wurde, die 11 500 m² des Dienstbereichs in die ruhigeren Grundstückszonen nach Süden und Südwesten zu legen, in denen nur eine zwei- bis viergeschossige Bebauung zulässig ist, verstießen gegen den Bebauungsplan oder hatten nicht akzeptable funktionelle Schwächen.

Der Magazinbereich sollte geschlossen auf großflächigen Geschossen mit guter Verbindung sowohl zum Benutzungs- als auch zum Dienstbereich – gewissermaßen zwischen beiden Bereichen – angeordnet werden. Zwar lag es aufgrund der Grundstücksgegebenheiten nahe, ihn in mehrere Tiefgeschosse zu verlegen, doch wurde dies nicht verlangt; aus klimatechnischen wie auch aus Sicherheitsgründen ist diese Lösung jedoch wohl als beste anzusehen.

Für den Benutzungsbereich wurde die Abfolge der Räume recht genau im Funktionsschema vorgegeben. Was die vielzitierte Forderung nach Flexibilität angeht, so gilt sie hier nur eingeschränkt: Die Deutsche Bibliothek ist nicht der Meinung, daß sie sich in absehbarer Zeit auf eine stark sich vergrößernde Benutzungsfrequenz wird einrichten müssen. Eher wird sich vermutlich die Qualität der Benutzer mit dem zunehmenden Alter der Bestände und der größeren räumlichen Entfernung zur Universität Frankfurt ändern; d. h. weniger Studenten, die aktuelle Literatur suchen und die Deutsche Bibliothek als eine zusätzliche Universitätsbibliothek benutzen – mehr sonstige Benutzer, die die Deutsche Bibliothek wegen ihrer besonderen Bestände aufsuchen. Die Bereitstellung von 250 Lesesaalplätzen, 20 Arbeitsräumen mit je 10 m² Grundfläche, Räumen für die Benutzung von AV-Medien wie Mikromedien, Schallplatten, Filmen usw. dürfte zunächst den Ansprüchen genügen. Allerdings wird die Deutsche Bibliothek bei der weiteren Planung trotzdem dafür Sorge tragen müssen, daß ein gewisses Maß an Flexibilität auch im Benutzungsbereich vorhanden ist, besonders im Hinblick auf sich vielleicht ändernde Benutzungsformen und -gewohnheiten, die u. U. z. B. mehr abgeschlossene Einzelräume anstelle offener Lesesaalplätze erfordern werden.

Gerade im Benutzungsbereich spielt ein weiteres Anliegen der Deutschen Bibliothek eine gewichtige Rolle: es sollten möglichst personalsparende Lösungen gefunden werden, um mit dem vorhandenen Personal die Aufrechterhaltung des Betriebes gewährleisten zu können; mit einer Verstärkung ist auf absehbare Zeit wohl nicht zu rechnen, gleichgültig welche Anforderungen ein neues Gebäude auch immer an die Personalausstattung stellen mag. Dies bedeutet z. B., daß es nur einen Zugang zum kontrollierten Lesebereich geben darf, daß Bücherausgabe, Benutzungsräume für AV-Medien, Fernleihe und Raum für Selbstbedienungs-Kopiergeräte einander zugeordnet sind, damit das in diesem Bereich tätige Personal möglichst flexibel eingesetzt werden kann. Dies bedeutet auch, daß nur ein (zentrales) Informationszentrum vorhanden sein soll, Auskunftsplätze im Lesebereich nicht vorzusehen sind. Dies wirft allerdings das Problem der Aufsicht auf: Die Deutsche Bibliothek glaubt, auf eine wenigstens minimale Aufsicht nicht verzichten zu können; deshalb wurde gewünscht, Hauptlesesaal, Handbibliothek, Karten- und Zeitschriftenlesesaal sollten eine benachbarte oder ineinander übergehende Raumgruppe bilden; dem Aufsichtspersonal sollte ein ungehinderter Überblick möglich sein. Diese Forderung war, das sei zugegeben, kaum erfüllbar: auch bei einer Anordnung des gesamten Lesebereichs (über 1000 m²) auf einer Ebene würde eine wirksame Aufsicht viel Personal erfordern, denn eine solche Ebene müßte aus architektonischen Gründen in irgendeiner Art und Weise gegliedert sein und wäre nur durch Einsatz mehrerer Mitarbeiter wirkungsvoll zu kontrollieren. Die Deutsche Bibliothek wird hier einen Kompromiß suchen müssen, der umso leichter zu finden sein kann, wenn man bedenkt, daß die Wirksamkeit von Aufsicht überhaupt in Frage gestellt und – auch in Nationalbibliotheken wie z. B. der neuen Koninklijken Bibliotheek in Den Haag – auf Aufsicht im eigentlichen Sinne weitgehend verzichtet wurde; unter Umständen könnte eine Fernsehüberwachungsanlage eine zumindest psychologische Wirkung ausüben.

Zum Schluß seien noch drei Details zur Magazin- und technischen Ausstattung erwähnt:

Der genehmigte Magazinraum wird nach heutigem Berechnungsstand für 50 Jahre ausreichen; um weitere Reserven zu erhalten, sollen bereits heute für spätere Kompaktmagazinierung Vorkehrungen getroffen werden.

Das Büchertransportsystem soll so einfach wie möglich sein: es soll nur ein bis zwei Stationen im Dienstbereich, eine Station in der Bücherausgabe und die notwendige Anzahl von Stationen im Magazin haben; daneben werden Bücherwagen weiterhin in herkömmlicher Weise Dienst tun.

Wie erwähnt wurde Klimatisierung für Büroräume abgelehnt. Sie war jedoch vorzusehen für Sondermagazinräume (Exilliteratur, Filme, Schallplatten), Großräume wie Ausstellungs- und Vortragsraum, DV-Maschinenraum und verschiedene Lagerräume; nicht jedoch für Lesesäle, es sei denn, sie hätten eine ungünstige Lage.

Für den Gesamtbereich des Magazins wird hier jedoch noch nicht das letzte Wort gesprochen sein: Die Deutsche Bibliothek ist als Archivbibliothek für die Erhaltung der Bestände verantwortlich; sie sollte vielleicht doch in Anbetracht dieser besonderen Aufgabe besser dafür Sorge tragen, daß die an sich schon geringe Lebensdauer heutiger Bücher nicht noch durch schädliche Umwelteinflüsse beeinträchtigt, sondern, soweit möglich, verlängert wird.

Auch das Problem der Klimatisierung der Büroräume, die zu einem mehr oder weniger großen Teil an den beiden Hauptverkehrsstraßen liegen werden, ist noch nicht ganz vom Tisch: hier wird man allerdings versuchen müssen, mit anderen Mitteln, z. B. Verlagerung von Büroräumen von den Straßen weg, Lösungen zu finden.

Kunst am Bau

Der Bedeutung von Kunst am Bau wurde vom Auslober ein ganz besonderes Gewicht zugemessen. Nachdem der Auslobungstext zu diesem Punkt recht allgemein gehalten war, wurden auf entsprechende Rückfragen der Architekten die Wünsche und Erwartungen des Auslobers anläßlich des Kolloquiums präzisiert:

»Dem Auslober kommt es sehr darauf an, daß Architekten und Künstler bei den Entwürfen für die Deutsche Bibliothek möglichst früh zusammenarbeiten, um Integration von Architektur und Kunst zu erreichen. Der Vertreter des Bundesministers des Innern führte in diesem Zusammenhang aus, daß bei der kulturpolitischen Bedeutung einer Nationalbibliothek die künstlerische Gestaltung einen besonderen Rang einnimmt, und daß die künstlerische Gesamtkonzeption im Einklang mit dem architektonischen Entwurf stehen muß. Die frühzeitige Zusammenarbeit von Architekten und Künstlern hält der Auslober für einen geeigneten Weg, das Ziel zu erreichen. Nach dem Auslobungstext bleibt es dem Architekten allerdings freigestellt, ob er bereits in der ersten Entwurfsphase mit einem Künstler zusammenarbeitet oder eigene Vorschläge entwickelt.

Der Auslober hat seine Vorstellung und Forderungen zu diesem Thema der Wettbewerbsaufgabe absichtlich nur in grundsätzlicher Form zum Ausdruck gebracht. Zu konkrete Aussagen würden die Möglichkeiten der künstlerischen Vorstellungen nur einengen. Es wird eine künstlerische Gesamtkonzeption erwartet, die in ihrer Ausformulierung dem Grad der architektonischen Bearbeitung des Wettbewerbs entspricht. Zur Verdeutlichung der Konzeption würden sich räumliche Darstellungen, ergänzt durch verbale Interpretationen, eignen, die dem Erläuterungsbericht angefügt oder, wenn es zweckmäßig ist, auch in die Wettbewerbspläne eingearbeitet werden können. Wenn es der Sache dient, kann auch mit anderen Mitteln der Darstellung gearbeitet werden. Der Wettbewerbsteilnehmer sollte jedoch beachten, daß die Auslobung eine künstlerische Gesamtkonzeption fordert, was in diesem Entwurfsstadium die Ausarbeitung künstlerischer Einzelobjekte ausschließt.

Der Auslober beabsichtigt, im Zuge der weiteren planerischen Bearbeitung der Aufgabe auch die künstlerische Gesamtkonzeption weiter zu entwickeln. Dabei wird er mit dem zu beauftragenden Architekten zusammenarbeiten und dessen Vorschläge in seine Überlegungen einbeziehen. Sofern aufbauend auf der künstlerischen Gesamtkonzeption weitere Kunstwettbewerbe durchgeführt werden, werden vorrangig Künstler eingeladen, die durch ihre Teilnahme am Bauwettbewerb schon mit der Aufgabe vertraut sind.«

Die Preisgerichtssitzung

Die Preisgerichtssitzung begann am 18. August 1982, 10.15 Uhr. Folgende Preisrichter, Sachverständige und Vorprüfer waren anwesend:

Fachpreisrichter

Professor Belz
Dipl.-Ing. Giefer
Ministerialdirigent Lautz
Dipl.-Ing. Meid
Ministerialdirektor Weiß

Sachpreisrichter

Präsident Professor Dr. Booms
Ministerialdirigent Hölder
Stadtrat Dr. Küppers
Generaldirektor Professor Dr. Pflug

Stellvertreter

Ministerialdirigent Casser
Professor Dr. Ing. Fesel
Ministerialrat Kern
Professor Mutschler
Professor Rossmann
Bibliotheksdirektor Dr. Berthold

Sachverständige

Archiv-Oberrat Buchmann
Ltd. Bibliotheksdirektor Dr. Drozd
Ministerialrat Dr. Handke
Ltd. Baudirektor Müller-Raemisch
Direktor bei der Deutschen Bibliothek Nowak
Ltd. Bibliotheksdirektor Dr.-Ing. Schlitt
Dipl.-Ing. Thürwächter

Vorprüfer

Bibliotheksoberrätin Dr. Eckert
Baudirektor Horas
Bauoberrat Köhler
Bibliotheksdirektor Dr. Picard
Bauoberrat Protzen
Bibliotheksrat Rinn
Dipl.-Ing. Rottler
Ing. (grad.) Schäpermeier
Dipl.-Ing. Tempes

Außerdem waren weitere Hilfskräfte bei der Sitzung zugelassen. Zum Vorsitzenden des Preisgerichts wurde Professor Belz einstimmig gewählt. Er forderte die Anwesenden auf, die Beratungen des Preisgerichts vertraulich zu behandeln, und ließ sich die Versicherung der Mitglieder geben, daß diese während der Auslobungsdauer und bis zum Tage des Preisgerichts keine Kenntnis von einzelnen Wettbewerbsarbeiten erhalten, insbesondere auch keinen Meinungsaustausch mit Wettbewerbsteilnehmern über die Wettbewerbsaufgabe und deren Lösung gehabt hatten. Außerdem ersuchte er, Äußerungen über den vermutlichen Verfasser von Entwürfen zu unterlassen.

Es wurden insgesamt 501 Unterlagen abgeholt, 140 zurückgegeben und schließlich 155 Wettbewerbsarbeiten eingereicht.

Die Vorprüfung wurde federführend vom Staatsbauamt Frankfurt am Main in der Zeit vom 16. März bis 17. August 1982 durchgeführt. Die Prüfung der Funktionsabläufe oblag der Deutschen Bibliothek. Die bereits genannten Vorprüfer wurden zeitweise von 25 Mitarbeitern der Bauverwaltung und vier Mitarbeitern der Deutschen Bibliothek unterstützt. Außerdem wurden die Sachverständigen von den Vorprüfern mehrmals zur Beratung herangezogen.

Die Ergebnisse der Vorprüfung wurden in einer Checkliste, die geprüften Berechnungen in Tabellen festgehalten. In der dem Preisgericht übergebenen Mappe wurden außerdem die wichtigsten Prüfungsbemerkungen in einem Formular zusammengefaßt.

Die Wettbewerbsarbeiten wurden nach Lösungstypen geordnet und entsprechend aufgehängt (vgl. auch die Abbildungen S. 56–71):

- Dominanter Baukörper an der Ecke Adickesallee/Eckenheimer Landstraße, Hängezahlen 1–25;
- Randbebauung an der Eckenheimer Landstraße, Hängezahlen 26–51;
- Anordnung um ein Zentrum herum (Halle, Innenhof; rund oder polygonal), Hängezahlen 52–72;
- Strahlenförmige Anordnung der Hauptbaukörper, Hängezahlen 73–86;
- Blockartige, flächige Baukörper mit Innenhof, Hängezahlen 87–108;
- Ohne besondere Merkmale, Hängezahlen 109–129;
- Langgestreckter Mittelbau, auch mit kammartig angeordneten Anbauten, Hängezahlen 130–149;
- Winkelbauten, Hängezahlen 150–155.

Nach dem Bericht der Vorprüfung beschließt das Preisgericht, die Arbeit 0780, Hängezahl 94, wegen Nichterfüllung der geforderten Leistungen auszuscheiden. Alle anderen Arbeiten werden vorbehaltlich des in einigen Fällen noch erforderlichen Nachweises der fristgerechten Einreichung zur Beurteilung zugelassen.

Im Anschluß daran wird der Ablauf des Verfahrens diskutiert. Auf eine Besichtigung des Geländes kann, nachdem alle Mitglieder des Gremiums die Situation beim Kolloquium kennengelernt haben, verzichtet werden.

Das Preisgericht ist sich darüber klar, daß die große Zahl von Arbeiten ex-

1

2

3

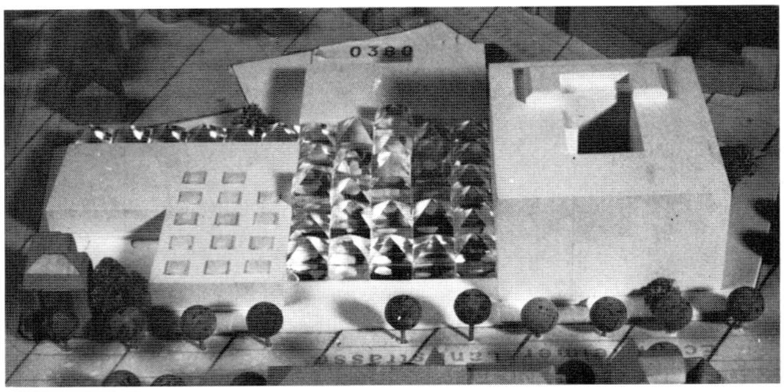

4

5

6

7

8

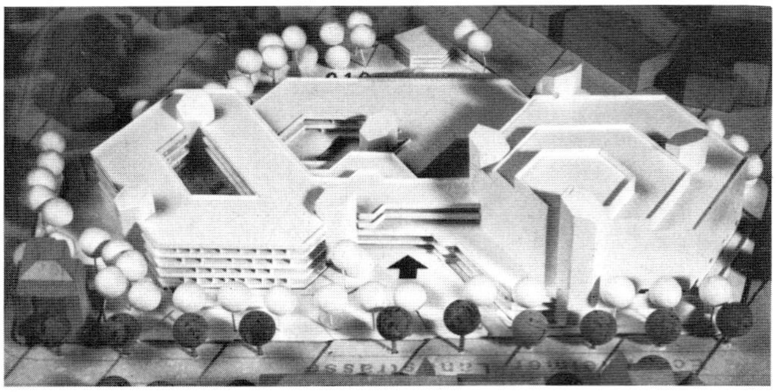

9

10

11

12

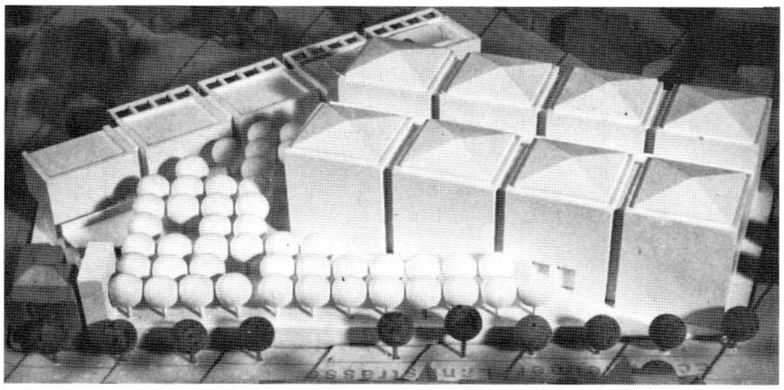

13

14

15

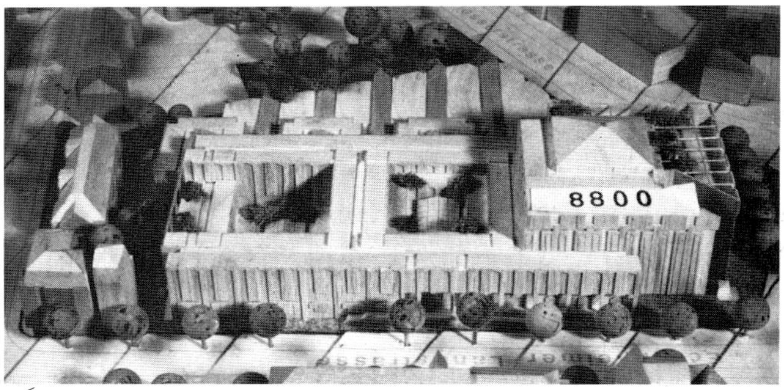

16

17

18

19

20

21

22

23

24

25

26

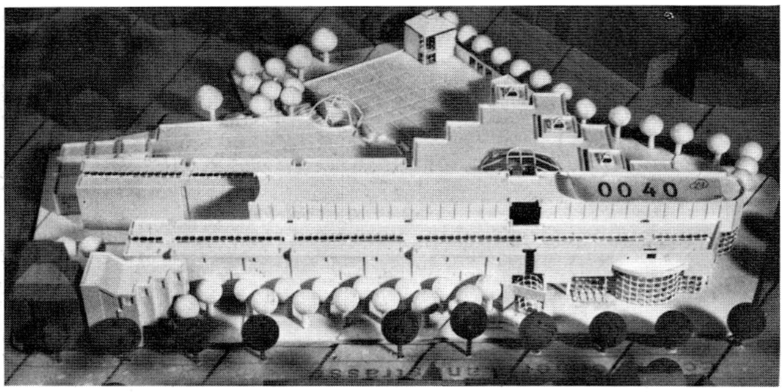

27

28

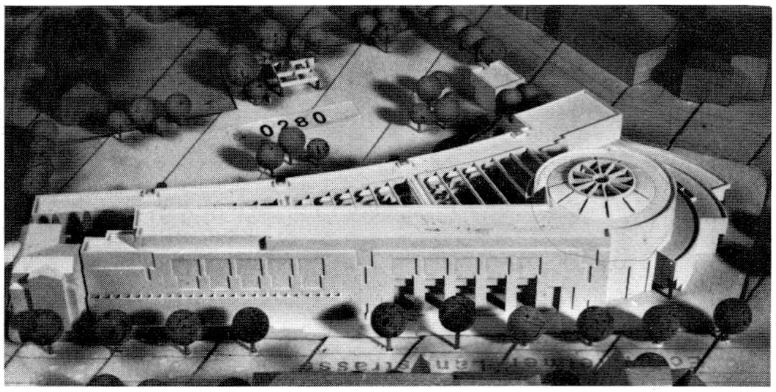

29

30

31

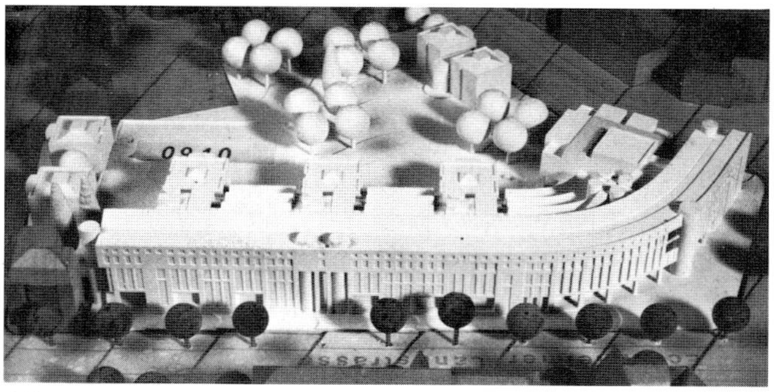

32

33

34

35

36

37

38

39

40

41

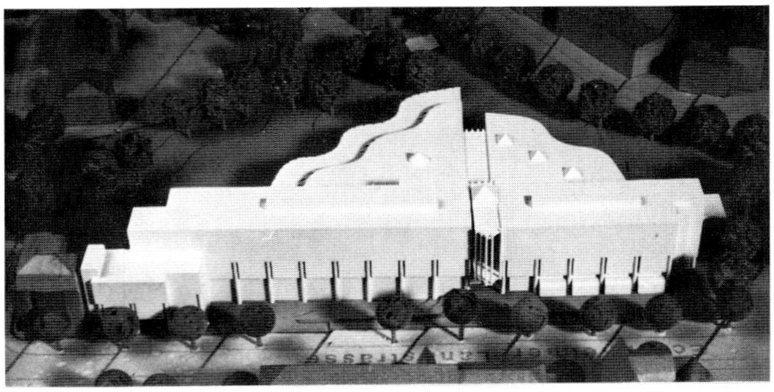
42

43

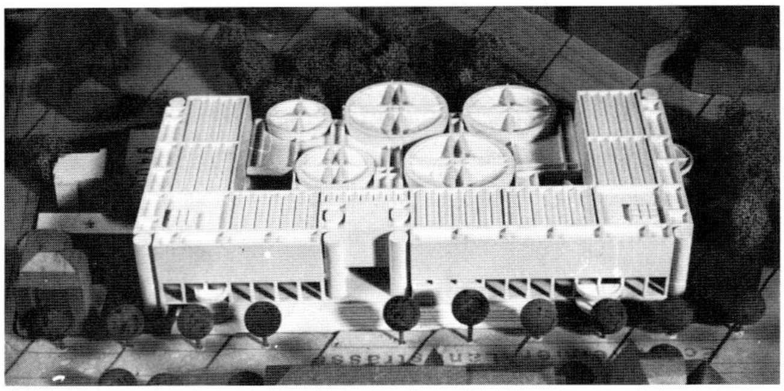
44

45

46

47

48

49

50

51

52

53

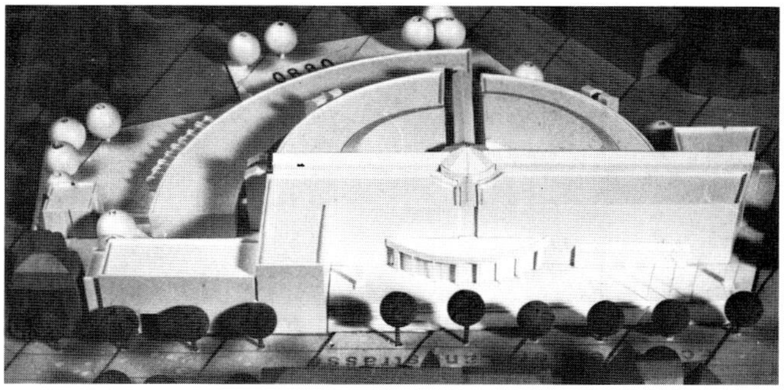

54

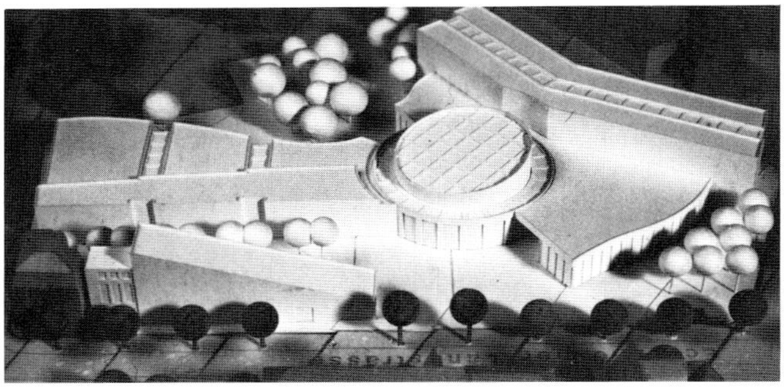

55

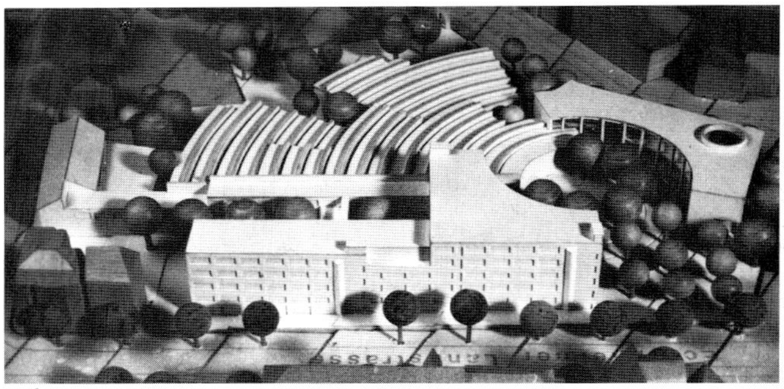

56

57

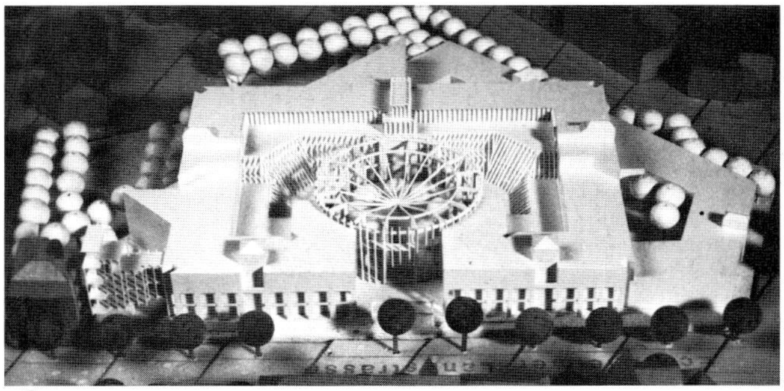

58

59

60

61

62

63

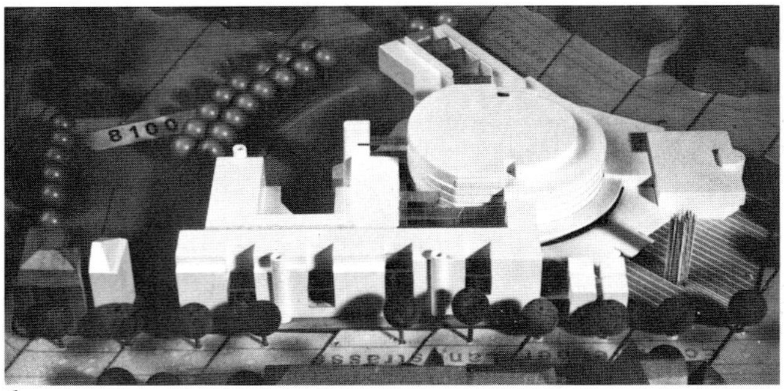

64

65

66

67

68

69

70

71

72

73

74

75

76

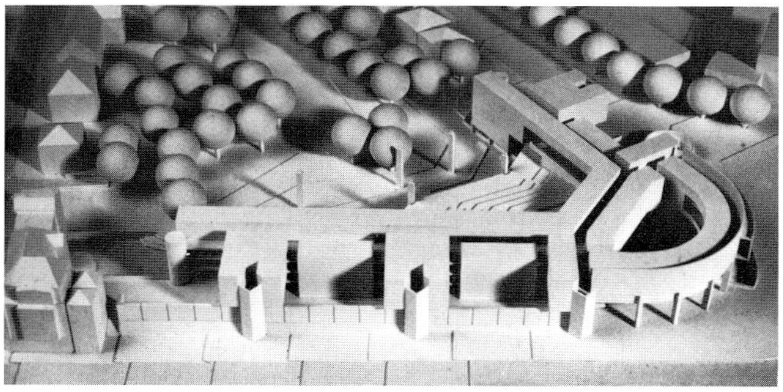
77

78

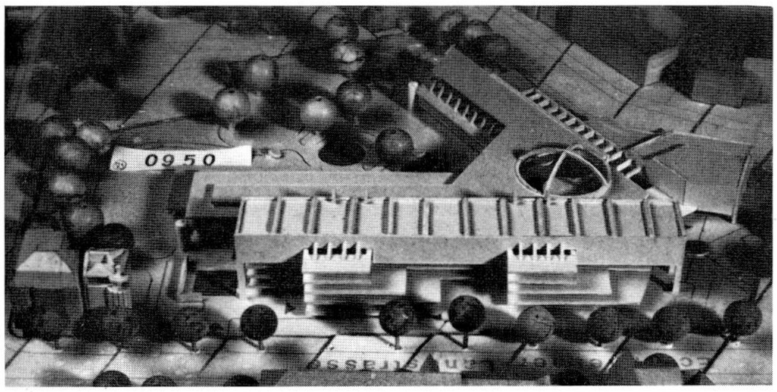

79

80

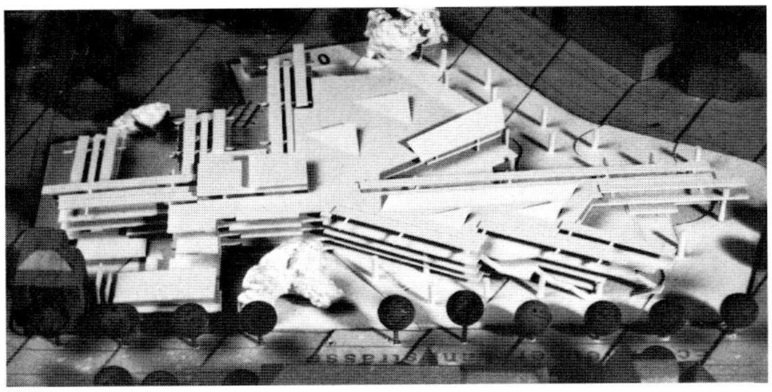

81

82

83

84

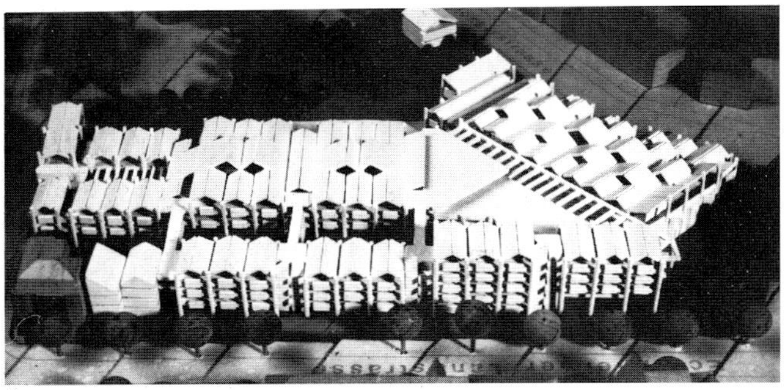

85

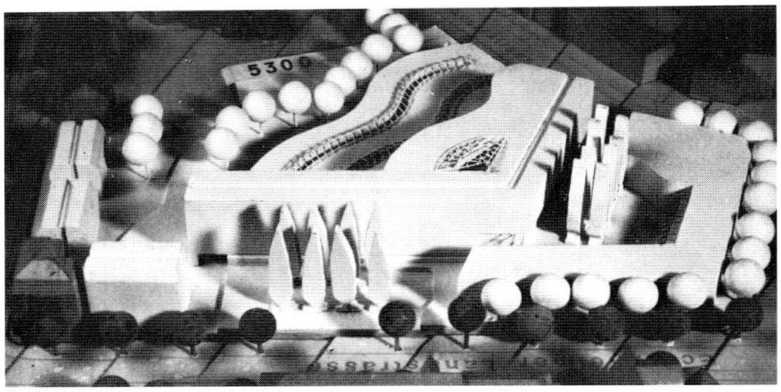

86

87

88

89

90

91

92

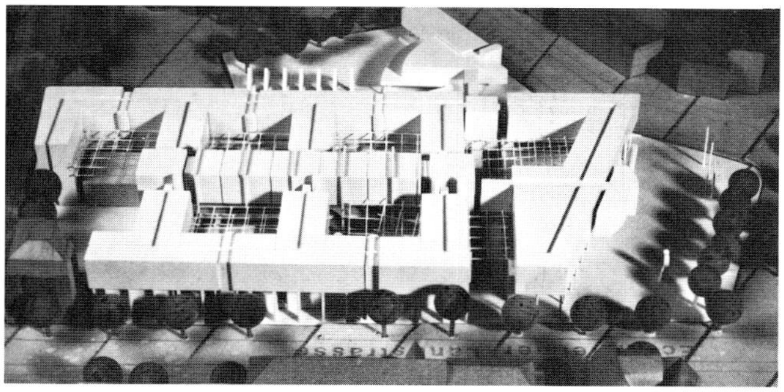

93

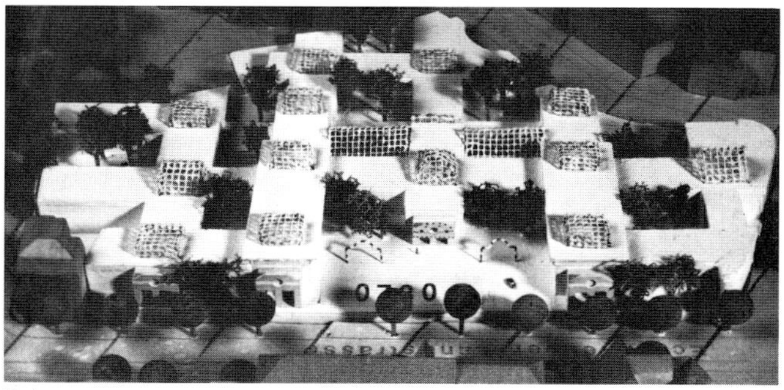

94

95

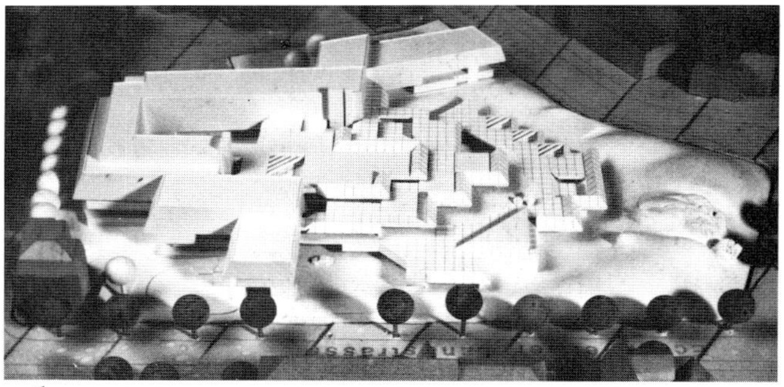

96

97

98

99

100

101

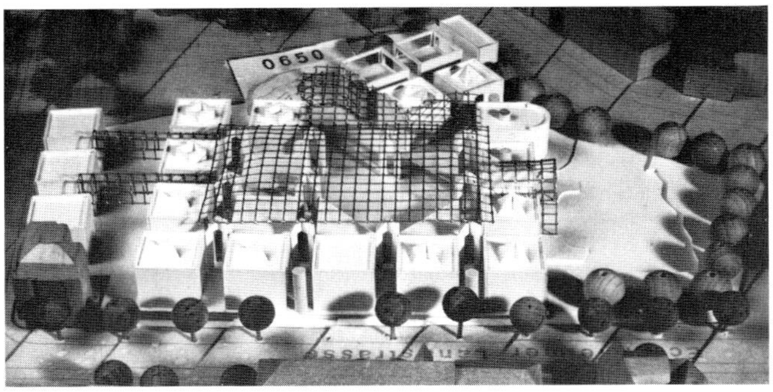

102

103

104

105

106

107

108

109

110

111

112

113

114

115

116

117

118

119

120

121

122

123

124

125

126

127

128

129

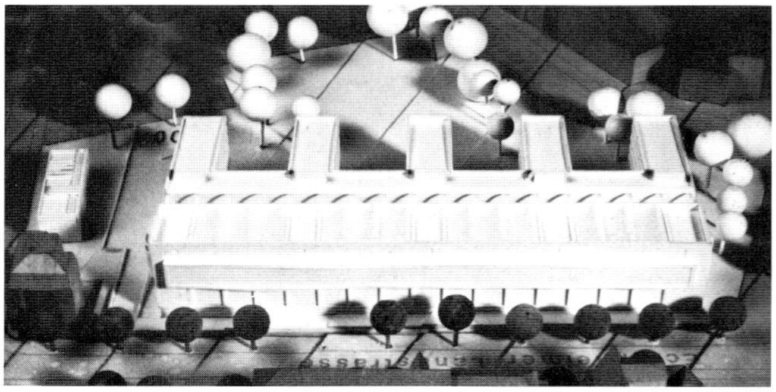
130

131

132

133

134

135

136

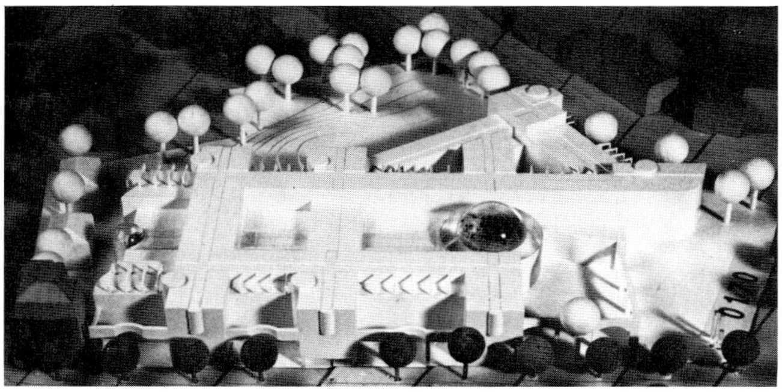
137

138

139

140

141

142

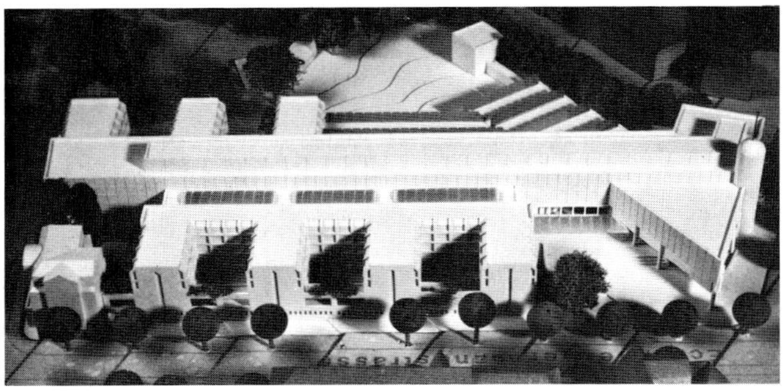

143

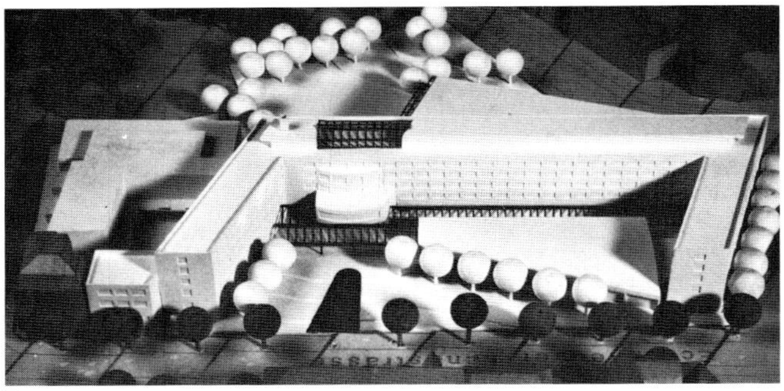

144

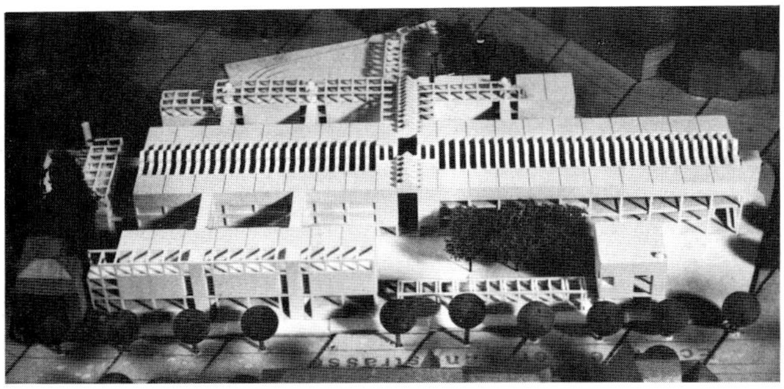

145

146

147

148

149

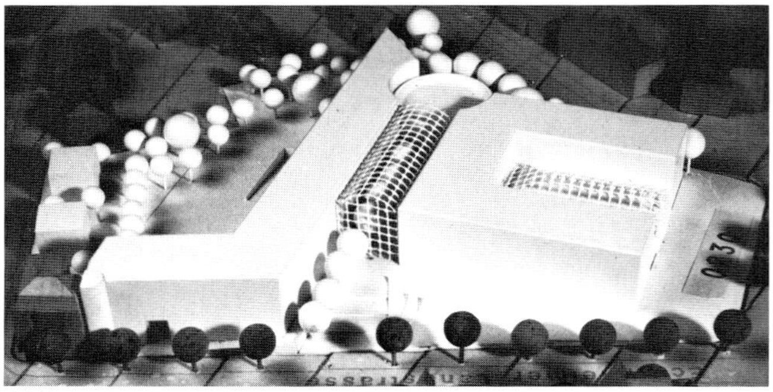

150

151

152

153

154

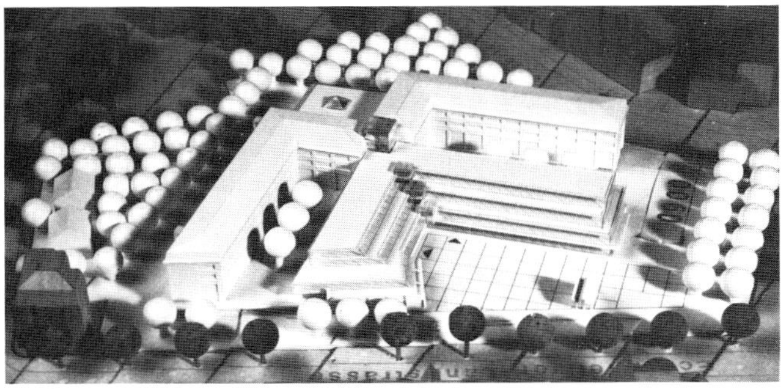
155

treme Anforderungen stellt und es notwendig machen wird, bereits in den ersten Rundgängen ungewöhnlich strenge Maßstäbe anzulegen. Dies soll insbesondere in der Weise geschehen, daß bereits frühzeitig erkennbare grundsätzliche Mängel in entscheidenden Bereichen (städtebauliche Einordnung, baukörperliche Fügung, maßgebende Funktionszusammenhänge) auch dann als Ausscheidungsgründe maßgebend sein müssen, wenn in anderen Teilbereichen qualitätsvolle Leistung erkennbar wird. Obwohl das Preisgericht sich darüber klar ist, daß es damit nicht in allen Fällen auf die großen Anstrengungen der Wettbewerbsteilnehmer differenziert reagieren kann, wird eine andere Möglichkeit des Vorgehens nicht gesehen.

Nachdem sich das Preisgericht einen Überblick über die gründliche Vorprüfung verschafft hat, beginnt am 1. Preisgerichtstag um 11.45 Uhr der erste Wertungsrundgang. Dabei wurden folgende 60 Arbeiten im Sinne des vorher Gesagten ausgeschieden:
4, 6, 7, 13, 18, 24, 25, 37, 38, 39, 41, 43, 49, 50, 57, 63, 66, 68, 69, 70, 72, 76, 82, 85, 87, 89, 90, 91, 97, 98, 100, 102, 104, 105, 108, 110, 111, 112, 115, 116, 118, 122, 123, 124, 126, 128, 130, 131, 134, 135, 138, 140, 142, 144, 147, 148, 149, 151, 154, 155. (Zur Auflösung der Hängezahlen s. Teilnehmerliste S. 386.).

Die Preisgerichtssitzung des 1. Tages endet mit dem Abschluß des ersten Rundgangs um 22.30 Uhr.

Am 2. Tag beginnt nach nochmaliger Diskussion der Erkenntnisse des 1. Tages die Arbeit mit dem zweiten Rundgang. In diesem Rundgang wurden die Beurteilungskriterien des ersten Rundgangs vertieft und verschärft, die Arbeiten gründlich angesehen und danach von den noch verbliebenen 94 Arbeiten folgende 57 ausgeschieden:
2, 3, 5, 8, 10, 11, 14, 15, 17, 20, 21, 22, 28, 30, 32, 33, 34, 44, 45, 46, 47, 48, 51, 55, 56, 60, 61, 64, 65, 74, 78, 81, 83, 84, 88, 92, 96, 99, 101, 103, 107, 109, 113, 114, 117, 119, 121, 125, 127, 132, 133, 137, 139, 141, 143, 146, 150.

Der zweite Rundgang schließt um 18.00 Uhr.

Danach diskutiert das Preisgericht das weitere Vorgehen und die Kriterien der Einzelbeurteilung der Arbeiten der engeren Wahl.

Schließlich werden in einem dritten Rundgang von 37 verbliebenen Arbeiten folgende 20 ausgeschieden:
9, 16, 19, 23, 31, 36, 40, 52, 54, 58, 59, 62, 67, 73, 80, 93, 95, 106, 136, 153.

Der dritte Rundgang endet um 21.15 Uhr.

Die Entwürfe der engeren Wahl sind die Arbeiten mit den Hängezahlen 1, 12, 26, 27, 29, 35, 42, 53, 71, 75, 77, 79, 86, 120, 129, 145, 152.

Der 3. Tag (20. 8. 1982) beginnt um 8.30 Uhr mit der schriftlichen Beurteilung der 17 Entwürfe der engeren Wahl nach folgenden Kriterien:

1. Städtebauliche/stadträumliche Gesichtspunkte
   Baukörper
   Freiräume
2. Äußere Erschließung
   Fußgänger
   Fahrzeuge
3. Funktion und Qualität der räumlichen Gestaltung
   Erschließung
   Wegeführung
   Bereichsgliederung
   Qualität der Einzelbereiche
4. Konstruktion und Wirtschaftlichkeit
   Allgemeine Gesichtspunkte
   Daten
5. Wertung des künstlerischen Beitrags
6. Wertung der architektonischen Qualität
   (insbesondere auch in Bezug zur Besonderheit der Aufgabenstellung) und zusammenfassende Beurteilung

Die schriftliche Beurteilung aller Arbeiten der engeren Wahl werden vorgelesen, abgestimmt und gebilligt.

In einer abschließenden Diskussion werden noch einmal die wesentlichen Fragen der Aufgabenstellung und die Konsequenzen aus den angebotenen Lösungen diskutiert.

Es zeigte sich, daß die Möglichkeiten der Auseinandersetzung mit den Bedingungen des Ortes, mit dem Wesen der Aufgabenstellung und den funktionellen Anforderungen viele Antworten zulassen. Dabei sind – wie zu erwarten – in vielen Fällen die Lösungsansätze einer ideologischen Grundhaltung, ja sogar gelegentlich unmittelbar, allgemein anerkannten Leitbildern gefolgt.

Das Preisgericht hat versucht, sich – außer in krassen Fällen – davon nicht beeinflussen zu lassen und nach übergeordneten Kriterien von Qualität – soweit vertretbar gemessen an den Maßstäben der Bearbeiter – zu suchen.

Dabei mußte neben unverzichtbaren Qualitäten städtebaulicher Einordnung, Funktionserfüllung und technisch-wirtschaftlicher Machbarkeit eine die Bedeutung der Aufgabenstellung widerspiegelnde Gestaltqualität im Vordergrund stehen. Dies konnte weder eine Kultstätte noch ein beliebiges Verfügungsgebäude sein, vielmehr eine Konzeption, die sich im Stadtraum ohne Aufdringlichkeit, aber mit Selbstbewußtsein und spezifischem Ausdruck einfügt und dem Besucher sowie den dort arbeitenden Menschen mehr als nur materiell faßbare Qualitäten vermittelt.

Dabei wäre die Repräsentation der Aufgabenstellung mit einem teilweise sichtbaren Magazinbereich sicher sinnfällig gewesen – leider ist dies keinem Verfasser ohne Nachteile in wesentlichen Bereichen gelungen.

Eine besondere Bedeutung nahm die in der Auslobung angeregte Beteiligung von Künstlern ein. Naturgemäß war eine angemessene Beurteilung der Beiträge bei der Unterschiedlichkeit der Einflußebene und dem notwendigen Vorrang der Architektenleistung kaum zu erbringen.

Im ganzen läßt sich sagen, daß bei den in der engeren Wahl verbliebenen Arbeiten die künstlerischen Beiträge hinter den primären architektonischen Entscheidungen zurück stehen und – wohl sinnvollerweise – Interpretation und Überhöhung von Einzelbereichen zum Ziel haben. Direkte Versuche, Bauwerk und Skulptur zu verschmelzen, sind nicht in einer beider Belange befriedigenden Weise gelungen.

Nach Würdigung aller Gesichtspunkte kam das Preisgericht zu folgender, einstimmig getroffener Entscheidung:

1. Preis Prof. Peter Färber · Prof. Rolf Hoechstetter, Darmstadt
Mitarbeiter: Wilfried Knoll · Bernd Schalbruch · Dagmar Söder
Modellbau: Rolf Hempelt

2. Preis Mete Arat · Hans-Dieter Kaiser · Gisela Kaiser, Stuttgart
Mitarbeiter: Dominik Poss
Kunst: Wolfgang Wahl

3. Preis H. Joos · R. Schulze · K. Krüger-Heyden, Frankfurt/Braunschweig
Mitarbeiter: J. Finke · M. Krass · M. Reiher · V. Schleyer
Statik: Ing.-Büro G. Lehmann, Frankfurt/M.
Haustechnik: Ingenieurges. Kruck mbH, Essen/Mülheim

4. Preis Behnisch & Partner, Stuttgart
Mitarbeiter: Cornelia Theilig · Wolfgang Vögele · Friedhelm Weist
Konstruktion: Schlaich & Partner, Stuttgart
Haustechnik: Stauber & Partner, Würzburg
Grünplanung: Luz & Partner, Stuttgart

5. Preis Schuster-Pechtold, München · Rolf Gründel, Baldham
Mitarbeiter: Andreas Boesel
Grünplanung: Toni Hansjakob

Ankauf: von Gerkan · Marg & Partner, Hamburg
Mitarbeiter: Jürgen Friedemann · Gerhard Tjarks

Ankauf: Hartmut + Ingeborg Rüdiger, Braunschweig
Mitarbeiter: Georg Isermann · Klaus Peter Gast

Ankauf: Haslob · Hartlich · Schütz, Bremen

Ankauf: A.P.B. Architektengruppe Planen & Bauen, Hamburg
Beisert · Findeisen · Grossmann-Hensel · Wilkens
Mitarbeiter: Johannes Meyer · Rainer Wischhusen ·
Ahmad Galedary · Horst Schlies

Ankauf: Prof. Joachim Schürmann mit Margot Schürmann und
Peter Schürmann, Köln
Mitarbeiter: Christian Becker · Wilfried Euskirchen · Siegfried
Kolbe · Margret Lange · Ruth Raasch · Felix Schürmann ·
Gabriele Turban · Gabriele Willbold-Lohr

Ankauf: G. A. Roemmich · H. J. Ott · A. Zehentner, München
Bearbeiter: Max Brunner
Künstlerische Beratung: Manfred Mayerle
Haustechnik: Th. Krummeck

Ankauf: Grünberg + Krohn, Berlin
Bearbeiter: Joachim Krohn · Jürgen Haug
Mitarbeiter: Manfred Mielack · Horst Nüske · Siegfried Kaminsl
Haustechnik: KMG-Klöcker · Metternich · Gussella, Berlin

Ankauf: Arbeitsgemeinschaft Gerd Lindemann + Florian Thamm,
Braunschweig/Wolfsburg
Mitarbeiter: W. Geipel

Als Nachrücker wurden festgestellt:
Werkgemeinschaft Professor Gerber und Partner; Eckhard Gerber,
Partner Ferenc Barabas mit Göran Hanson, Dortmund-Kley
Mitarbeiter: Volker Hachenberger, Klaus Hesemann, Hans-Georg
Kolendowicz, Karin Meyer
Konstruktive Beratung: Ing.-Büro Neuhaus-Schwermann, Bochum
Haustechnische Beratung: Ing.-Büro Wehmer und Partner, Essen
Henze und Vahjen, Braunschweig
Mitarbeiter: Gerd Jensen
Siepmann und Partner, Wiesbaden
Hornstein, Heidelberg

Besonders lobend erwähnt wurden schließlich die künstlerischen Beiträge bei folgenden, nicht in die engere Wahl einbezogenen Arbeiten:
Büro Gutbrod: Henning, Kendel, Riede und Michael Mews, Berlin.
Mitarbeiter: Renate Amann, Martin Gentges, Markus Greiner, Paul Parkinson, Michael Teichmann
Sievers und Partner mit Prof. Henschker-Schmidtke-Wendt, Braunschweig
Mitarbeiter: U. Welp
Statische Beratung: E. Brüggemann, Braunschweig
Künstlerisches Konzept und Landschaftsgestaltung: Design Studio Drews, Braunschweig

Tino Marino, München
Mitarbeiter: Davide Marino
Künstlerisches Konzept und Gestaltung der Außenräume: G. Kaderabek, Dagmar Bauer
Michael C. von Törne, Fränkisch-Crumbach
Künstlerisches Konzept und Gestaltung der Außenräume: E. Linke, Saulheim
Vladimir Skrivanek, Hans-Friedrich Wirth,. München
Der Vorsitzende wies in einem Schlußwort noch einmal darauf hin, daß von den am Wettbewerb beteiligten Architekten eine enorme und qualitätsvolle Gesamtleistung erbracht worden war. Nach der Entlastung der Vorprüfung und des Vorsitzenden endete die Preisgerichtssitzung am 20. August 1982 um 20.30 Uhr.[1]

1 Der Text dieses Abschnitts wurde weitgehend dem Protokoll des Preisgerichts entnommen.

Die Preisträger

1. Preis

Professor Peter Färber, Professor Rolf Hoechstetter

Aus dem Erläuterungsbericht:

Städtebau und Konzeption

Das Grundstück ist gekennzeichnet durch das Aufeinandertreffen sehr heterogener Baustrukturen. Außerdem haben die umliegenden Straßen unterschiedliche Verkehrsbelastungen und stadträumliche Bedeutungen. Diese Bedingungen wirken sich wie folgt auf die Konzeption aus:

1. Komplettierung der Blockbebauung entlang der Eckenheimer Landstraße, der Adickesallee bis zur Einmündung der Schlosserstraße mit der Bürostruktur,
   Abschirmung des Lesesaalbereichs von den umliegenden verkehrsreichen Straßen und Beruhigung der gesamten städtebaulichen Situation.
2. Orientierung des filigran und transparent geplanten Lesesaalbereichs nach Süden zum ruhigen, parkähnlichen Grünbereich.
   Der Zeitschriftenlesesaal nimmt dabei als Übergangselement Richtung und Maßstab der Häuser in der Schlosserstraße auf.

Grundsätzlich bekommt jede Funktion eine ihr gemäße Baukörpergestalt mit Geschlossenheit zu den stark belasteten Straßen und Offenheit zum Park.

Der Haupteingang liegt an der Ecke Adickesallee — Eckenheimer Landstraße (U-Bahnhaltestelle). Man erreicht ihn über einen großzügigen Eingangshof, der durch umlaufende Arkaden und ein Wasserbecken, welches das Licht reflektiert, charakterisiert ist. Dieser Hof ist gleichzeitig Filter zwischen dem Straßenraum und dem ruhigen Innenbereich. Hier ist auch der Standort für eine Plastik im Rahmen der künstlerischen Gesamtkonzeption. Um diesen Eingangshof herum gruppieren sich alle für den Stadtraum attraktiven Nutzungen wie Cafeteria und Ausstellungsbereich mit Schaufenstercharakter.

Die Zufahrt zur Tiefgarage und zum Betriebshof garantiert einen störungsfreien Anlieferverkehr. Um den Betriebshof gruppieren sich die Werkstätten und die Poststelle. Der Betriebshof ist vom parkähnlichen Grünbereich abgeschirmt.

Schlossstrasse

LESESAAL
KONFERENZ

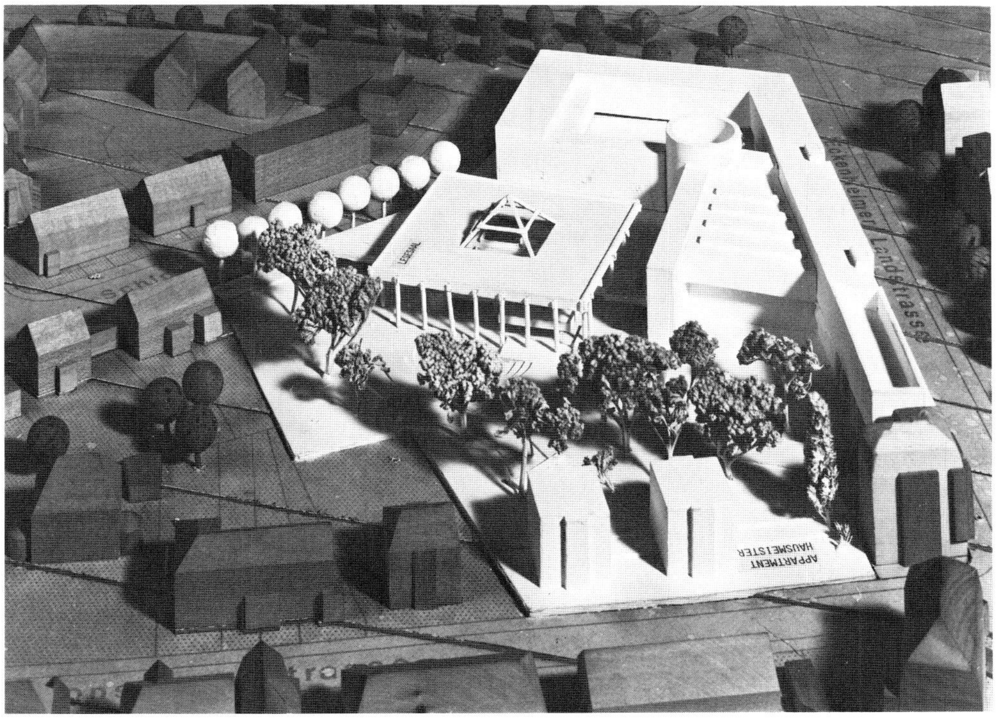
LESESAAL
APPARTMENT
HAUSMEISTER

LESESAAL
Schlossstrasse

LAGEPLAN M 1:500

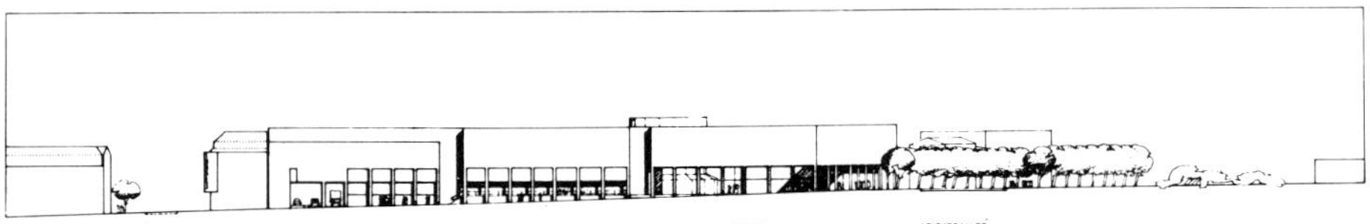

ANSICHT ECKENHEIMER LANDSTR. M 1:500

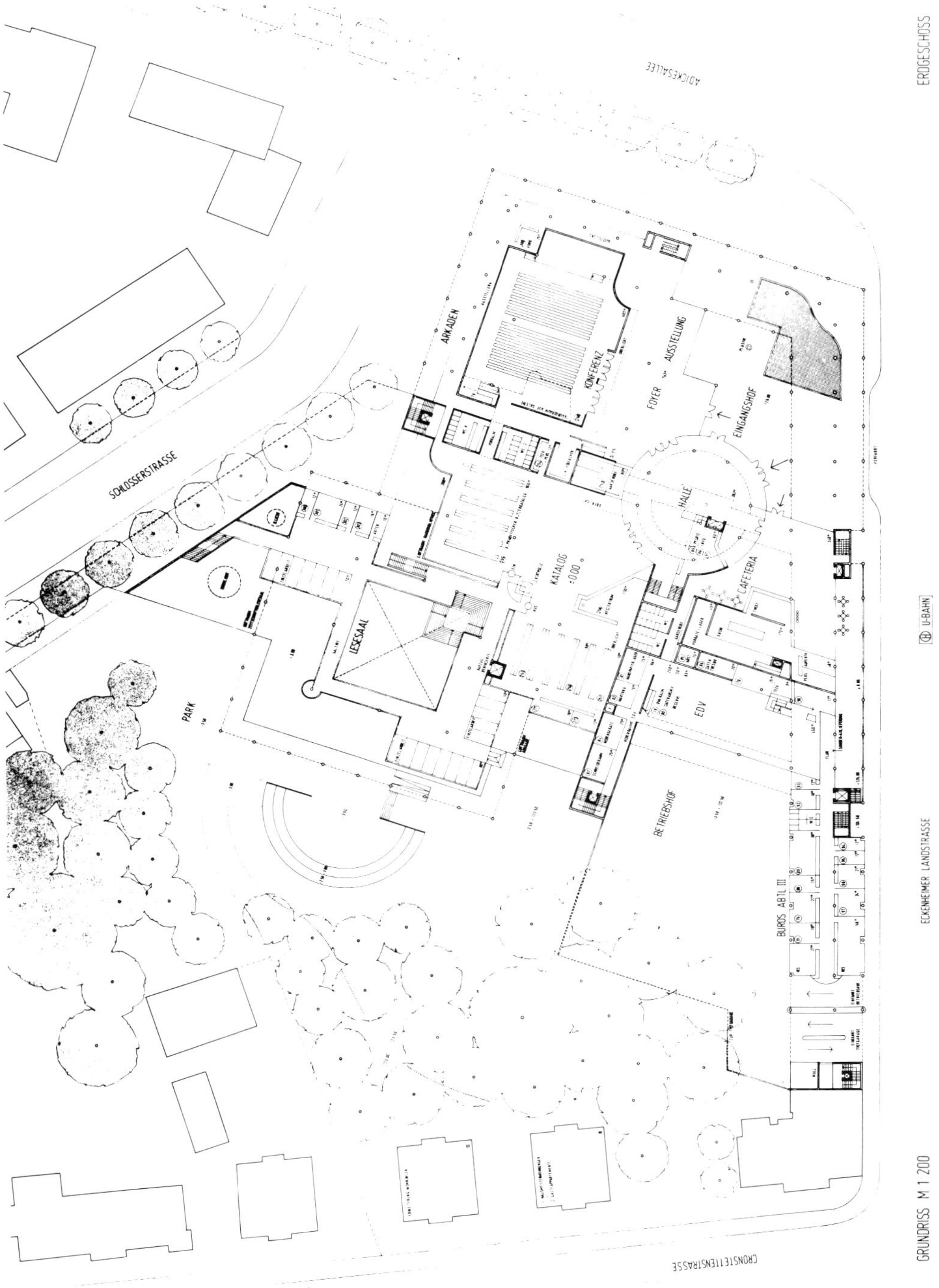
ERDGESCHOSS
U-BAHN
ECKENHEIMER LANDSTRASSE
GRUNDRISS M 1 200
ADICKESALLEE
SCHLOSSERSTRASSE
CRONSTETTENSTRASSE
ARKADEN
KONFERENZ
FOYER
AUSSTELLUNG
EINGANGSHOF
HALLE
CAFETERIA
KATALOG
LESESAAL
EDV
BETRIEBSHOF
BÜROS ABT'L III
PARK

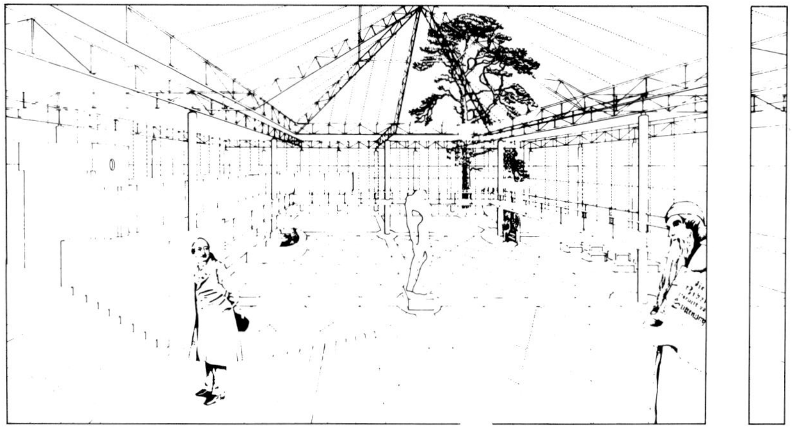

ERLÄUTERUNGSSKIZZE
LESESAAL

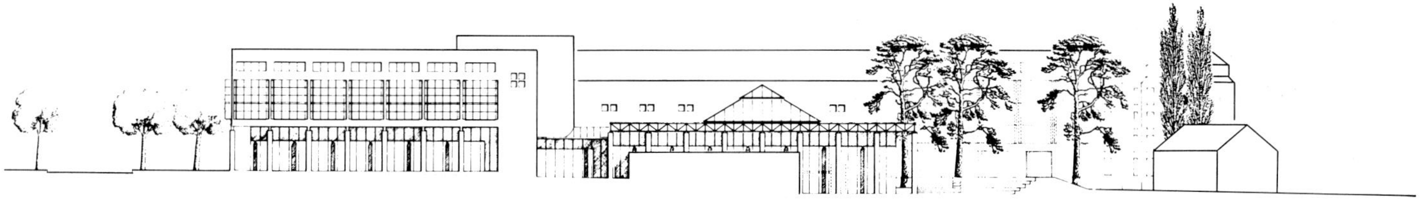

SCHLOSSERSTRASSE M1:200

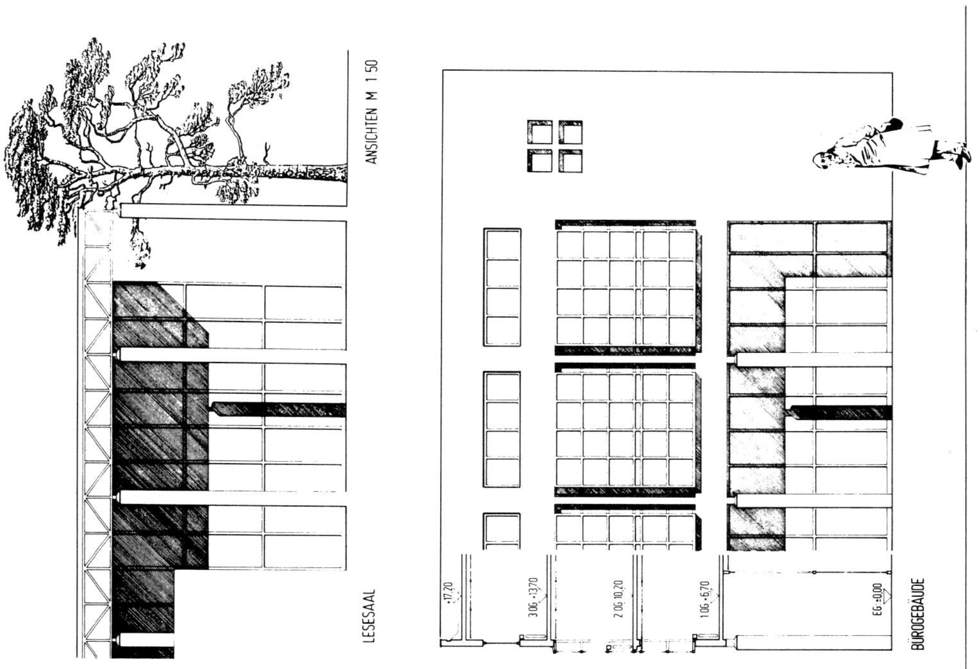
ANSICHTEN M 1:50
LESESAAL
+17,20
3.OG +13,70
2.OG 10,20
1.OG +6,70
EG ±0,00
BÜROGEBÄUDE

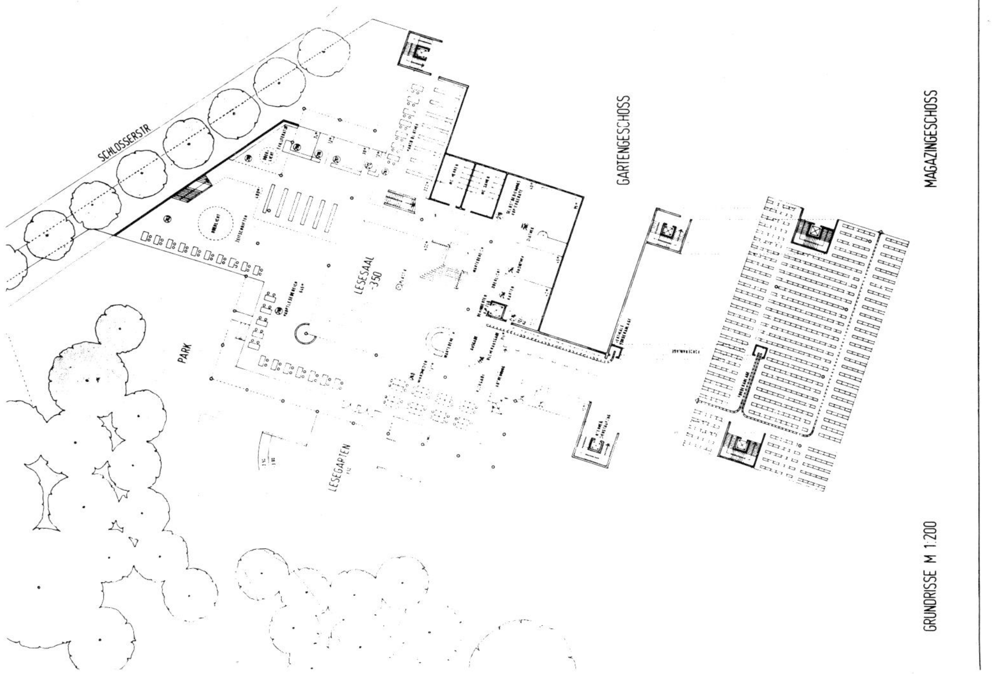
SCHLOSSERSTR
PARK
LESESAAL
LESEGARTEN
GARTENGESCHOSS
MAGAZINGESCHOSS
GRUNDRISSE M 1:200

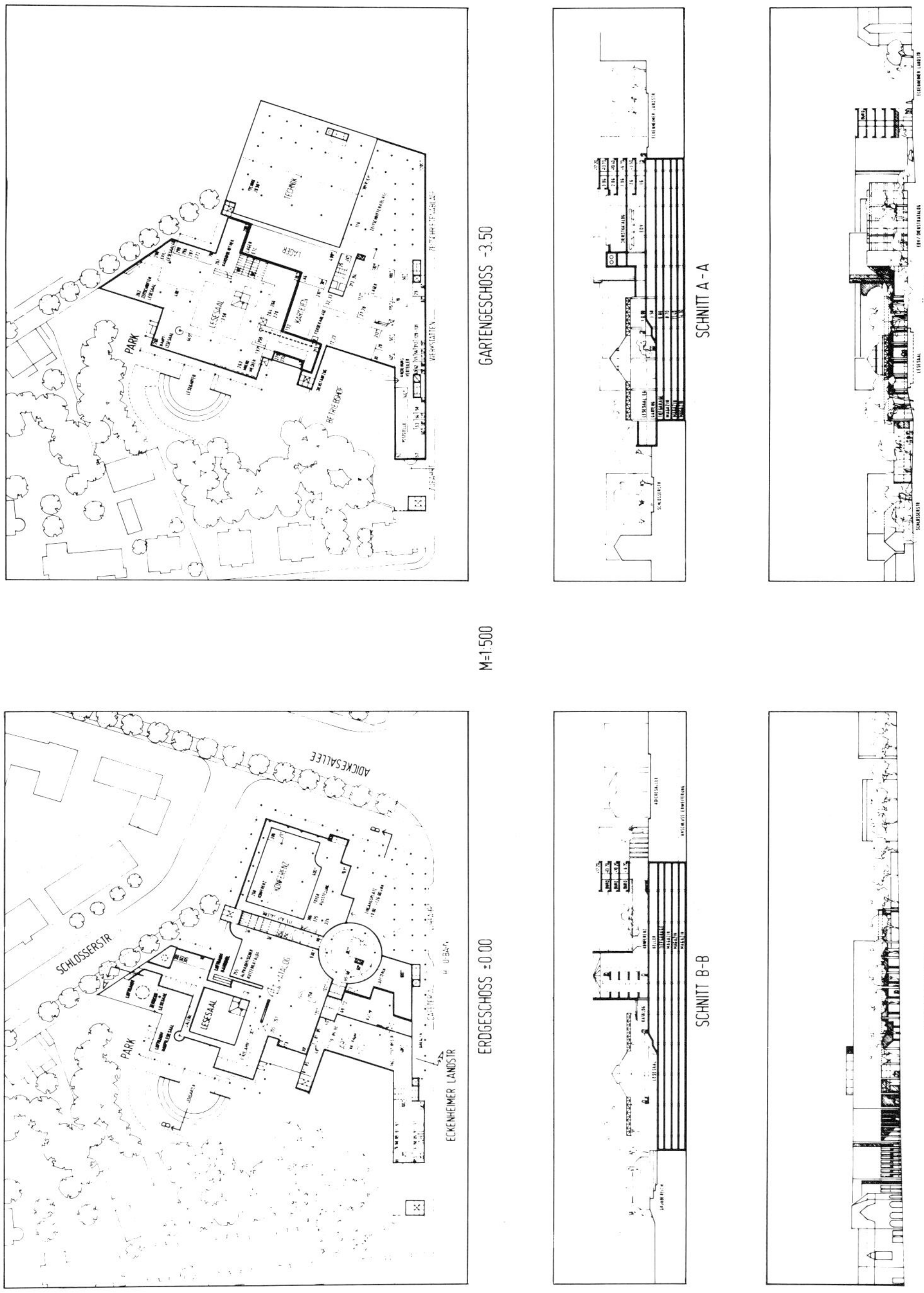
GARTENGESCHOSS -3.50
PARK
LESESAAL
SCHNITT A-A
SÜDEN
M=1:500
ERDGESCHOSS ±0.00
SCHLOSSERSTR
ADICKESALLEE
ECKENHEIMER LANDSTR
LESESAAL
KONFERENZ
SCHNITT B-B
ADICKESALLEE

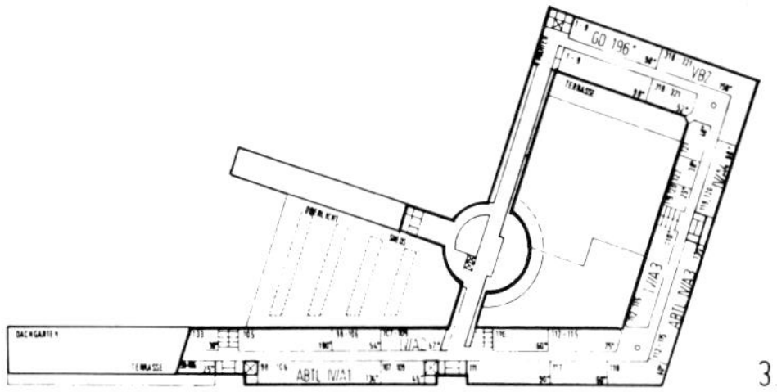

3. OG +13.70

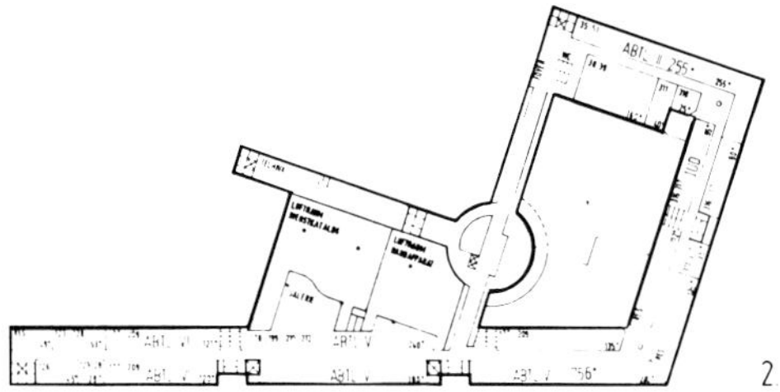

2. OG +10.20

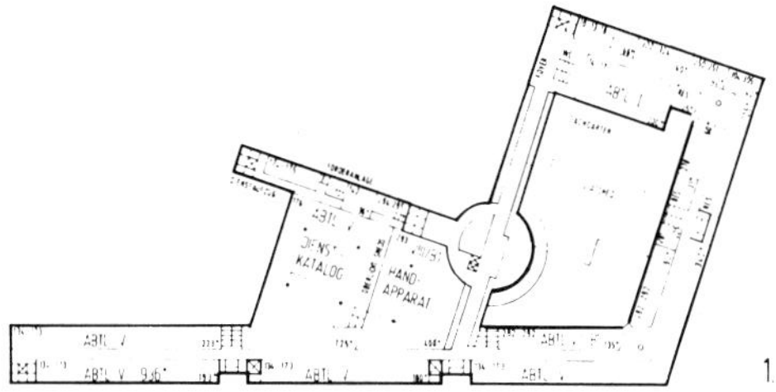

1. OG +6.70

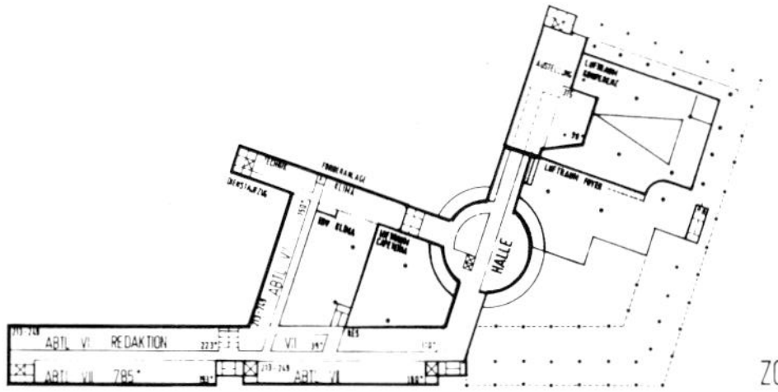

ZG +3.50

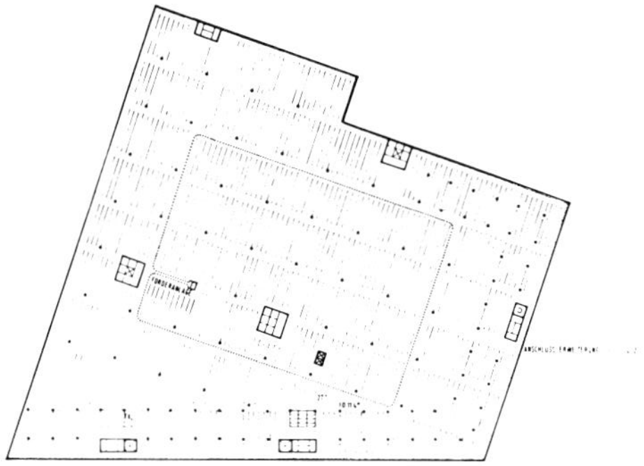

NORMALGESCHOSS MAGAZIN
3.-5. UG -8.70/-11.40/-14.10

TIEFGARAGE (300 PKWs)
2. UG -6.00

Funktion und innere Erschließung

Alle Bereiche werden über eine großzügige Eingangshalle erschlossen, wobei die Cafeteria und der Konferenzsaal mit Ausstellungsbereich auch direkt vom Eingangshof erreichbar sind. Die Eingangshalle, an die alle Funktionen angeschlossen sind, soll dem Besucher die Komplexität der Aufgaben der Deutschen Bibliothek sinnfällig zum Ausdruck bringen. Hierbei wird eine gute Orientierungsmöglichkeit durch räumliche Zusammenhänge angestrebt. Dem Haupteingang direkt gegenüber liegt der Zugang zum Katalogbereich.

Dieser Bereich liegt auf der Ebene 0,00 mit gutem Überblick über den Lesesaal. Von hier erreicht man den auf Gartenniveau liegenden Lesesaalbereich. Dieser ist als räumlich differenzierter Großraum mit Galerien auf E +0,00 ausgebildet. Im Unterschied zum massiven Büroteil ist dieser Bereich betont transparent und filigran gehalten (siehe Skizze). Hier soll ein Raumeindruck vermittelt werden, den man mit »Lesen unter Bäumen« umschreiben könnte in Einklang mit dem südlich vorgelagerten Grünbereich. Die Vorstellungen des Architekten Labrouste mit seinen Gußeisenkonstruktionen für die Lesesäle der Bibliothèque Nationale in Paris wurden hier auf die spezifische Situation frei ins Moderne übersetzt. Die leichte Stahlkonstruktion ist eine Antwort auf die reizvolle Vegetation der Nachbarschaft.

Stütze – Baumstamm

Gitterträger – Äste und Zweige.

Die Glaspyramide (Baumkrone) schafft gute Lichtverhältnisse für die Lesesaalbenutzer. Unter ihrer Mitte ist als Blickfang ebenfalls eine Plastik vorgesehen.

Der Konferenzraum ist ebenfalls separat erschließbar, er ist umgeben vom Ausstellungsbereich, der gleichzeitig als Foyer nutzbar ist.

Büroteil

Die Büros gruppieren sich auf großen zusammenhängenden Geschoßflächen, die eine günstige Zuordnung der Nutzungen ermöglichen, um zentrale Funktionen des bibliothekarischen Dienstes wie: EDV-Anlage im EG und zentraler Dienstkatalog mit Handapparat im 1. OG. Diese Nutzungen sind ihrer Funktion entsprechend als Großraum mit größerer Raumhöhe konzipiert. Sie sind deshalb zusätzlich jeweils auch vom darüberliegenden Geschoß über eine Galerie erreichbar. Sie werden durch Glassheds von oben belichtet. Die mehr allgemeine Verwaltung und der Schulungsbereich sind zur Schlosserstraße hin orientiert.

Architektonische und künstlerische Gestaltung

Bei den Fassaden wurde eine massive Bauweise (Stützen mit Mauerwerksausfachung mit Natursteinverkleidung) auf Säulen entlang den großen Straßen gewählt. Beim Lesesaalbereich kommen die gleichen Säulen zur Anwendung, werden aber mit Stahlträgern als Dachkonstruktion überspannt. An wichtigen Punkten (Eingangshof und Lesesaal) sind Plastiken vorgesehen.

Konstruktion und technische Anlagen

Der gesamte Komplex ist auf einem klaren Konstruktionsraster mit Spannweiten von 7,20 m bzw. 4,80 m im Büroteil und 12,00 m × 12,00 m im gesamten Benutzer- und Großraumteil geplant. Die Magazinflächen sind in drei Ebenen mit jeweils über 10 000 m^2 untergebracht (horizontale Verteilung der Bücher ist günstiger als vertikale). 1 000 m^2 der Magazinfläche werden klimatisiert. Der Rest wird mechanisch be- und entlüftet.

Zwischen der Bücherausgabe, dem Raum für den Dienstkatalog, der Einbandstelle und den Magazinen ist eine Büchertransportanlage (z. B. Teleliftanlage mit gelenkig gelagerten Körben und elektronischer Steuerung) vorgesehen. Es wird eine ringförmige Haupttrasse in den Magazingeschossen vorgesehen. Die Stationen des Telelifts sind auf kurzem Wege von allen Regalen aus zu erreichen. Für den Rücktransport der Bücher in Bücherwagen ist der zentral gelegene interne Dienstaufzug vorgesehen.

Klimatisierung, Be- und Entlüftung

Für folgende Räume ist eine Klimatisierung vorgesehen: Lagerräume für Reprographie, Buchbinderei, Druckerei, Fotolabor, EDV-Anlage, Ausstellungsraum, Vortragsraum, Sitzungszimmer, Magazinraum für Microfilme, Autographenräume, Magazinraum für Schallplatten und dergleichen, Magazinraum Exilliteratur.

Für alle übrigen innenliegenden Räume des Gebäudes sowie für den Bereich Küche und Kantine ist eine Be- und Entlüftungsanlage vorgesehen. Die dafür notwendigen Flächen für Technik sind in den ausgewiesenen Flächen von insgesamt 3 700 m^2 vorgesehen.

Planungsdaten

Hauptnutzfläche:	47 094 m^2
Bruttogeschoßfläche:	69 107 m^2
Bruttorauminhalt:	228 774 m^3

Beurteilung des Preisgerichts:

Städtebauliche/stadträumliche Gesichtspunkte

Der Entwurf fügt sich an den Hauptverkehrsstraßen und an den Wohnstraßen den vorgezeichneten Strukturen widerspruchsfrei ein. Die Integration ist vollständig. Die städtebauliche Disposition gewinnt daraus ihre Überzeugungskraft. In der Eckenheimer Landstraße wird die Baulinie durch zwei Treppenhäuser überschritten.

Zwangsläufig muß die städtebauliche Funktion der Freiräume hinter dem betont städtischen Konzept der Bebauung zurücktreten: Man kann nur noch von einem rückwärtigen Gartenbereich sprechen, der allerdings einen sicherlich begrüßten Übergang zu den Wohnhausgärten der Grundstücke an der Cronstetten- und Schlosserstraße schafft. Der Eingangsbereich an der Ecke Eckenheimer Landstraße/Adickesallee ist ein befestigter Innenhof, der eher als – teilweise – nicht überdeckter Gebäudebereich, weniger als Freifläche wirken wird. Die Gelegenheit, gerade dadurch Passanten in das Gebäude hineinzuziehen und für Besucher einen halböffentlichen Raum zu schaffen, ist geschickt genutzt.

Äußere Erschließung

Für Fußgänger ist der Eingangshof optimal gelegen, in seiner architektonischen Ausformung allerdings etwas zu neutral gestaltet und allein durch die Differenzierung des Lichts aus der gleichmäßigen Arkadierung herausgehoben. Die gewünschte und auch zu begrüßende, möglichst nahtlose Einfügung des Entwurfs in die städtische Bebauung hätte an dieser Stelle einen Akzent vertragen.

Vorfahrt sowie Ein- und Ausfahrt in den Betriebshof und die Tiefgarage folgen den verkehrsplanerischen Anforderungen. Für die Grundstücksausfahrt sollte den Kraftfahrern mehr Straßenraumeinsicht verschafft werden (Zurücksetzung, zumindest aber Abrundung des Treppenhauses). Hervorzuheben ist, daß die angrenzenden Wohnviertel durch den Kraftfahrzeugverkehr der Deutschen Bibliothek überhaupt nicht beeinträchtigt werden.

Funktion und Qualität der räumlichen Gestaltung

Die Eingangshalle, die vom Eingangshof her betreten wird, ist für die Erschließung zweckmäßig, von ihrer Ausformung und Nutzbarkeit aber wenig überzeugend entworfen und angeordnet. Allerdings sollte der Vorteil des zentralen, tagsüber und abends gut zu beobachtenden Zugangs nicht gering bewertet werden.

Die Trennung von Benutzer- und Dienstbereichen wird weniger baulich als durch die gute Übersichtlichkeit in der Eingangshalle erreicht. Die Haupttreppe verengt den Zugang zu den südlichen Verwaltungsbereichen. Die Ausstellungsfläche um den Konferenzsaal zu gruppieren, ist annehmbar.

Jedoch ist sie in weiten Teilen wesentlich zu eng (3 m Breite, die dazu durch Säulen weiter eingeengt wird). Die Einbeziehung einer 2. Ebene in die Ausstellungsfläche, die über eine enge Rampe erreicht wird, muß als deutlicher Nachteil gesehen werden.

Konstruktion und Wirtschaftlichkeit

Die vorgeschlagene Konstruktion ist einfach und problemlos auszuführen, das Konstruktionssystem durchgehalten. Das spricht für eine wirtschaftliche Bauausführung, die auch nach dem Vergleich der Kennziffern mit den Durchschnittsdaten zu erwarten ist; sie weichen lediglich in dem Verhältnis Bruttorauminhalt zur Hauptnutzfläche ungünstig vom Gesamtdurchschnitt ab. Die Magazine weisen allerdings nur eine Geschoßhöhe von 2,70 m auf.

Wertung des künstlerischen Beitrags

Die Einbeziehung der bildenden Kunst geht über das Markieren von Standorten für Plastiken nicht hinaus.

Wertung der architektonischen Qualität

Die architektonische Qualität des Entwurfs wird hohen Ansprüchen gerecht. Sie erfüllt in allen Gebäudebereichen die Erwartungen des Auslobers, die besondere Bauaufgabe »Deutsche Bibliothek« mit angemessenen architektonischen Mitteln zu verwirklichen. Eine Realisierung des Entwurfs würde zu einer städtebaulichen Abrundung und Aufwertung des Baugebiets zum Nutzen der gesamtstädtischen Struktur wie auch der unmittelbaren Nachbarschaft führen, die keinerlei Beeinträchtigungen ausgesetzt ist.

2. Preis

Mete Arat, Hans-Dieter Kaiser, Gisela Kaiser

Aus dem Erläuterungsbericht:

Städtebau

Die Deutsche Bibliothek soll als eine einmalige nationale Einrichtung die ihr gebührende unverwechselbare Ausstrahlung besitzen und darf ohne weiteres ein gewisses Maß an Monumentalität aufweisen.

Eine Distanzierung von der Umgebung in Maßstab und Haltung bei gleichzeitiger Anpassung in die städtebauliche Grundstruktur ist vertretbar.

Durch die Konzentrierung der Gebäudemassen mehr am Rande des Grundstückes wird die Erhaltung des im Blockinneren befindlichen Grünraumes ermöglicht. Dieser Grünraum ist vom Straßenlärm abgeschirmt, und die Eingangszonen, der Benutzungsbereich und ein Großteil der Büroräume sind zu diesem großzügigen Innenbereich orientiert.

Die drei Elemente, der gemeinsame Zugangsbereich, der Benutzungsbereich (Westflügel) und der Dienstbereich (Ostflügel) bilden eine dreipolige Komposition, die der dreieckigen Grundform entspricht, die aus den Funktionen und aus dem Grundstück abgeleitet wurde.

Innere Organisation

Die innere Organisation beruht auf einem einfachen Prinzip:
Von dem gemeinsamen Haupteingangsbereich aus erreicht man die beiden Hauptfunktionszonen, den Dienstbereich und den Benutzungsbereich, an den Kontrollen vorbei, auf dem kürzesten Wege.

1. Haupteingangsbereich

Dieser Bereich ist mit einer Erlebnisvielfalt ausgestattet und bildet den großen Verteilerraum. Der zentrale Raum unter der großen Glaskuppel bildet dabei das Herz der gesamten Anlage. Hier angegliedert liegen Speisesaal und Konferenzraum, die einen separaten Eingang besitzen und die durch die Möglichkeit der Trennung auch außerhalb der Öffnungszeiten der Bibliothek problemlos funktionieren. Durch die Ausbildung einer Galerie über dem Zentralraum, die als Foyer für den Konferenzsaal und die Ausstellungsräume genutzt wird, haben diese Anteil am Zentralraum, ohne die Haupträume betreten zu müssen. Die Anordnung des Speisesaales an dieser Stelle läßt einen selbständigen Restaurationsbetrieb zu. Auch von der Tiefgarage erreicht man direkt die Eingangshallen.

Der sehr großzügige Benutzerkatalog liegt, durch die Höhendifferenzierung abgesetzt, direkt an dieser Halle, so daß eine flexible Flächennutzung auch möglich wäre.

2. Dienstbereich und Magazin

Drei Funktionen bestimmen die Lage und Ausbildung des Dienstbereiches; der kontrollierte Haupteingang, die Anlieferung und das Magazin.

Es handelt sich bei diesem Gebäude um eine ausgesprochene Speicherbibliothek. Deswegen wurde ein verhältnismäßig einfaches, lineares System mit einer Hauptfunktionsachse gewählt, die mit drei Vertikalverbindungen ausgestattet ist. Zwei leistungsfähige Verkehrsknotenpunkte übernehmen Personen- und Büchertransporte mit Bücherwagen zwischen Dienstbereich und Magazin. Ein selbständiges, mechanisches Transportsystem (z. B. Bänder mit Paternoster) ist zwischen Bücherausgabe und Magazin vorgesehen. Dieses lineare System ist im Falle der Magazinerweiterung voll funktionsfähig und bleibt systembestimmend. Es erlaubt auch andere Transportsysteme im weitläufigen Magazinbereich (Elektrokarren).

3. Benutzungsbereich

Der Benutzungsbereich ist Endpunkt der Benutzerwege. Nach Garderobe, Katalog und Bücherausgabe gelangt man zu den dahinterliegenden ruhigen Zonen. Diese Zonen sind vom Mittelpunkt des Geschehens abgerückt und sind zum Grünraum orientiert, ein stiller Ort zum Studieren.

Konstruktion

Ein Stahlbetonskelett mit einem durchgängigen Raster ermöglicht eine problemlose Möblierung und Organisation im sehr großflächigen Magazinbereich. Die gewählten Spannweiten von 7,20 m × 7,80 m sind sowohl im üblichen Aufstellungssystem der Bücher als auch für die Kompaktmagazinierung ausreichend (Deckenstärke 30 cm). Im Dienstbereich wurde ein Ausbauraster von 1,20 m gewählt, was eine wirtschaftliche Bauweise gewährleistet.

Eckenheimer Landstrasse
Schlosserstrasse

Schloss
Eckenheimer

Schlossstrasse

Die Fassade wird bestimmt durch den Kontrast zwischen geschlossenen und offenen Flächen. Die geschlossenen Flächen, insbesondere von Saal und Zeitschriftenvormagazin sind mit einer zweischaligen, hinterlüfteten Natursteinverkleidung denkbar.

Die Konstruktion der Kuppel wird gebildet von filigranen Stahl-Gitterträgern mit einem oberen Druckring. Die zweischalige Verglasung bietet die Möglichkeit der Energieeinsparung durch Ausnutzung der Strahlungswärme, die dem Grundsystem zugeführt werden kann.

Planungsdaten

Hauptnutzfläche:	48 274 m²
Bruttogeschoßfläche:	62 727 m²
Bruttorauminhalt:	196 017 m³

Beurteilung des Preisgerichts:

Städtebauliche/stadträumliche Gesichtspunkte

Mit einem räumlich gegliederten Bauteil an der Eckenheimer Landstraße und flacheren Bereichen an Adickesallee und Schlosserstraße folgt der Verfasser im wesentlichen den Konturen einer Straßenrandbebauung und bietet damit eine einleuchtende städtebauliche Konzeption mit bescheidener Massenentwicklung. Durch die ausgefächerten rückwärtigen Bereiche wird ein sinnvoller Übergang zu den Freiflächen und der Wohnbebauung erreicht.

Äußere Erschließung

Die Fußgänger werden durch einen angenehm dimensionierten Vorplatz logisch in das Gebäude geführt; angenehm ist auch die Anlage eines Parkweges zwischen Schlosserstraße und Cronstettenstraße.

Die Zufahrt zur Tiefgarage und die Anlieferung sind sinnvoll angelegt.

Funktion und Qualität der räumlichen Gestaltung

Erschließung, Wegeführung und Bereichsgliederung sind im ganzen einleuchtend, großzügig und schön:

– Die Besucher werden direkt und räumlich erlebnisreich am Katalogbereich vorbei zur Ausgabe und zu den Lesesälen geführt.
  Hier wird allerdings die Länge des Weges zum im Obergeschoß liegenden Hauptlesesaal nicht ohne Probleme gesehen.
  Schade ist, daß unter der Kuppel eine pilzartige Fläche angeordnet ist.

- Die außerhalb der Dienstzeiten zu nutzenden Räume sind sinnvoll erschlossen und richtig dimensioniert.
- Es gibt keine Überschneidung mit den Dienstbereichen.
  Sie sind funktionsgerecht entwickelt und bieten gute Arbeitsbedingungen.
- Das Magazin und die Tiefgarage sind sinnvoll angelegt.

Konstruktion und Wirtschaftlichkeit

Das klare System mit einander nicht überlagernden Bereichen und richtigen Stützenstellungen läßt keine besonderen Probleme bei der Realisierung erwarten.

Die Anordnung der Magazine — großflächig zum Teil über die Kontur des Gebäudes hinaus — wird konstruktive Erschwernisse bringen. Die Daten liegen im günstigen Bereich.

Wertung des künstlerischen Beitrags

Der Gedanke einer künstlerischen Überhöhung der Glaskuppel ist interessant. Es wird zu prüfen sein, wie weit er mit den Erfordernissen des Sonnenschutzes und der technischen Ausstattung in Einklang zu bringen ist.

Wertung der architektonischen Qualität

Bemerkenswert ist die sparsame, durchgehend auf Bescheidenheit angelegte Gestaltung. Mit Ausnahme der großen Kuppel wird überall Bedeutung eher heruntergespielt als gesteigert. Die Ansichten sind sorgfältig und maßstäblich angenehm entwickelt.

Im ganzen eine vorzügliche Lösung der Aufgabe, mit ihrer Tendenz zur Maßstabsreduzierung an der unteren Grenze des Interpretationsspielraums für Aufgabe und Ort.

Weitere Abbildungen s. Farbtafeln Seiten 273–275

3. Preis

H. Joos, R. Schulze, K. Krüger-Heyden

Aus dem Erläuterungsbericht:

Idee

Baukörperliche Darstellung und Dominanz der Hauptnutzungsbereiche der Deutschen Bibliothek,
d. h. Magazin als geschlossene Basis und aus dem Sockel herauswachsendes *sichtbares Magazin,*
- Eingang, Kantine, Ausstellung, Vortrag, Lesesäle als transparente und zum Grünzug abgestaffelte Gebäudekonturen,
- Benutzerkatalog und Dienstkataloge als zentraler, alles verbindender offener Raumbereich,
- Dienstbereich mit Verwaltung als aufgeständerter, funktionaler Baukörperriegel.

Einbeziehung des Grünbereiches in und auf die Gebäudestruktur als Kontrast zu den geschlossenen Baukuben und transparenten Glasflächen.

Architektonische und städtebauliche Dominanz durch Darstellung des Magazinturms und Eckbetonung.

Städtebau

Einhaltung und Aufnahme der städtebaulichen Rahmenbedingungen aus dem Bebauungsplan in bezug auf Höhenstaffelung, Erschließung und Baulinien.

Differenzierung und Einfügung des Baukörpers in das städtebauliche Umfeld
- Dominanz und städtebauliche Betonung an der Kreuzung Adickesallee/Eckenheimer Landstraße (gegenüber Friedhof) durch Eingangsplatz und Magazinturm,
- Aufnahme, Einfügung und Fortsetzung der geschlossenen Blockrandbebauung an der Eckenheimer Landstraße durch den Verwaltungsriegel,
- Einbindung des Eckhauses Eckenheimer Landstraße/Cronstettenstraße durch Fortsetzung der Reihung von Einzelbaukörpern mit separatem Hausmeister-Gästeappartementhaus,

– Aufnahme der Gebäudelinien und des Grünzuges durch gestaffelte Höhenentwicklung des Baukörpers und Öffnung, Transparenz der Baukörper, Einfügung der Höhen zur Villenbebauung.
Einbeziehung des Grünbereiches in die Gebäudestruktur.
Abstand zur kleinteiligen Bebauung durch breiten Grüngürtel.
Fußgängerverkehr unter der Arkade und an der Straße zum Eingangsplatz.
Haupteingang an städtebaulich dominanter Kreuzung, leicht auffindbar und den öffentlichen Nahverkehrspunkten zugeordnet.

Nur eine Ein- und Ausfahrt für Anlieferung und Tiefgarage in verkehrstechnisch günstiger Lage.

Belebung der Eckenheimer Landstraße durch attraktives Erdgeschoßangebot wie öffentliche Gaststätte, Ausstellungsräume, vermietbare Vortragssäle.

Begrünte Dachflächen als 5. Fassade.

Organisation, Funktion

Gesamte fußläufige Erschließlung *über einen Haupteingang;* Abtrennung und Benutzung der öffentlich zugänglichen Nutzerbereiche nach Dienstschluß wie Ausstellung, Vortrag über kleine Eingangshalle.

Ausgänge, Aufzug, Tiefgarage witterungsgeschützt unter der Arkade zum Haupteingang, Nutzung der Tiefgarage auch nach Dienstschluß möglich z. B. Veranstaltungen, Friedhofsbesucher etc.

Vorfahrt unter Vordach Arkade.

Kurzer Anschluß Haupteingang und öffentliche Verkehrsmittel.

Anlieferung höhengleich unter Ausnutzung des Geländegefälles an das Sockelgeschoß; direkte Anbindung horizontal bzw. vertikal an beide Haupterschließungspunkte des Gebäudes.

Erschließung Besucherverkehr bis in das Zwischengeschoß mit halböffentlichen Bereichen wie z. B. Direktion, Unterricht über Treppe, Aufzug in der Eingangshalle.

Interne Erschließung und Lastenverkehr über zwei Treppen- und Aufzugspunkte, zusätzliches Angebot von internen vertikalen Verbindungen im Dienstbereich in den Lufträumen Eingangshalle, Kataloge, Buchausgabe.

Klare horizontale und vertikale Trennung von Benutzer- und Dienstbereich, trotzdem Zusammenfassung der Gesamtbereiche und Erlebbarkeit des Organisationsaufbaues *durch Luftraumverbindung.*

Untergeschosse als Magazin- und Technikgeschosse mit angegliederter Tiefgarage.

Sockelgeschoß als Anlieferungs- und zentrales Verteilungsgeschoß. Anordnung von belichteten und über vertikales Erschließungssystem angebundenen zentralen Raumgruppen wie z. B. Post, Druckerei, DVA, Magazin etc.

Schlossstrasse

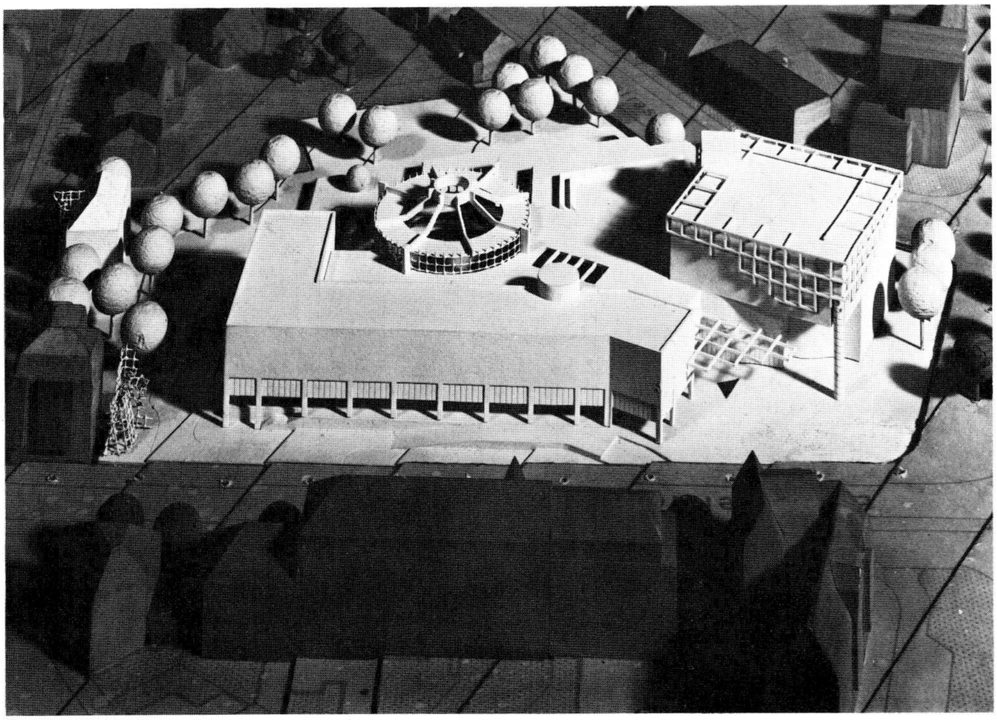

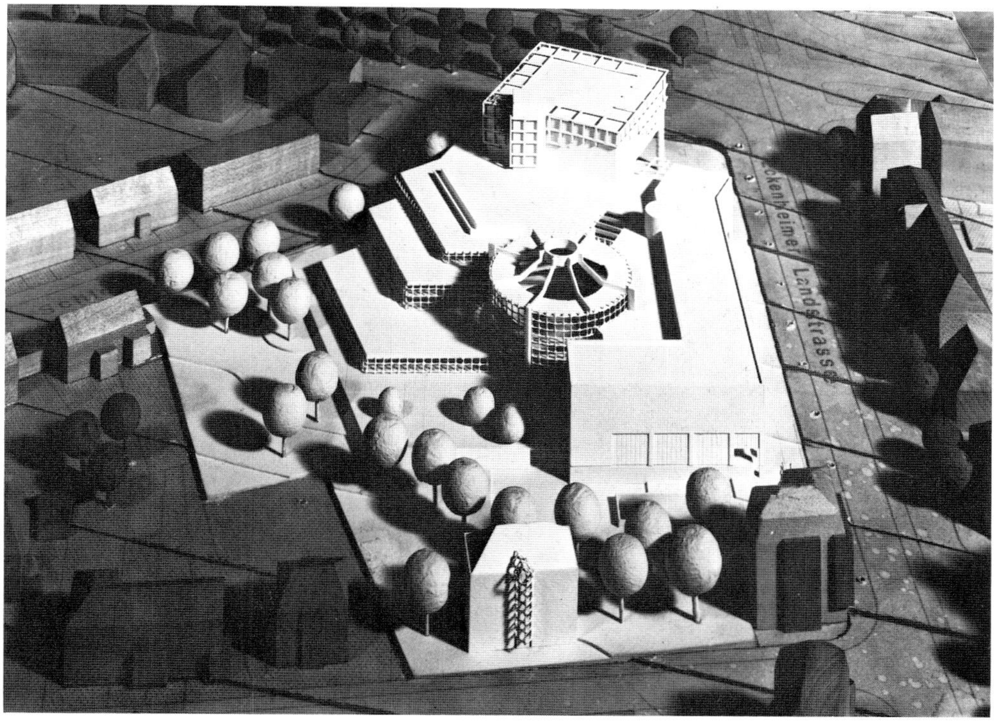
Landstrasse

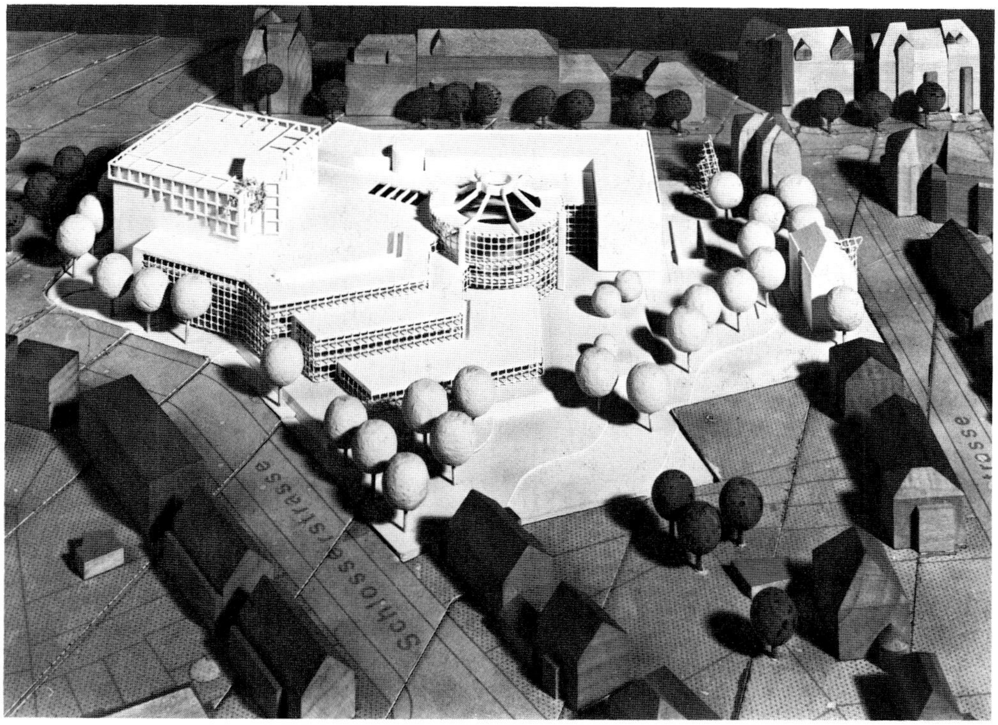
Schlossstrasse

ORGANISATION
IDEE
STÄDTEBAU
LAGEPLAN
Oberfinanzdirektion
Adickesallee
Loënstr.
Frauensteinstr.
Schlosser Str.
Frauensteinplatz
Cronstettenstr.

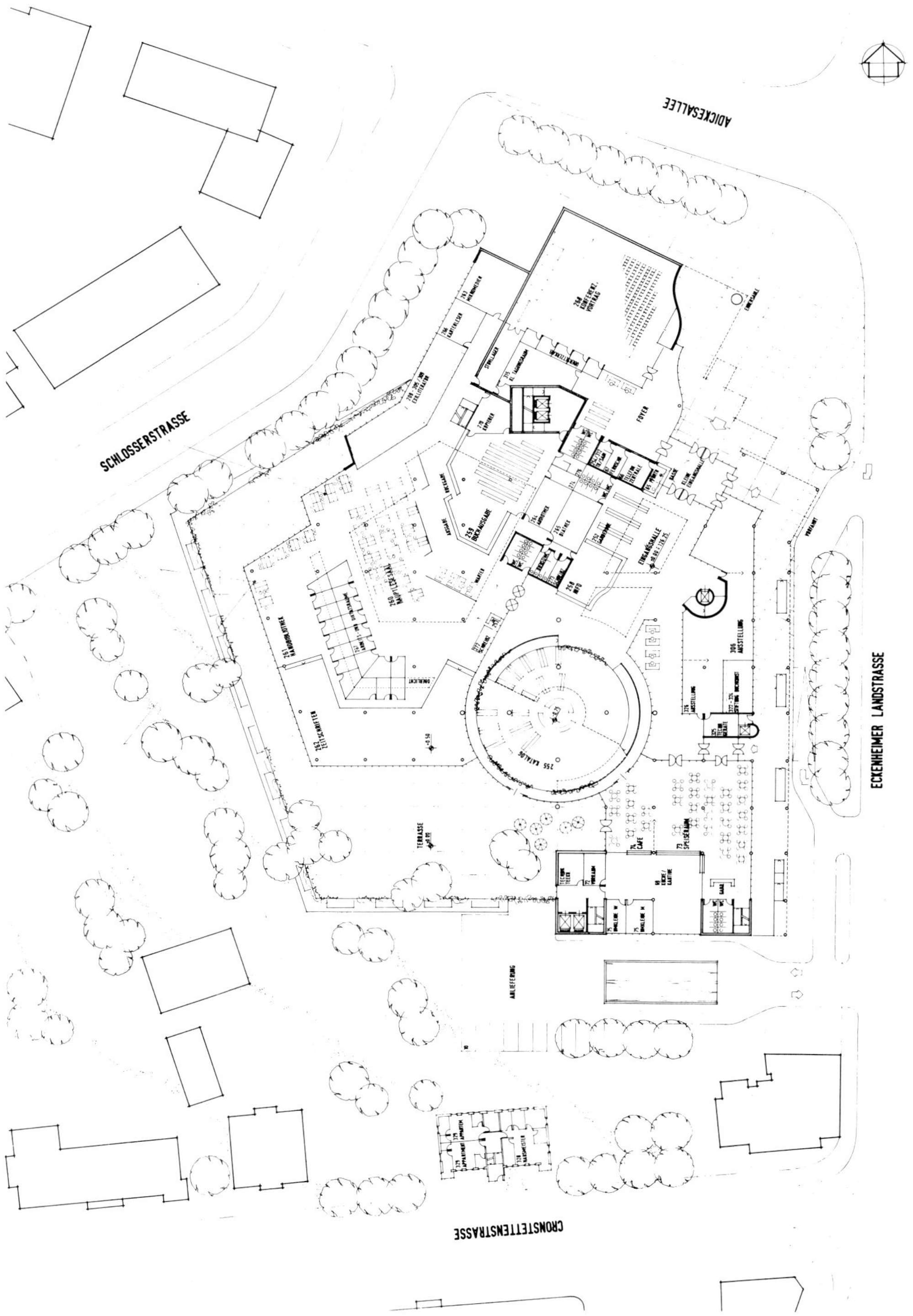
ADICKESALLEE
SCHLOSSERSTRASSE
FOYER
ECKENHEIMER LANDSTRASSE
TERRASSE
ANLIEFERUNG
CRONSTETTENSTRASSE

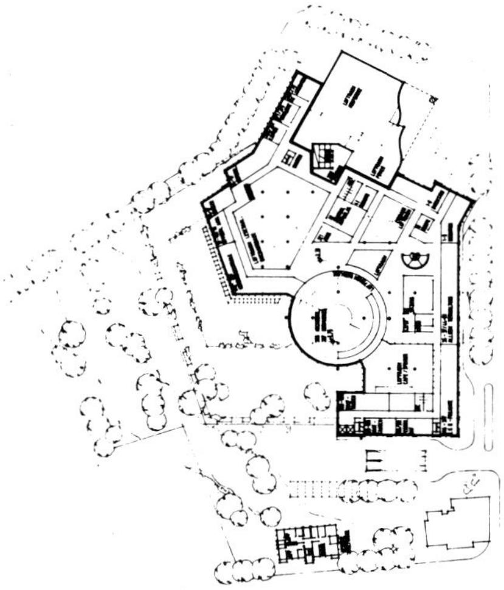
ZWISCHENGESCHOSS

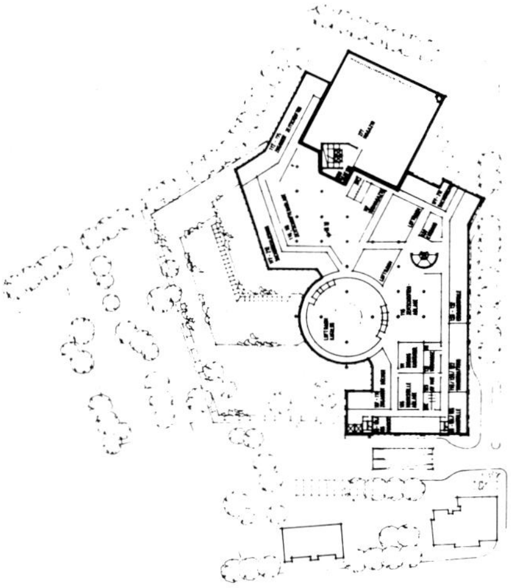
2. OBERGESCHOSS

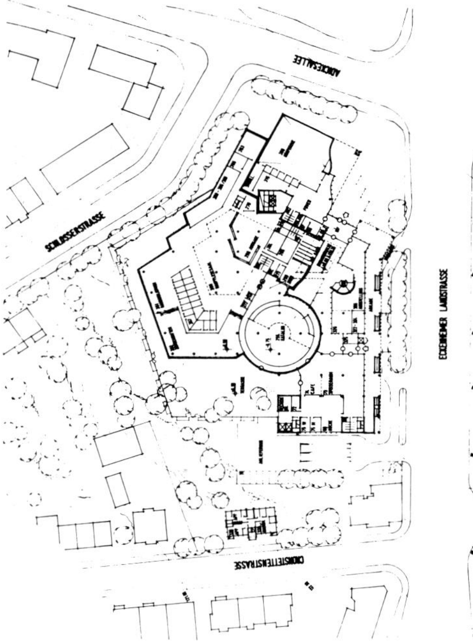

ERDGESCHOSS

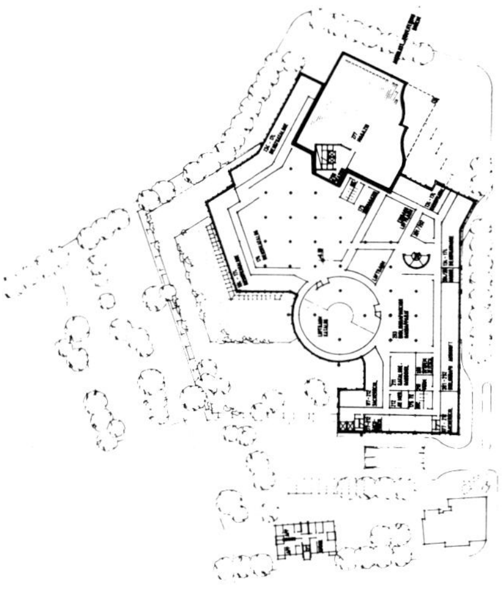
1. OBERGESCHOSS

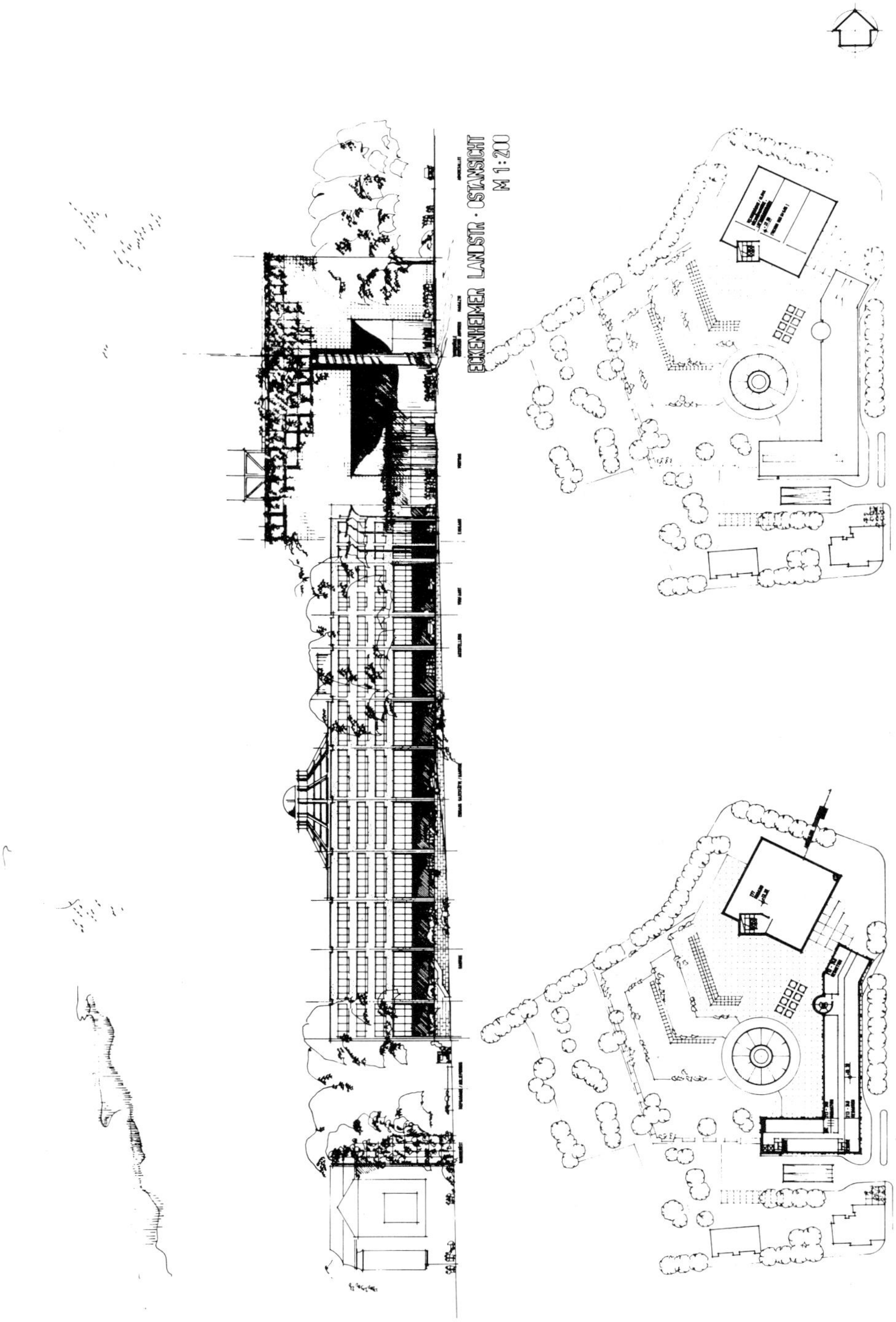

ECKENHEIMER LANDSTR. · OSTANSICHT
M 1:200
4.-5. OBERGESCHOSS
3. OBERGESCHOSS

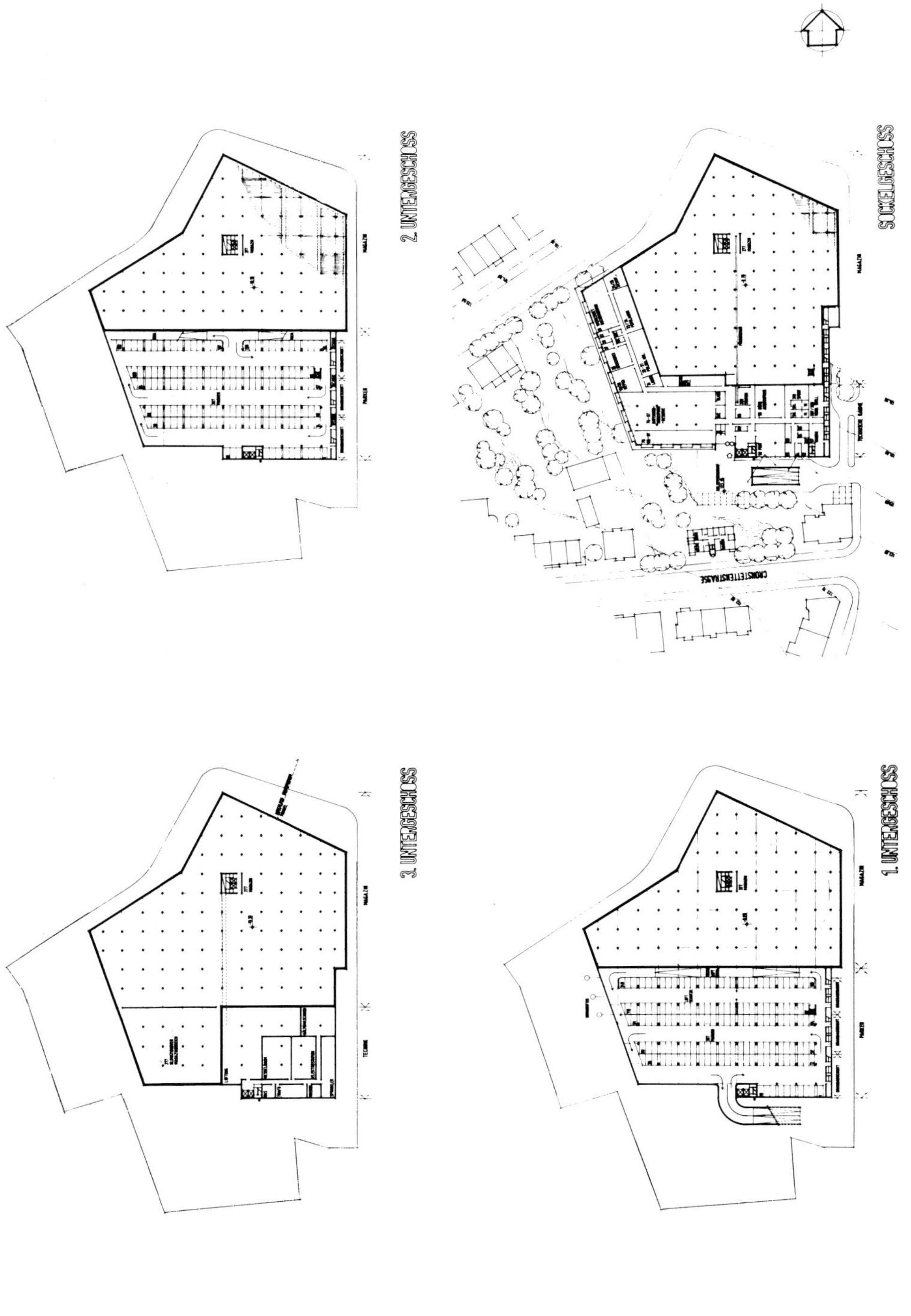
SOCKELGESCHOSS
2. UNTERGESCHOSS
1. UNTERGESCHOSS
3. UNTERGESCHOSS
CRONSTETTENSTRASSE

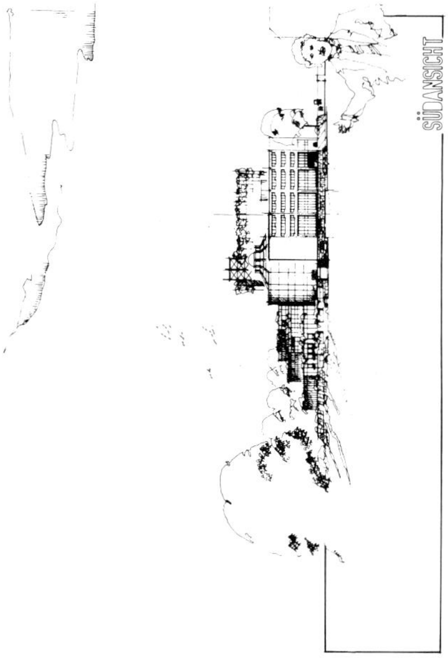
SÜDANSICHT

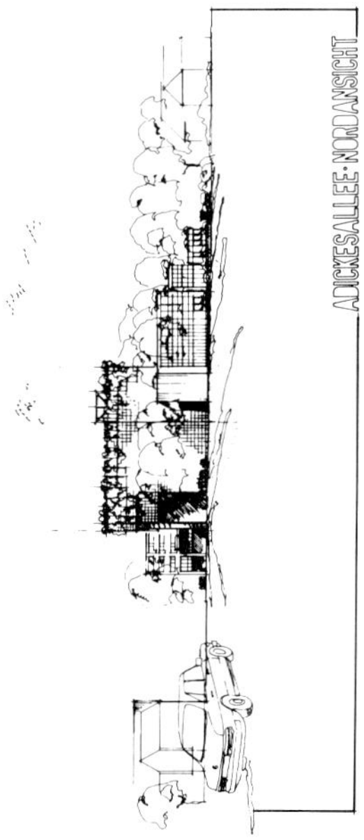
ADICKESALLEE·NORDANSICHT

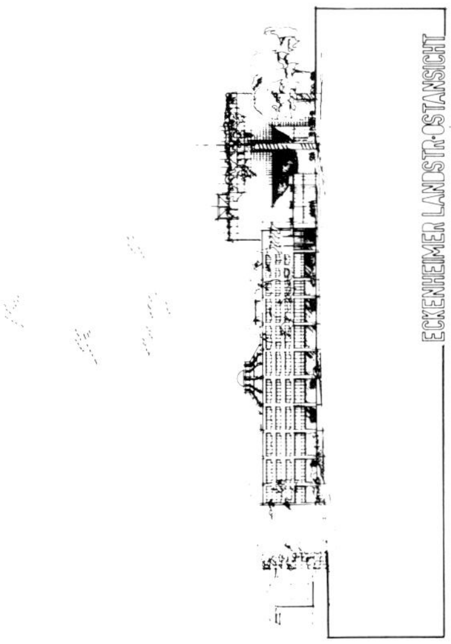
ECKENHEIMER LANDSTR·OSTANSICHT

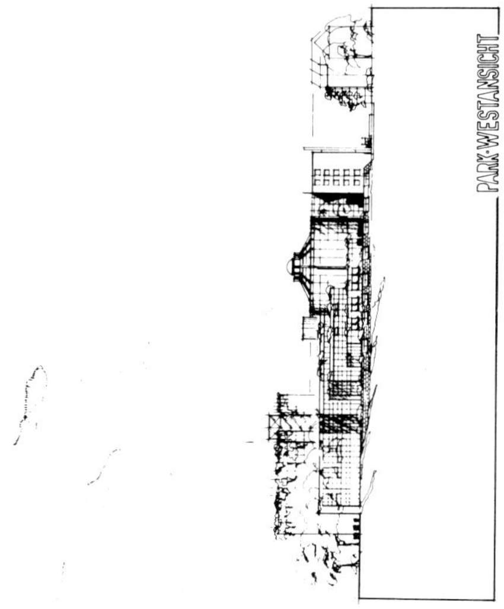
PARK·WESTANSICHT

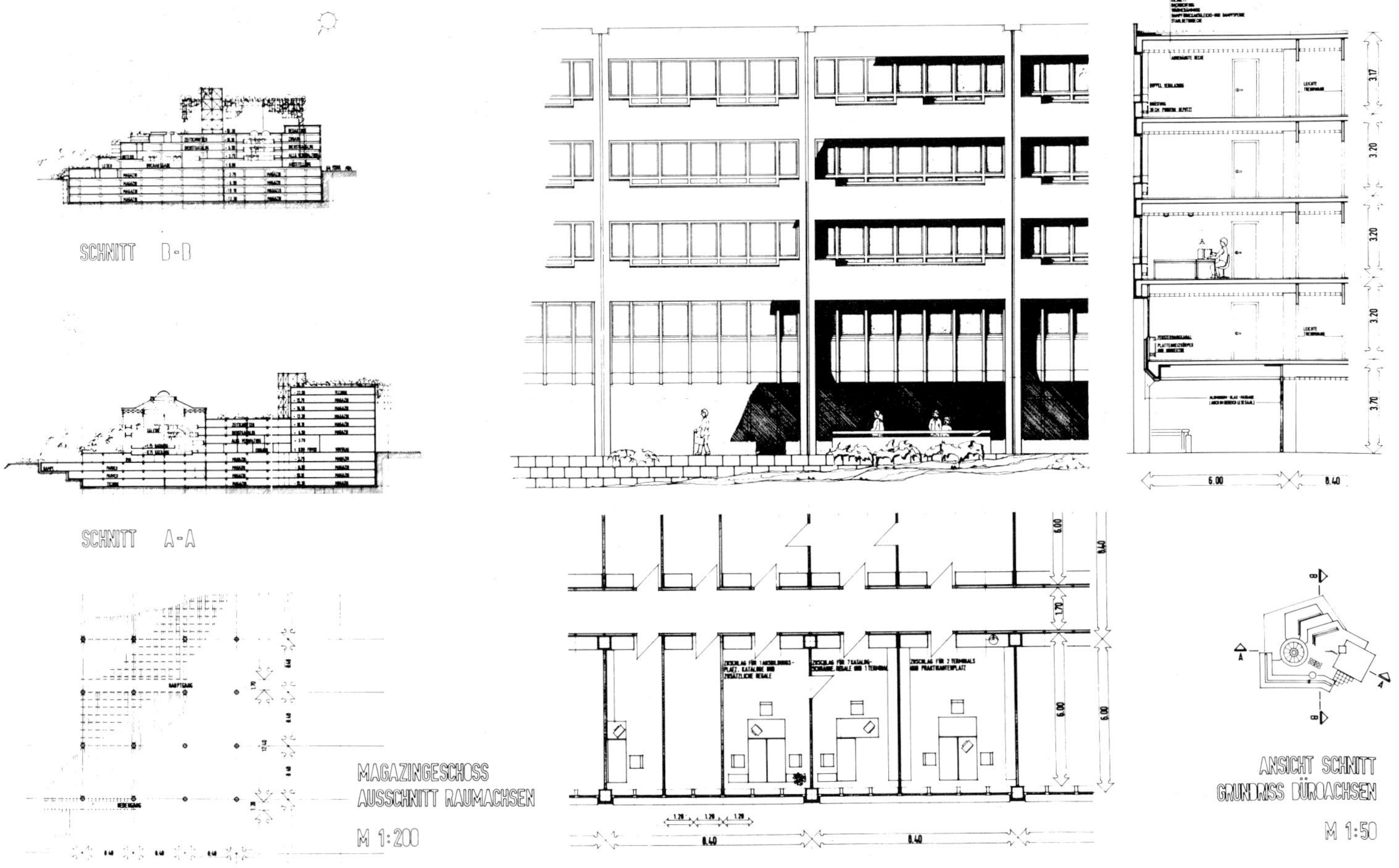
SCHNITT B-B
SCHNITT A-A
MAGAZINGESCHOSS
AUSSCHNITT RAUMACHSEN
M 1:200
3.17
3.20
3.20
3.20
3.70
6.00
8.40
1.70
ANSICHT SCHNITT
GRUNDRISS DÜROACHSEN
M 1:50

Erdgeschoß als Benutzergeschoß mit sämtlichen öffentlichkeitsorientierten Nutzungsbereichen.

Zwischengeschoß mit halböffentlichen Nutzungsbereichen wie z. B. Direktion, Unterricht, Verbundzentrale etc., starke räumliche Anbindung EG durch Luftraumverbindung.

Obergeschosse mit Dienstkatalog und bibliografischem Handapparat und den Verwaltungen einander zentral zugeordnet und über Lufträume zusätzlich miteinander verbunden.

Technik von DVA und Küche dezentral. Haustechnische Versorgung im 3. UG im Bereich Anlieferung, Klima und Luftansaugung auf Magazinturm.

Konstruktion/Material

Stahlbetonskelettkonstruktion auf 8,40 m × 8,40 m Regelraster.

Ausbauraster 1,20 m × 1,20 m bzw. 0,60 m Modul.

Konstruktion Benutzerkatalog-Rotunde als Stahlfachwerk mit tragenden Fassadensprossen.

Verwaltungstrakt mit Mauerwerks-Putzfassade.

Lesesäle, gestaffelte Geschosse, Erdgeschoßbereiche als Glas-Leichtmetallfassade mit zum Teil vorgehängtem Sonnenschutz.

Sockelgeschoß und Magazinturm massiv mit großformatigen Platten belegt und farblich auf Putz- und transparente Fassade abgestimmt.

Leichte Stahlstruktur als Rankgerüst.

Gestaltung

Außenraum: Gliederung in die wesentlichen Funktionsbereiche der Deutschen Bibliothek und Kontrastbildung zwischen geschlossenen und offenen Gebäudeteilen.

Betonung des Auftrages »Sammlung« durch geschlossenen Magazinturm mit Ecksäule (Ehrensäule mit den Namen aller deutschen Autoren).

Assoziation: Sockel mit begrüntem, berankten Felsenblock.

Lesesäle als transparente, außenraumorientierte »Wintergärten«.

Innenraum: Erlebbarkeit des Gesamtgebäudes durch verbindende Lufträume und differenzierte Höhenstaffelung, Ein- und Durchblicke.

Transparenz und Betonung der zentralen Funktion des Bibliothekskatalogs durch Glasstahlfachwerk und besondere Raumform, zu der alle Kataloge orientiert sind.

Auch im Innenraum künstlerischer Einsatz des Kontrastes Natur und künstlerisches Werk als Gesamtkunstwerk.

Planungsdaten

Hauptnutzfläche:	49 804 m²
Bruttogeschoßfläche:	71 811 m²
Bruttorauminhalt:	263 606 m³

Beurteilung des Preisgerichts:

Städtebauliche/stadträumliche Gesichtspunkte

Die vorgeschlagene bauliche Konzeption entspricht den städtebaulichen Rahmenbedingungen.

Durch die Gliederung der Baugruppe und ihre differenzierte Gestaltung wird eine überzeugende Einfügung in das städtische Umfeld erreicht:

- Der Magazinturm führt zu einer maßstäblich angenehmen Dominanz an der Kreuzung Adickesallee/Eckenheimer Landstraße.
- Die Blockrandbebauung bindet in die Stadtstruktur der Eckenheimer Landstraße ein.
- Die gestaffelte Höhenentwicklung des Baukörpers im rückwärtigen Bereich des Baugeländes wird den stadträumlichen Bedingungen der Wohnbebauung gerecht. Hierbei wird der Grünraum der Wohnbebauung aufgenommen und weitergeführt. Dies trägt besonders zur Angleichung der unterschiedlichen Nutzungsbereiche bei.

Äußere Erschließung

Die Anordnung des Haupteingangs an der Adickesallee/Eckenheimer Landstraße entspricht dem städtischen und funktionalen Konzept. Seine gestalterische Ausformung ist nicht unproblematisch und überzeugt nicht ganz. Es wird versucht, den Fußgänger durch die Gliederung und Höhenentwicklung der Baukörper zum Eingang zu führen. Die Zufahrten zur Anlieferung und zu den Tiefgaragen nehmen auf die Wohnbebauung Rücksicht und sind dem Verkehrskonzept der Eckenheimer Landstraße eingefügt.

Funktion und Qualität der räumlichen Gestaltung

Die Funktionsbereiche — Benutzer, Verwaltung, Magazin — zeigen eine gute Disposition. Der gesamte Eingangsbereich erscheint schmalhüftig. Er hat z. T. nur eine Verkehrsbreite von 8 m bei 4 Stockwerken Raumhöhe. Außerdem wird er von einem dreistöckigen Laufsteg durchkreuzt, wodurch die unproportionierte Raumhöhe noch unterstrichen wird. Der zusammengehörige Bereich von Konferenzsaal, Ausstellungsfläche, Café/Restaurant ist auseinandergerissen, die Verbindung über den Windfang außerhalb der Bibliotheksöffnungszeiten erscheint unglücklich. Der Ausstellungsraum ist unzweckmäßig geschnitten, z. T. bedingt durch die eingeschobenen Büroräume der Stiftung Buchkunst. Der Sitzungssaal hat kein natürliches Licht und ist sehr unzweckmäßig geschnitten. In dem einprägsamen Rundbau, der über 4 Stockwerke reicht, werden nur die beiden unteren Stockwerke genutzt, und zwar vom Benutzerkatalog, der sich damit funktionsungünstig über 2 Stockwerke erstreckt. Im Lesesaal verstellen die Kabinen und die Handbibliothek den reizvollen Blick von den Leseplätzen in die Grünzone.

Konstruktion und Wirtschaftlichkeit

Der Konzeption liegt ein einheitliches Konstruktionsraster zugrunde, dem ein wirtschaftliches Ausbauraster eingefügt werden kann. Die geforderte HNF wird um rd. 6 % überschritten. Trotzdem liegen die Planungsdaten noch im mittleren Bereich. Die Wirtschaftlichkeit des Entwurfes ist gegeben.

Wertung des künstlerischen Beitrages

Die Entwurfsverfasser verstehen das Bauwerk in der Einbeziehung von Natur als Kontrast im Sinne eines Gesamtwerks.

Starkes bildnerisches Element ist die »Ehrensäule« im Zusammenspiel mit der gekurvten Einbuchtung des Eingangsbereiches, d. h. ein tragender Bauteil wird relief-plastisch gestaltet.

Diese Ansätze bedeuten, daß das Werk als autonome Baukunst ohne die Mitwirkung eines eigenständigen Künstlers zu werten ist.

Wertung der architektonischen Qualität

Die architektonische Gestaltung ist ideenreich. Geschlossene und offene Gebäude werden kontrastbildend gegenübergestellt.

Architektonisch wird der Magazinturm durch die Hinzufügung einer »Ehrensäule« noch besonders hervorgehoben. Die Gestaltung des Verwaltungsgebäudes erreicht nicht die vorstehend genannte architektonische Qualität.

Die gut gegliederte Gesamtanlage und die signifikante Anordnung des Magazingebäudes entspricht den stadträumlichen Gegebenheiten des Umfeldes und spiegelt die Aufgabenstellung sinnvoll wider. In der Zusammenfügung der Baukörper zeigt die Konzeption jedoch Mängel und erreicht in der architektonischen Gestaltung nicht immer die gewünschte Ausstrahlungskraft.

4. Preis

Professor Günter Behnisch & Partner

Aus dem Erläuterungsbericht:

Im *Erläuterungsbericht* setzen sich die Verfasser betont mit Punkt 1.13.3 der Auslobung auseinander.

Dort heißt es: »Es wird ein architektonischer Beitrag erwartet, der der kulturpolitischen Bedeutung einer Nationalbibliothek entspricht ...«

Diese Forderung und die nach einem sinnvollen funktionellen Gesamtgefüge stehen im Mittelpunkt der Arbeit. Von diesem Ansatz her haben sich die Lösung der Aufgabe und die Lösung von Einzelproblemen, seien sie städtebaulicher, architektonisch-räumlicher oder technischer Art, entwickelt.

Die Deutsche Bibliothek bearbeitet stetig das deutsche gedruckte Wort. Sicher wäre es sinnvoll, wenn sich dann das »Gehäuse« dieses Organes unserer Gesellschaft »Nationalbibliothek« auch an den stetigen Tendenzen deutscher Architektur orientieren würde und damit die sich in kurzen Abständen auf- und abbauenden Architekturmoden vermeiden könnte (... Brutalismus, Metabolismus, Strukturalismus, Rationalismus, Postmoderne, high-tech, ...), Strömungen, die den Problemen des Augenblicks folgen.

(So hat z. B. der Wunsch nach der in der analytischen Architektur verlorenen plastischen Quantität und Qualität mit zur brutalistischen Architektur geführt.)

All diesen Strömungen ist aber auch der Wunsch zu eigen, Architektur nicht ausschließlich der empirischen Realität ausliefern zu müssen, diese vielmehr an »Höheres« zu binden. Und tatsächlich, hinter Architektur steht, durch Architektur scheint das »Höhere« der jeweiligen Zeit.

Wir müssen also, wollen wir in Architektur uns orientieren, das »Höhere« finden, das, was hinter, besser: über unserem Alltag steht; und das können nicht die Ersatzgötter: Technik, Geometrie oder Variabilität sein. So wichtig diese Teilaspekte sind; sie sind einzubinden, unterzuordnen unserem Streben, unserem Wunsch nach Freiheit und Würde für jeden und unserer Hoffnung, uns diesen Zielen nähern zu können.

Diesen Weg ist die Moderne und ist das Neue Bauen gegangen; in diesem Sinne sind Mays Wohnsiedlungen in Frankfurt und Scharouns Philharmonie in Berlin Landmarken unserer Kulturgeschichte und in *dieser* Tradition sollten wir stehen.

Freiheit und Würde für sich und für andere, für alle und für alles, auch für Dinge. D. h.: abbauen, zurückweisen der sich fortwährend neu aufbauenden Zwänge der empirischen Realität, Freiraum und Spielraum für alle und alles und die Möglichkeit für jeden und jedes – auch das Kleine –, sich, seine Gestalt und seinen Platz im Gesamtgefüge, in der Gesellschaft finden zu können.

Aus diesem Ansatz ergeben sich die Lösungen der einzelnen Probleme: so erhält z. B. der Büroteil der Bibliothek selbstverständlich die Erscheinung eines Büroteils, ein Saal ist ein Saal, eine Verteilerebene eine Verteilerebene, der Bereich des Generaldirektors entspricht in Ausbildung und in Lage über dem Schnittpunkt aller Funktionen und mit Blick über diese seiner internen und repräsentativen Funktion und so fort.

Das Ganze gleicht damit einer Landschaft, in der ja auch jedes für sich *und* in Verbindung zum anderen und zum Ganzen steht (ein Baum ist ein Baum, eine Rose ist eine Rose). Zusätzliche Harmonisierungsmaßnahmen, z. B.: Ausformen von Blockbebauung, geometrische oder formale Ordnungen usw. sind damit überflüssig. Sie würden die Vielfalt der Erscheinungen und deren Einheit stören, die darin zu sehen ist, daß alle und alles tendenziell gleichermaßen für sich selbst frei und tolerant dem anderen gegenüber sind, sich und ihren Platz gefunden haben, sich ausformen konnten und das in spielerischer Art.

Mit diesem Ansatz, der ja auch in der Deutschen Literatur zu Hause ist, ist auch das Thema für die Kunst im Zusammenhang mit diesem Bauwerk gegeben. Zwei Maßnahmen – Ebenen sind erkennbar:

a. künstlerische Arbeiten, die diejenigen Teile der Architektur, die sich selbst nicht befreien konnten von übermächtigen Bindungen, im schönen Schein befreien können; also Maßnahmen, die Dunkles hell, Schweres leicht und Enges weit, die Einfältiges vielfältig, Licht sichtbar und Wasser erlebbar machen können usw. (z. B. Mack, Luther, Richter u. a.).
b. nicht direkt an den Bau gebundene Werke (Plastiken, Bilder etc.), die den gleichen Zielen, dem gleichen Thema folgen; also Werke in der Entwicklung zur Freiheit und Toleranz, die selbständig sind, inhaltlich jedoch zum Bauwerk gehören, die das »Gemeinsame« vielfältig macht.

Damit sind auch die Orte für Kunst vorbestimmt,

a. Orte, denen geholfen werden soll und
b. solche, die thematisch gesteigert werden könnten.

Zu den letzteren gehören sicherlich der halböffentliche Raum zwischen Bibliothek und Straße, Eingangshalle, Foyer, Galerie usw.

Als selbstverständlich – und deshalb detailliert nicht erwähnt – wird ange-

Eckenheimer/Landstrasse
KONFERENZ
RESTAURANT
KU. ANL.

Eckenheimer Landstrasse
WO.HM/GÄSTE

EU.ANL.
Schlossstrasse

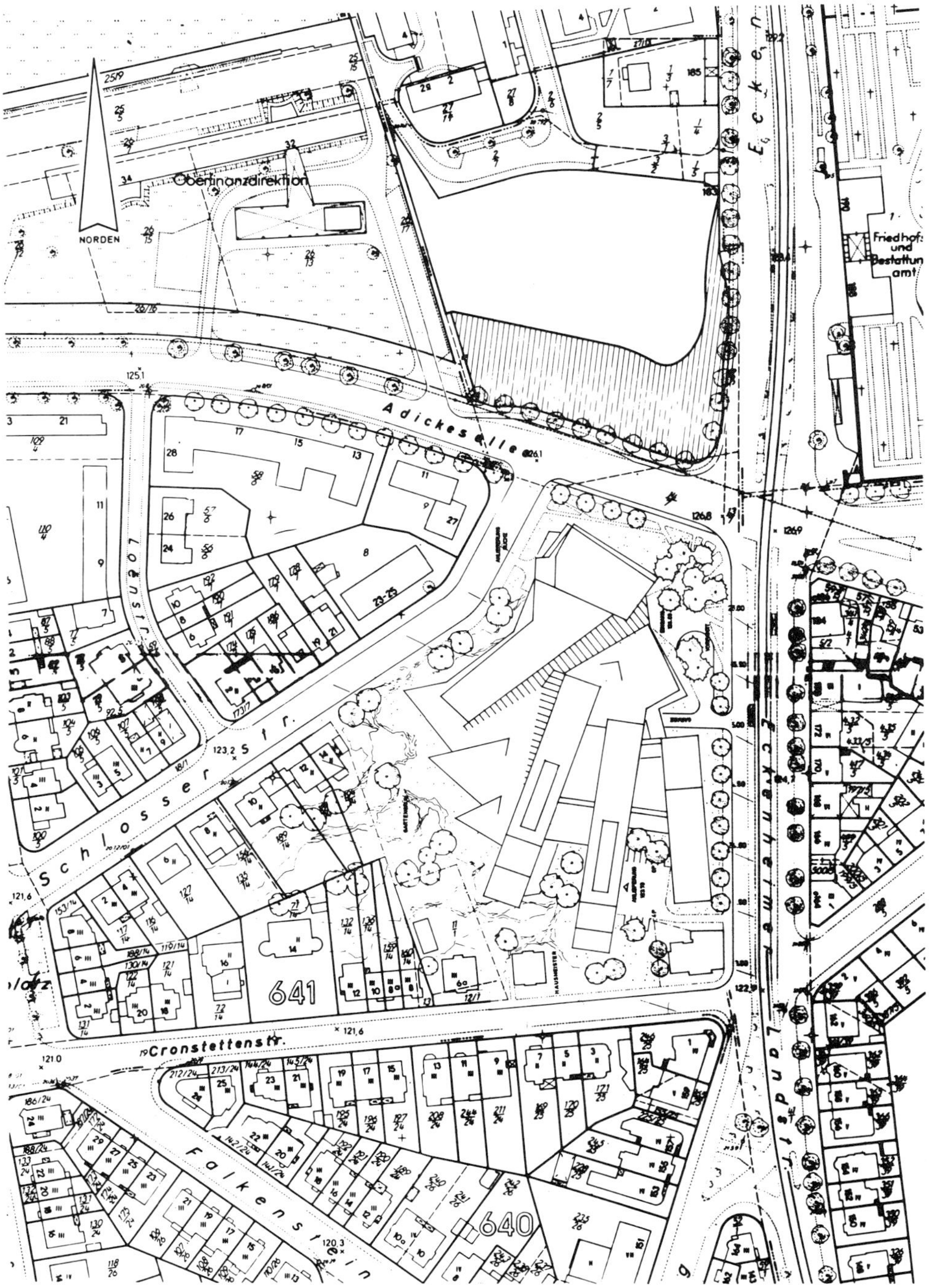
NORDEN
Oberfinanzdirektion
Adickesallee
Eckenheimer Landstr.
Friedhofs und Bestattungsamt
Schlosser Str.
Loënstr.
Cronstettenstr.
Falkenstein
641
640

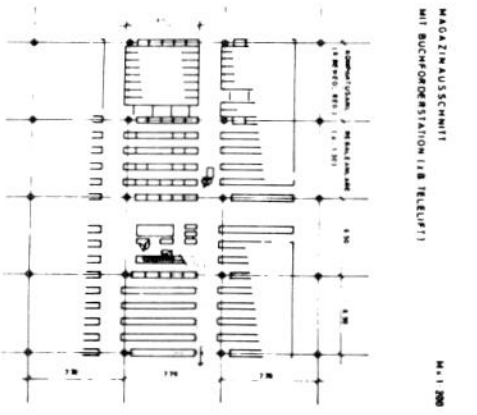

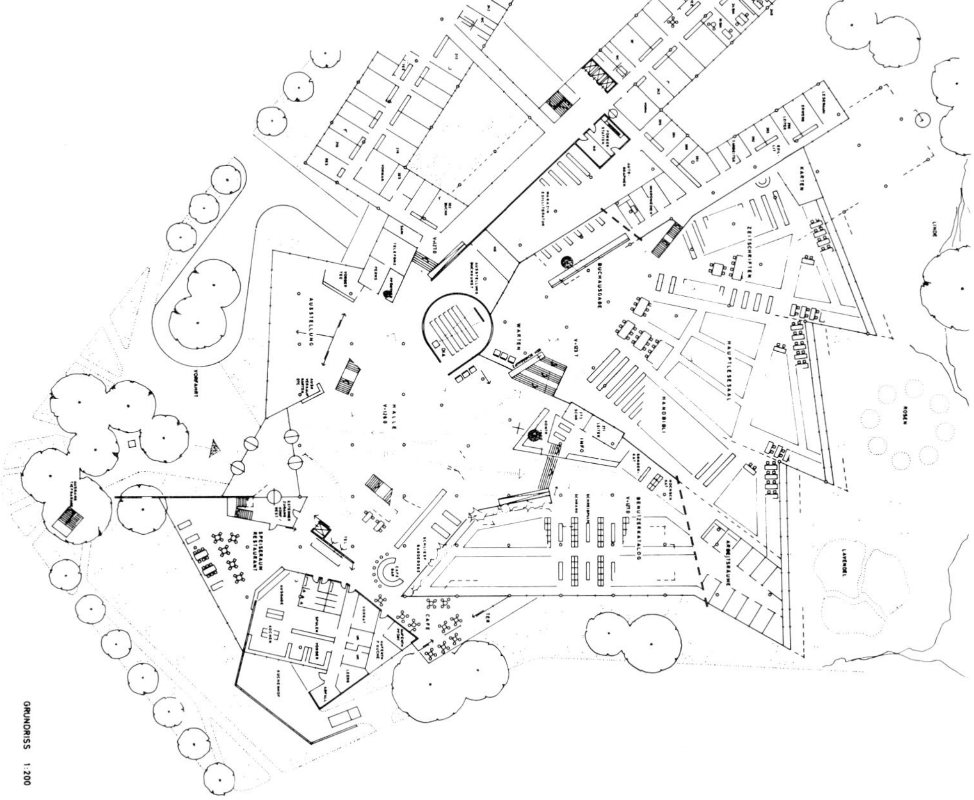

GRUNDRISS 1:200

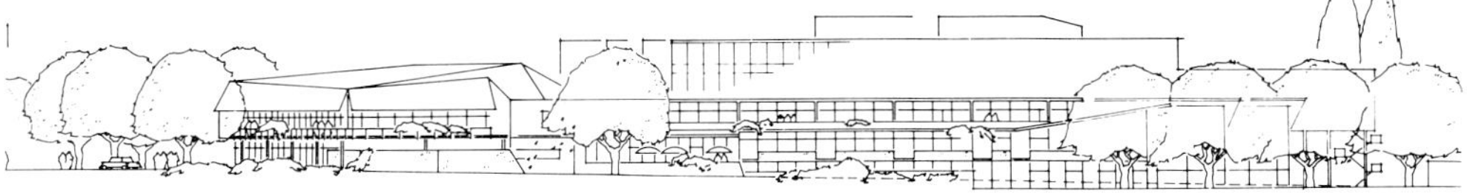

ANSICHT SCHLOSSERSTRASSE

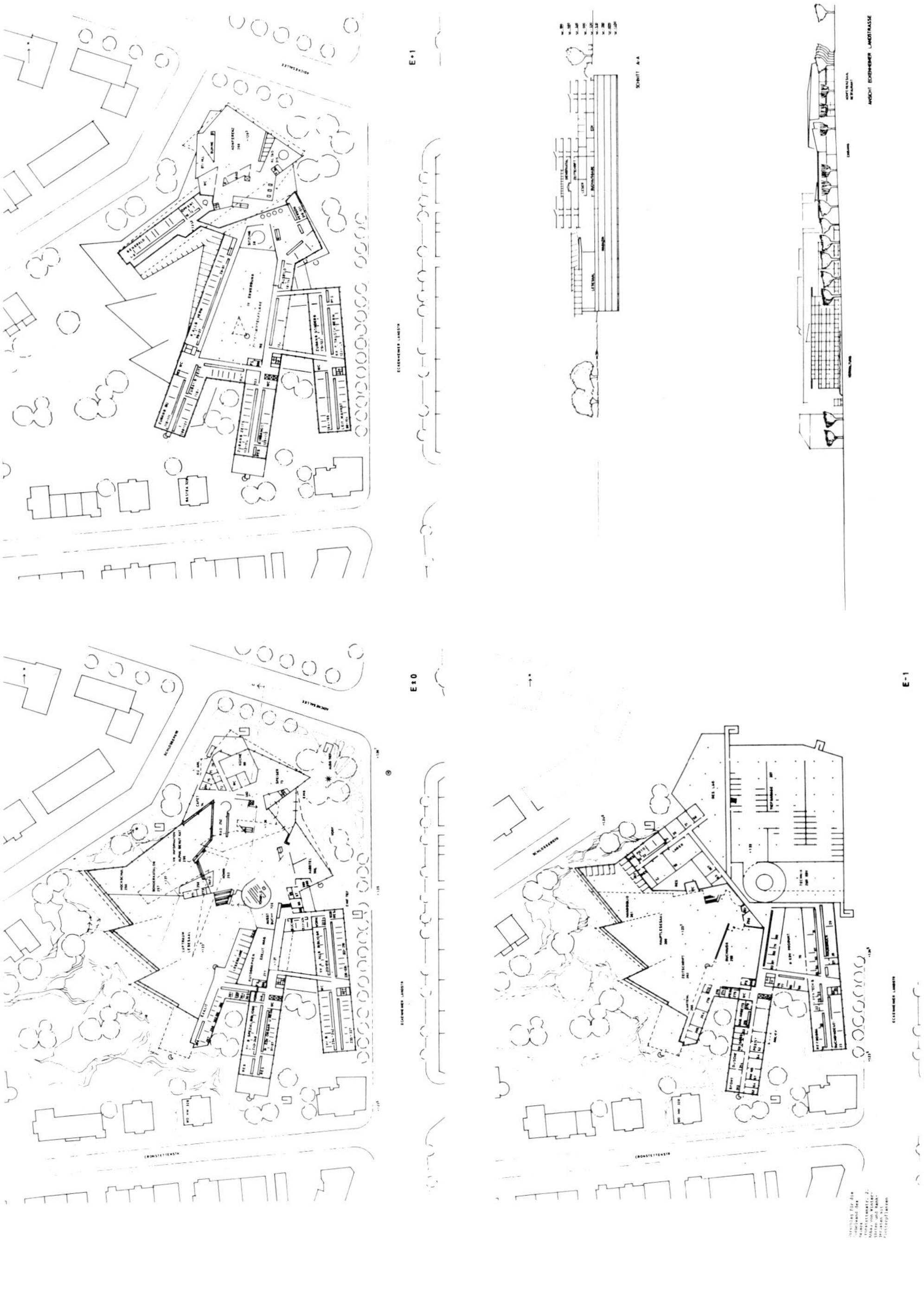

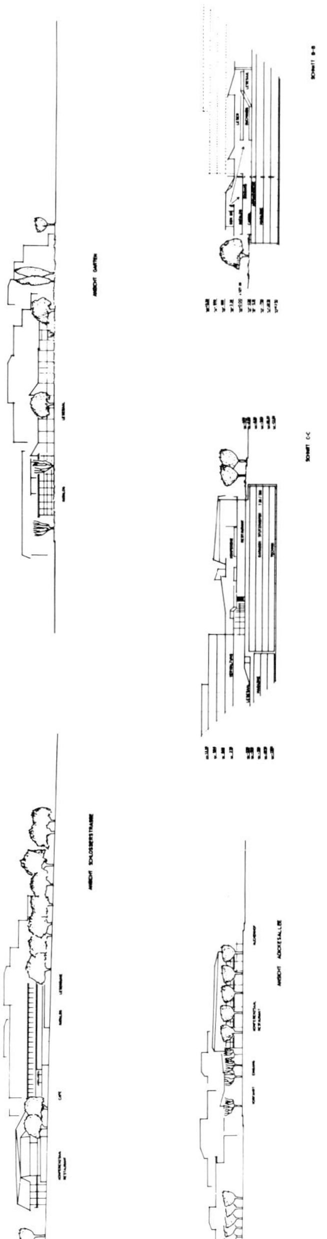

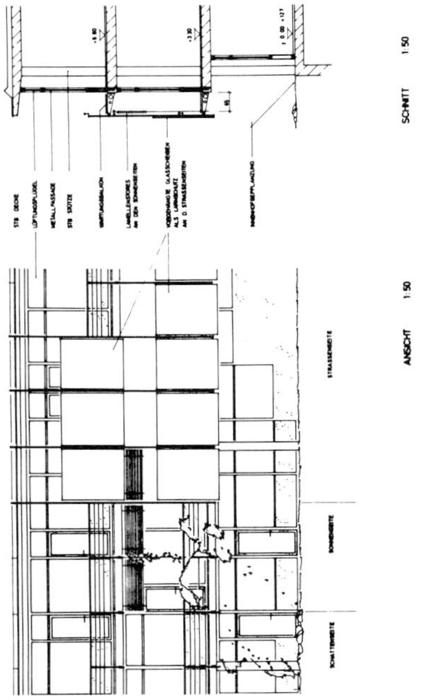
ANSICHT 1:50
SCHNITT 1:50

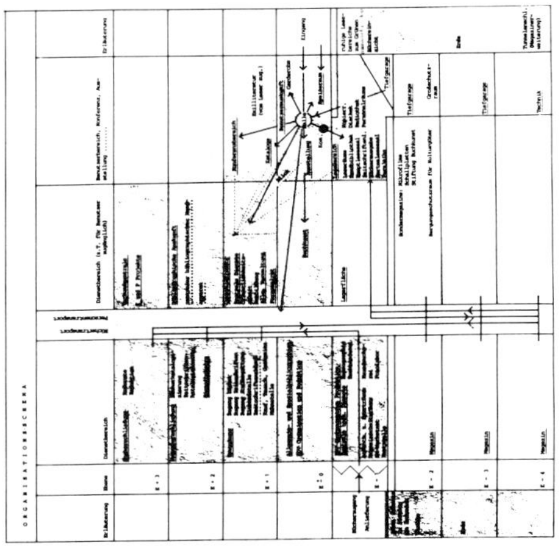

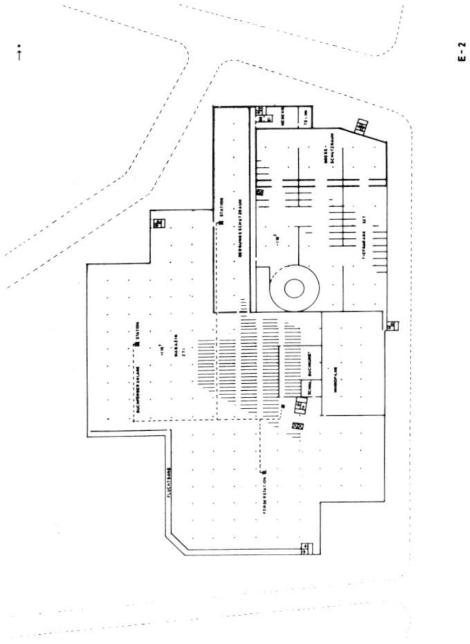
E-2

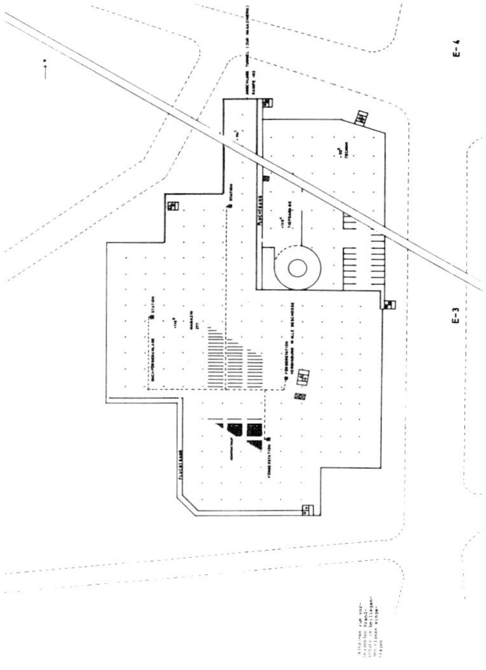
E-4
E-3

sehen, daß die »Fäden des städtischen Gewebes« aufgenommen und in der neuen Anlage zu einem neuen Merkpunkt in der Stadt verknüpft werden. So orientiert sich der Eingangsbereich zum Schwerpunkt dieses Stadtgebietes; die verschiedenen Grünarten werden an und in das Gebäude geführt: das offizielle Straßengrün mit den Alleebäumen, die besonderen Bäume im Eingangsbereich und das Gartengrün mit seinen Bäumen, Büschen und Rasenplätzen vor dem Lesekontinuum.

Eine Stadt lebt auch von der Qualität, der Art und der Vielfalt ihrer Einzelgestalten. Ohnehin ist das meiste in Frankfurt vertreten: die repräsentative Architektur der Konzerne, die technokratische der Administrationen, die restaurative am Römer, die postmoderne und die neue amerikanische moderne Architektur am Schaumainkai usw. Nicht vertreten in repräsentativen Gebäuden der letzten Jahrzehnte ist die hier angestrebte, aus den Funktionen und aus unseren Idealen entwickelte architektonische Gestalt.

Diese Lücke könnte geschlossen werden. Ein solches Vorhaben wäre verwurzelt in der deutschen Kultur und würde anknüpfen an die lange, spezielle, zugegebenermaßen nicht sehr breit entwickelte architektonische Tradition in Deutschland.

Beschreibung des Tragwerks

Die drei unterirdischen Geschosse haben ein einheitliches Stützenraster 6,5 × 7,7 m im Magazinbereich sowie 7,2 × 8,4/7,6 m im Tiefgaragenbereich. Hier bietet sich als wirtschaftliche Deckenkonstruktion eine Flachdekke an, eventuell wegen der besonders hohen Verkehrslasten im Magazin mit Pilzköpfen.

Da das Tragwerk etwa 6 bis 7 m unter dem höchsten Grundwasserstand gegründet wird, ist die Ausbildung einer wasserdichten, schweren Wanne durch eine dicke Fundamentplatte sowie umlaufende Betonwände erforderlich. Die erforderliche Auftriebssicherheit wird durch erhöhtes Gewicht der Fundamentplatte sowie der Decke über E-2 erreicht.

Über dem Gelände liegen langgestreckte, bis zu 5 Geschossen hohe, durch flachere Bereiche verbundene Bürotrakte mit einem gleichmäßigen Stützraster von 8 × 8 m. Auch hier bieten sich Flachdecken auf Stahlbetonstützen an. In einzelnen Bereichen, z. B. über dem Lesesaal, wird jede zweite Stütze durch einen ca. 1,5 m hohen Unterzug abgefangen.

Die unterschiedliche Stützenordnung des Oberbaues gegenüber dem Unterbau wird in der 1,50 m hohen Decke über den Magazin- bzw. Garagengeschossen abgefangen. Hier werden auch die Installationen verteilt bzw. gebündelt.

Die Decken über den Flachbereichen, z. B. über dem Konferenzraum und über dem Lesesaal, sollen erheblich größere Flächen stützenfrei überspannen. Hier sind Deckenplatten auf Nebenträgern, Hauptträgern und Einzelstützen geplant.

Konstruktion, Ausbildung des Bauwerks

Grundlage des Entwurfes ist es, eine energieökologisch richtige Baukonstruktion zu wählen, die für unsere Breitengrade im Jahresdurchschnitt einen ausgeglichenen Wärme- und Kältehaushalt sicherstellt. Die wärme- und klimatechnischen Anlagen sollen nur dazu dienen, die unvermeidbaren inneren und äußeren Klimaeinflüsse zu eliminieren, um das geforderte Raumklima ganzjährig aufrecht zu erhalten.

Alle Innenbereiche und Innenzonen werden in einer schweren Massivbauweise ausgeführt, um als Speichermasse die kurzzeitig auftretenden äußeren Klimaschwankungen auszugleichen (Tag-Nacht).

Die Fassade wird an der Süd- und Westseite weitgehend geöffnet. Die vorzusehenden Glasflächen dienen als passive Sonnenkollektoren bzw. als Energiewand. Die Nord- und Ostseite erhält eine relativ dichte Fassade. Die Forderungen der Wärmeschutzverordnung werden eingehalten bzw. noch verbessert.

Betriebstechnische Anlagen für Wärme- und Kälteversorgung

Da das Gebäude durch seine Nutzung sehr viele innere Wärmelasten bei einem günstigen Massenverhältnis aufweist, wird für die Heizung und Kühlung des Gebäudes die Energiekompensation angewandt. Die freiwerdende Abwärme des Gebäudes wird ganzjährig für die Beheizung des Gebäudes genutzt. Nur bei tiefen Außentemperaturen ist zusätzliche Wärmeenergie erforderlich. Diese Spitzenlastwärme muß durch Fernheizung, Gas- oder Ölheizung, oder elektrische Speicherheizung gedeckt werden. Die erforderliche Kälteanlage muß für Energiekompensation vorgesehen werden. Das System erfordert umschaltbare Wärme- und Kältespeicher. Die Gebäudeheizung ist als Niedertemperaturheizung auszulegen.

Raumlufttechnische Anlagen

Die raumlufttechnischen Anlagen werden nur dort vorgesehen, wo durch bauliche Maßnahmen das geforderte Raumklima und die Raumlüftung nicht sichergestellt werden können. Durch qualifizierte Luftaufbereitung und durch Einsatz hochwertiger Luftauslässe und Luftführungssysteme ist es möglich, die Luftmengen der einzelnen Anlagen wesentlich zu reduzieren, wodurch die Energie- und Betriebslasten minimiert werden können. Einrichtungen für Energierückgewinnung werden vorgesehen. Eine wesentliche Energieeinsparung ist durch Komfortverzicht bei tiefen und bei hohen Außentemperaturen möglich. Die Anlagen werden für Umluftbetrieb mit minimaler Außenluftrate vorgesehen.

Planungsdaten

Hauptnutzfläche:	47 636 m^2
Bruttogeschoßfläche:	72 000 m^2
Bruttorauminhalt:	242 000 m^3

Beurteilung des Preisgerichts:

Städtebauliche/stadträumliche Gesichtspunkte

Der Verfasser nutzt eines der letzten großen Grundstücke, um eine Baugruppe zu schaffen, in der sich die verschiedenen Bauteile und Funktionen alle frei und offen auseinander folgend entwickeln können, ohne sich einem starren Prinzip zu unterwerfen. So wird an der Adickesallee nicht ein Straßenraum formal geschlossen, sondern es werden die Besucher aus der Adickesallee und der Eckenheimer Landstraße behutsam an der richtigen Stelle in die Bibliothek geführt. Dieser guten Gesamtlösung würde man allerdings zu ihrer Entwicklung mehr Freiraum wünschen.

Äußere Erschließung

Fahr- und Fußgängererschließung funktionieren.

Funktion und Qualität der räumlichen Gestaltung

Der äußeren Weiträumigkeit und Vielgestaltigkeit entspricht auch die innere Raumordnung: Von der Eingangshalle gibt es verschiedene schöne Raumfolgen in die einzelnen Bereiche. Die Buchausgabe müßte allerdings von den Lesesälen akustisch getrennt sein. Die Einzelbereiche werden positiv beurteilt, besonders die Lage der Büroräume.

Das Konzept verlangt, daß alle Bücher in Untergeschossen magaziniert werden. Das erfordert ein eigenes konstruktives System, das nicht mit dem System der Gebäude übereinstimmt, so daß eine teure Zwischendecke notwendig wird.

Konstruktion und Wirtschaftlichkeit

Die Planungswerte liegen leicht unter dem Durchschnitt. Das wird allerdings durch die Vielzahl der konstruktiven Details, Anschlüsse und Einzelausformungen sowie durch den Wechsel des Konstruktionssystems unter der Erdgeschoßebene negativ beeinflußt.

Wertung des künstlerischen Beitrags

Der Beitrag der bildenden Kunst wird nur verbal erläutert.

Wertung der architektonischen Qualität

Der Entwurf ist ein qualitätvoller Beitrag zur Lösung der Aufgabe. Die in den Plänen und im Erläuterungsbericht dargelegten Gedanken zur Architektur sind in einer überzeugenden Form verwirklicht. Über die Ansichten werden keine besonderen Aussagen gemacht. Das Ensemble vermittelt jedoch in seiner Gesamtheit nicht das spezifische Bild einer großen Bibliothek. Es ist als Gesamtkonzept für eine freie Lage eher geeignet als für die hier gegebene Stadtsituation.

5. Preis

F. Schuster – B. Pechtold, Rolf Gründel

Aus dem Erläuterungsbericht:

Die Gebäude der Deutschen Bibliothek gruppieren sich um einen zentralen Eingangshof, der von der Eckenheimer Landstraße erschlossen wird.

Während der massive Baukörper des Dienstbereiches das Quartier um den Frauensteinplatz im Nord-Osten gegen die angrenzende indifferente Baustruktur schließt, öffnet sich der Benutzerbereich zur Grünzone der Wohnbebauung.

Der Eingangshof bildet das räumliche klar definierte Vorfeld für die Eingangshalle, das zentrale Erschließungselement. Durch die sich bis zu den Funktionsbereichen verdichtende Baustruktur (Straße, Portal, Hof, Halle) entsteht ein räumlicher Erlebnisweg als Basis für eine künstlerische Verdichtung.

Erschließung

An der Eckenheimer Landstraße befindet sich ausschließlich der repräsentative Haupteingang der Deutschen Bibliothek. Die Zufahrt zur Tiefgarage sowie die Anlieferung von Dienstgebäude und Küche erfolgen von der Cronstettenstraße.

Fördersystem

Zur Förderung der Bücher, Zeitschriften und Zeitungen wird eine Kleinbehälter-Förderanlage eingesetzt. Sie kann darüber hinaus auch in der Verwaltung, zum Transport von Akten, Dokumenten und Postsendungen eingesetzt werden. Die Behälter sind so angelegt, daß das Fördergut schonend bei Horizontal- wie Vertikaltransport befördert wird. An den Stützpunkten sind entsprechende Staustrecken vorgesehen, um Spitzenbelastungen abdecken zu können.

Planungsdaten

Hauptnutzfläche:	44 133 m^2
Bruttogeschoßfläche:	65 913 m^2
Bruttorauminhalt:	230 010 m^3

Schlosserstrasse

Landstrasse

Schlosserstrasse

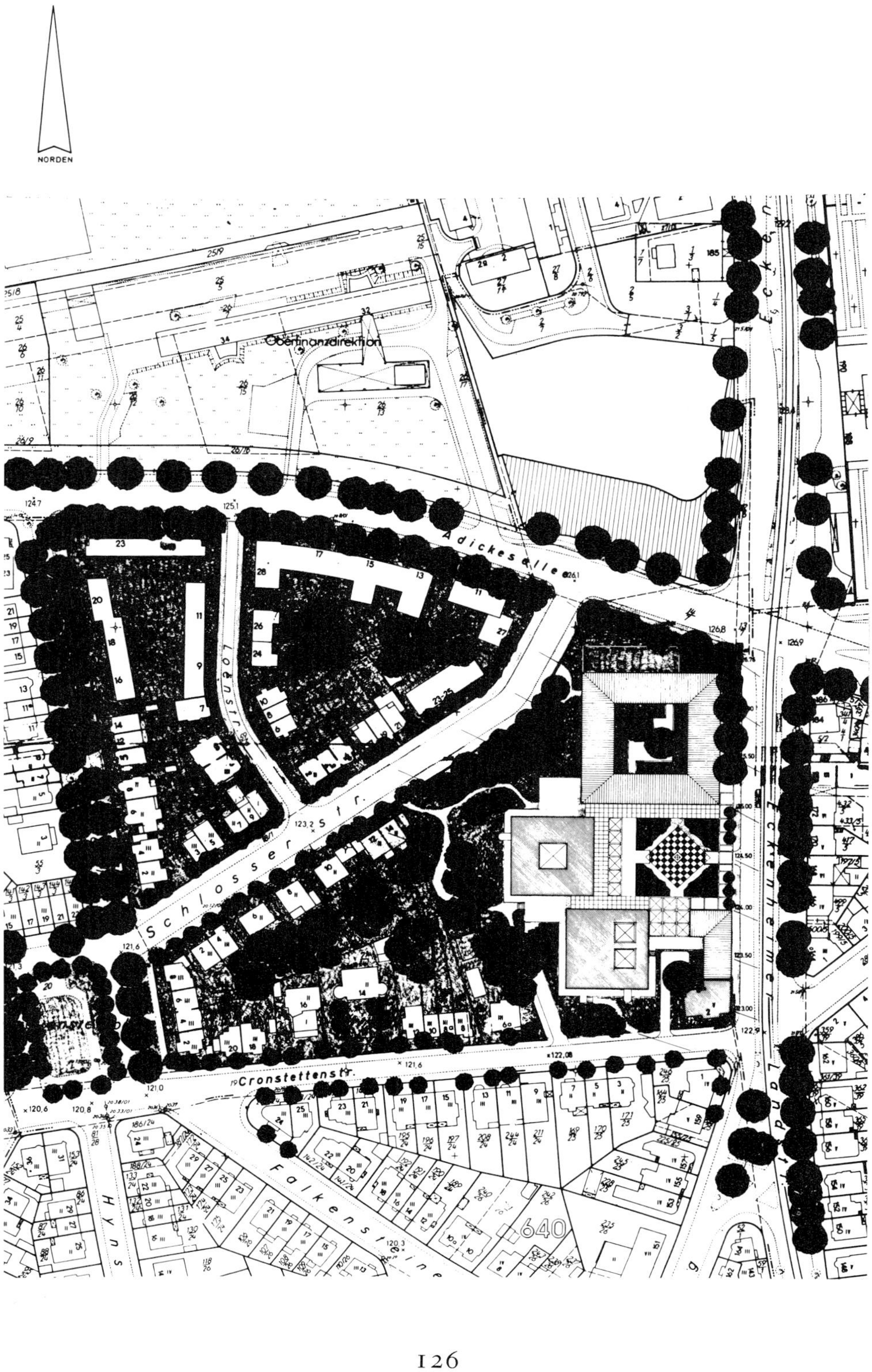
NORDEN
Oberfinanzdirektion
Adickesallee
Schlosser Str.
Cronstettenstr.

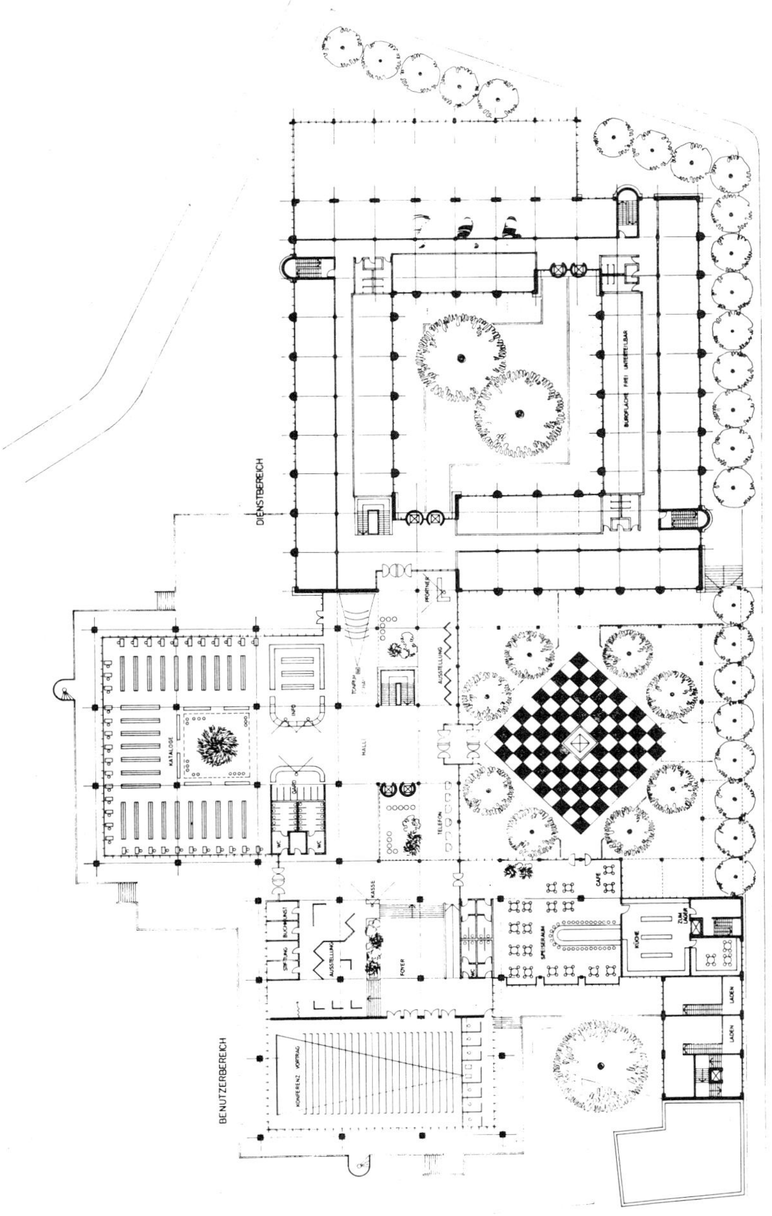

M 1:20

GRUNDRISS EG

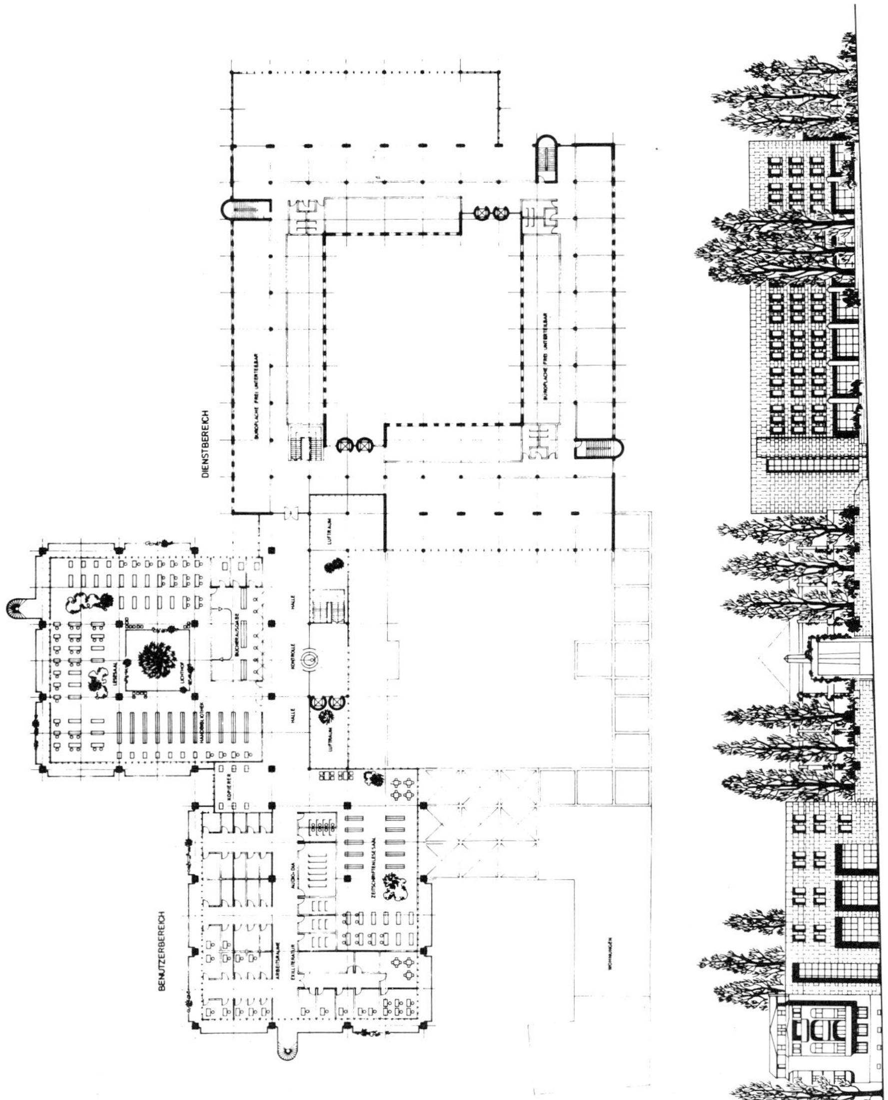

GRUNDRISS 1.OG

M 1:200

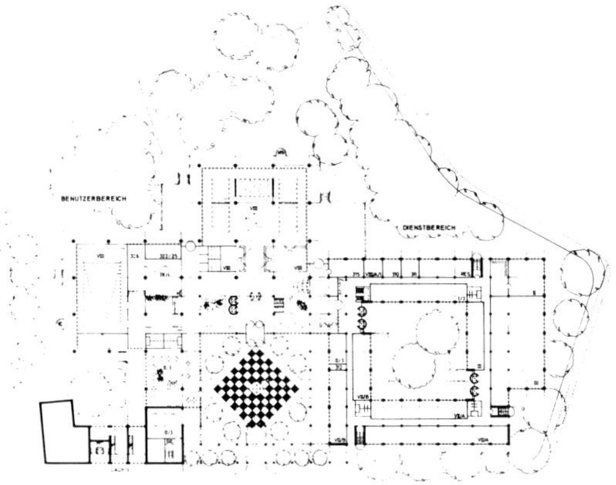

ERDGESCHOSS

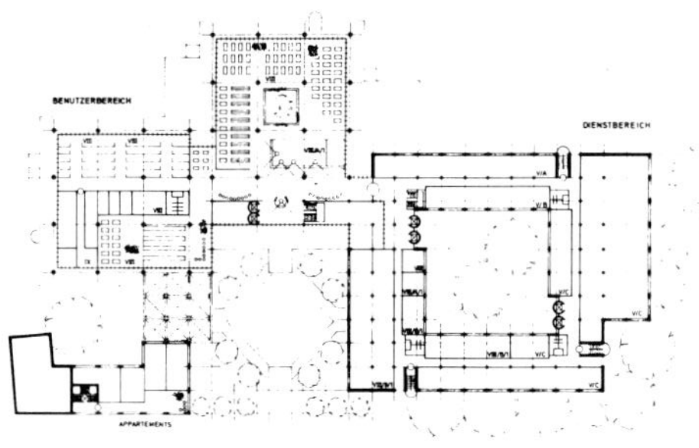

1. OBERGESCHOSS

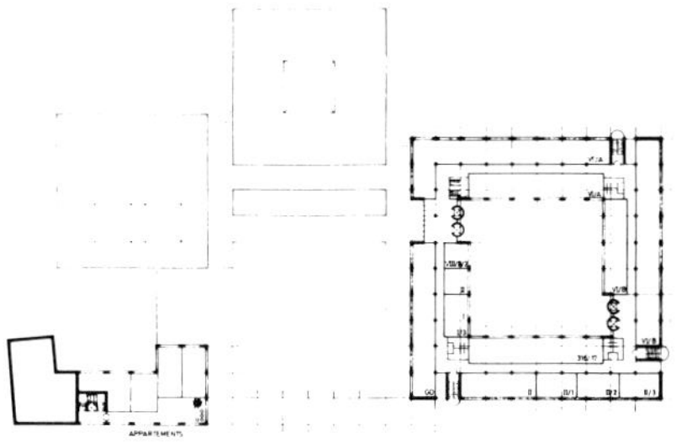

2. OBERGESCHOSS

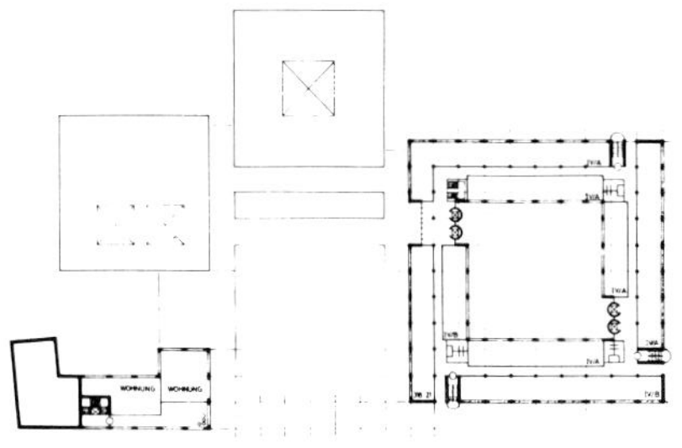

3. OBERGESCHOSS

GRUNDRISSE

N

M 1:500

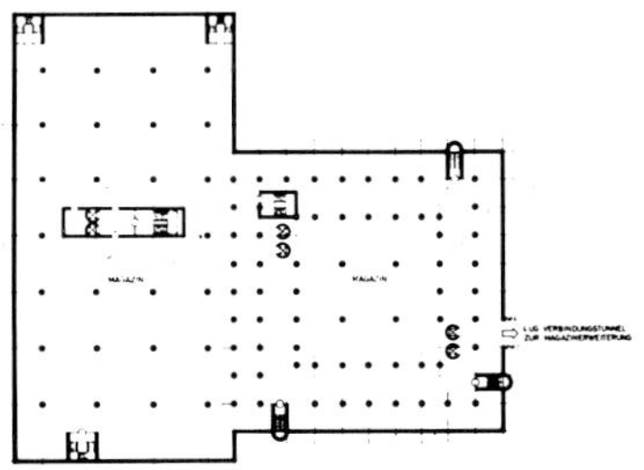

4 + 5 UNTERGESCHOSS

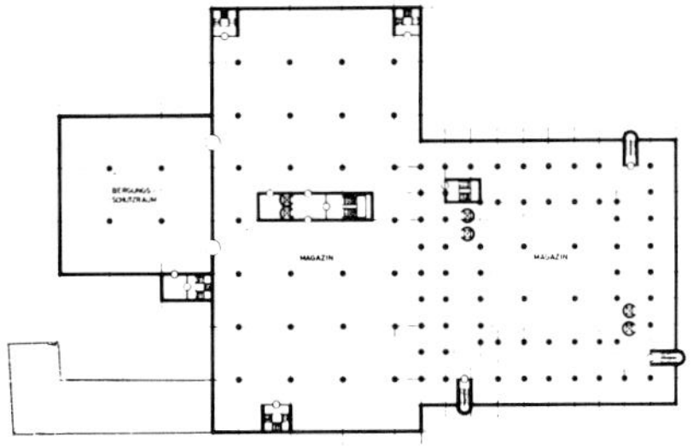

3. UNTERGESCHOSS

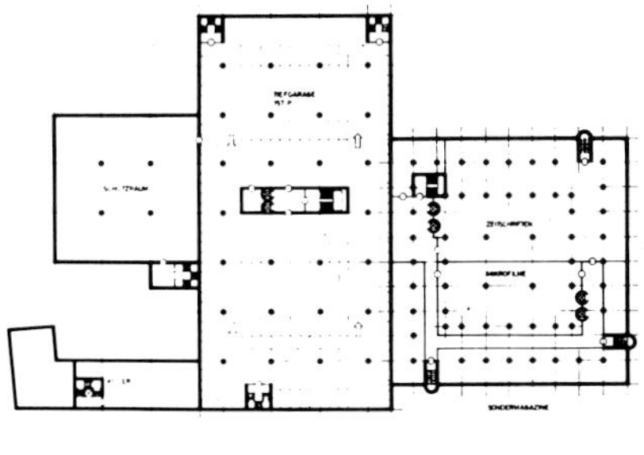

2. UNTERGESCHOSS

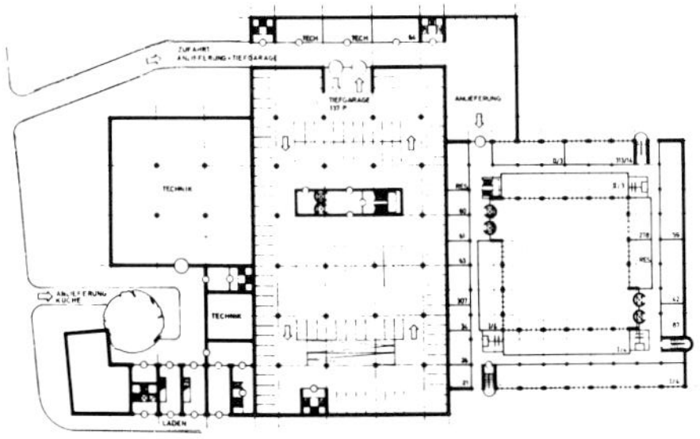

1. UNTERGESCHOSS

GRUNDRISSE

M 1:500

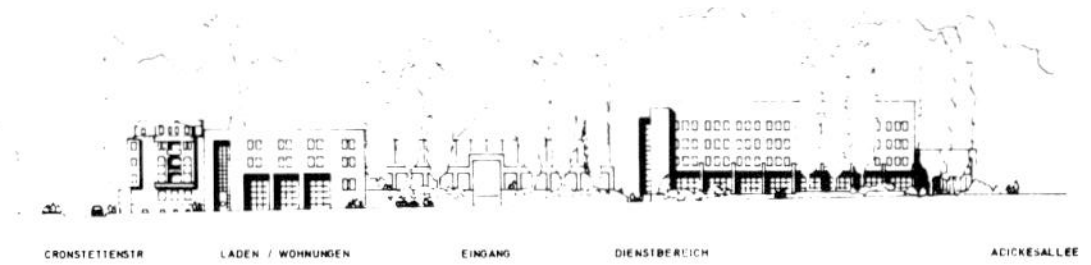

VON OSTEN

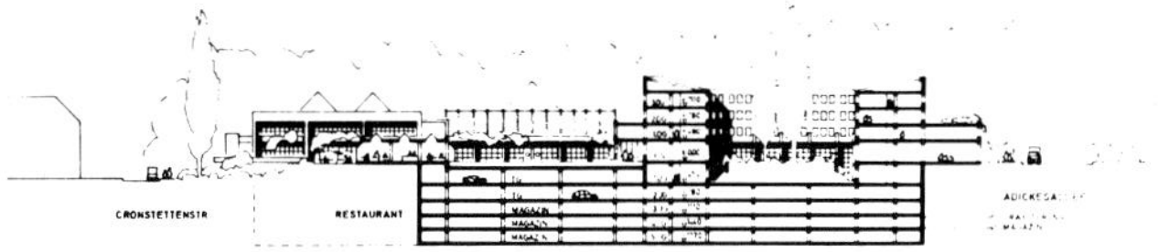

LÄNGSSCHNITT

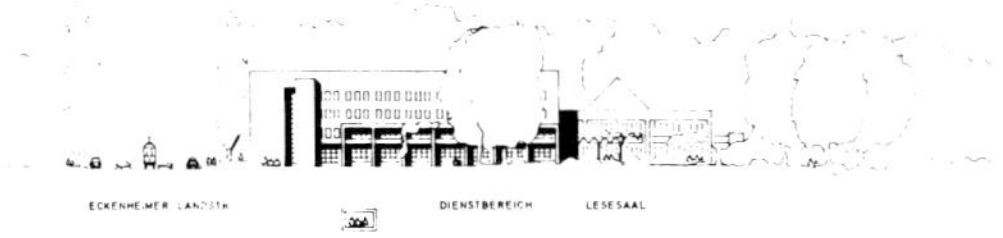

VON NORDEN

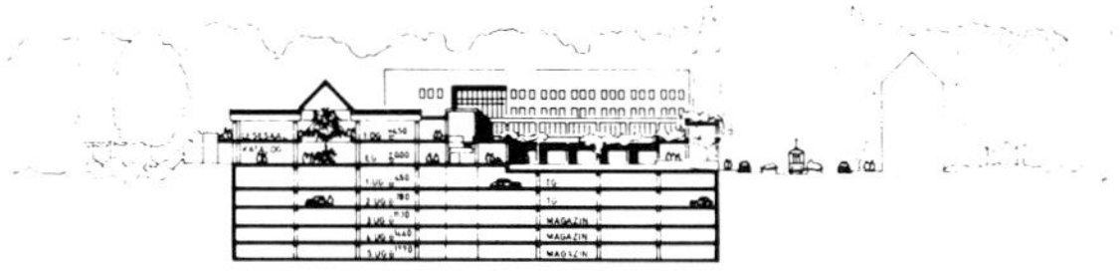

QUERSCHNITT

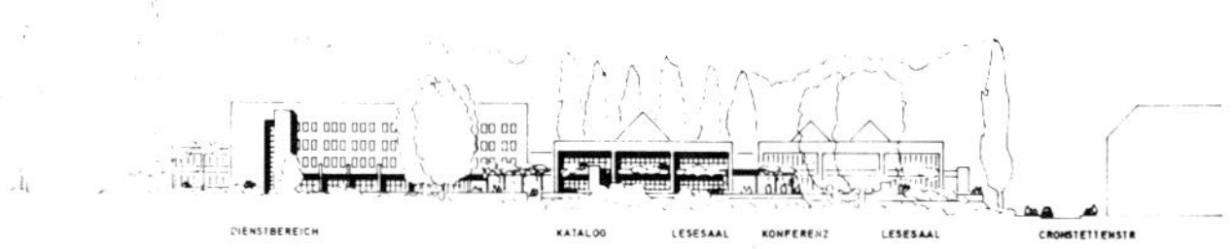

VON WESTEN

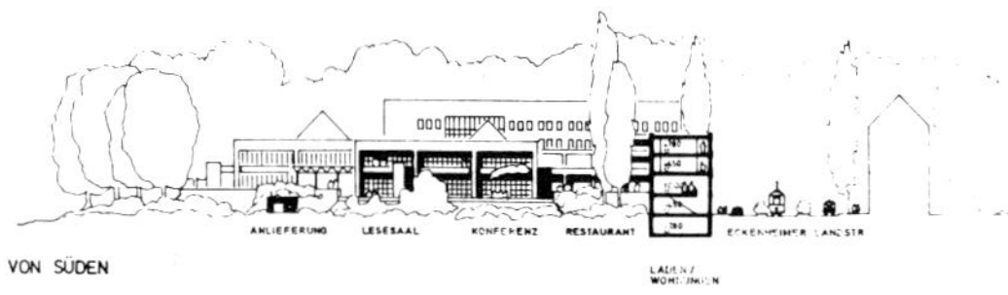

VON SÜDEN

ANSICHTEN SCHNITTE

M 1:500

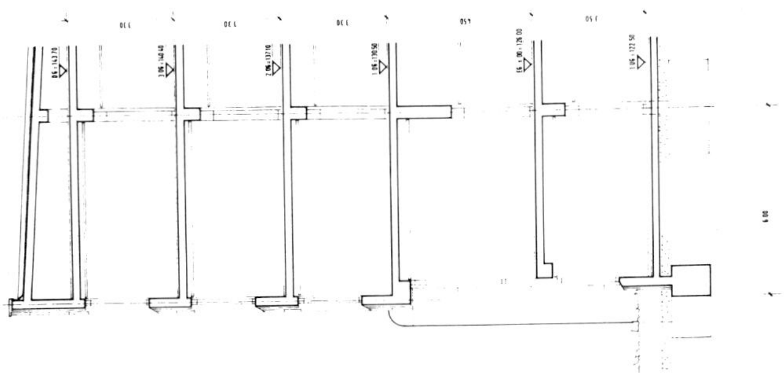

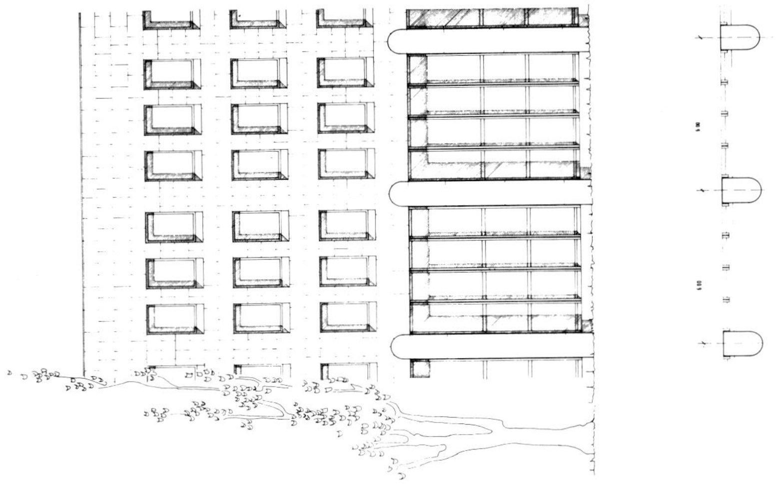

FASSADE

Beurteilung des Preisgerichts:

Städtebauliche/stadträumliche Gesichtspunkte

Die städtebauliche Lösung wirkt selbstverständlich und ist frei von Zwängen. Die Anordnung der Gebäude auf dem Grundstück durchbricht die Vorgaben des Bebauungsplanentwurfs nicht. Der Entwurf zeichnet sich durch eine klare Ausformung der Baukörper und eine Gliederung aus, die durch die Funktionen sinnvoll bestimmt ist. Die Maßstäblichkeit der einzelnen Baukörper und ihrer räumlichen Zuordnung ist wohltuend. Die Freiräume tragen zur Einbindung des Projektes in das städtebauliche Umfeld bei und sind den Baukörpern richtig zugeordnet; Einschränkungen wären lediglich für den breiten Vorgarten an der Adickesallee zu machen, der die Bauflucht am Alleenring unterbricht. Dieser städtebauliche Mangel wird durch den zweigeschossigen Vorbau nur unzureichend gemildert. Der Eingangshof schafft die wünschenswerte halböffentliche Zone zwischen Straßenraum und Eingangshalle, die Zugänge könnten einladender sein.

Äußere Erschließung

Für die Fußgänger erschließt sich das Gebäude an stadträumlich günstiger Stelle. Platz für eine kleine Vorfahrt sollte geschaffen werden. Der Fußgängerweg zwischen Cronstetten- und Schlosserstraße und seine Lage an der Grundstücksgrenze wird als Beitrag zur Integration der Gesamtanlage in ihre Nachbarschaft begrüßt. Die Einfahrt zur Tiefgarage und auch in den Wirtschaftshof entspricht nicht den Wünschen des Auslobers. Störungen des Wohngebiets durch den Fahrverkehr der Deutschen Bibliothek sollten möglichst vermieden werden.

Funktion und Qualität der räumlichen Gestaltung

Die klare, funktionsbestimmte Baukörpergliederung ist die Folge der sachgerechten Umsetzung des Bauprogramms. Der Zugang und die Erschließung der Gesamtanlage sind eindeutig und auch für fremde Besucher sofort erfaßbar. Daß Besucher von Abendveranstaltungen und Besucher der Cafeteria ihr Ziel auch vom Haupteingang her gut erreichen können, könnte zum Abbau von Schwellenangst beitragen, setzt allerdings voraus, daß Bibliotheksfremde durch geeignete Vorkehrungen von den übrigen Räumlichkeiten ferngehalten werden. Dies kann leicht durch einen Abschluß im Bereich der Kontrolle (Eingang zum Lesesaal, 1. OG) erreicht werden. Die Ausstellungsfläche vor dem Konferenzsaal ist nicht sehr attraktiv. Die zusätzliche Ausstellungsfläche am Eingang dient mehr der Information der Bibliothek, kann jedoch nicht zur Verstärkung der Ausstellungsfläche herangezogen werden. Sie liegt zudem optisch nicht sehr günstig. Die zentrale Treppe, die den Katalog- und den Lesesaal miteinander verbindet, liegt von beiden relativ weit ab, ermöglicht allerdings dadurch eine ruhige Arbeit im Katalogsaal, der hier nicht als Durchgangsraum dient. Der Zugang von den Tiefgaragen ist sowohl für Leser wie für Mitarbeiter problemlos. Im Verwaltungsbereich wird die Prüfung der Raumzuordnungen erschwert durch die sehr globale Angabe der Raumgruppen (z. B. Anbau Nordecke).

Konstruktion und Wirtschaftlichkeit

Die Konstruktion ist mit herkömmlichen Mitteln zu verwirklichen. Der technische Aufwand ist normal und nirgends außerhalb des Üblichen. Daraus läßt sich schließen, daß der Entwurf in der Ausführung wirtschaftlich ist, was sich auch aus den Werten für Bruttogeschoßfläche und Bruttorauminhalt zur Hauptnutzfläche sowie Bruttorauminhalt zur Bruttogeschoßfläche ergibt, die nur in sehr geringem Maße vom Durchschnitt der Kennziffern für alle Arbeiten abweichen. Auch hinsichtlich der Folgekosten kann davon ausgegangen werden, daß der Entwurf zu den wirtschaftlicheren Vorschlägen gehört.

Wertung des künstlerischen Beitrags

Eine Auseinandersetzung Architektur/bildende Kunst wird nicht gesucht, bzw. beschränkt sich auf das konventionelle Angebot eines Zeichens.

Wertung der architektonischen Qualität

Die architektonische Qualität des Entwurfs verdient Anerkennung, vor allem, weil sie ohne Verkrampfung aus der funktionell und städtebaulich sinnvollen Lösung der Aufgabe entwickelt ist. Das Bauvorhaben »Deutsche Bibliothek« wird durch den Entwurf allgemeinverständlich und angemessen zum Ausdruck gebracht. Für die Stadt und die unmittelbare Nachbarschaft würde die Bebauung des Grundstücks in der vorgeschlagenen Form zu einer städtebaulichen und architektonischen Aufwertung führen.

Die Ankäufe

M. von Gerkan, Marg + Partner

Aus dem Erläuterungsbericht:

Künstlerische Gesamtkonzeption

Der Auslober wünscht die Integration von Architektur und Kunst. Wir betrachten Architektur als Kunst in der sozialen Anwendung. Wir erheben als Architekten nicht den Anspruch, bildende Künstler zu sein, wir messen aber der Architektur die Bedeutung zu, selbst Kunst zu sein – Baukunst. Wir verstehen Baukunst als eine kulturelle Leistung, welche die sozialen Nutzungsbedürfnisse der Gesellschaft durch eine geistige Konzeption räumlich und städtebaulich gestaltet und funktionell ordnet. Baumassengliederung und die Gestaltung mit Proportionen, Materialien und Konstruktionen sind für uns Aufgaben einer angewandten Kunst = der Kunst, unsere Umwelt zu ordnen und zu gestalten. Diesem Ziel dient auch der vorliegende Entwurf für die deutsche Nationalbibliothek.

Inwieweit das gelungen ist, mag das Preisgericht beurteilen.

Unser Entwurf ist offen für einen Dialog mit Beiträgen der bildenden Kunst. Die Entwicklungsstufe dieses pauschalen Vorentwurfs liefert zunächst ein grobes Ordnungs- und Gestaltungsgerüst, in dem die rationalen Komponenten überwiegen. Sollte dieses Entwurfsgerüst die Feuerprobe einer kritischen Prüfung im Vergleich zu vielen Alternativen bestehen, kann es als Dispositionsgrundlage für bildnerisch-künstlerische Interpretation dienen, in der auch emotionalen Komponenten Raum gegeben wird.

Vorerst stellen wir nur das konzeptionelle Architekturgerüst zur Diskussion.

Konzeption

Die Konzeption wurde aus folgenden Zielsetzungen entwickelt:

- Differenzierte Baumassengliederung, welche sich in die Maßstäblichkeit der Umgebung einfügt und die Bedingungen des Grundstücks aufnimmt.
- Baukörperliche Gliederung, welche die drei Nutzungsbereiche abbildet und jedem Bereich eine spezifische Charakteristik verleiht.

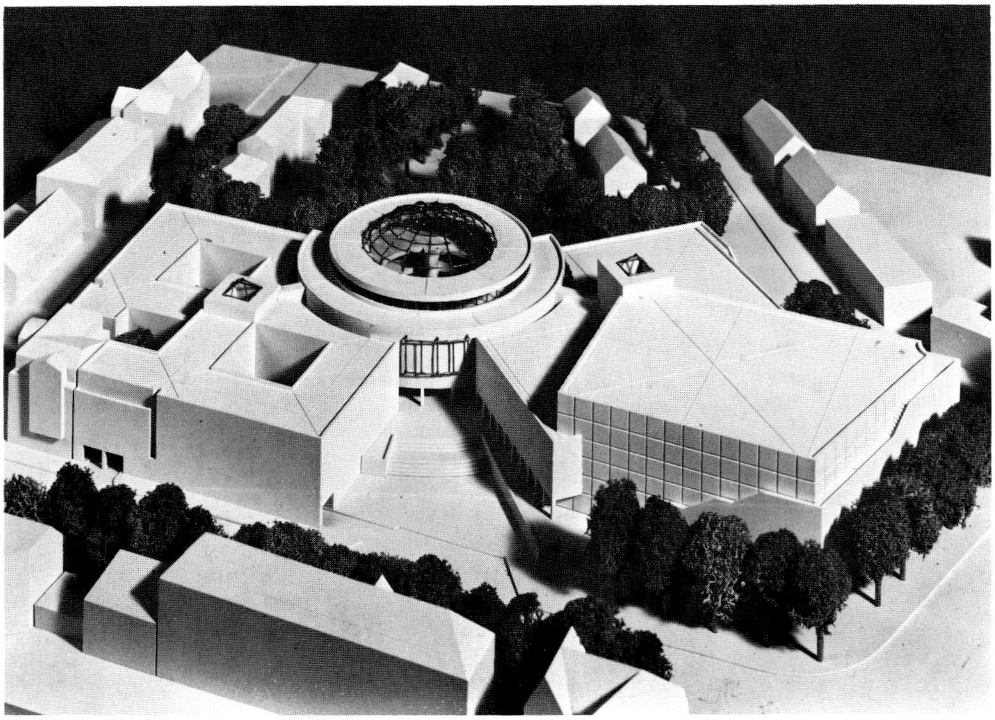

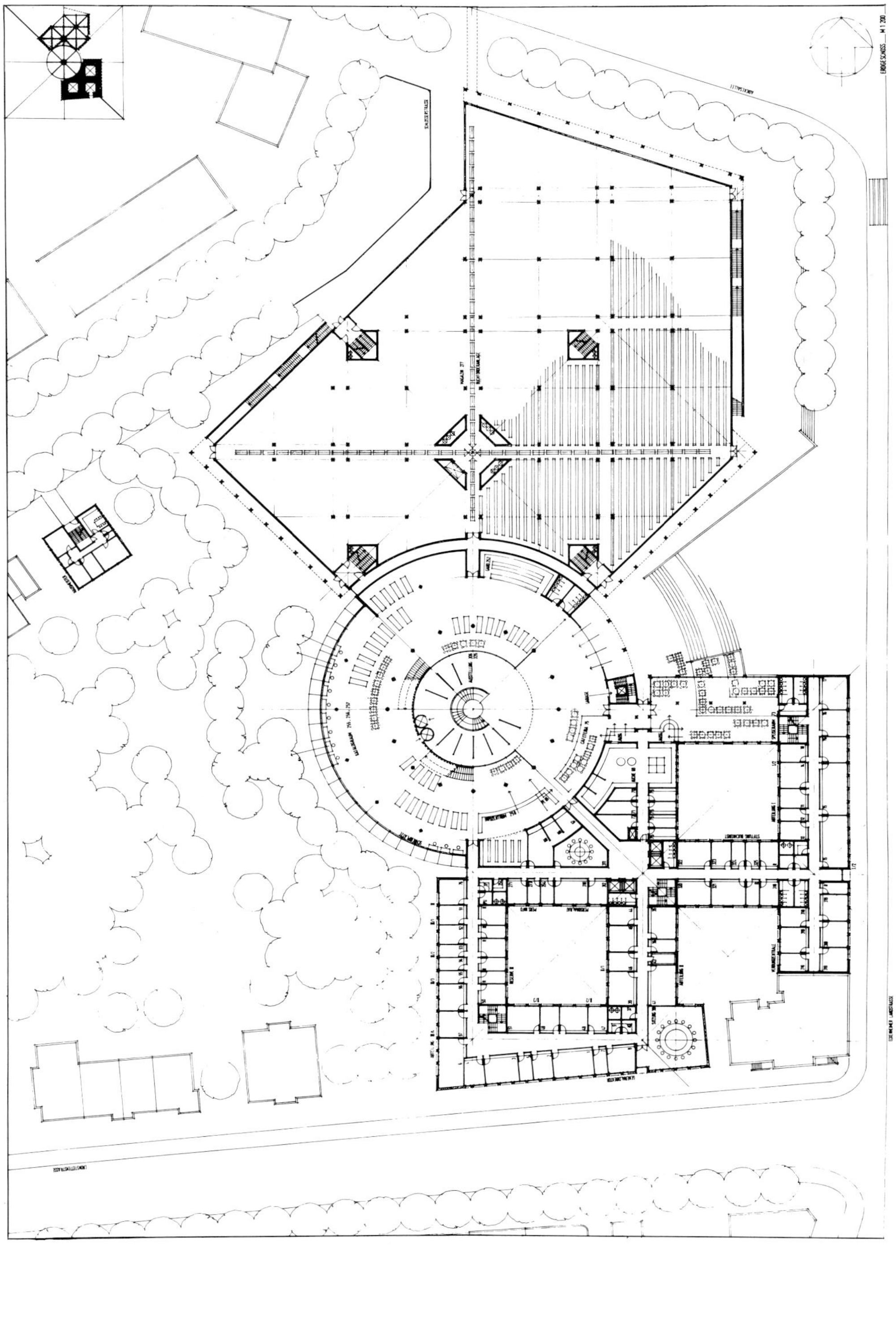

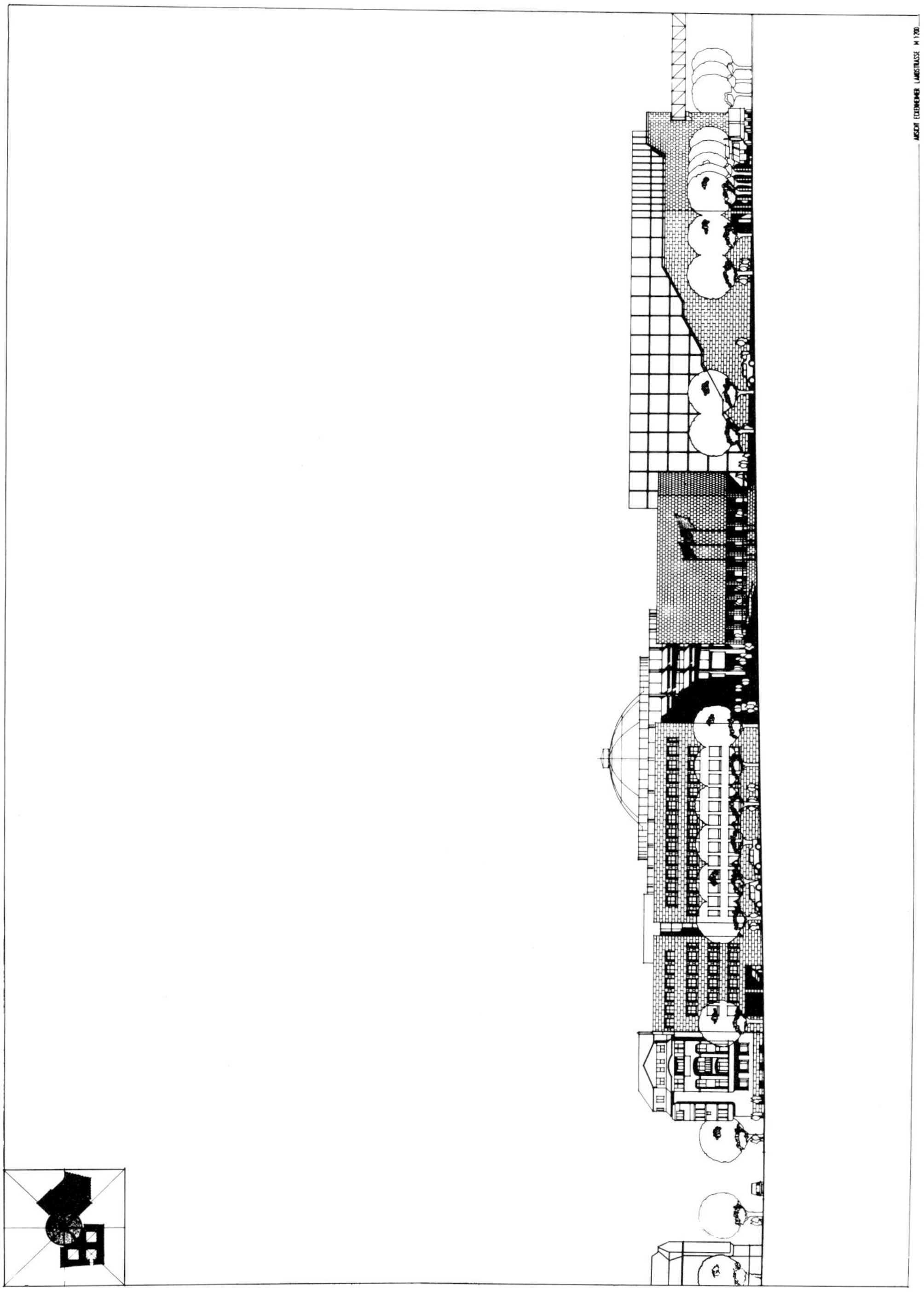
ANSICHT ESCHENHEIMER LANDSTRASSE M 1:200

- Innenräumliche Gliederung, welche den spezifischen Nutzungsanforderungen der unterschiedlichen Bereiche entspricht.
- Eine geometrische Ordnungsstruktur, welche die große Baumasse in ein gemeinsames geistiges Leitbild einordnet.

Aus den Bedingungen des Ortes und dem funktionellen Konzept haben wir eine geometrische Ordnungsstruktur entwickelt, die sich aus den Gesetzmäßigkeiten von Kreis und Quadrat aufbaut.

Mittelpunkt ist der mit einer Lichtkuppel überdachte Rundbau des Nutzerbereichs, der als Gelenk mit einem Vorplatz den Zugang von der Eckenheimer Landstraße hat und sich weit zum Grünbereich des rückwärtigen Grundstücks öffnet. Dieses Gelenk verklammert zugleich den auf einem quadratischen Grundmuster aufbauenden Dienstbereich und das Magazin.

Die geometrische Struktur ist sowohl inneres Ordnungsgefüge für Baukörperproportionen, Erschließungsfunktionen und Lage der Festpunkte als auch Bezugssystem zu den äußeren Bindungen des Grundstücks. Das Haus Cronstettenstraße 2 ist in die Struktur integriert. Die Richtungsabweichungen der Cronstettenstraße und der Adickesallee überlagern die geometrische Ordnung und »brechen« das System bewußt.

Innerhalb der grundrißlichen Ordnungsbezüge werden geometrische Baukörperelemente gebildet, die sich in der Höhenentwicklung der nachbarschaftlichen Maßstäblichkeit anpassen und damit den Vorgaben des Bebauungsplans fügen.

Da jeder der drei Nutzungsbereiche sehr unterschiedliche räumliche und funktionelle Anforderungen zu erfüllen hat, sind diese in baukörperlicher, räumlicher und gestalterischer Weise verschieden ausgebildet.

Der Nutzungsbereich als öffentlicher Raum stellt eine große Kuppelhalle dar, dem die einzelnen Zonen in Galerien angelagert sind. Hier dominieren Außenbezug, übersichtliche Orientierung und großräumige Erlebnisqualität.

Entsprechend ist die Fassade als verglaste Außenhaut mit feststehenden und beweglichen Beschattern gestaltet.

Der Dienstbereich, dessen Nutzungsanforderungen von der Addition vieler kleiner Arbeitsräume geprägt werden, ist in einer zweibündigen Netzstruktur untergebracht. Durch die kreuzförmige Flurordnung ergeben sich kurze Kommunikationswege mit einer zentral gelegenen Vertikalerschließung. Die äußere Erscheinung entspricht der einer Büronutzung adäquaten Lochfassade.

Das Bauvolumen der Magazine ist zu 35% unterirdisch und zu 65% oberirdisch angeordnet. Die große oberirdische Baumasse ist nicht nur preiswerter, sie soll vor allem eine der wesentlichen Aufgaben der Nationalbibliothek stadträumlich sichtbar machen. Die Magazinflächen sind einem vertikalen Erschließungs- und Transportknoten geometrisch zugeordnet, jedoch entsprechend dem städtebaulichen Umfeld entsprechend in Höhe und Ausdehnung gegliedert. Nach außen zeigt sich die Baumasse geschlossen und introvertiert. Die an der Außenfront angeordneten Fluchtwege dienen zugleich einer gestalterischen Belebung.

Planungsdaten

Hauptnutzungsfläche:	49 989 m^2
Bruttogeschoßfläche:	79 579 m^2
Bruttorauminhalt:	268 847 m^3

Beurteilung des Preisgerichts:

Städtebauliche/stadträumliche Gesichtspunkte

Der Baukörper des Büchermagazins ordnet sich in die vorhandene Situation gut ein, indem er den Straßenraum der Adickesallee und der Eckenheimer Landstraße klar und in der Höhe richtig begrenzt.

Mit der Abstufung zur Schlosserstraße hin wird Rücksicht auf die Wohnbebauung genommen. Durch die Fügung in zwei verschieden hohe Baukörper und die außen geführten Fluchttreppen erhält das Büchermagazin mit einfachen Mitteln eine originelle und maßstäblich überzeugende Gestalt.

Die öffentlichen Bereiche der Bibliothek liegen in einem Rundbau, der, obwohl zurückgesetzt und niedriger als der Bücherspeicher, durch seine Gestalt dominiert.

Die Trakte der Arbeitsräume gehen in ihrer Anordnung gut auf die Nachbarbebauung ein.

Das Büchermagazin weist unaufdringlich, aber unübersehbar auf die Deutsche Bibliothek als Kulturinstitut hin. Die Lage und Form des Magazins machen es möglich, zu einer weiteren Bebauung auf dem gegenüberliegenden Grundstück eine Beziehung aufzunehmen.

Der Verwaltungsbau hält an der Cronstettenstraße die Grenzabstände nicht ein. Die Geschoßzonung im Westen ist damit wesentlich überschritten, eine Durchsetzung im Bebauungsplanverfahren wird kaum möglich sein.

Äußere Erschließung

Die äußere Erschließung für Fußgänger und Fahrzeuge ist gut gelöst.

Funktion und Qualität der räumlichen Gestaltung

Die schöne Anordnung aller Benutzerräume in dem Rundbau hat den Nachteil, daß diese Räume auf verschiedenen Ebenen liegen. Dies ergibt auch Probleme für die Kontrolle.

Während das Magazin im wesentlichen den Anforderungen entspricht, wird beanstandet, daß ein großer Teil der Büroräume an verhältnismäßig engen viergeschossigen Innenhöfen liegt. Ein Nachteil ist, daß der Dienstkatalog sich nicht im Mittelpunkt des Dienstbereiches befindet.

Konstruktion und Wirtschaftlichkeit

In den Konstruktionen ist der Entwurf gut durchdacht, nur in den Büchermagazinen ist die gewählte Stützweite von 10,40 m etwas unwirtschaftlich.

Die ausgewiesenen Planungsdaten lassen auf eine Wirtschaftlichkeit im mittleren Bereich schließen.

Wertung des künstlerischen Beitrags

Der Verfasser betrachtet Architektur als Kunst und bietet ein Konzept an, das weiterer künstlerischer Ausgestaltung offen ist.

Wertung der architektonischen Qualität

Die maßstäbliche Gruppierung der drei Baukörper ist gut. Sie ist Ausdruck der gestellten Aufgabe. Das Problem des Entwurfs liegt in der Masse und Enge des Verwaltungsbereichs – hier wirkt sich die an sich wünschenswerte oberirdische Darstellung des Magazinbereichs leider negativ aus.

Weitere Abbildungen s. Farbtafeln Seiten 275–277

Ankauf

Hartmut + Ingeborg Rüdiger

Aus dem Erläuterungsbericht:

Städtebauliches Gesamtkonzept

Das Baugrundstück für die Deutsche Bibliothek liegt im Randbereich der Innenstadt. Es ist auf der einen Seite geprägt durch eine geschlossene, städtische Bebauung an der Eckenheimer Landstraße, im rückwärtigen Bereich durch eine niedrige Bebauung aus Doppel- und Reihenhäusern und entlang der Adickesallee durch eine heterogene Bebauung aus Solitärbauten, Grün- und Brachflächen sowie Resten von Blockbebauung.

Der Baukörper der Bibliothek muß sich in diese städtebaulichen Bezüge einfügen und sich in diesen behaupten. An seine Gestalt sind zwei grundsätzliche Anforderungen zu stellen:

1. Eigenständigkeit des Baukörpers entsprechend seiner großen kulturellen und repräsentativen Bedeutung.
2. Behutsame Einfügung in die überwiegend von Wohnungsbau geprägte Umgebung.

Die Eigenständigkeit des Baukörpers ist durch seine einprägsame Gesamtgestalt, welche die innenräumliche Gliederung und Nutzungsverteilung abbildet, und durch seine Größe gewährleistet.

Die Einfügung in die Umgebung geschieht durch die Übernahme wesentlicher Gestaltungsmittel aus der vorhandenen Bebauung:

Entlang der Eckenheimer Landstraße ergänzt der Baukörper die straßenbegleitende Bebauung, die Traufhöhen der umliegenden Gebäude werden aufgenommen. Der Hauptbaukörper tritt gegenüber der alten Flucht zurück, um die besondere Bedeutung dieses Gebäudes hervorzuheben und die Arbeitsbedingungen der Mitarbeiter zu verbessern.

Zur Adickesallee repräsentiert sich das Gebäude als eindeutiger Solitär. Die prägnante Front wird zu einem Merkzeichen an der wichtigen Straßenkreuzung.

Im rückwärtigen Bereich übernimmt das Gebäude in starkem Maße charakteristische Elemente der kleinteiligen Wohnbebauung: Auflösung in Einzelbaukörper, profilierte Fassaden durch Erker, vertikal betonte Fassadenab-

Eckenheimer Landstrasse
Schlosserstrasse

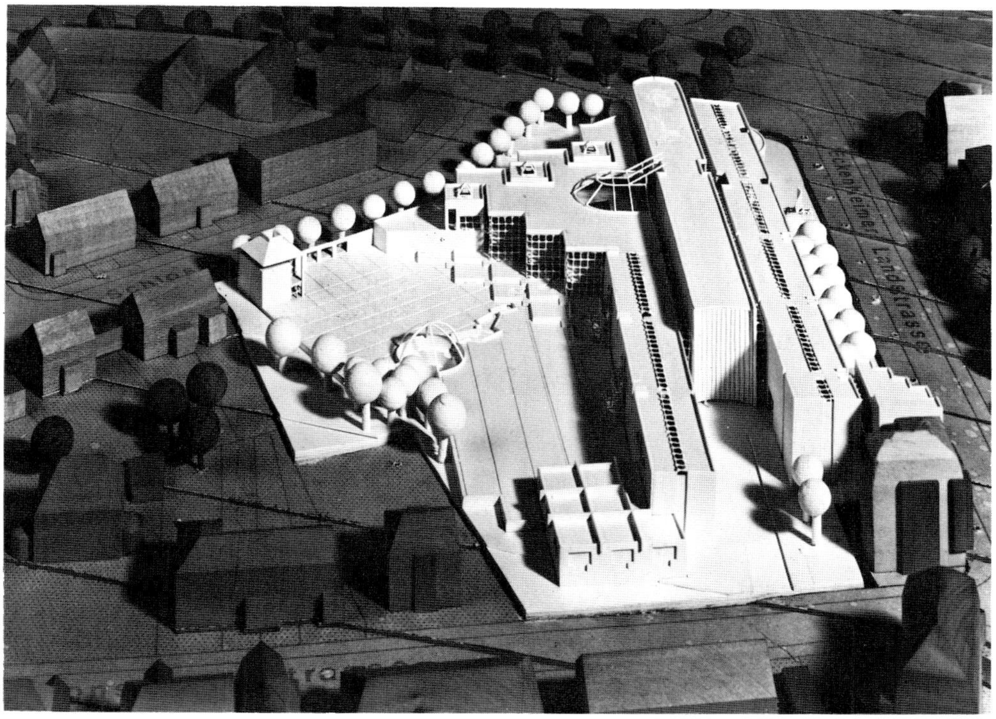
Landstrasse

Schlossstrasse

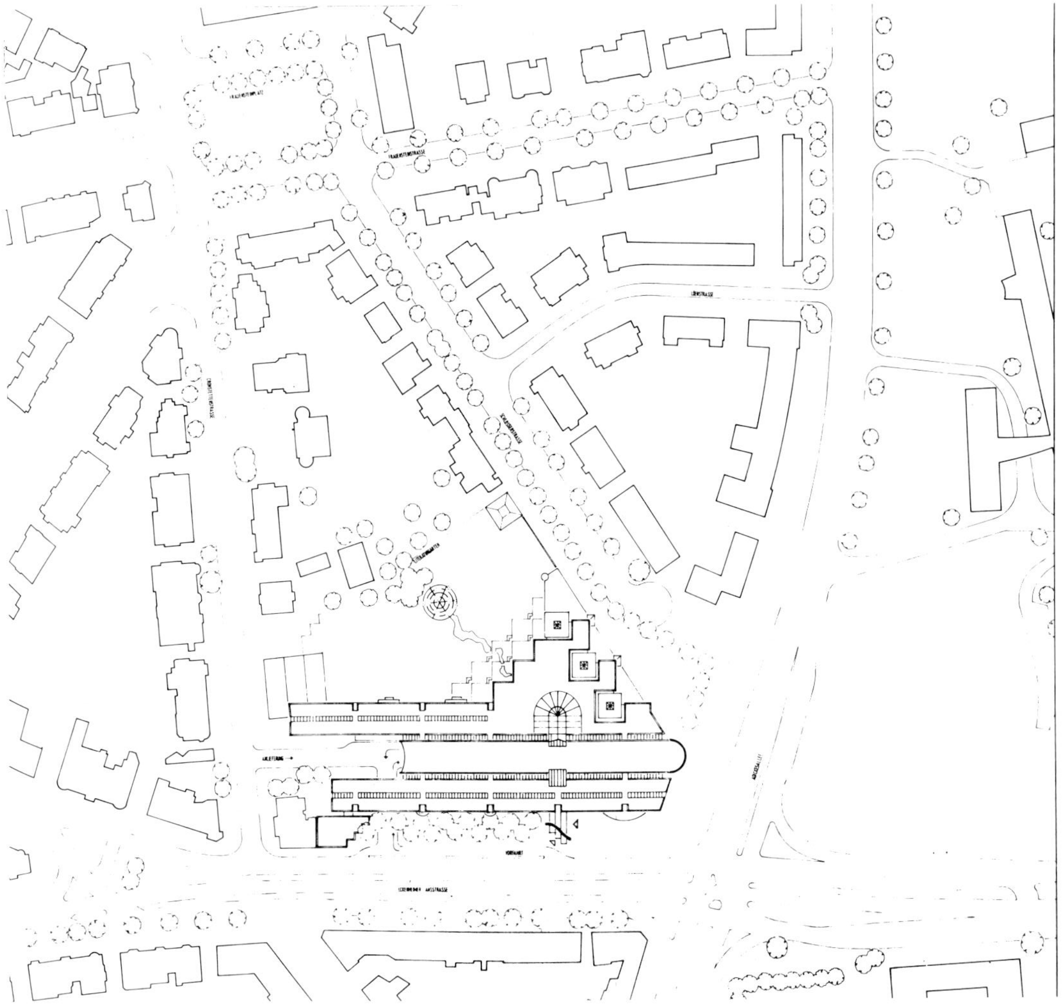

STÄDTEBAU

DAS BAUGRUNDSTÜCK FÜR DIE DEUTSCHE BIBLIOTHEK LIEGT IM RANDBEREICH DER INNENSTADT. ES IST AUF DER EINEN SEITE GEPRÄGT DURCH EINE GESCHLOSSENE, STÄDTISCHE BEBAUUNG AN DER ECKENHEIMER LANDSTRASSE, IM RÜCKWÄRTIGEN BEREICH DURCH EINE NIEDRIGE BEBAUUNG AUS DOPPEL- UND REIHENHÄUSERN UND ENTLANG DER ADICKESALLEE DURCH EINE HETEROGENE BEBAUUNG AUS SOLITÄRBAUTEN, GRÜN- UND BRACHFLÄCHEN SOWIE RESTEN VON BLOCKBEBAUUNG.

DER BAUKÖRPER DER BIBLIOTHEK MUSS SICH IN DIESE STÄDTBAULICHEN BEZÜGE EINFÜGEN UND SICH IN DIESEN BEHAUPTEN. AN SEINE GESTALT SIND ZWEI GRUNDSÄTZLICHE ANFORDERUNGEN ZU STELLEN:

1. EIGENSTÄNDIGKEIT DES BAUKÖRPERS ENTSPRECHEND SEINER GROSSEN KULTURELLEN UND REPRÄSENTATIVEN BEDEUTUNG.
2. BEHUTSAME EINFÜGUNG IN DIE ÜBERWIEGEND VON WOHNUNGSBAU GEPRÄGTE UMGEBUNG.

DIE EIGENSTÄNDIGKEIT DES BAUKÖRPERS IST DURCH SEINE EINPRÄGSAME GESAMTGESTALT, WELCHE DIE INNENRÄUMLICHE GLIEDERUNG UND NUTZUNGSVERTEILUNG ABBILDET UND DURCH SEINE GRÖSSE GEWÄHRLEISTET.

DIE EINFÜGUNG IN DIE UMGEBUNG GESCHIEHT DURCH DIE ÜBERNAHME WESENTLICHER GESTALTUNGSMITTEL AUS DER VORHANDENEN BEBAUUNG:

ENTLANG DER ECKENHEIMER LANDSTRASSE ERGÄNZT DER BAUKÖRPER DIE STRASSENBEGLEITENDE BEBAUUNG. DIE TRAUFHÖHEN DER UMLIEGENDEN GEBÄUDE WERDEN AUFGENOMMEN. DER HAUPTBAUKÖRPER TRITT GEGENÜBER DER ALTEN FLUCHT ZURÜCK, UM DIE BESONDERE BEDEUTUNG DIESES GEBÄUDES HERVORZUHEBEN UND DIE ARBEITSBEDINGUNGEN DER MITARBEITER ZU VERBESSERN.

ZUR ADICKESALLEE REPRÄSENTIERT SICH DAS GEBÄUDE ALS EINDEUTIGER SOLITÄR. DIE PRÄGNANTE FRONT WIRD ZU EINEM MERKZEICHEN AN DER WICHTIGEN STRASSENKREUZUNG.

IM RÜCKWÄRTIGEN BEREICH ÜBERNIMMT DAS GEBÄUDE IN STARKEM MASSE CHARAKTERISTISCHE ELEMENTE DER KLEINTEILIGEN WOHNBEBAUUNG: AUFLÖSUNG IN EINZELBAUKÖRPER, PROFILIERTE FASSADEN DURCH ERKER, VERTIKAL BETONTE FASSADENABSCHNITTE DURCH HÄUFIGE VERSÄTZE, HAUSMEISTERWOHNUNG IM ÜBERGANG ZWISCHEN UMGEBENDER WOHNBEBAUUNG UND BIBLIOTHEK.

DURCH DIESEN ABGEWOGENEN MASSTAB WIRD ERREICHT, DASS DIE BIBLIOTHEK DIE IHR ZUSTEHENDE EIGENSTÄNDIGKEIT UND BEDEUTUNG ERHÄLT UND SICH DENNOCH IN IHREM SOLITÄREN ANSPRUCH NICHT ISOLIERT UND KEINEN FREMDKÖRPER BILDET.

RÄUMLICHE GLIEDERUNG

HAUPTBESTANDTEIL DES RAUMPROGRAMMS SIND DIE BEREICHE DES SAMMELNS UND DES LESENS. HIERBEI BILDET DER KATALOG FUNKTIONAL DAS HERZ DES GEBÄUDES. DIESER SCHWERPUNKT ALLER AKTIVITÄT IST DESHALB AUCH INNENRÄUMLICH DAS BEHERRSCHENDE THEMA: EIN GROSSER 2- 3-GESCHOSSIGER LUFTRAUM, UM DEN SICH AUF DER EINEN SEITE DES EINGANGS DIE VERWALTUNGSBEREICHE UND AUF DER ANDEREN SEITE DIE LESESÄLE GRUPPIEREN.

BEI DIESER ANORDNUNG WIRD NICHT NUR DIE GEWÜNSCHTE ENGE VERZAHNUNG DER NUTZUNGEN ERREICHT, SONDERN AUCH JEDEM BENUTZER ODER BEDIENSTETEN EINE VORSTELLUNG VON DER GRÖSSE DES GESAMTBAUS VERMITTELT.

DURCH DIE GROSSZÜGIGE VERGLASUNG DER GEBÄUDEFRONT ZUR ADICKESALLEE ERHÄLT AUCH DER PASSANT EINE VORSTELLUNG VOM INNERN DER BIBLIOTHEK.

DIE KATALOGBEREICHE HABEN IN DER TYPOLOGIE IHRES RAUMES ÄHNLICHKEIT MIT SAKRALEN MITTELSCHIFFEN. DIESES RAUMSYSTEM WIRD VON EINEM ZWEITEN RAUMZUSAMMENHANG RECHTWINKLIG DURCHSCHNITTEN, DER VOM EINGANG ZUM LESESAAL FÜHRT. IM KREUZUNGSBEREICH DIESER RÄUMLICHEN SYSTEME LIEGEN IM ERDGESCHOSS DIE EINGANGSHALLE UND IM 1. OBERGESCHOSS DIE AUSLEIHE, ALSO DIE BEREICHE, DIE SOWOHL DEM INTERNEN ALS AUCH DEM ÖFFENTLICHEN BEREICH DIENEN.

DIESE RAUMÜBERSCHNEIDUNG ERMÖGLICHT EINE EINDEUTIGE ORIENTIERUNG, EINE ABWECHSLUNGSREICHE WEGEFÜHRUNG UND EINE STARKE DIFFERENZIERUNG DER INNENRÄUME.

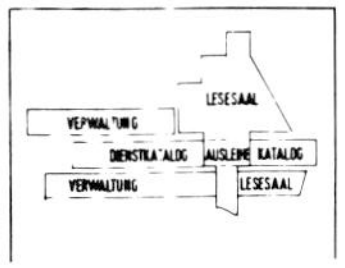

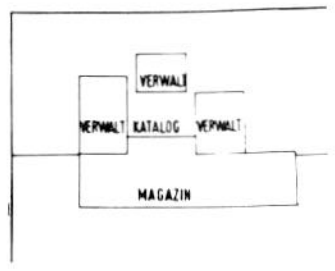

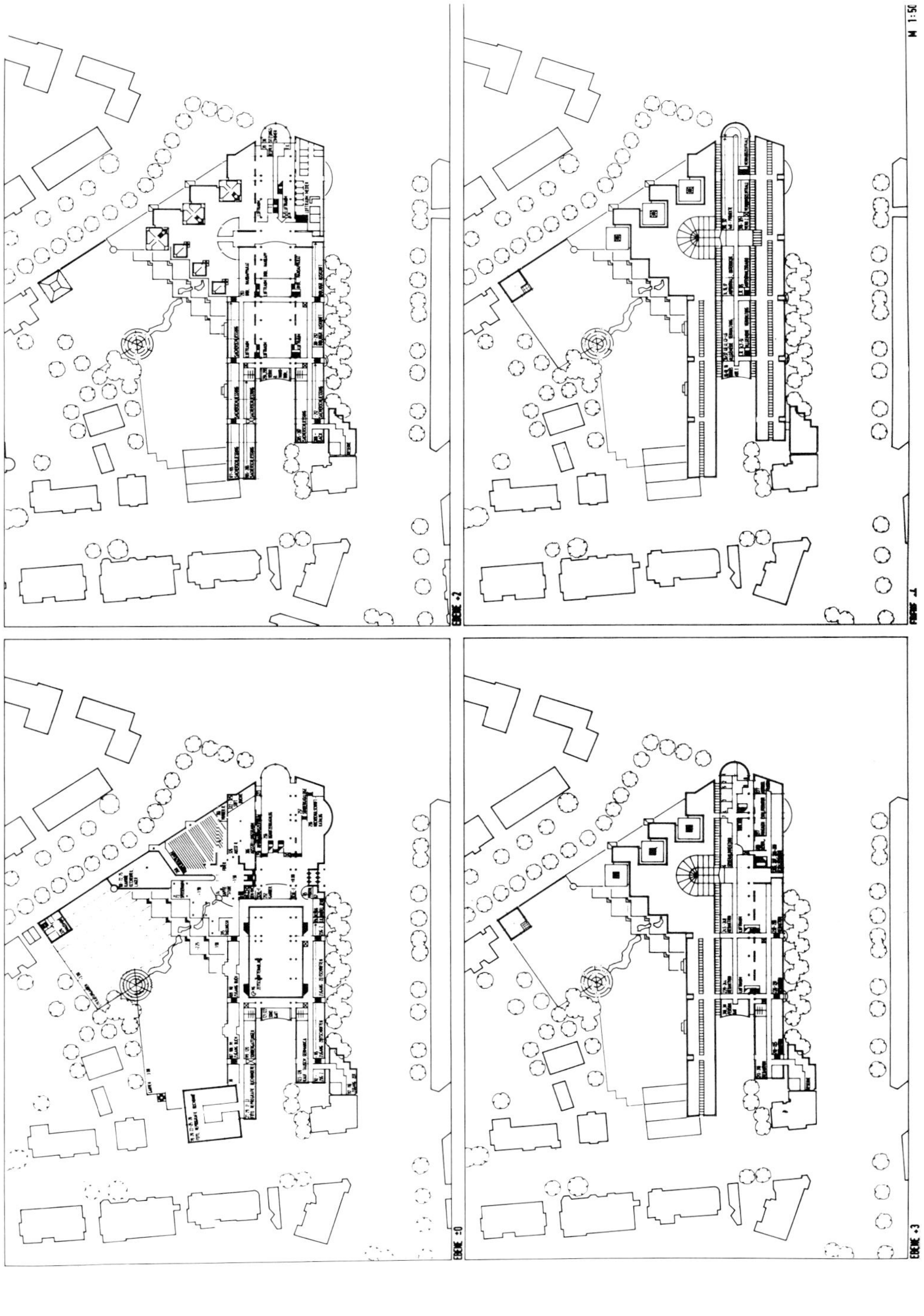

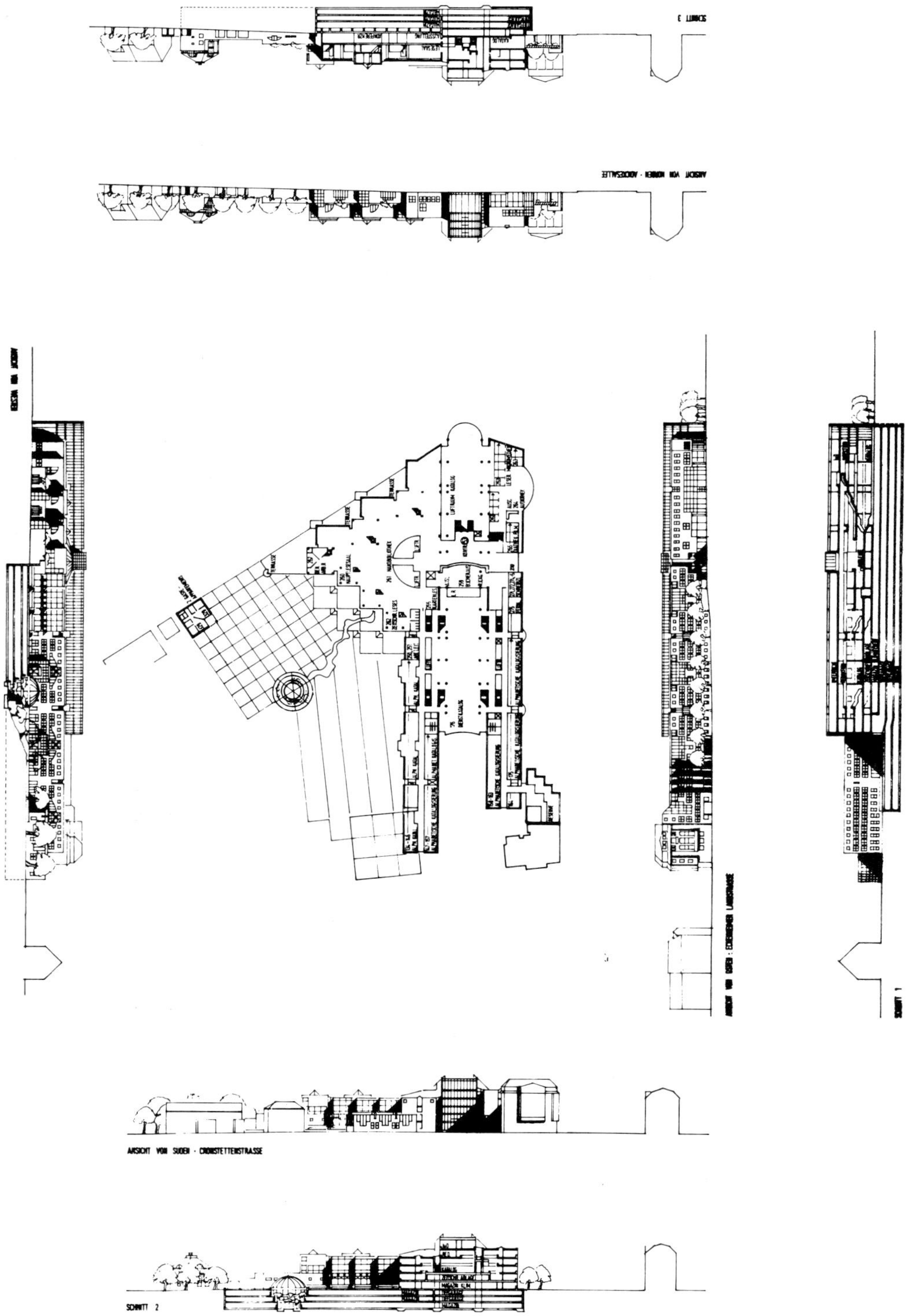
ANSICHT VON SUDEN · CRONSTETTENSTRASSE
SCHNITT 2

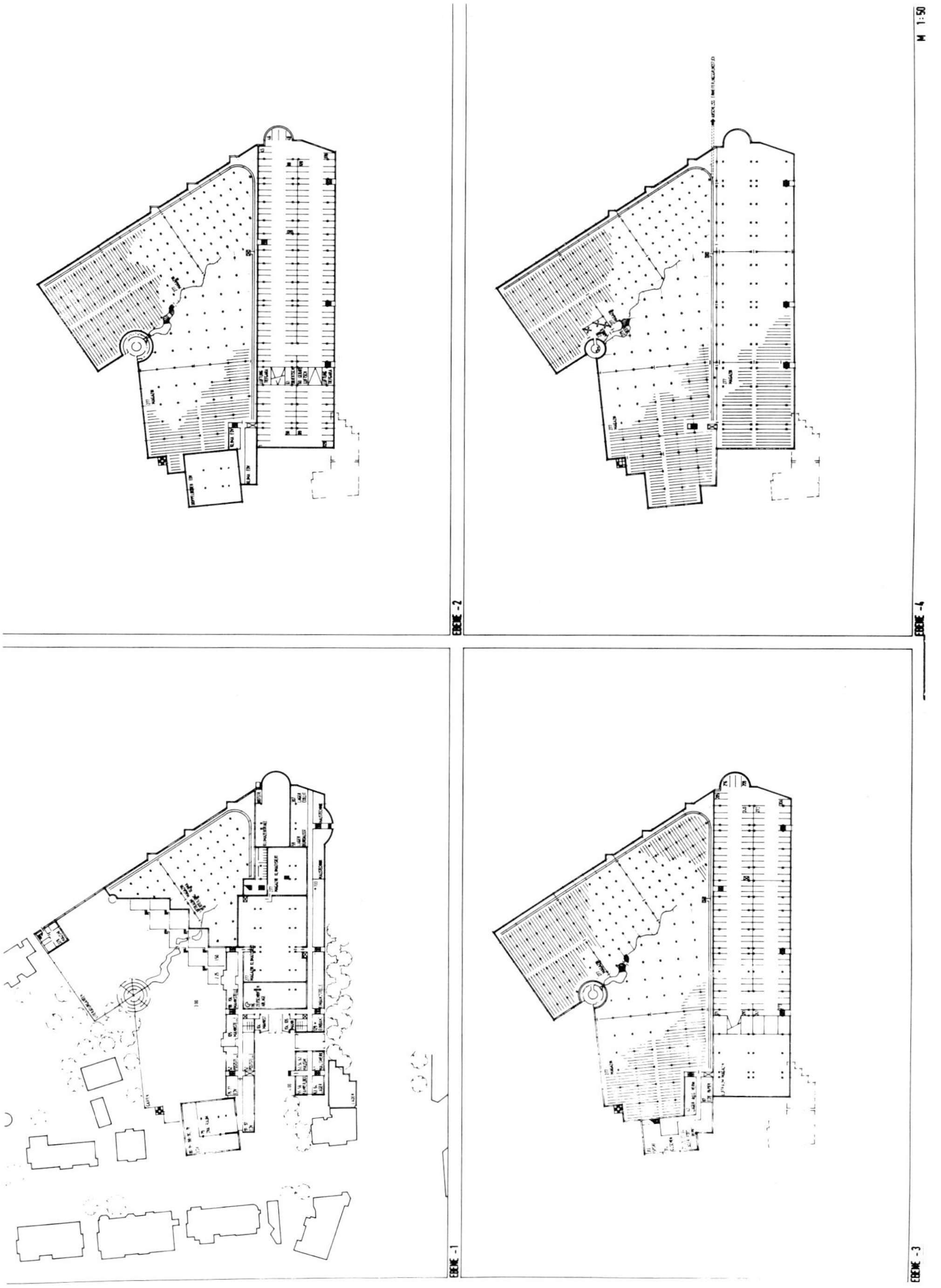
EBENE -2
EBENE -4
M 1:50
EBENE -1
EBENE -3

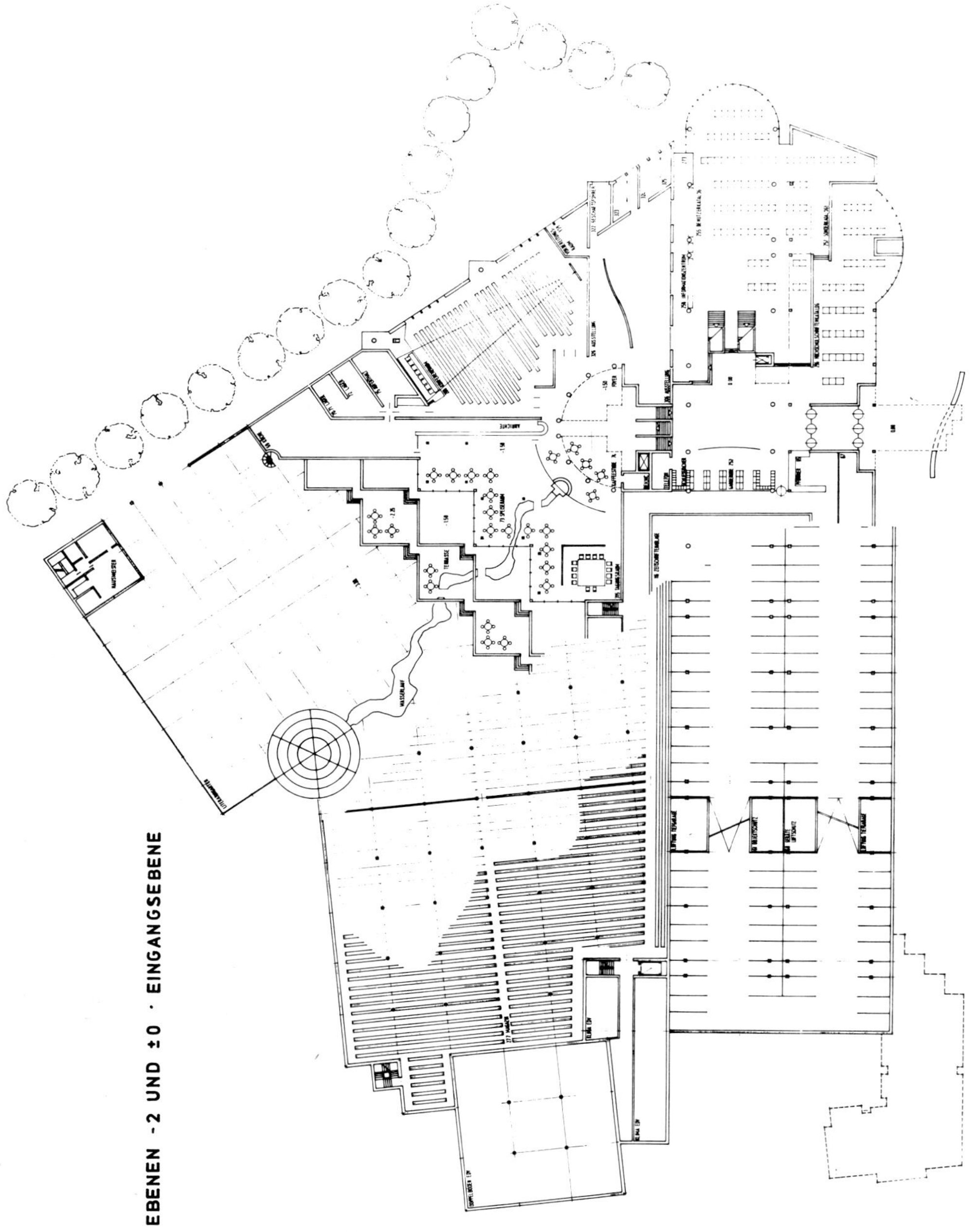

EBENEN -2 UND ±0 · EINGANGSEBENE

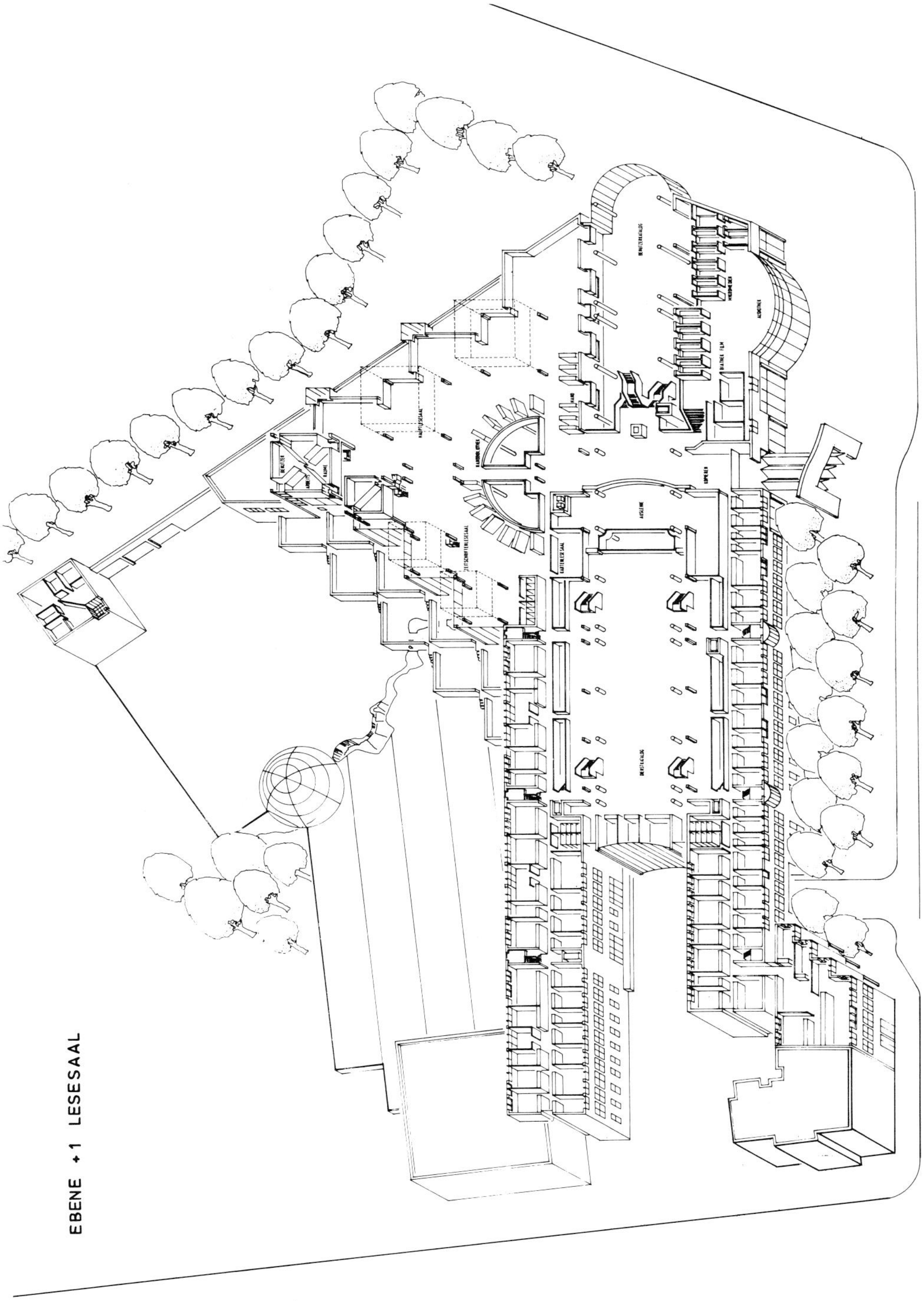
EBENE +1 LESESAAL

schnitte durch häufige Versätze; Hausmeisterwohnung im Übergang zwischen umgebender Wohnbebauung und Bibliothek.

Durch diesen abgewogenen Maßstab wird erreicht, daß die Bibliothek die ihr zustehende Eigenständigkeit und Bedeutung erhält und sich dennoch in ihrem solitären Anspruch nicht isoliert und keinen Fremdkörper bildet.

Innenräumliches Konzept

Hauptbestandteil des Raumprogramms sind die Bereiche des Sammelns und des Lesens. Hierbei bildet der Katalog funktional das Herz des Gebäudes. Dieser Schwerpunkt aller Aktivität ist deshalb auch innenräumlich das beherrschende Thema: ein großer 2–3geschossiger Luftraum, um den sich auf der einen Seite des Eingangs die Verwaltungsbereiche und auf der anderen Seite die Lesesäle gruppieren.

Bei dieser Anordnung wird nicht nur die gewünschte enge Verzahnung der Nutzung erreicht, sondern auch jedem Benutzer oder Bediensteten eine Vorstellung von der Größe des Gesamtbaus vermittelt.

Durch die großzügige Verglasung der Gebäudefront zur Adickesallee erhält auch der Passant eine Vorstellung vom Innern der Bibliothek.

Die Katalogbereiche haben in der Typologie ihres Raumes Ähnlichkeit mit sakralen Mittelschiffen. Dieses Raumsystem wird von einem zweiten Raumzusammenhang rechtwinklig durchschnitten, der vom Eingang zum Lesesaal führt. Im Kreuzungsbereich dieser räumlichen Systeme liegen im Erdgeschoß die Eingangshalle und im 1. Obergeschoß die Ausleihe, also die Bereiche, die sowohl dem internen als auch dem öffentlichen Bereich dienen.

Diese Raumüberschneidung ermöglicht eine eindeutige Orientierung, eine abwechslungsreiche Wegeführung und eine starke Differenzierung der Innenräume.

Funktion und Nutzungsverteilung

Die horizontale Verteilung der wesentlichen Nutzungen Katalog und Lesesaal ist mit den sich durchschneidenden Raumzusammenhängen beschrieben.

Der Dienstkatalog selber liegt im Zentrum der Verwaltungsbereiche, die sich seitwärts und über dem Katalog befinden, somit ist eine sehr enge Beziehung der Arbeitsplätze zum Katalog gewährleistet. In ihrer vertikalen Anordnung sind die einzelnen Ämter entsprechend ihrer erforderlichen Nähe zum Katalog, zur Poststelle und zur Ausleihe angeordnet.

Die stärker öffentlichen Bereiche der Verwaltung liegen über dem Benutzerkatalog und sind durch eine gesonderte repräsentative Treppe erschlossen.

Magazin und Büchertransport

Das Magazin ist als Flächenmagazin unter weitestgehender Ausnutzung der Grundstücksfläche vorgesehen, es beschränkt sich auf die Tiefe von drei Geschossen.

Zum Transport der Bücher ist eine Kastenförderanlage vorgesehen, die sich bis zum beabsichtigten Erweiterungsgebäude verlängern läßt.

Um die Arbeitsbedingungen der Mitarbeiter im Magazin zu verbessern, ist die Öffnung des Magazins zu einem trichterförmigen Einschnitt – einer Grotte – vorgesehen, an deren Grund ein kleiner Teich ausgebildet ist, der einen Schutz gegenüber unbefugtem Eindringen darstellt.

Das klimatisierte Magazin ist im Zentrum der Anlage in direkter Nachbarschaft zur Klimaanlage vorgesehen.

Lesesaal

Die Lesesäle sind als zusammenhängender Raumbereich ausgebildet. Dieser Gesamtraum wird sehr differenziert gestaltet, so daß einerseits eine ungehinderte Aufsicht möglich ist, andererseits jedoch für den Benutzer das Gefühl der Verlorenheit in einem sehr großen Raum nicht auftritt. Die Benutzerarbeitsräume sind überwiegend in einer zweiten Ebene, als in den Lesesaal hineingestellte »Häuser« ausgebildet. Sie gliedern den Lesesaal und schaffen intime Lesebereiche unter sich.

Material und Konstruktion

Das Gebäude ist in seinen Untergeschossen sowie den niedrigen seitlichen Baukörpern in Stahlbeton und Mauerwerk errichtet. Die Fassadenverkleidung besteht aus großformatigen rötlichen Keramikplatten.

Der Mittelbereich über den Katalogen ist als Stahlkonstruktion konzipiert.

Künstlerisches Programm

Die künstlerische Ausgestaltung soll kein einmaliger Vorgang sein. Ebenso wie der Sinn der Bibliothek die ständige Vermehrung ihrer Bestände ist, sollte die künstlerische Gestaltung dieses Anwachsen ausdrücken und mitmachen. So wie der Inhalt der Bücher die Zeit des Sammelns repräsentiert, soll auch die Kunst diesen gesamten Zeitraum dokumentieren.

Ein so verstandenes künstlerisches Konzept kann heute nicht die Form der künstlerischen Ausgestaltung festlegen, sondern nur ihre Themen und Entwicklungen ermöglichen.

Es wird vorgeschlagen, einen »Literaturgarten« anzulegen, in dem die zunächst mit Rasen eingesäten quadratischen Felder jedes Jahr fortschreitend nach den Themen eines ausgewählten Buches gestaltet werden.

Dieser Garten steht der Öffentlichkeit jederzeit zur Verfügung.

Planungsdaten

Hauptnutzfläche:	45 742 m^2
Bruttogeschoßfläche:	69 235 m^2
Bruttorauminhalt:	208 682 m^3

Beurteilung des Preisgerichts:

Städtebauliche/stadträumliche Gesichtspunkte

Die Gebäudestrukturen sind stadträumlich zur Eckenheimer Landstraße ausgerichtet.

Die Einfügung in die stadträumlich bedeutende Adickesallee wird vernachlässigt. Im rückwärtigen Bereich übernimmt die Bebauung in ihrer Gliederung Anklänge der kleinteiligen Wohnbebauung und erreicht hierdurch den Übergang zur offenen Wohnhausstruktur. Die Rücknahme der Bebauung in der Eckenheimer Landstraße, die Einhaltung der Traufhöhe, die Übernahme maßstabsbildender Fassadenelemente entspricht der Absicht, die Gebäudeanlage stadträumlich zu dieser Straße auszurichten und von dort für den Fußgänger und den PKW-Verkehr zu erschließen.

Die Rahmenbedingungen des Bebauungsplanentwurfes werden nicht konsequent eingehalten. Im rückwärtigen Bereich an der Schlosserstraße wird durch das Hausmeistergebäude die Baugrenze überschritten und im Bereich der Cronstettenstraße die Geschoßzahlen nicht beachtet. Die vorliegende Konzeption läßt jedoch eine Angleichung an die Rahmenbedingungen zu.

Äußere Erschließung

Der Haupteingang an der Eckenheimer Landstraße liegt funktional richtig, entbehrt jedoch einer baulich überzeugenden Ausformung. Das führt zu der ziemlich willkürlich erscheinenden Torgestaltung. Die Zufahrt zur Tiefgarage beeinträchtigt nicht die Wohnbebauung an der Cronstettenstraße und fügt sich dem Straßenzug an der Eckenheimer Landstraße ein. Die Führung der Anlieferung über die Tiefgarage führt zwangsläufig zu nutzungsmäßigen Nachteilen.

Funktion und Qualität der räumlichen Gestaltung

Die Funktionsbereiche – Benutzer, Verwaltung, Magazin – sind nutzungsgerecht einander zugeordnet. Es ist jedoch nicht gelungen, die linearen Gebäudestrukturen auch bei der Auslegung der Nutzungsflächen zum Ausdruck zu bringen.

Die Wegeführung zum Benutzerkatalog entspricht nicht der Längsausrichtung der Eingangshalle und ist deshalb unübersichtlich. Im inneren Bereich sind Erlebniswerte durch Hallen, Durchblicke und Treppenanlagen gegeben.

Der Weg des Lesers führt vom Eingang gradlinig nur in die Cafeteria und in den Konferenzbereich. Die bibliothekarischen Bereiche (Katalog und Lesesaal) werden nur über einen mehrfach abgewinkelten Weg (Treppe) erschlossen. Die in der Auslobung geforderte Trennung zwischen Benutzer- und Dienstbereich erscheint bei der vorliegenden Konzeption kaum zu verwirklichen, selbst nicht durch die Schaffung eines separaten Eingangs für den Konferenzsaal. Die Magazine weisen nur eine Raumhöhe von 2,50 m auf. Die Idee, die Unterflurmagazine vom Erdgeschoß her durch einen Wasserlauf mit Brunnen aufzulockern, ist interessant und hebt die Arbeitsqualität des Arbeitsbereiches des Magazinpersonals. In Anbetracht der Gefahren, die in Büchermagazinen durch Wasser entstehen können, erscheint die Ausführung jedoch problematisch. Der Raum für die EDV weist nicht die erforderliche Raumhöhe aus.

Konstruktion und Wirtschaftlichkeit

Ein einheitliches Konstruktionsraster wurde nicht gewählt. Jedoch ist damit die Wirtschaftlichkeit nicht in Frage gestellt. Die HNF wird eingehalten, die Planungsdaten liegen im wirtschaftlichen Bereich. Die Wirtschaftlichkeit der Konzeption ist gegeben.

Wertung des künstlerischen Beitrags

Die Einbeziehung der bildenden Kunst wird als sukzessives Ansammeln im Sinne eines Freilichtmuseums verstanden.

Die Form des Verwaltungstraktes als »Buch« ist wohl wie Venturis »Ente« zu verstehen, d. h. Architektur mit Symbolcharakter, sie überzeugt jedoch in ihrer Ausformung nicht.

Wertung der architektonischen Qualität

Die Gebäudeanlage zeigt zum Wohnbereich und entlang der Schlosserstraße besondere architektonische Qualitäten. Gestalt, Maßstab und Gliederung sind überzeugend. Diese Qualität wird bei der Gestaltung der Fassade an der Eckenheimer Landstraße und bei der Ausformung des Kopfes der Gebäudeanlage an der Adickesallee jedoch nicht erreicht.

Die Konzeption überzeugt durch architektonische Qualität, durch Einfügung in die Wohnbebauung und durch die Zuordnung der Nutzungsbereiche. Die Einordnung der Gebäudeanlage in den Stadtraum an der Adickesallee erreicht jedoch nicht diese Qualität. Der Versuch, durch eine Linienstruktur in der dritten Dimension Anklänge an ein Buch zu finden, führt zu Zwängen, die es nicht ermöglichen, Erschließung und Nutzung dieser gerichteten Gebäudestruktur einzufügen.

Weitere Abbildung s. Farbtafel Seite 278

Ankauf

Haslob – Hartlich – Schütz

Aus dem Erläuterungsbericht:

Städtebauliche Situation

Die Situation wird bestimmt durch
- die Lage an der Adickesallee, Kreuzung Eckenheimer Landstraße
- die 3- bis 5-geschossige Wohnbebauung an der Südseite der Adickesallee
- die aufgelockerte Bauweise mit Grün im Bereich der Schlosserstraße und Cronstettenstraße.

Aufgrund dieser Randbedingungen schlägt der Verfasser folgendes Lösungskonzept vor:
- Signifikante Eckbebauung an der Kreuzung, einprägsame Bauform und Fassadengestaltung durch Sondernutzungen wie Saal, Kantine, Ausstellung und Kaffeestube.
- Zurückgesetzt die reinen Bibliotheksbereiche in 5-geschossiger Bauweise.
- Beide Baukomplexe bilden den Musenhof, ein geschützter Innenbereich mit Anbindung an die Eckenheimer Landstraße und Schlosserstraße für öffentliche Nutzungen.
- Die Eckbebauung ergänzt die Randbebauung an der Adickesallee, sie vermittelt zwischen den 3 und 5 Geschossen der umliegenden Bebauungen durch den vorderen und hinteren Baukörper und fügt sich damit zwanglos in die Umgebung ein.
- Orientierung der Arbeitsbereiche und Lesesäle in aufgelockerter Form in die Grünzone des Blockbinnenbereichs.

Funktion

Über den Musenhof werden zentral alle Bereiche erschlossen. Der vorgelagerte Baukörper an der Adickesallee nimmt die öffentlichkeitsbezogenen Einrichtungen auf, wie
- Konferenz- und Tagungssaal mit Foyer
- Ausstellungsbereich mit Stiftung Buchkunst
- Kantine mit Kaffeestube und Terrasse im Musenhof.

Schlossstrasse

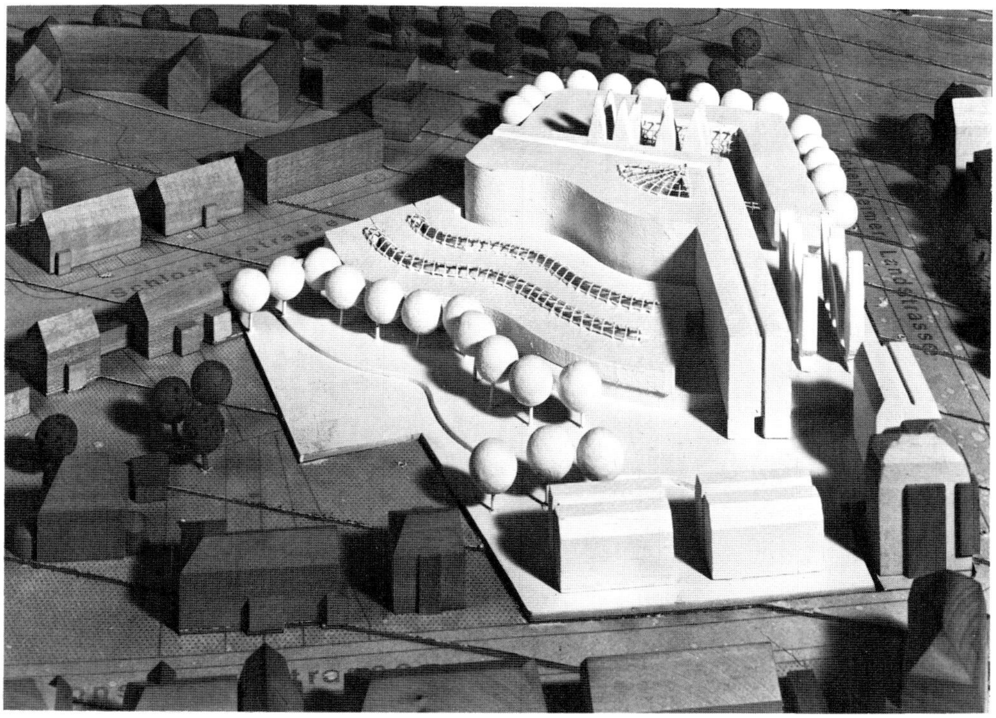
Schlossstrasse
Landstrasse

Schlossstrasse

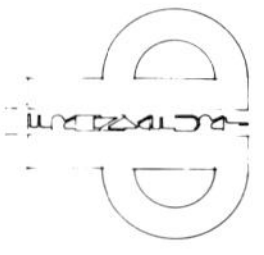

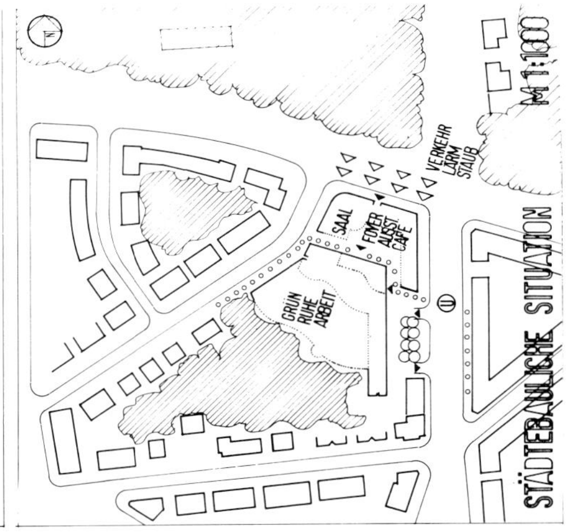
STÄDTEBAULICHE SITUATION
SAAL
FOYER
AUSST
CAFE
GRÜN
RUHE
ARBEIT
VERKEHR
LÄRM
STAUB

M 1:500
Oberfinanzdirektion
Adickesallee
Schlosser Str.
Frauensteinstr.
Frauensteinplatz
Cronstettenstr.
Eckenheimer Landstr.
641

Dieser Komplex bietet damit gute Voraussetzungen für Öffentlichkeitsnutzung und Vermietbarkeit.

Der Hauptbaukörper der DB wird sowohl vom Musenhof wie der Vorfahrt an der Eckenheimer Landstraße über eine zentrale Eingangshalle erschlossen. Von dieser Halle aus sind erreichbar:

- der Benutzungsbereich mit Benutzerkatalog, Informationszentrum und Lesesälen sowie
- der Dienstbereich in den Ober- und Untergeschossen.

Die Verbindung zum vorgelagerten Ausstellungs- und Konferenzbereich ist über transparente Brücken im 1. Obergeschoß gegeben.

Der Anlieferungsbereich (Waren, Bücher, Entsorgung sowie 10 Stellplätze) liegt wie die Hausmeisterwohnung mit den Gästeappartements im Süden des Gebäudes unter Ausnutzung der Geländedifferenz.

Architektur und Gestaltung

Die Baugruppe von Deutscher Bibliothek und Veranstaltungsbereich fügt sich durch Teilung und Höhenstaffelung der Baukörper differenziert in die Gesamtsituation ein.

In Verbindung mit einem strengen Gestaltungsansatz ergibt sich ein angemessener Repräsentationsanspruch der Deutschen Bibliothek.

Die angestrebte Integration von Architektur und Kunst wird erreicht durch Überlagerung von strenger und freier Form.

Der Kontrast zwischen Geradem und Geschwungenem bestimmt

- in Grund- und Aufriß sowie
- in der Außen- wie auch Innengestaltung

das Erscheinungsbild.

Der Lichthof mit Fahrstühlen und Freitreppe ergibt in Verbindung mit der Hauptachse im Erdgeschoß eine gute Orientierung.

Als Material für die Fassade schlägt der Verfasser »Sardischen Granit« in Verbindung mit einbrennlackierten Alu-Fenstern – Farbe rotviolett (alternativ weiß) – vor.

Die geschwungenen Lesesäle im Erdgeschoß sind als leichte Stahlglaskonstruktion mit Oberlichtern in kittloser Verglasung geplant.

Die Konstruktion ist als Stahlbetonskelett vorgesehen. Die Stützenraster von ca. 10,00 m im Untergeschoß und ca. 5,00/7,50 m im Erdgeschoß bis 4. Obergeschoß lassen eine wirtschaftliche Erstellung erwarten.

Technische Ausstattung

1. *Flexibilität:*

- Im Benutzungsbereich und Dienstbereich durch versetzbare bzw. leicht zerstörbare Trennwände gegeben.
- Im Verwaltungsbereich sind Teilungen unabhängig von der Konstruktion.

2. *Belichtung und Belüftung:*

Durch die von der Straße abgerückte Lage können die Arbeitsräume natürlich belüftet und belichtet werden.
Die Ost-Süd- und Westfassade erhalten einen außenliegenden Sonnenschutz.
Eine Be- und Entlüftungs- bzw. Klimaanlage ist damit nur für die innenliegenden und in dem Untergeschoß liegenden Flächen erforderlich.

3. *Regalsysteme:*

- Freihandbereich: bewegliche Stahlregale, maximal 6 Bretter übereinander, Achsabstand 1,44 m.
- Magazin: zunächst bewegliche Stahlregale, Möglichkeit zur Umrüstung auf Kompaktanlage evtl. unter Verwendung der vorhandenen Regale.

4. *Büchertransport:*

- Größere Mengen (Neuzugang, Ausleih-Rückgaben usw.) mit Bücherwagen bzw. -körben, Fahrstuhlbenutzung mit klarer Trennung Benutzer-/Dienstfahrstühle.
- Alternativ zu der gesamten Kastenförderanlage schlägt der Verfasser ein Gurtbandsystem mit Auslauf in der Ausleihe und Teleliftsystem im Magazin und den erforderlichen Stationen vor, da dieses System flexibler ist und mit höherer Fördergeschwindigkeit arbeitet.

5. *Eingangsbereich, Garderobe:*

- Nur ein Eingangsbereich für Benutzer. Verbindungstüren und Fahrstühle zwischen Benutzungs- und Dienstbereich sind nur mit einem Schlüssel, Nottreppenhäuser nur unten über verplombte Panikriegel zu öffnen.

– Die Installation einer Buchsicherungsanlage sollte erwogen werden.
– Verschließbare Garderobenschränke mit DM-Pfandeinrichtung, daneben Garderobe mit Personalbewachung, zugeordnet Sanitärbereich.

6. *Energieversorgung:*

Beheizung mit Gas, Technikzentrale im 1. Obergeschoß im Anlieferungsbereich (Montageschacht) mit Unterstationen im Zentral- und Westflügel sowie im Dachbereich.
Geplant ist der Einsatz energiesparender Technologien wie Gaswärmepumpe und Wärmerückgewinnungsanlage im Lüftungs- und Klimabereich.

Planungsdaten

Hauptnutzfläche:	46 462 m^2
Bruttogeschoßfläche:	69 326 m^2
Bruttorauminhalt:	231 271 m^3

Beurteilung des Preisgerichts:

Städtebauliche/stadträumliche Gesichtspunkte

Der wichtigste Gedanke dieses Entwurfs besteht in der Gliederung in zwei Komplexe, die einen – Vorhof »Musenhof« – umschließen. Dabei sind die verschiedenen Bereiche richtig gruppiert: die öffentlichen Bereiche wie Konferenzsaal, Ausstellungsbereich und Kantine sind der Straße bzw. dem »Musenhof« zugeordnet, der Lesesaal und Katalogbereich dem ruhigen Grünraum auf der Südwestseite.

Die Bedeutungsschwäche des vorderen Gebäudes mit teilweise profaner Nutzung relativiert allerdings die Richtigkeit, diese Baugruppe vor die eigentliche Deutsche Bibliothek zu stellen.

Die klare Formung und Gliederung der Baumassen wirken überzeugend und sinnvoll. Die Zurücknahme des Hauptbaukomplexes an der Eckenheimer Landstraße läßt einen Vorplatz entstehen, der sowohl aus städtebaulicher Sicht positiv zu beurteilen ist als auch die Lärmbelästigung durch den Straßenverkehr vermindert. Die zurückhaltende Höhenentwicklung des Benutzerbereichs zum Freiraum respektiert die benachbarte Wohnbebauung in angenehmer Weise.

Äußere Erschließung

Der Hauptzugang zum Gebäude liegt zwar etwas versteckt, jedoch wird dieser Nachteil durch die Raumqualität des Vorhofes aufgewogen. Die Vorfahrt und Zufahrt zur Tiefgarage erfolgt von der Eckenheimer Landstraße und ist geschickt gelöst.

Die Anlieferung für den Dienstbereich ist funktional richtig angeordnet. Nachteilig ist, daß der Anlieferungshof zum Benutzerbereich (Zeitschriftenlesesaal) nicht abgeschirmt ist.

Die Anlieferung zur Küche ist unbefriedigend.

Funktion und Qualität der räumlichen Gestaltung

Die Eingangshalle ist zwar ausreichend dimensioniert, sie zeigt jedoch keine Raumqualitäten, die der Bedeutung des Gebäudes als Nationalbibliothek entspricht. Eine Trennung des Benutzerverkehrs vom Dienstbereich ist in der vorgeschlagenen Form nicht möglich. Der Kontrollpunkt liegt hinter der Bücherausgabe falsch.

Folgende bibliothekarische Funktionen werden positiv bewertet:
- Benutzerkatalog und Lesesaal auf einer Ebene
- Interner Bereich sinnvoll gebündelt, daher Vermeidung überlanger Wege
- Der kompakte orthogonal angelegte Magazingrundriß verspricht wirtschaftliche Nutzung.

Die räumliche Gestaltung und Aufteilung des Benutzerbereichs läßt keine der Aufgabe angemessenen gestalterischen Qualitäten erkennen. Die Anordnung und Belichtung der Büroräume und Büronebenräume ist für das Personal angenehm und wirtschaftlich gelöst.

Konstruktion und Wirtschaftlichkeit

Die Möglichkeiten der Konstruktion sind klar ablesbar. Bezüglich der Geschoßflächen und des bebauten Raumes liegt der Entwurf im wirtschaftlichen Bereich.

Wertung des künstlerischen Beitrags

Die Mitwirkung eines gestaltenden freien Künstlers ist nicht erwähnt und nicht zu erkennen.

Wertung der architektonischen Qualität

Der Verfasser bemüht sich, in der Gestaltung der Fassade eine gewisse Repräsentanz herzustellen. Das Ergebnis kann jedoch nicht überzeugen. Außerdem entsteht in Teilbereichen eine Diskrepanz zwischen innerer Funktion und äußerer Gestalt.

Weitere Abbildungen s. Farbtafeln Seiten 278–280

Ankauf

A. P. B. Architektengruppe Planen + Bauen

Beisert – Findeisen – Grossmann-Hensel – Wilkens

Aus dem Erläuterungsbericht:

Konzept

Die vorgeschlagene Konzeption stellt die Synthese zweier konzeptioneller Leitlinien dar:

1. der städtebaulichen Formfindung und Baumassendisposition
2. des innerräumlich-funktionalen Zusammenhanges und dessen Formfindung.

zu 1.:

Das Aufeinanderstoßen unterschiedlicher baugeschichtlicher und struktureller Entwicklungsringe Frankfurts in der unmittelbaren Umgebung des Grundstücks zwingen zu einer differenzierten Ausrichtung und Baumassenbildung.

Hier ist einmal die regelmäßige weitgehend homogene Bebauung um den Frauensteinplatz mit überwiegend 3geschossiger gereihter Bebauung der Jahrhundertwende, die lediglich im Nordosten – im Bereich des Projektgrundstücks – ungeplant ausläuft. Das Konzept sieht hier den fehlenden Abschluß in Form eines leicht gebogenen und gestuften 2–4geschossigen Baukörpers. Ein zusätzliches Korrespondenzelement zur vorhandenen Bebauung bildet das vorgelagerte dreigeschossige Wohnhaus.

Die zweite städtebauliche Bezugsgröße stellt die weitgehend geschlossene 4–5geschossige Bebauung östlich der Eckenheimer Landstraße dar, sie setzt sich über den ganzen südöstlichen Bereich zwischen Eckenheimer Landstraße und Nibelungenallee fort. Das zu erhaltende Haus Cronstettenstraße 2 entspricht diesem Maßstab.

Das Konzept sieht hier eine 6geschossige straßenbegleitende Bebauung vor, mit leichten Höhen- und Baufluchtvorsprüngen im Bereich des Altbauanschlusses sowie differenzierten Unterschnitten im Eingangsbereich.

Abschluß und Höhepunkt dieses Baukörpers bildet an der Ecke Adickesallee und Eckenheimer Landstraße eine höhengleiche kreisförmig zentrierte

Gebäudeform; sie bildet den städtebaulichen Abschluß der Ecke und stellt mit ihren kreisförmig gegliederten Basisgeschossen das verbindende Element zum gebogenen Linearbaukörper dar.

zu 2.:

Leitlinie für die innenräumlich-funktionale Raumdisposition ist die Absicht, die Bibliothek als *ein Ganzes* darzustellen und dieses sowohl den Benutzern als auch den Bediensteten zumindest optisch erlebbar zu machen.

Sichtbarer Ausdruck hierfür ist der sich zwischen beiden Linearbaukörpern bildende Hallenraum. Er weitet sich zur Eingangshalle hin aus und gewinnt an Höhe. An ihm liegen alle wichtigen großräumlichen Bereiche sowohl des Benutzer- als auch des Dienstbereiches, jedoch getrennt durch raumbildende Verglasungen bzw. Galerien und Luftlöcher.

So stellt sich für alle Beteiligten der Funktionsorganismus Bibliothek zumindest in wesentlichen Teilen in seiner Komplexität dar.

Funktionshinweise

Die Magazinfläche ist ensprechend der beabsichtigten oberirdischen Baumassenreduzierung in 4 Untergeschossen angeordnet. Eine lineare Systemerweiterung unter der Adickesallee hindurch ist im unteren Geschoß vorgesehen.

Als Transportmedium für die Bücher wird eine elektronisch gesteuerte Kastenförderanlage vorgesehen, mit horizontaler Ringverteilung in den Magazingeschossen und Vertikalanbindungen zu den Dienstbereichen. Bedarfsweise kann jeder Kern an dieses System angeschlossen werden, damit stünde alle 30–40 m eine Ab- und Eingabestation zur Verfügung.

Die Andienung des Gebäudes erfolgt über ein Anlieferungsgeschoß mit Zu- und Abfahrt von der Eckenheimer Landstraße.

Das Anlieferungsgeschoß beinhaltet die Rampe zur Tiefgarage. Die Anlieferung der Küche erfolgt separat von der Schlosserstraße aus.

Der Veranstaltungsbereich ist einschl. der Eingangshalle und der Kantine durch eine vertikale Rollwand unterhalb der 2. Querbrücke für eine separate Nutzung von der übrigen Bibliothek abtrennbar; die Cafeteria ist extern erreichbar.

Fahrstühle sind generell dem Dienstbereich zugeordnet, eine Ausnahme bilden die Fahrstühle von der Tiefgarage zur Eingangshalle und von der Eingangshalle zur Ausleihe, insbesondere auch für Behinderte. Diese Fahrstühle werden entsprechend den Sicherheitsbedürfnissen programmiert.

Schlosserstrasse

Eckenheimer Landstrasse

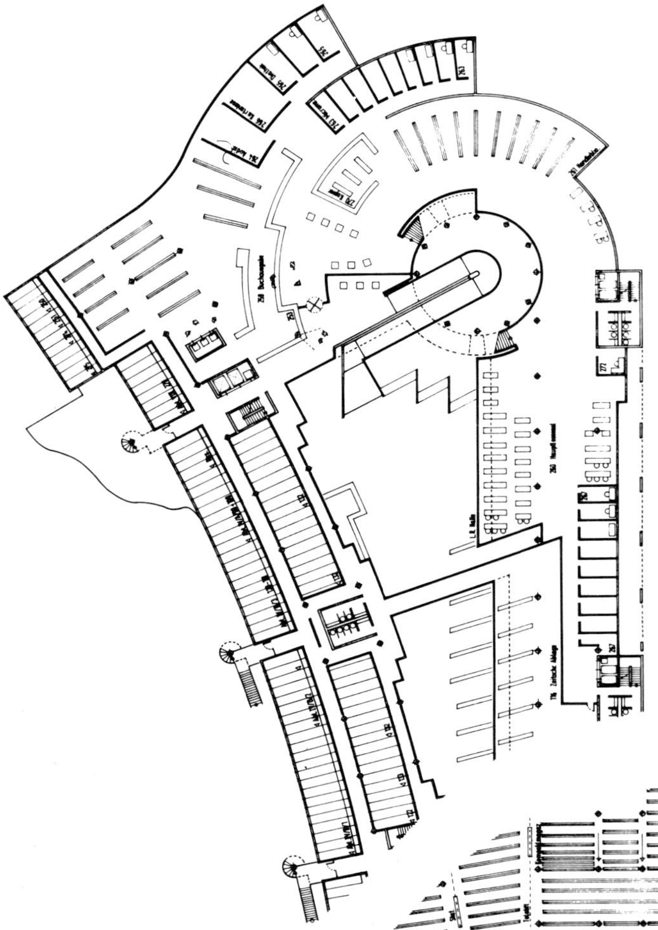

1. Obergeschoss 1/200

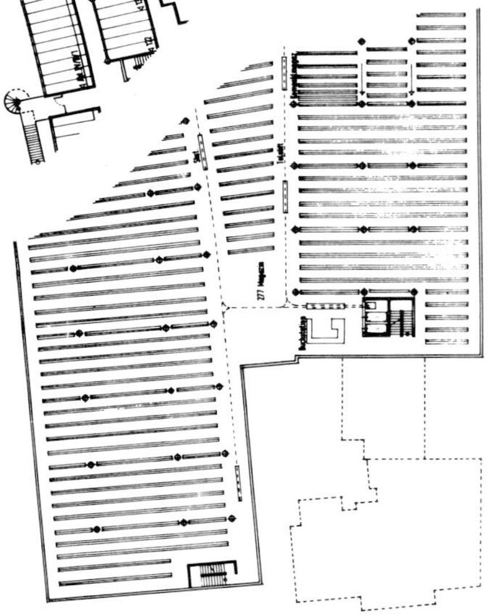

2.–5. Untergeschoss 1/200

GRUNDRISSE 1/500

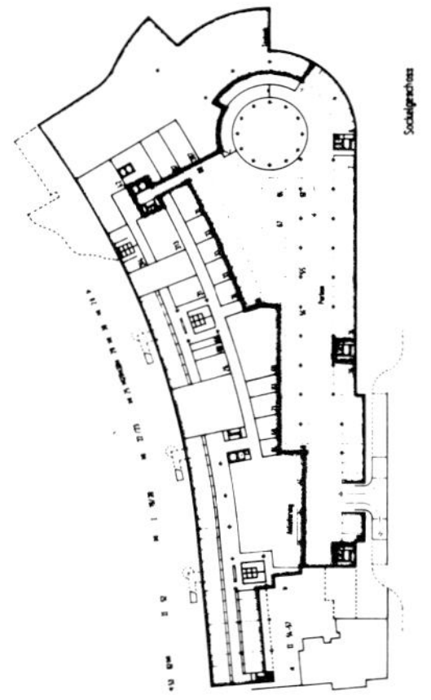

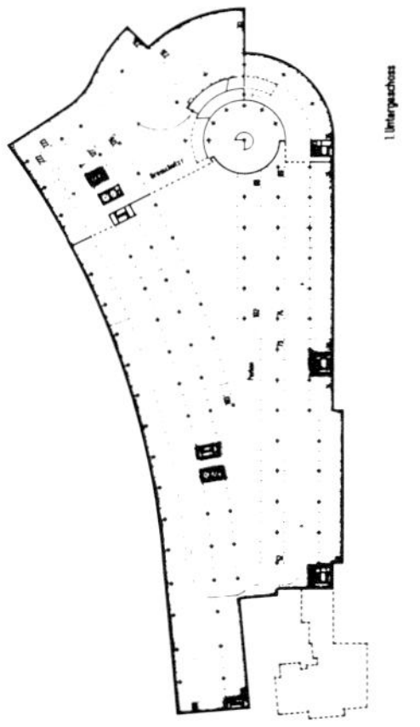

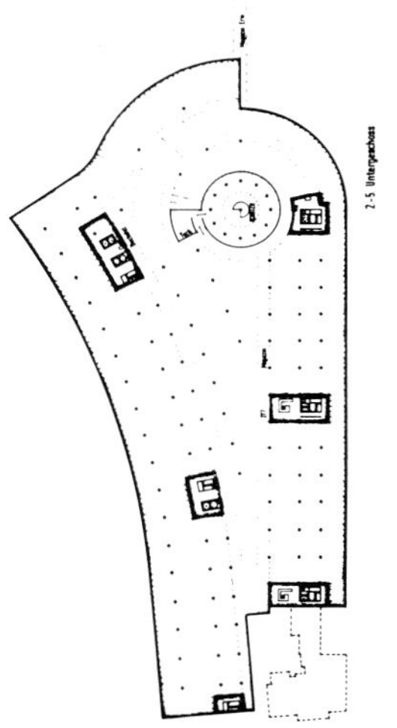

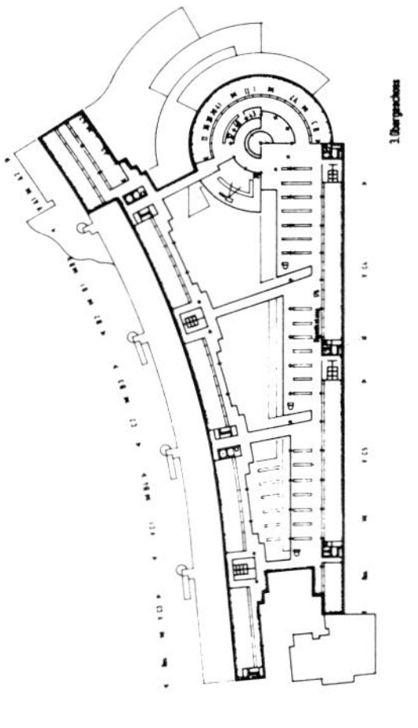

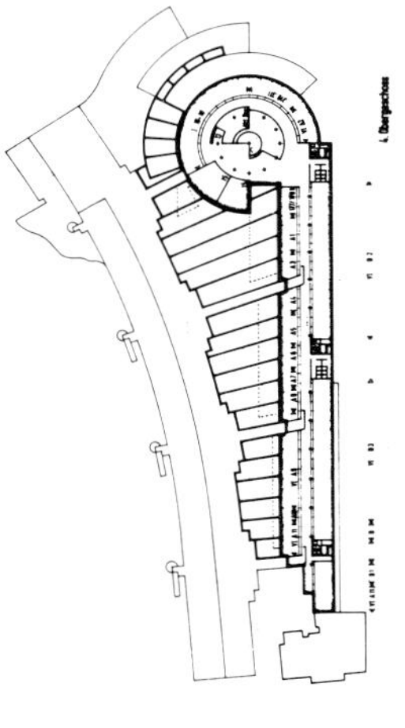

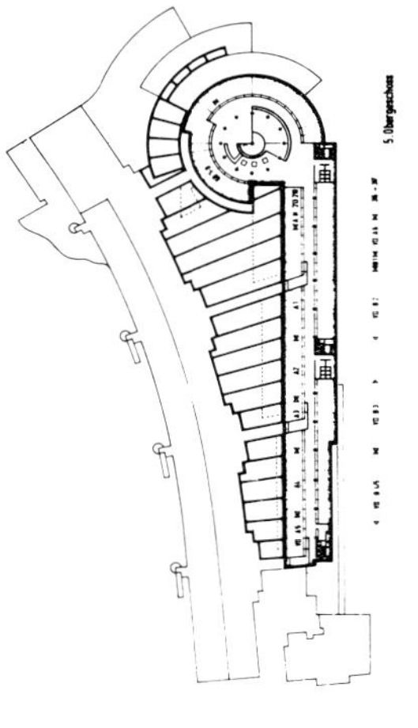

Konstruktion und Materialien

Das Gebäude ist als konventioneller Stahl- oder Stahlbetonskelettbau geplant. Eine Ausnahme bildet das Tragsystem des Rundbaukörpers, hier wird für die kleinteiligen 3 oberen Geschosse über den großräumigen 3 unteren Geschossen eine Hängekonstruktion vorgesehen, sie wird entsprechend architektonisch-konstruktiv sichtbar gemacht.

Außen sichtbare Materialien sind Sandstein, Stahl und Glas in einem differenzierten Wechselspiel zueinander. Mehr Sandstein an der Eckenheimer Landstraße in Korrespondenz zur gegenüberliegenden Jahrhundertwendebebauung, weniger Sandstein und mehr Glas und Stahl zum parkartigen Garten.

Planungsdaten

Haupnutzungsfläche:	49 967 m²
Bruttogeschoßfläche:	82 615 m²
Bruttorauminhalt:	280 674 m³

Beurteilung des Preisgerichts:

Städtebauliche/stadträumliche Gesichtspunkte

Der Verfasser hat eine Randbebauung an der Eckenheimer Landstraße vorgeschlagen, die an der Adickesallee in einem Gebäudeschwerpunkt in Form eines runden Zentralraumes endet, der in seiner repräsentativen Ausformung der Bedeutung der Aufgabe Ausdruck verleiht. Die Westseite des Gebäudes spannt einen leichten Bogen zwischen Cronstettenstraße und Schlosserstraße und fängt so den Grünraum großzügig auf. Im Norden und Süden wird die Führung dieser Straßen aufgenommen.

Äußere Erschließung

Die Erschließung für die Fußgänger ist ohne Aufnahme der dem Entwurf eigenen städtebaulich-räumlichen Betonung in die Eckenheimer Landstraße verschoben: auf engem Raum überlagern sich hier mit der Vorfahrt und der Einfahrt zur Tiefgarage Fußgänger- und Fahrzeugverkehr. Die Einfädelungsstrecke an der Ausfahrt der Tiefgarage ist zu kurz. Für Abendveranstaltungen ist ein besonderer Zugang an einer städtebaulich betonten Stelle und leicht auffindbar vorhanden.

Funktion und Qualität der räumlichen Gestaltung

Die innere Erschließung ist übersichtlich. Von einer großzügigen Halle aus sind alle Benutzerbereiche gut zu erreichen. Die Leseräume sind in zwei Geschossen über der Zugangshalle in funktional richtiger Abfolge angeordnet und über eine Rampe erreichbar. Die Erschließung der nichtöffentlichen Bereiche ist durch die Vermischung von öffentlichem und internem Bereich konzeptionell nicht gelöst.

Die Zuordnung der bibliotheksinternen Funktionsbereiche ist im allgemeinen richtig, einzelne Mängel sind z. T. behebbar. Die als positiv anzusehende Gestaltung der öffentlichen Bereiche in einer Rundform im Gebäudeschwerpunkt wirkt sich im Magazinbereich für die Aufstellung der Regale negativ aus. Der Gedanke, die einzelnen Funktionen von der durchgehenden Halle aus erlebbar zu machen, ist ein wesentliches Merkmal des Entwurfs. Zu bedenken ist, inwieweit dabei Lüftungs- und Klimafragen eine Rolle spielen werden.

Konstruktion und Wirtschaftlichkeit

Die konstruktive Struktur entspricht in allen Teilen der Gebäudeform und ist problemlos realisierbar. Die Hauptnutzfläche ist überschritten, deshalb liegt die Kubatur erheblich über dem Durchschnitt.

Wertung des künstlerischen Beitrags

Angaben zu künstlerischen Absichten sind nicht gemacht.

Wertung der architektonischen Qualität

Die Dynamik der äußeren Form findet ihre räumliche Entsprechung im Inneren in der durchgehenden Halle und der Wegeführung im öffentlichen Bereich. Im Äußeren gelingt dem Verfasser keine adäquate Qualität, in der Fassadengestaltung an der Eckenheimer Landstraße dominieren ornamentale Elemente; das Hauptproblem bleibt die mangelnde Übereinstimmung zwischen Grunddisposition und Zugangslage.

Weitere Abbildungen s. Farbtafeln Seiten 280–282

Ankauf

Professor Joachim Schürmann mit Margot und Peter Schürmann

Aus dem Erläuterungsbericht:

Zur Einbindung in den Maßstab des Stadtteils:

Das Bauwerk übernimmt die Höhe der vorhandenen Altbauten.

Die Konturen sollen ruhig und selbstverständlich sein, Plastizität entwikkelt sich nur innerhalb dieser Mantellinien.

Während die Front zur Eckenheimer Landstraße in Dimension und Gliederung die Stadtstraße ergänzen will, strukturiert die Westseite sich feingliedriger als Antwort auf die anschließende offene Wohnbebauung.

Der zentrale Baukörper mit den wichtigsten Einrichtungen bleibt deutlich erkennbar – ist aber gewissermaßen ins zweite Glied zurückgenommen –, um ihm angemessenes Umfeld und Distanz zur Wohnbebauung zu geben. Die dadurch gewonnenen Freiräume werden zu fußgängerbezogenen Stadträumen.

Zum Magazin:

Diese städtebaulichen Überlegungen und der Wunsch, einen zusammenhängenden Magazinbereich auf möglichst wenig Ebenen auszuweisen, führt zur Anordnung des Magazins in den Untergeschossen.

Dieser Magazinsockel ragt etwa ein Geschoß über das Straßenniveau, er wird in der Gestaltung deutlich als Basis des Bauwerkes – im wörtlichen und übertragenen Sinn – erkennbar (siehe Blatt 1, 4 und 5).

Zur inneren Ordnung:

Weitere wesentliche Gliederungselemente sind die beiden Gebäudeachsen, die zu Koordinaten der inneren Organisation werden: die eine, die Ost-West-Koordinate, markiert sich in der sog. Fuge zwischen dem geschlossenen Dienstbereich im Süden und dem öffentlichen, publikumsbezogenen Bereich im Norden. Ihre Projektion nach Westen und Osten bezieht als Leitlinie für die äußere Erschließung das Umfeld mit in das Erschließungssystem ein, – die andere, die Nord-Süd-Koordinate, ist die Leitlinie für die innere Organisation. Sie ist verfolgbar vom durchgehenden, das Gebäude abschließenden Dienstkatalog bis in den Magazinsockel.

Zur Funktion:

Über die Pläne hinaus möchten wir auf einige Gesichtspunkte besonders hinweisen.

Zum Benutzerbereich:

Von der großen Eingangshalle, die als Fuge über die gesamte Gebäudehöhe (Blatt 7) im wesentlichen den Dienstbereich vom Benutzerbereich trennt, ist der Katalogsaal direkt erreichbar, ohne daß dieser den Eingangsbereich in seinem Charakter dominiert (Blatt 2).

Es gibt einen zweifachen Aufgang zum Kontrollpunkt: einen direkt aus der Halle über die lange Rampe, einen aus dem Katalogsaal (Blatt 2).

Der Kontrollpunkt mit Drehkreuz befindet sich an einer natürlichen Nahtstelle in unmittelbarer Nähe zum Ausgabenbereich (personalsparend) (siehe Blatt 3).

Von den langen Ausgabe- und Rückgabetheken aus ist der gesamte Lesebereich mit Lesesälen, Information, Handbibliothek und Arbeitsräumen überschaubar (Orientierbarkeit).

Die kleinen Arbeitsräume, Audiothek, Diathek etc., sind auf einer Galerie angeordnet, um sie einerseits räumlich in den Lesebereich zu integrieren, andererseits, um Störungen zwischen den Bereichen zu vermeiden.

Die Galerie ist an die zweigeschossige Ausgabezone angeschlossen, so daß beide Ebenen direkt vom Dienstbereich versorgt werden können.

Sämtliche Ebenen (auch die Galerien) sind für Behinderte durch Aufzug erreichbar.

Zum Dienstbereich:

Die Konzeption des Dienstbereiches ist geprägt durch die Forderungen nach
- möglichst viel Fläche pro Geschoß
- Übersichtlichkeit (begreifbare Verknüpfung der Geschosse durch Lufträume)
- möglichst viel natürlich belichtete Fläche bei Einzelbüros.

Der Dienstkatalog und der bibliographische Handapparat werden in ihrer gestreckten Anordnung über die gesamte Gebäudelänge hinweg ihrer zentralen Bedeutung für die Arbeit der Abt. V und der bibliographischen Auskunft gerecht (siehe Blatt 3).

DEUTSCHE BIBLIOTHEK FRANKFURT AM MAIN '82

BLATT 1

1) Zur Einbindung in den Masstab des Stadtteils:

- Das Bauwerk übernimmt die Höhe der vorhandenen Altbauten.
- Die Konturen sollen ruhig und selbstverständlich sein, Plastizität entwickelt sich nur innerhalb dieser Mantellinien.
- Während die Front zur Eckenheimer Landstrasse in Dimension und Gliederung die Stadtstrasse ergänzen will, strukturiert die Westseite sich feingliedriger als Antwort auf die anschliessende offene Wohnbebauung.
- Der zentrale Baukörper mit den wichtigsten Einrichtungen bleibt deutlich erkennbar - ist aber gewissermassen ins zweite Glied zurückgenommen -, um ihm angemessenes Umfeld und Distanz zur Wohnbebauung zu geben. Die dadurch gewonnenen Freiräume werden zu fussgängerbezogenen Stadträumen.

2) Zum Magazin

- Diese städtebaulichen Überlegungen und der Wunsch, einen zusammenhängenden Magazinbereich auf möglichst wenig Ebenen auszuweisen, führt zur Anordnung des Magazins in den Untergeschossen.
- Dieser Magazinsockel ragt etwa ein Geschoss über das Strassenniveau, er wird in der Gestaltung deutlich als Basis des Bauwerkes - im wörtlichen und übertragenen Sinn - erkennbar. (s. Blatt 1, 4 und 5).

3) Zur inneren Ordnung:

- Weitere wesentliche Gliederungselemente sind die beiden Gebäudeachsen, die zu Koordinaten der inneren Organisation werden: die eine, die Ost-West-Koordinate, markiert sich in der sog. Fuge zwischen dem geschlossenen Dienstbereich im Süden und dem öffentlichen, publikumsbezogenen Bereich im Norden, ihre Projektion nach Westen und Osten bezieht als Leitlinie für die äussere Erschliessung das Umfeld mit in das Erschliessungssystem ein, -
die andere die Nord-Süd-Koordinate, ist die Leitlinie für die innere Organisation. Sie ist verfolgbar vom durchgehenden, das Gebäude abschliessenden Dienstkatalog bis in den Magazinsockel.

4) Zur Funktion:
Über die Pläne hinaus möchten wir auf einige Gesichtspunkte besonders hinweisen.
Zum Benutzerbereich:
Von der grossen Eingangshalle, die als Fuge über die gesamte Gebäudehöhe (Blatt 7) im wesentlichen den Dienstbereich vom Benutzerbereich trennt, ist der Katalogsaal direkt erreichbar, ohne dass dieser den Eingangsbereich in seinem Charakter dominiert (Blatt 2)

- Es gibt einen zweifachen Aufgang zum Kontrollpunkt:
einen direkt aus der Halle über die lange Rampe,
einen aus dem Katalogsaal (Blatt 2).
- Der Kontrollpunkt mit Drehkreuz befindet sich an einer natürlichen Nahtstelle in unmittelbarer Nähe zum Ausgabenbereich (personalsparend) (siehe Blatt 3)
- Von den langen Ausgabe- und Rückgabetheken ist der gesamte Lesebereich mit Lesesälen, Information, Handbibliothek und Arbeitsräumen überschaubar (Orientierbarkeit).
- Die kleinen Arbeitsräume, Audiothek, Diathek etc., sind auf einer Galerie angeordnet, um sie einerseits räumlich in den Lesebereich zu integrieren, andererseits, um Störungen zwischen den Bereichen zu vermeiden.
- Die Galerie ist an die zweigeschossige Ausgabezone angeschlossen, so dass beide Ebenen direkt vom Dienstbereich versorgt werden können.
- Sämtliche Ebenen (auch die Galerien) sind für Behinderte durch Aufzug erreichbar.

Zum Dienstbereich

Die Konzeption des Dienstbereiches ist geprägt durch die Forderungen nach

- möglichst viel Fläche pro Geschoss
- Übersichtlichkeit (begreifbare Verknüpfung der Geschosse durch Lufträume)
- möglichst viel natürlich belichtete Fläche bei Einzelbüros

Der Dienstkatalog und der bibliographische Handapparat werden in ihrer gestreckten Anordnung über die gesamte Gebäudelänge hinweg ihrer zentralen Bedeutung für die Arbeit der Abt. V und der bibliographischen Auskunft gerecht (siehe Blatt 3).

- Eine Bücherförderanlage verbindet mit nur einem vertikalen Strang (siehe Blatt 4) die genau übereinanderliegenden wichtigen Anlaufstellen:

Dienstkatalog

Ausgabe

Einbandstelle

Magazin

Wir schlagen allerdings ein Ringsystem vor

5) Zu Blatt 7

- Wie das Blatt 7 zeigt, schlagen wir vor, innerhalb der Fuge zwischen Dienstbereich und Publikumsbereich, entlang der Ost-West-Koordinate, das Zusammenwirken aller Künstler und Planer mit der Architektur so zu konzentrieren, dass vielleicht so etwas wie ein Gesamtkunstwerk gelingt, ein Magnetfeld mit intensiver Ausstrahlung, das den Besuchern zugute kommt.
- Einige Anregungen für dieses Zusammenspiel von Künstlern, Handwerkern, Gärtnern, Lichtplanern, Tüftlern und Architekten zeigt der Plan 7.

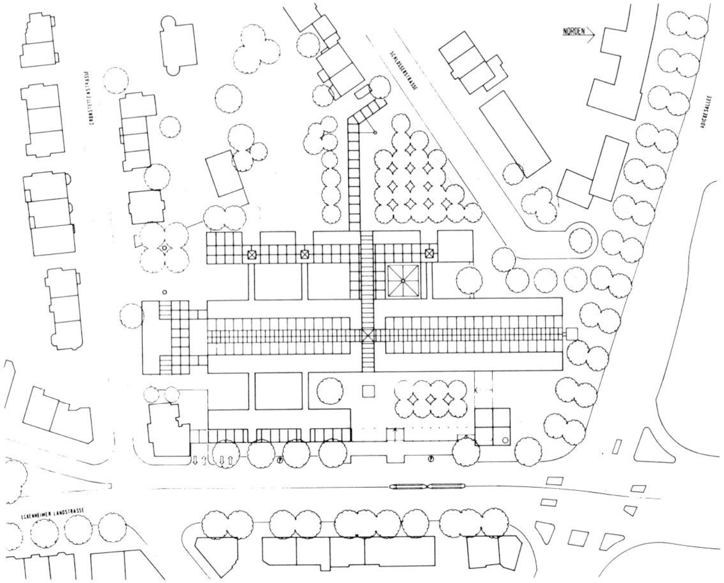

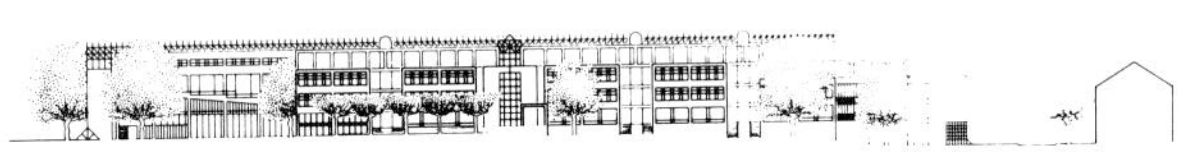

VON WESTEN

VON SÜDEN

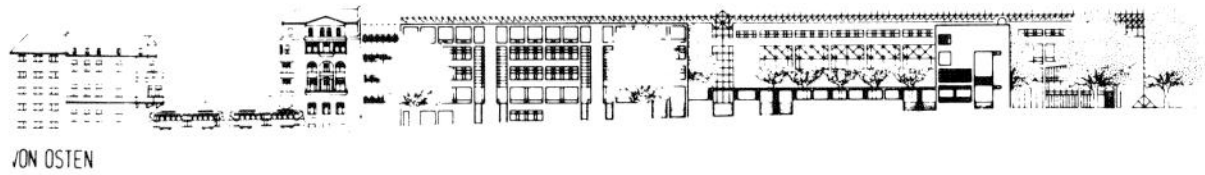

VON OSTEN

VON NORDEN

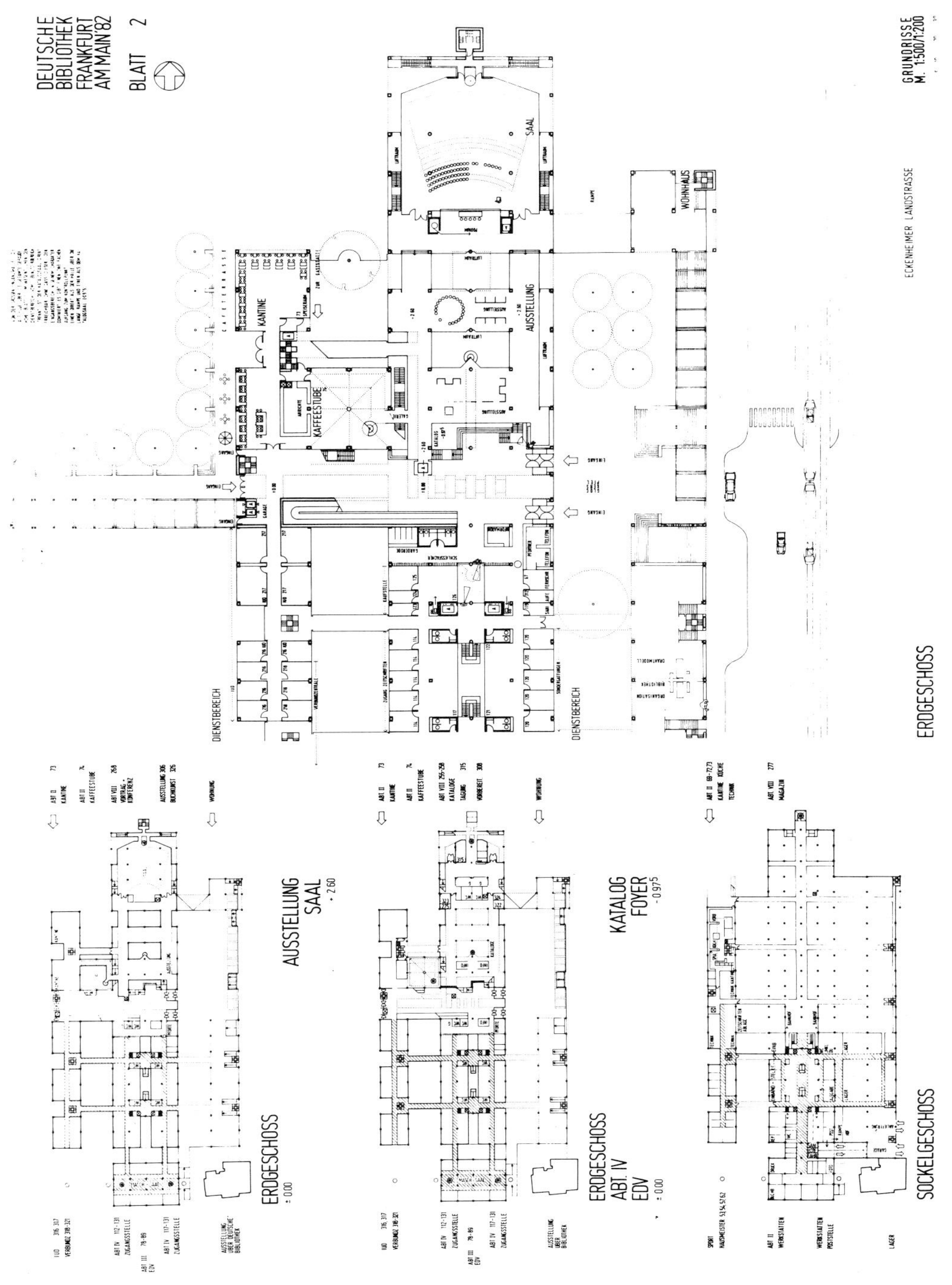
DEUTSCHE BIBLIOTHEK FRANKFURT AM MAIN '82
BLATT 2
GRUNDRISSE M. 1:500/1:200
SAAL
WOHNHAUS
ECKENHEIMER LANDSTRASSE
KANTINE
KAFFEESTUBE
AUSSTELLUNG
DIENSTBEREICH
ERDGESCHOSS
AUSSTELLUNG SAAL +2.60
ERDGESCHOSS ±0.00
KATALOG FOYER -0.975
ERDGESCHOSS ABT. IV EDV ±0.00
SOCKELGESCHOSS

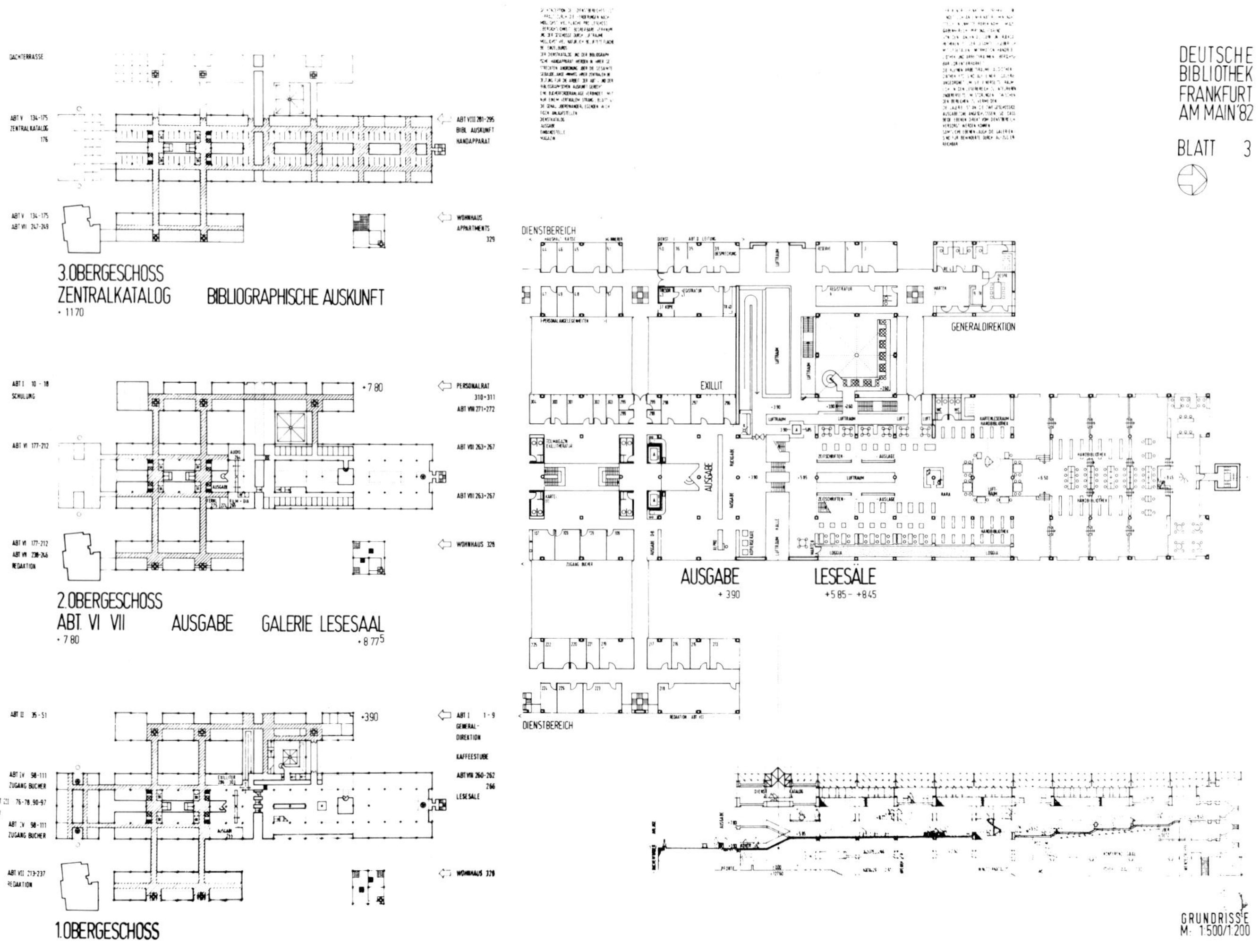
DEUTSCHE
BIBLIOTHEK
FRANKFURT
AM MAIN '82
BLATT 3
3.OBERGESCHOSS
ZENTRALKATALOG
BIBLIOGRAPHISCHE AUSKUNFT
+11.70
2.OBERGESCHOSS
ABT. VI VII
AUSGABE
GALERIE LESESAAL
+7.80
+8.775
1.OBERGESCHOSS
+3.90
DIENSTBEREICH
GENERALDIREKTION
EXILLIT
AUSGABE
+3.90
LESESÄLE
+5.85 – +8.45
GRUNDRISSE
M: 1:500/1:200
DACHTERRASSE
ABT V 134-175
ZENTRALKATALOG
176
ABT VIII 281-295
BIBL. AUSKUNFT
HANDAPPARAT
WOHNHAUS
APPARTMENTS
329
ABT I 10-18
SCHULUNG
PERSONALRAT
310-311
ABT VIII 271-272
ABT VI 177-212
ABT VIII 263-267
WOHNHAUS 329
ABT II 35-51
ABT I 1-9
GENERAL-
DIREKTION
KAFFEESTUBE
ABT VIII 260-262
266
LESESAALE
ABT VII 213-237
REDAKTION

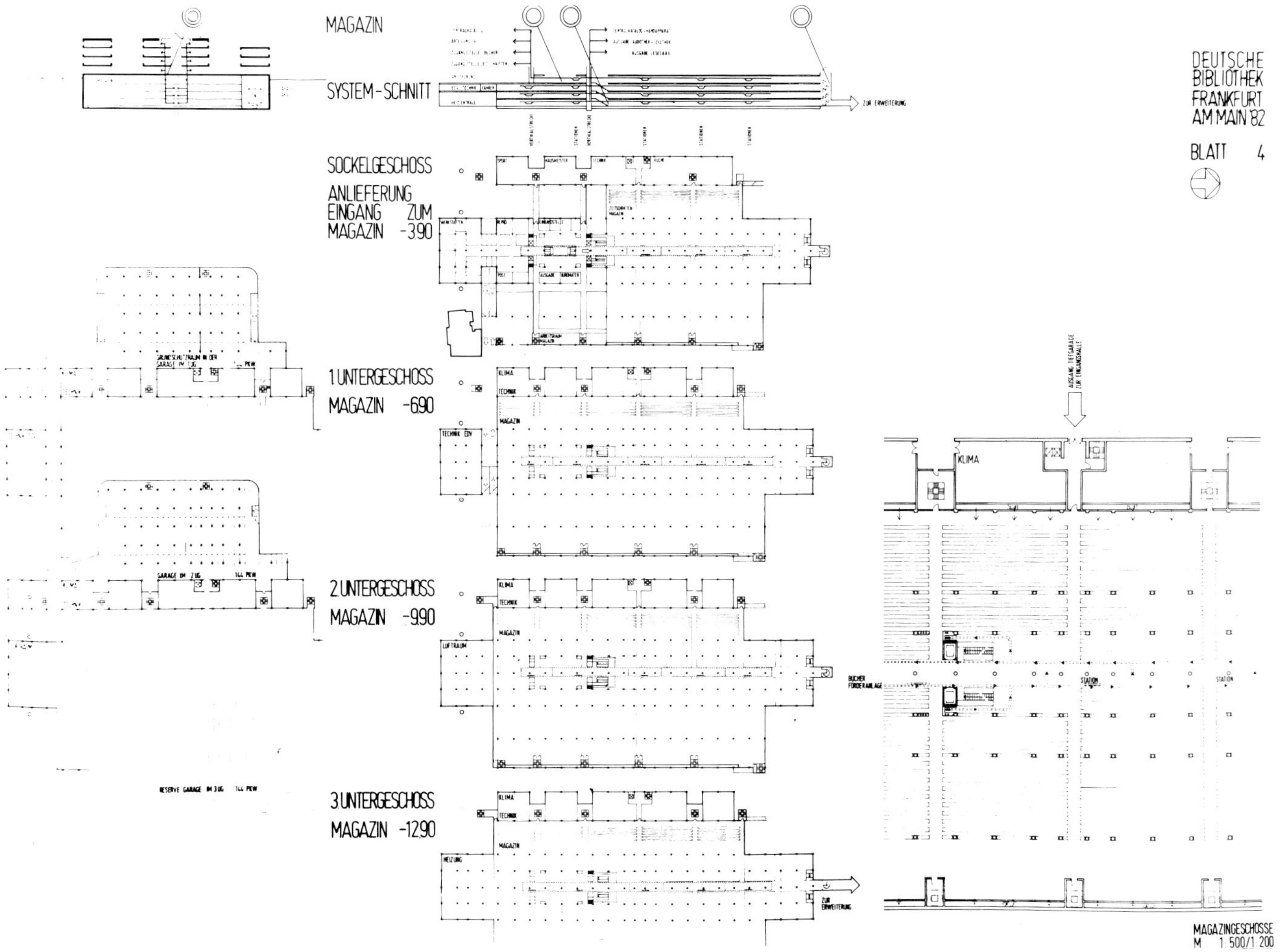
MAGAZIN
SYSTEM-SCHNITT
ZUR ERWEITERUNG
SOCKELGESCHOSS
ANLIEFERUNG
EINGANG ZUM
MAGAZIN -3,90
1 UNTERGESCHOSS
MAGAZIN -6,90
2 UNTERGESCHOSS
MAGAZIN -9,90
3 UNTERGESCHOSS
MAGAZIN -12,90
ZUR ERWEITERUNG
KLIMA
TECHNIK
MAGAZIN
HEIZUNG
RESERVE GARAGE IM 3.UG 144 PKW
GARAGE IM 2.UG 144 PKW
KLIMA
STATION
BÜCHER FÖRDERANLAGE
DEUTSCHE
BIBLIOTHEK
FRANKFURT
AM MAIN '82
BLATT 4
MAGAZINGESCHOSSE
M 1:500/1:200

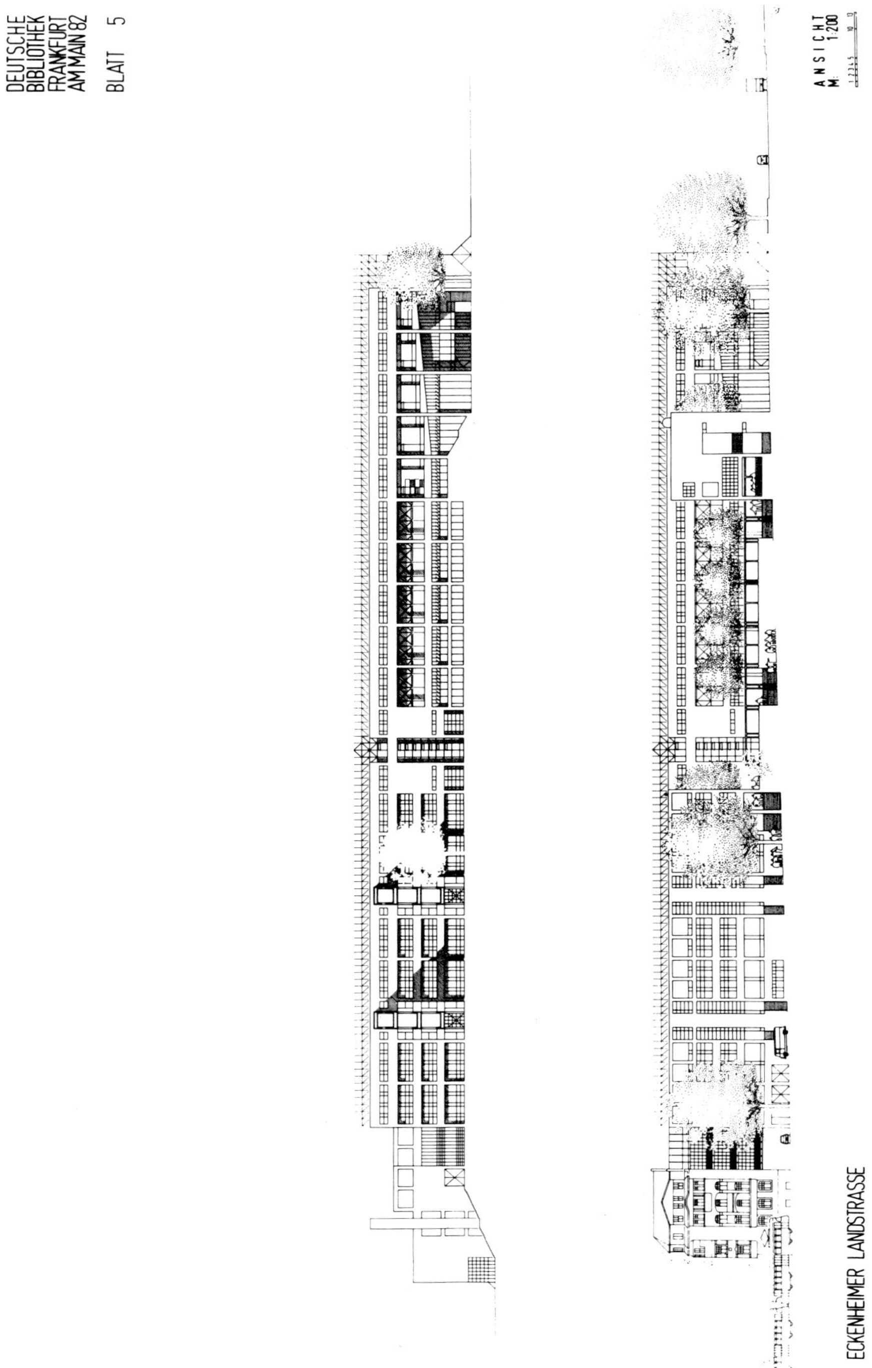
DEUTSCHE
BIBLIOTHEK
FRANKFURT
AM MAIN 82
BLATT 5
ANSICHT
M: 1:200
ECKENHEIMER LANDSTRASSE

DEUTSCHE
BIBLIOTHEK
FRANKFURT
AM MAIN 82

BLATT 6

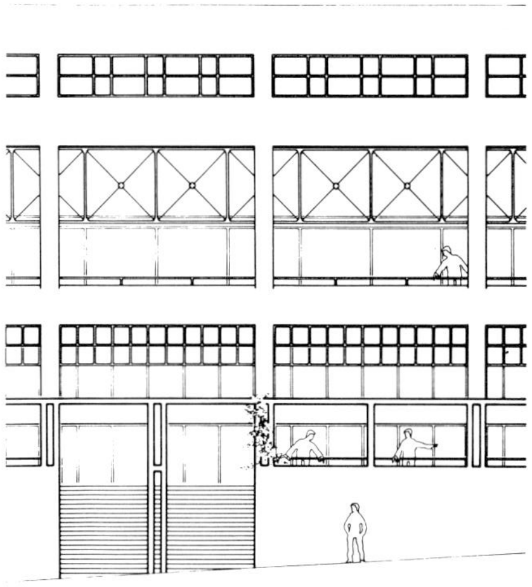

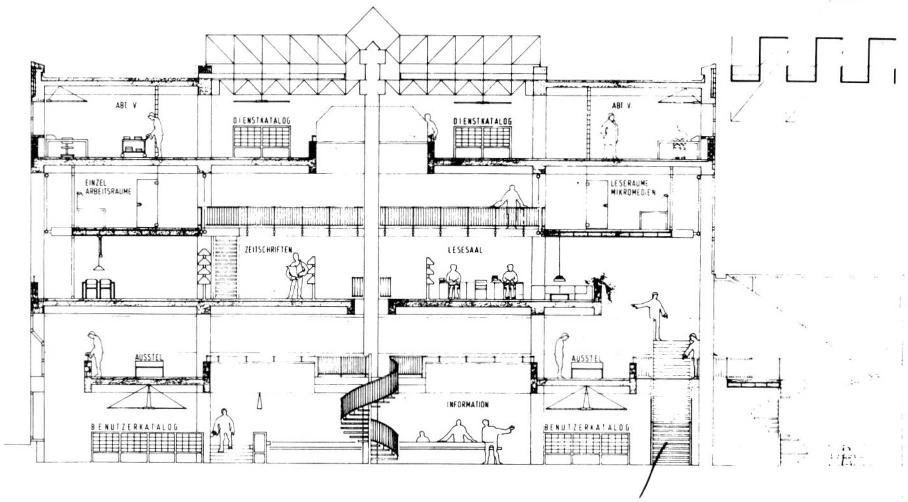

AUSSCHNITT FASSADE ECKENHEIMER LANDSTRASSE

DETAIL
M 1:50

Eine Bücherförderanlage verbindet mit nur einem vertikalen Strang (siehe Blatt 4) die genau übereinanderliegenden wichtigen Anlaufstellen:
Dienstkatalog
Ausgabe
Einbandstelle
Magazin.
Wir schlagen allerdings ein Ringsystem vor.

Zu Blatt 7:

Wie das Blatt 7 zeigt, schlagen wir vor, innerhalb der Fuge zwischen Dienstbereich und Publikumsbereich, entlang der Ost-West-Koordinate, das Zusammenwirken aller Künstler und Planer mit der Architektur so zu konzentrieren, daß vielleicht so etwas wie ein Gesamtkunstwerk gelingt, ein Magnetfeld mit intensiver Ausstrahlung, das den Besuchern zugute kommt.

Einige Anregungen für dieses Zusammenspiel von Künstlern, Handwerkern, Gärtnern, Lichtplanern, Tüftlern und Architekten zeigt der Plan 7.

Technische Anmerkung:

Um die Möglichkeit zu bieten, in allen Geschossen freizügig mit Rohrpost, Büchertransportanlage und Klimakanälen zu verfahren, wurden die normalen Geschoßhöhen um ca. 25 cm höher als üblich zu den vorhandenen Deckenpaketen ausgelegt. Sollten unter funktionalen Gesichtspunkten solche Vorgaben nicht nötig sein, kann in der Gesamthöhe ca. 1 m eingespart werden.

In Ausnutzung der Gebäudekontur wird auch das 3. UG (4. Magazingeschoß) in gleicher Fläche ausgewiesen wie die drei oberen Magazine. Dadurch erhöht sich die Fläche um 1749 m^2 über die geforderte Fläche hinaus.

Da diese Maßnahme aber nicht notwendig ist, werden Flächen und Kubatur nicht in der Endsumme aufaddiert.

Die Klimatechnik ist parallel zu Tiefgarage und Magazin angeordnet, um auf wirtschaftliche Weise die technische Versorgung des Gebäudes zu gewährleisten.

Die innere Organisation des Magazins berücksichtigt bereits den Anschluß an die geplante Erweiterung.

Das Gebäude läßt sich leicht in Abschnitten realisieren.

Planungsdaten

Hauptnutzfläche:	48 776 m^2
Bruttogeschoßfläche:	74 688 m^2
Bruttorauminhalt:	250 826 m^3

Beurteilung des Preisgerichts:

Städtebauliche/stadträumliche Gesichtspunkte

Die konsequente Struktur des Entwurfs führt zu einer städtebaulichen Lösung, die sich als Akzent in einer eher belanglosen Bebauung versteht. Dabei wird allerdings nicht nach einem Kontrast, sondern durchaus nach Möglichkeiten der Anpassung an die Bebauung der Eckenheimer Landstraße und an die Grundstücksgrenze gesucht. So hebt sich das Projekt zwar deutlich, aber in durchaus vertretbarer Form von seiner Nachbarschaft ab. Zur angrenzenden Wohnbebauung hin geht der Entwurf über die Möglichkeiten hinaus, die der Bebauungsplanentwurf einräumt.

Die Freiräume füllen die zwangsläufig entstehenden Grundstückszwickel; es wäre aber ungerecht, sie nur als Lückenbüßer zu bezeichnen.

Der Bereich zwischen der Randbebauung an der Eckenheimer Landstraße und dem auf ganze Grundstückslänge durchgeführten Hauptbaukörper ist sogar auf recht vorteilhafte Weise genutzt, den Passanten an den Haupteingang heranzuführen.

Äußere Erschließung

Die Anlieferung und die Zufahrt zum Parkhaus liegen im Prinzip richtig; die Zufahrt zur Anlieferung scheint jedoch unterdimensioniert.

Funktion und Qualität der räumlichen Gestaltung

Die Wegeführung des Benutzers bis zur Hauptlesesaalebene im 2. Obergeschoß ist nicht überzeugend gelöst. Es ist auch zu bemängeln, daß der Katalog von dem Hauptlesesaal zu weit entfernt ist.

Die Trennung zwischen öffentlichen und internen Bereichen ist nicht auf allen Etagen durchgehalten. Die Wegeführung im Dienstbereich ist unübersichtlich. Die Gliederung des Hauptlesesaals ist durch Terrassierung sehr übersichtlich. Zur Gestaltung des Lesebereichs liegen sehr detaillierte Aussagen vor.

Im internen Bereich sind nicht alle Arbeitsräume natürlich belichtet. Die Öffnung von Bürofenstern zu relativ engen Innenhöfen ist nicht wünschenswert.

Die Position der Hausmeisterwohnung und der Gästeräume an einer signifikanten Stelle ist verfehlt.

Das Magazin ist klar gegliedert und gut zu erschließen.

Konstruktion und Wirtschaftlichkeit

Durch die klare Anordnung der Baukörper sind konstruktive Schwierigkeiten nicht zu erwarten. Die Bruttogeschoßflächen und der umbaute Raum liegen im wirtschaftlichen Bereich.

Wertung des künstlerischen Beitrags

Hinsichtlich der künstlerischen Ausschmückung gibt der Verfasser einige sehr wertvolle Anregungen.

Wertung der architektonischen Qualität

Die äußere Gestaltung ist bei aller Strenge sehr differenziert und wird dem Präsentationsanspruch der Bibliothek gerecht.

Weitere Abbildung s. Farbtafel Seite 282

Ankauf

G. A. Roemmich, H.-J. Ott, A. Zehentner

Erläuterungen zu den Gestaltungsprinzipien s. Lageplan

Aus dem Erläuterungsbericht zu den technischen Anlagen:

Voraussetzung

Bereits im Wettbewerbsstadium soll eine optimale Problemlösung in bezug auf die betriebstechnischen Anlagen und deren Energiebedarf angestrebt werden.

Feststellungen

Verwaltung

Der administrative Teil ist in einem eigenen Gebäudetrakt untergebracht. Dementsprechend kann dieser Nutzungsbereich ganz konventionell, in bezug auf die Beheizung und Beleuchtung, ausgerüstet werden.

Die Raumtiefen, die Ausrichtung und der Fensteranteil erfordern keinerlei betriebstechnische Besonderheiten. Dieser Teil ist mit einer normalen außentemperaturabhängig gesteuerten, gasgefeuerten Zentralheizungsanlage versorgt.

Bibliothek

Das Bibliotheksgebäude mit seinen wesentlichen Bestandteilen, Magazine, Lesesäle, Hörsaal, Kantine, Tiefgarage und Eingangshalle, ist in seiner Bauform zwei ineinander versetzten Kuben ähnlich. Dies bedeutet, in bezug auf die Energiebelastung von außen, eine sehr günstige Lösung. Bekanntlich würde die Kugel die günstigste energiebezogene Lösung darstellen; der Kubus ist jedoch bereits die nächstgünstigere Bauform.

Schlosserstrasse

Schlosserstra
Eckenheimer Landstrasse

Schlosserstrasse

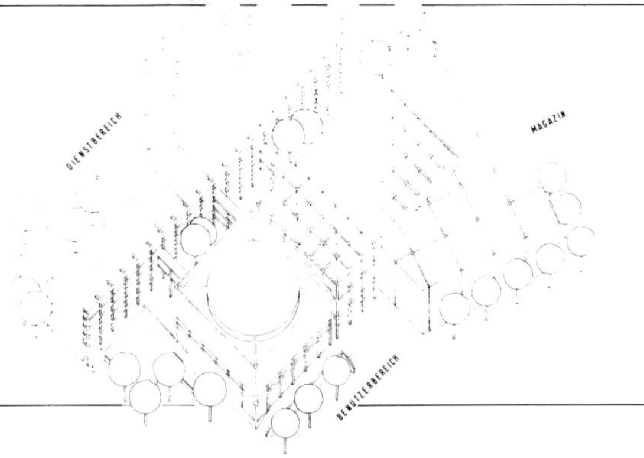

o DIFFERENZIERUNG DER EINZELBEREICHE

o EINBEZIEHUNG DES GRUNRAUMS

BENUTZERBEREICH		
a) EINGANGSHALLE	ZURUCKNEHMEN DES BAUKORPERS	▷ MARKIERUNG DER EINGANGSSITUATION
	ZENTRALE LAGE	▷ KURZE WEGE
	TRANSPARENZ	▷ BLICKBEZIEHUNG ZUM GRUNBEREICH
b) LESEBEREICH	ORIENTIERUNG ZUM INNENHOF	▷ RUHIG, GRUN
c) VORTRAG KANTINE AUSSTELLUNG	ORIENTIERUNG ZUR STRASSE	▷ REPRASENTATION
DIENSTBEREICH	ABRUCKEN VOM UBRIGEN GEBAUDE	▷ ALLSEITIGE ORIENTIERUNG ZUM GRUNBEREICH
		▷ OPTIMALE RAUMZUSCHNITTE
	DIFFERENZIERUNG DES BAUKORPERS	▷ EINBINDUNG IN DIE VILLENSTRUKTUR
MAGAZIN		
a) OBERIRDISCH	BEWUSSTES ZEIGEN DES MAGAZINS	▷ VERDEUTLICHUNG DES ARCHIVAUFTRAGS
	LAGE IM NORDEN	▷ LARMPUFFER
		▷ NAHE ZUM ERWEITERUNGS-GRUNDSTUCK
b) UNTERIRDISCH	KOMPAKTE UNTERKELLERUNG	▷ ENTWICKLUNGSMOGLICHKEITEN DER AUSSENANLAGEN
		▷ WIRTSCHAFTLICHE WANNENAUSBILDUNG

DEUTSCHE BIBLIOTHEK FRANKFURT
LAGEPLAN M 1:500
ERLÄUTERUNGSBERICHT

DEUTSCHE BIBLIOTHEK FRANKFURT
GRUNDRISSE - SCHNITTE - M 1:500

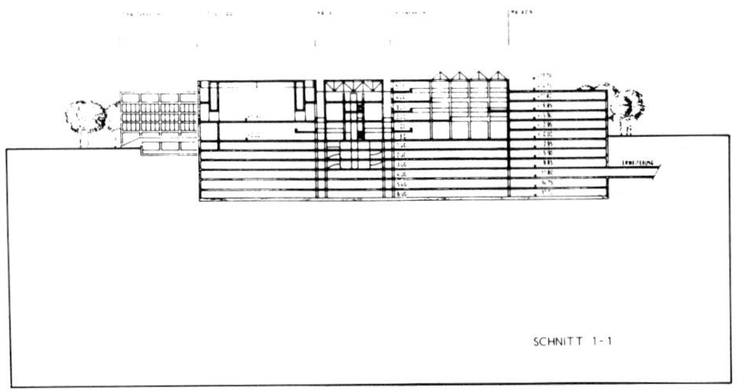

SCHNITT 1-1

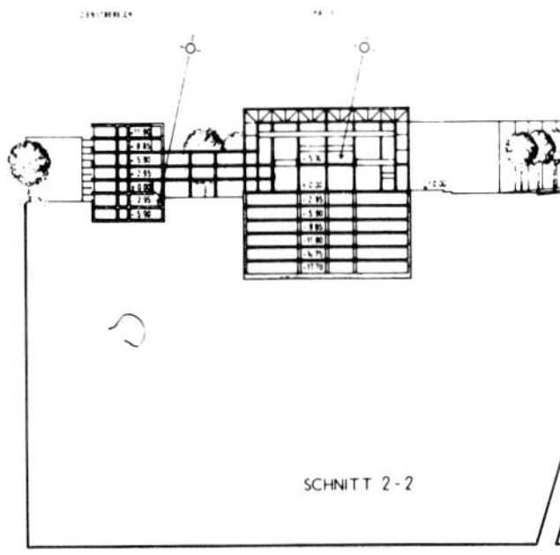

SCHNITT 2-2

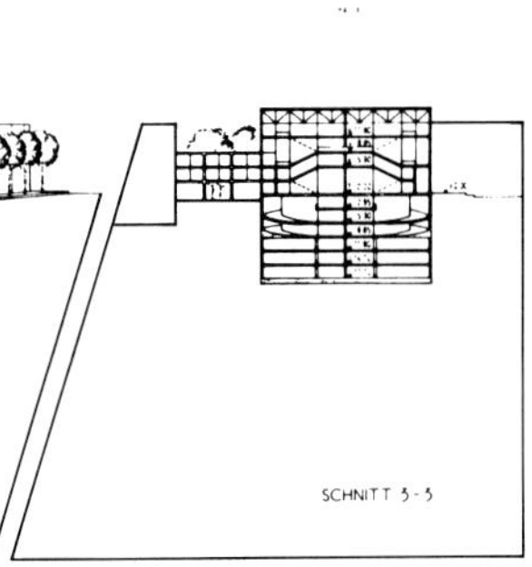

SCHNITT 3-3

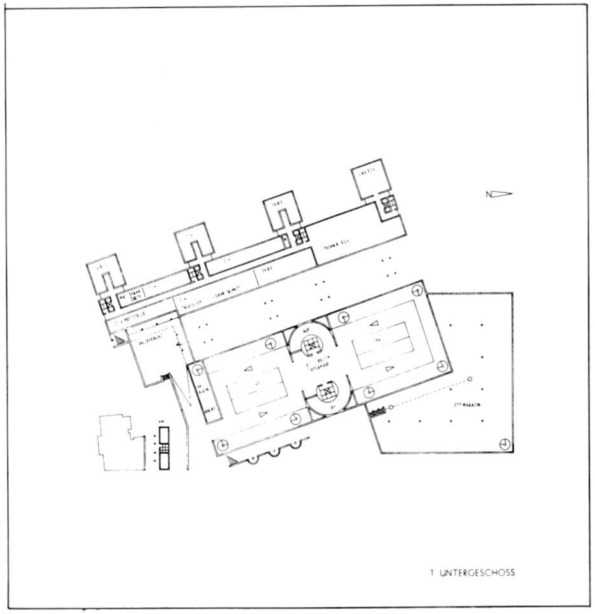

1 UNTERGESCHOSS

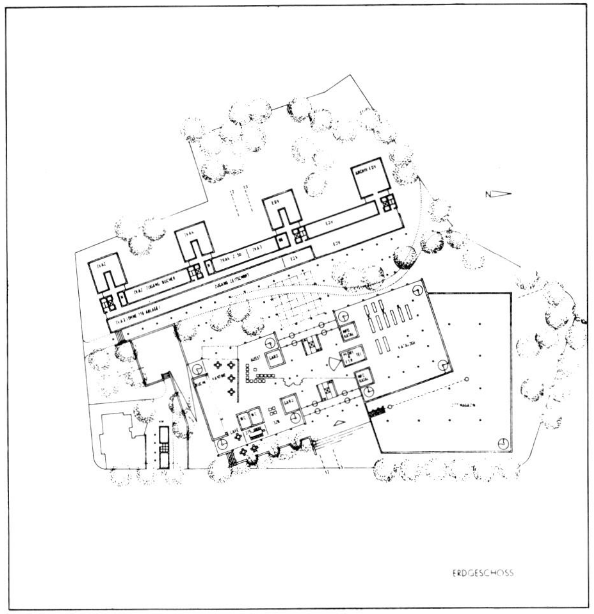

ERDGESCHOSS

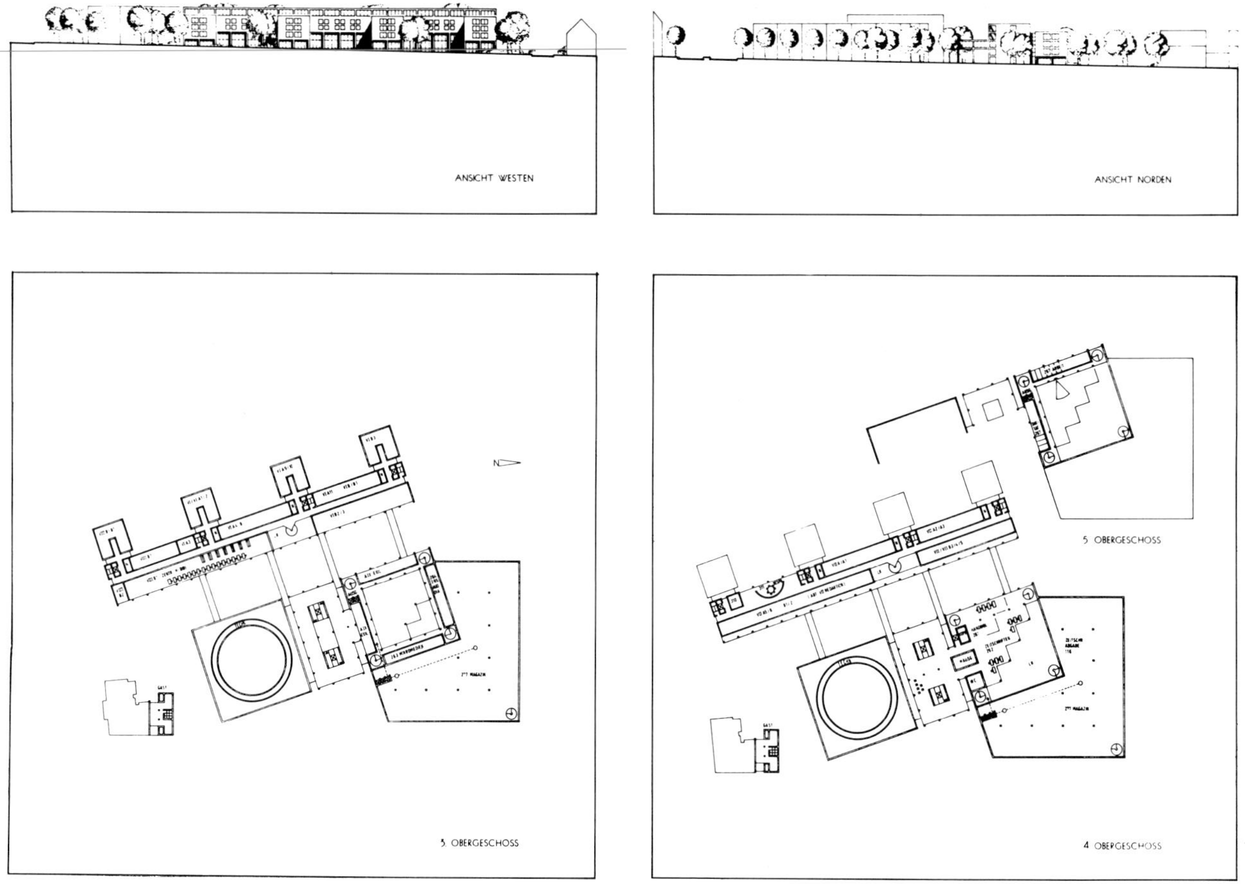

DEUTSCHE BIBLIOTHEK FRANKFURT
GRUNDRISSE-ANSICHTEN- M 1:500

DEUTSCHE BIBLIOTHEK FRANKFUR
GRUNDRISSE-ANSICHTEN- M 1 50

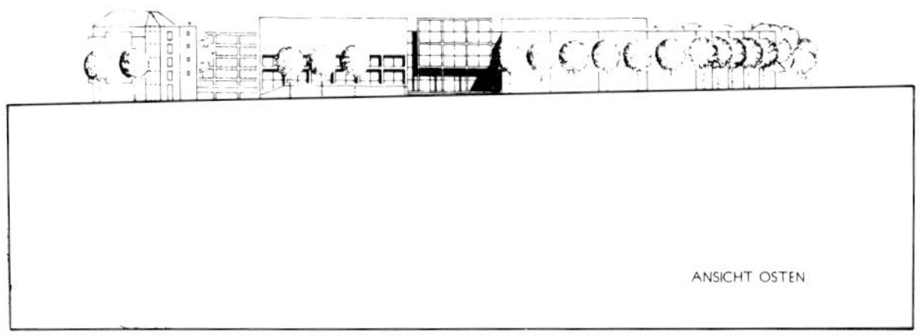

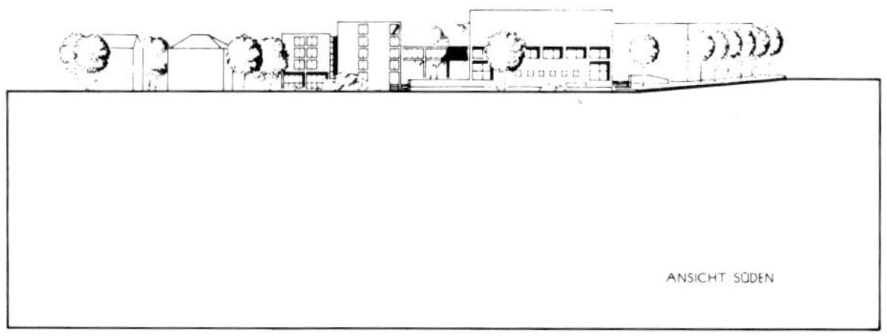

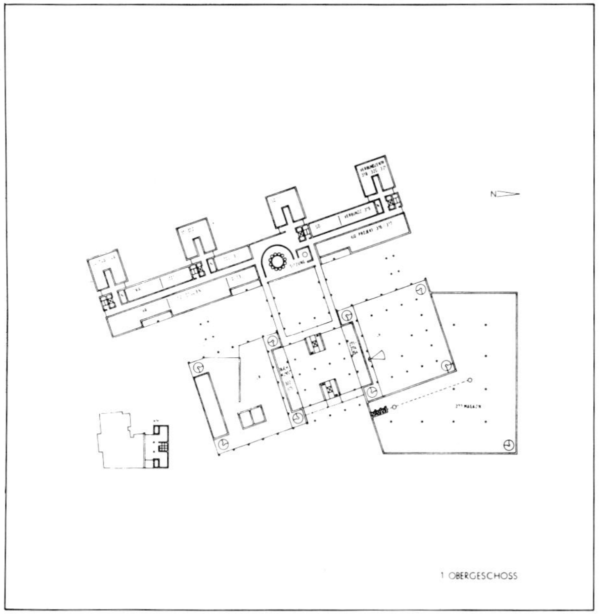

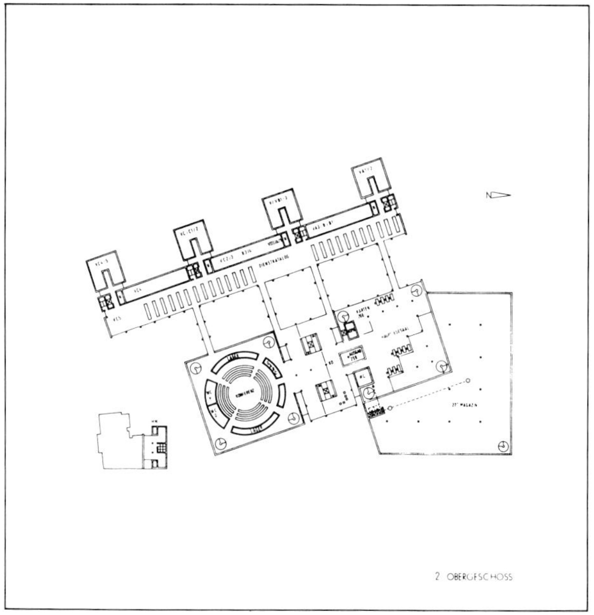

DEUTSCHE BIBLIOTHEK FRANKFURT
GRUNDRISSE M 1:500

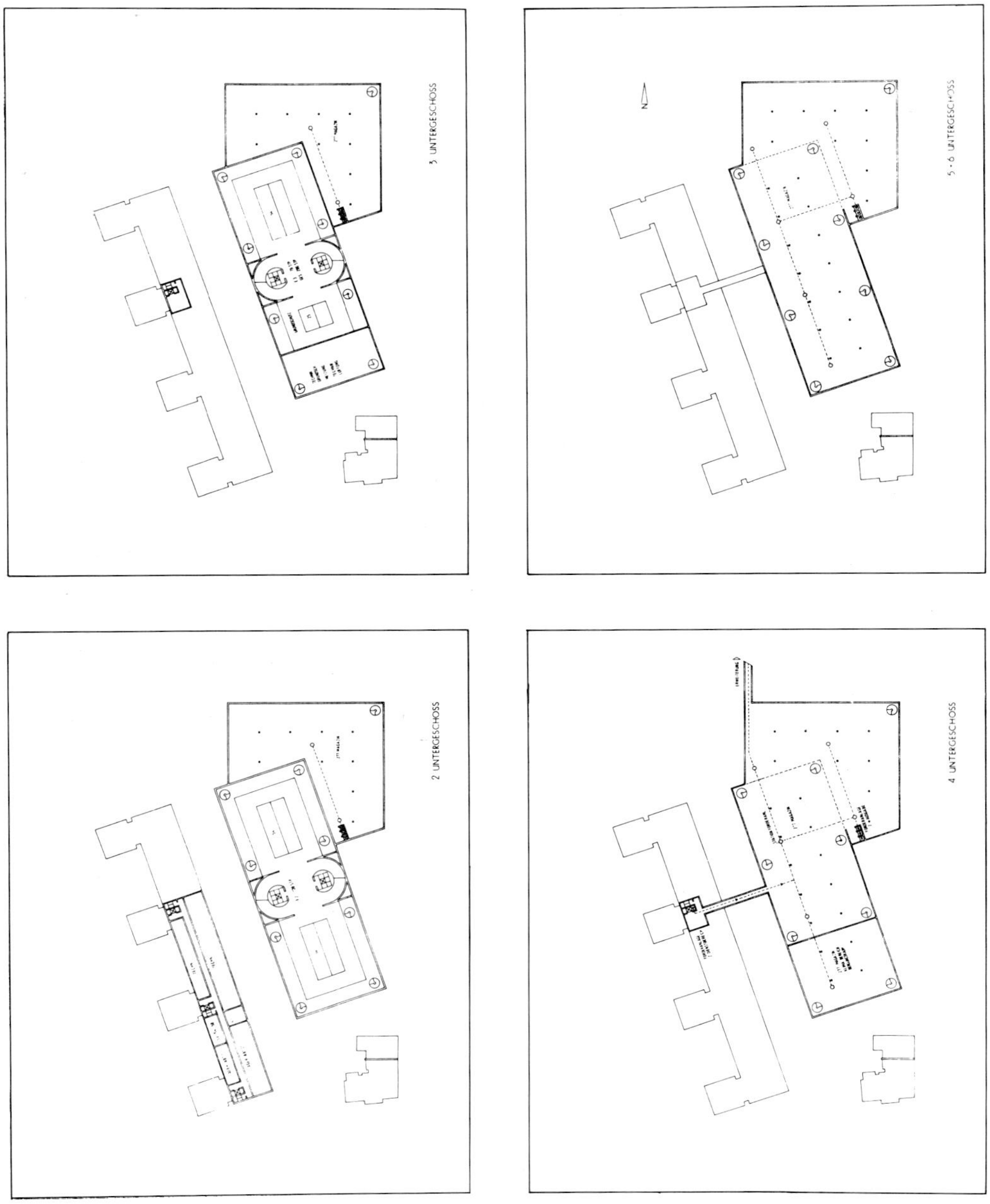

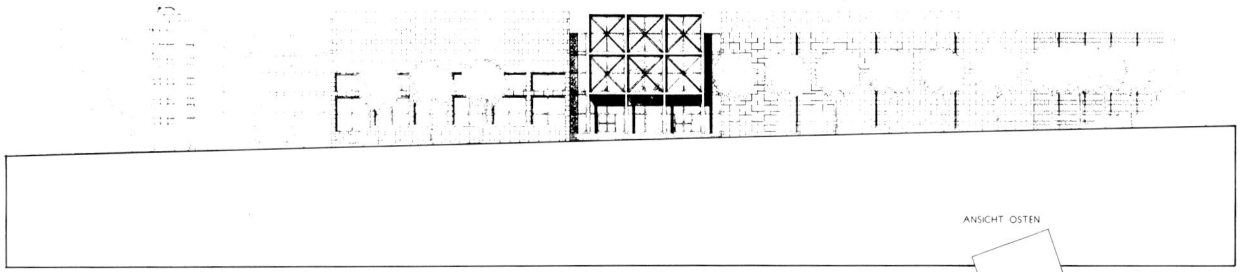

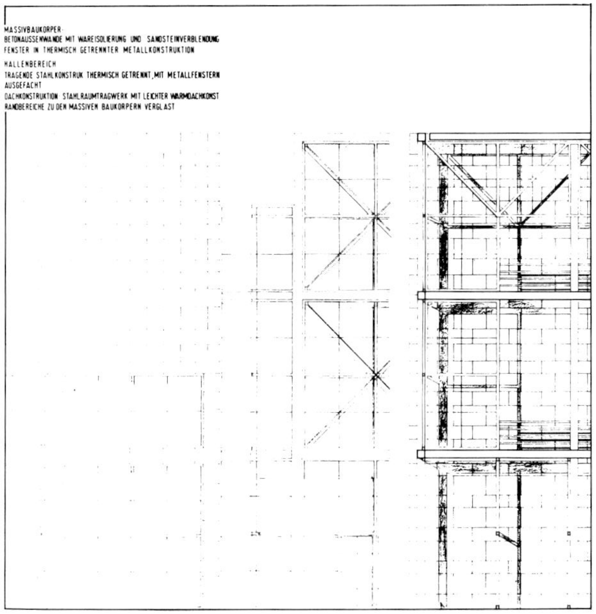

DEUTSCHE BIBLIOTHEK FRANKFURT
FASSADENAUSSCHNITT M 1:50
GRUNDRISS · ANSICHT M 1:200

Magazine

Die gebäudetechnischen Voraussetzungen sind auch hier sehr energiebewußt gestaltet. Die unterirdische Lage eines Großteils der Magazine wirkt sich ebenso positiv wie die praktisch fensterlose, oberirdische Umfassung aus. Die Außenwände werden im unterirdischen Bereich durch die erforderliche Isolierung (Wanne) und die aus statischen Gründen erforderlichen Wandstärken eine hohe Wärmespeicherfähigkeit und eine sehr gute K-Zahl (ca. 0,5) aufweisen. In dem oberirdischen Bereich wird ebenfalls die Gestaltung mit relativ hohen Flächengewichten und einem besseren als dem Mindest-K-Wert der Wärmeschutzverordnung vorgeschlagen.

Versorgung mit Licht

Die Versorgung mit Licht sollte bedarfsbezogen (Notbeleuchtung + Betriebsbeleuchtung) erfolgen. Die Betriebsbeleuchtung sollte nur dort segmentweise eingeschaltet werden, wo sie momentan erforderlich ist. Es ist sonst die Gefahr gegeben, daß durch die Beleuchtung allein schon ein großer Teil des Wärmebedarfs gedeckt wird bzw. örtlich und zeitlich sogar Wärmeüberschuß entsteht, was aus wirtschaftlichen Gesichtspunkten (Strom zum Heizen 3fach teuerer als Gas) vermieden werden sollte.

Versorgung mit Luft und Wärme

Die Versorgung mit Luft ist in diesem Bereich unbedingt erforderlich. Der Außenluftbedarf ist jedoch sehr gering. Es wird ein ca. 2facher, stündlicher Außenluftwechsel vorgeschlagen. (Vermeidung von Schäden an Büchern und Gebäude durch Pilze, Milben etc.). Um eine ausreichende, gleichmäßige Durchströmung der Räume zu erhalten und gleichzeitig die Luft für den erforderlichen Wärmetransport und den Feuchtigkeitsausgleich zu nutzen, ist ein mindestens 4facher Gesamtluftwechsel (2fach Außenluft + 2fach Umluft) vorzusehen.

Bei dem Wärmeträger Luft wird dann ein Wärmetransport und Ausgleich zwischen den wärmeren und kälteren Bereichen möglich.

Da Grundwasser in ausreichendem Maße zur Verfügung steht, ist dieses Gebäude für den Einsatz einer gasbetriebenen Wärmepumpe geeignet; jedenfalls wird vorgeschlagen, den Einsatz nach Aufstellung der Wärmebilanz zu überprüfen.

Eingangshalle

Der zu erwartende und zu berücksichtigende Wärmeüberschuß der Eingangshalle im Sommer kann durch den gleichzeitigen Wärmebedarf in den Untergeschossen kompensiert werden. (Wärmepumpe).

Der Wärmeverlust im Winter kann durch entsprechende Konstruktionen (Mehrfachverglasung) in vertretbarem Rahmen gehalten werden.

Lesesäle, Kantine, Tiefgarage, Hörsaal

Die übrigen Bereiche erfordern heizungs- und raumlufttechnische Anlagen gemäß den einschlägigen Vorschriften. Sie sind versorgungstechnisch einander gut zugeordnet. Die technische Zentrale im UG liegt ebenfalls günstig in bezug auf die Erfordernisse. Zusätzliche Subzentralen werden als Ergebnis der Detailplanung erforderlich sein, wie z. B. im Verwaltungsgebäude und im Magazinbereich, sowie in der Tiefgarage (Grundschutz). Diese werden den zu versorgenden Bauteilen jeweils zugeordnet, um die Installationswege überschaubar und kurz zu halten, bzw. auch um günstigere Voraussetzungen für die vorzusehenden Wärmerückgewinnungsanlagen zu schaffen.

Schlußbemerkung

Bei der Konzeption des Bauwerks wurden die nutzungsbedingten Anforderungen mit den Vorschlägen und Beiträgen zur Heizungs-, Raumluft- und Elektrotechnik, Beleuchtungstechnik, Bauphysik abgestimmt, um die nutzungsbedingten Anforderungen mit einem möglichst geringen Energiebedarf zu erfüllen.

Planungsdaten

Hauptnutzfläche:	47 377 m^2
Bruttogeschoßfläche:	75 064 m^2
Bruttorauminhalt:	245 036 m^3

Beurteilung des Preisgerichts:

Städtebauliche/stadträumliche Gesichtspunkte

Das hervorstechende Merkmal der Arbeit ist eine klar gegliederte und gestaltete Baukörperform, deren Funktionen eindeutig ablesbar sind. Die Unterbrechung der langen Front des Grundstücks entlang der Eckenheimer Landstraße durch einen dreieckigen Platz erscheint im Rahmen des Konzepts sinnvoll, ebenso die Distanz zwischen dem Verwaltungstrakt und dem Benutzerbereich, die zusätzlich eine öffentliche Wegeverbindung möglich macht.

Hinsichtlich der städtebaulichen Einordnung ist allerdings negativ zu vermerken, daß der Verfasser im westlichen Bereich die gewünschte Herabzonung gegenüber der benachbarten Wohnbebauung nicht einhält.

Äußere Erschließung

Der Hauptzugang für Fußgänger ist gut erkennbar.

Die Zufahrt zur Anlieferung und zur Tiefgarage von der Eckenheimer Landstraße ist im Prinzip richtig angeordnet. Der Anlieferungshof ist jedoch zu klein, die Zufahrt und die Organisation der Wege im Bereich des Parkhauses sind umständlich, unübersichtlich und führen zur Kreuzung verschiedener Verkehrswege.

Funktion und Qualität der räumlichen Gestaltung

Die klare Gliederung der Funktionsbereiche, die sich im Äußeren abzeichnet, wird im Inneren des Gebäudekomplexes nicht erreicht.

Der Zugang zum Dienstbereich ist äußerst umständlich, eine klare Trennung zwischen Dienstbereich und Benutzerbereich ist nicht gegeben. Hier wirkt sich der erdgeschossige öffentliche Durchgang äußerst negativ aus. Die Übergänge im Obergeschoß und die Verkehrskerne im Verwaltungsbereich stimmen nicht überein.

Die Verteilung des Benutzerbereiches auf 5 Ebenen kann nicht akzeptiert werden. Dies führt zu Problemen bei den Kontrollen, die Buchausgabe auf mehreren Ebenen ist zu personalintensiv.

Lage und Form des Konferenzsaales machen ihn für eine öffentliche Nutzung nur bedingt geeignet.

Die vorgeschlagene Form des Baukörpers in den Dienstbereichen ermöglicht zwar überall eine natürliche Belichtung; die Raumformen für Sonderräume, insbesondere des Dienstkataloges sind jedoch nur unter Zwängen in der langgestreckten Form darstellbar.

Konstruktion und Wirtschaftlichkeit

Die konstruktiven Elemente des Entwurfs sind klar und versprechen eine wirtschaftliche Ausführung. Fünf bis sechs Untergeschosse sind jedoch wegen der notwendigen Auftriebssicherung nicht mehr wirtschaftlich zu erstellen.

Hinsichtlich der Bruttogeschoßfläche und des umbauten Raumes liegt der Entwurf im wirtschaftlichen Bereich.

Wertung des künstlerischen Beitrags

Ein gesonderter künstlerischer Beitrag liegt nicht vor.

Wertung der architektonischen Qualität

Die äußere Gestaltung wird dem Präsentationsanspruch der Bauaufgabe gerecht. Die im Prinzip überzeugende Gesamtkonzeption ist leider bei näherer Betrachtung mit erheblichen Mängeln behaftet.

Ankauf

Grünberg + Krohn

Aus dem Erläuterungsbericht:

I. Städtebau

Das Baugelände befindet sich in der Übergangszone zwischen geschlossener und offener Bebauung.

Die Einordnung der großen Baumasse erscheint nur tragbar, wenn der Neubau keinen solitären, sondern eher einen integrierenden Charakter im Stadtbild einnimmt.

Es wird hier der Versuch gemacht, mit der baulichen Umgebung einen Dialog zu suchen, d. h. optische Beziehungen nach allen Seiten aufzunehmen.

Maßnahmen dazu:

1. Die Baukörperkontur folgt den Baufluchtlinien. Damit entstehen eindeutige Bezüge zur Umgebung.
2. Erhaltung bzw. Wiederherstellung des städtischen Straßenraumes an der Eckenheimer Landstraße durch eine geschlossene Blockrandzeile unter Beibehaltung der ursprünglichen Baufluchtlinie bis zum Bibliothekseingang.
3. Fortführung der geschlossenen Blockrandbebauung parallel zur Adickesallee und zur Schlosserstraße.
4. Bauliche Integration des Altbaues Ecke Cronstettenstraße–Eckenheimer Landstraße in den Neubaukomplex durch Aufnahme der Geschoßhöhen und Fortsetzung der Mansarddachform.
5. Zurückhaltende Höhenentwicklung der verbleibenden Bauteile, Betonung der einordnenden flächigen Ausbreitung.
6. Großzügige Freiraumbildung im Blockinnenbereich. »Bibliotheksgarten« als Fortsetzung der Wohngärten. Die zusammenhängende Grünfläche schafft gleichzeitig die erwünschte Distanz zur offenen Wohnbebauung.
7. Durch Schließung der Schlosserstraße begünstigt wird eine verdichtete Baumbepflanzung als Überleitung zur Wohnbebauung an der Adickesallee vorgeschlagen.

8. Verkehrserschließung:
Eingang mit Vorfahrt an der Eckenheimer Landstraße. Anlieferung und Tiefgaragenzufuhr bzw. -ausfahrt an der Cronstettenstraße, um den Verkehrsfluß an der Eckenheimer Landstraße nicht zu belasten.

II. Baukörper und Außengestalt

Die Bibliothek wird bewußt straßenrandbegleitend in den Winkel Eckenheimer Landstraße–Adickesallee plaziert.

Der Haupteingang liegt einladend im Blickfeld beider Straßenzüge. Im Gegensatz zu den harten und zum Teil geschlossenen Kanten an den Hauptstraßen soll die »weichere« und transparente Gestaltung auf der Westseite die Einbeziehung des »Bibliotheksgartens« in den Neubau deutlich machen.

Entsprechende Geländemodellierungen unterstützen die räumlichen Beziehungen zwischen Außenraum und Gebäudekontur. Vertiefte Gartenhöfe werden in die Gesamtgestaltung einbezogen.

Da die Bibliothek ein zusammenhängender Organismus ist, wurde auf eine ausgeprägte bauliche Trennung von Benutzer- und Verwaltungsbereich verzichtet. Auf der Gartenseite wachsen beide Teile zusammen; sie bilden mit den Schrägverglasungen und Dachbepflanzungen eine gestalterische Einheit.

III. Erschließung

Das Erschließungssystem ist einfach und übersichtlich. Dienst- und Benutzerbereich werden zentral von der großen Eingangshalle erschlossen, wobei sich die beiden Personengruppen hinter dem Eingang richtungsmäßig teilen (Pförtner-Kontrolle). Die Halle ist jedoch der Raum der Begegnung für alle.

Die Erschließungsflure und Aufzugskerne im Verwaltungsteil sind so plaziert, daß eine übersichtliche und gut orientierbare Erreichbarkeit aller Ebenen und Bereiche für den innerbetrieblichen Verkehr gewährleistet ist.

Personal und Besucher aus den Tiefgaragen erreichen die Eingangshalle direkt über eine Aufzugsgruppe, die von der Pforte übersehen werden kann.

Die Erschließung der Magazingeschosse erfolgt über einen gesonderten Verkehrskern, der außer einem Lastenfahrstuhl die Buchtransportanlage aufnimmt und bei der Buchausgabe endet. Eine Tunnelverbindung von der untersten Magazinebene zum Erweiterungsgelände ist berücksichtigt.

Vom Anlieferhof, erreichbar von der Cronstettenstraße, werden die technischen Bereiche, Poststelle, Küche und EDV-Abtlg. erschlossen, abseits und nicht einsehbar von der Eingangsseite. Hier liegen auch die Aus- und Einfahrten der Tiefgarage, ohne den Verkehr auf der Eckenheimer Landstraße zu stören.

Eckenheimer L
Schlosserstrasse

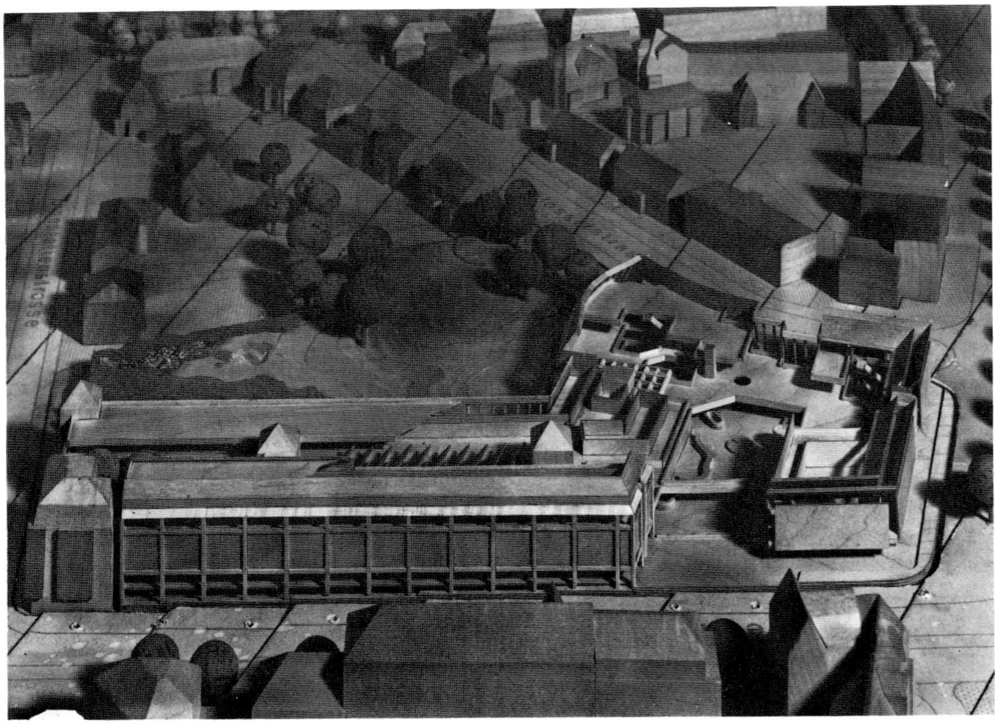

Eckenheimer Landstrasse

Schlosserstrasse

Deutsche
Bibliothek
Frankfurt /M

Isometrie 1:200

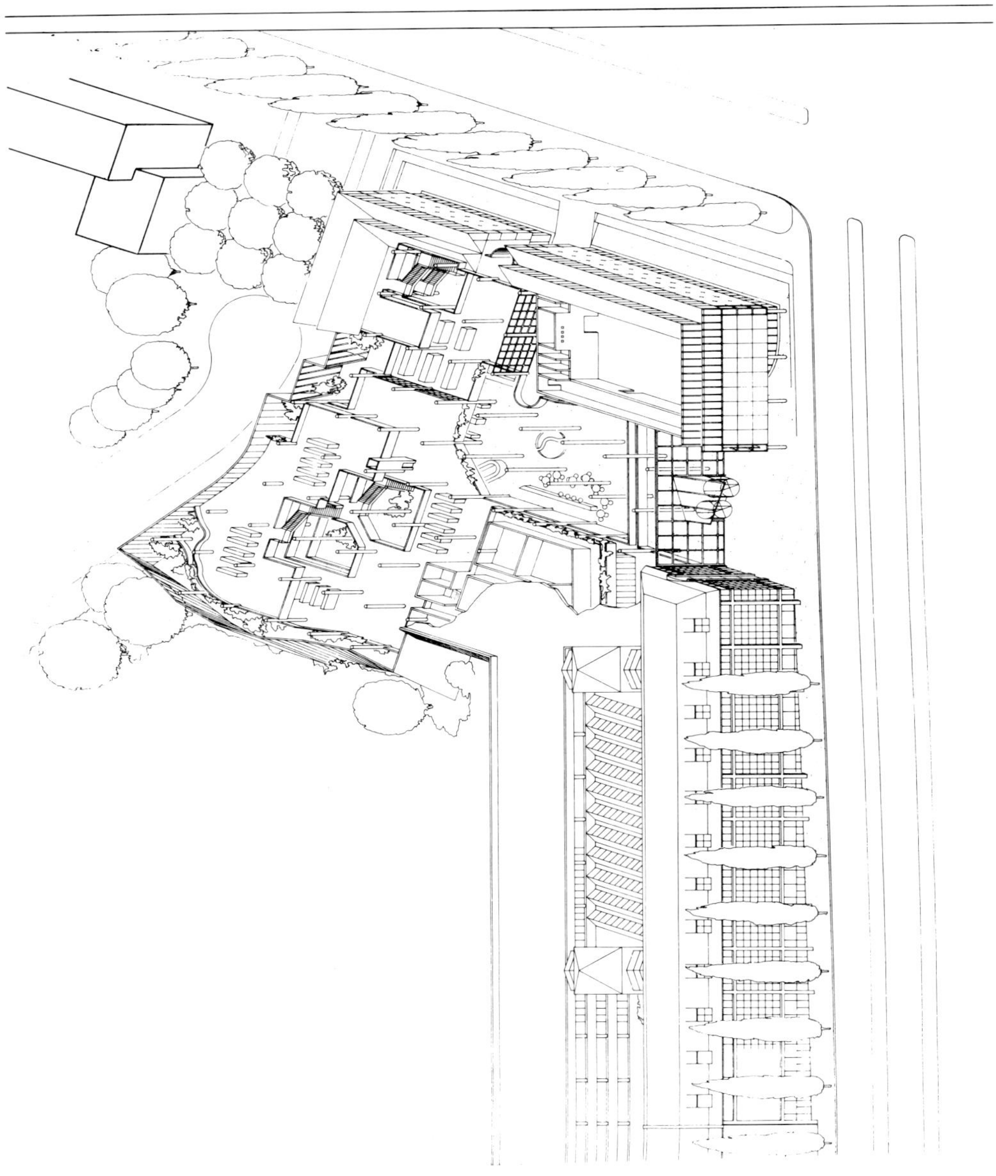

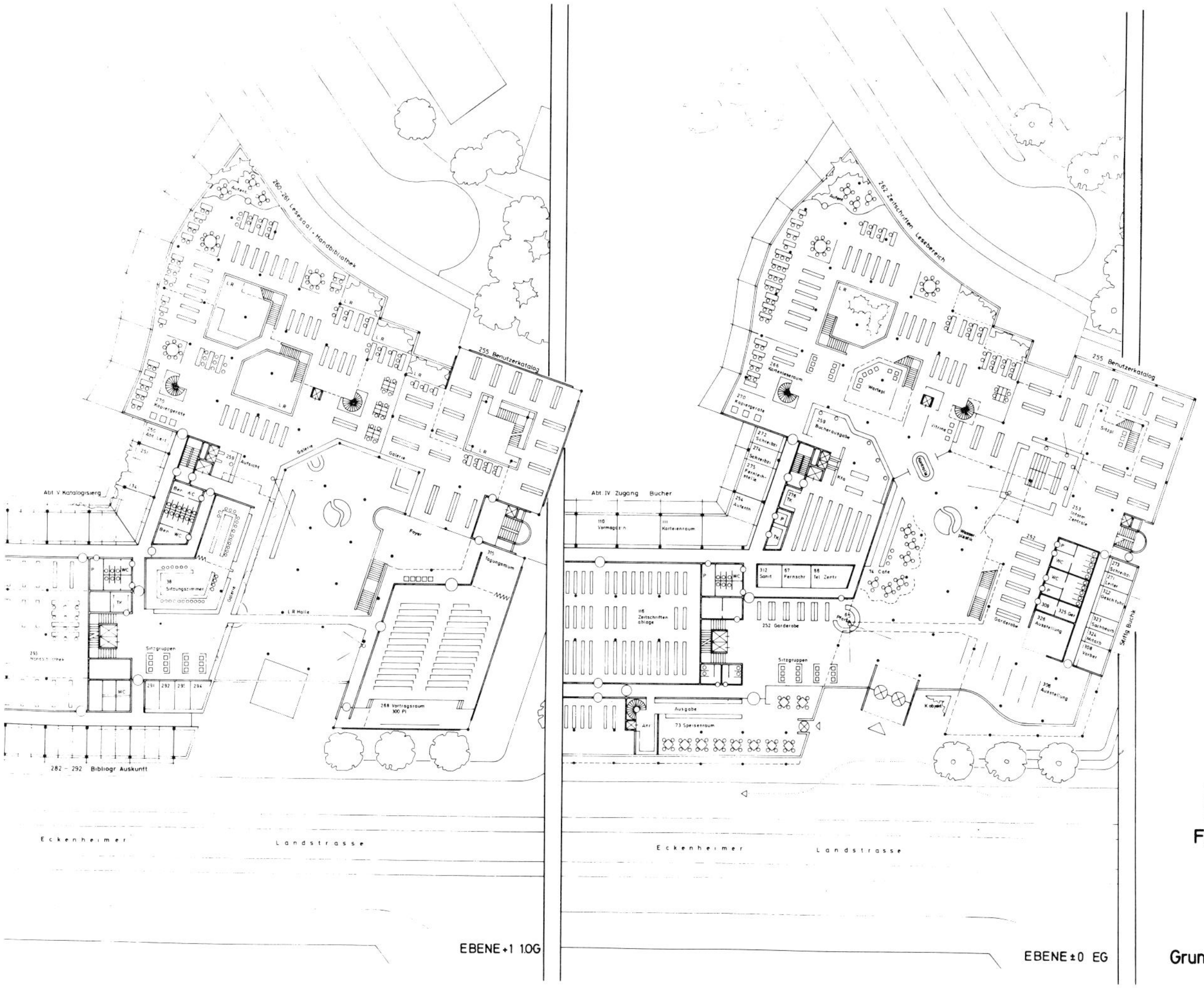

Deutsche
Bibliothek
Frankfurt/M.

Grundrisse 1:200

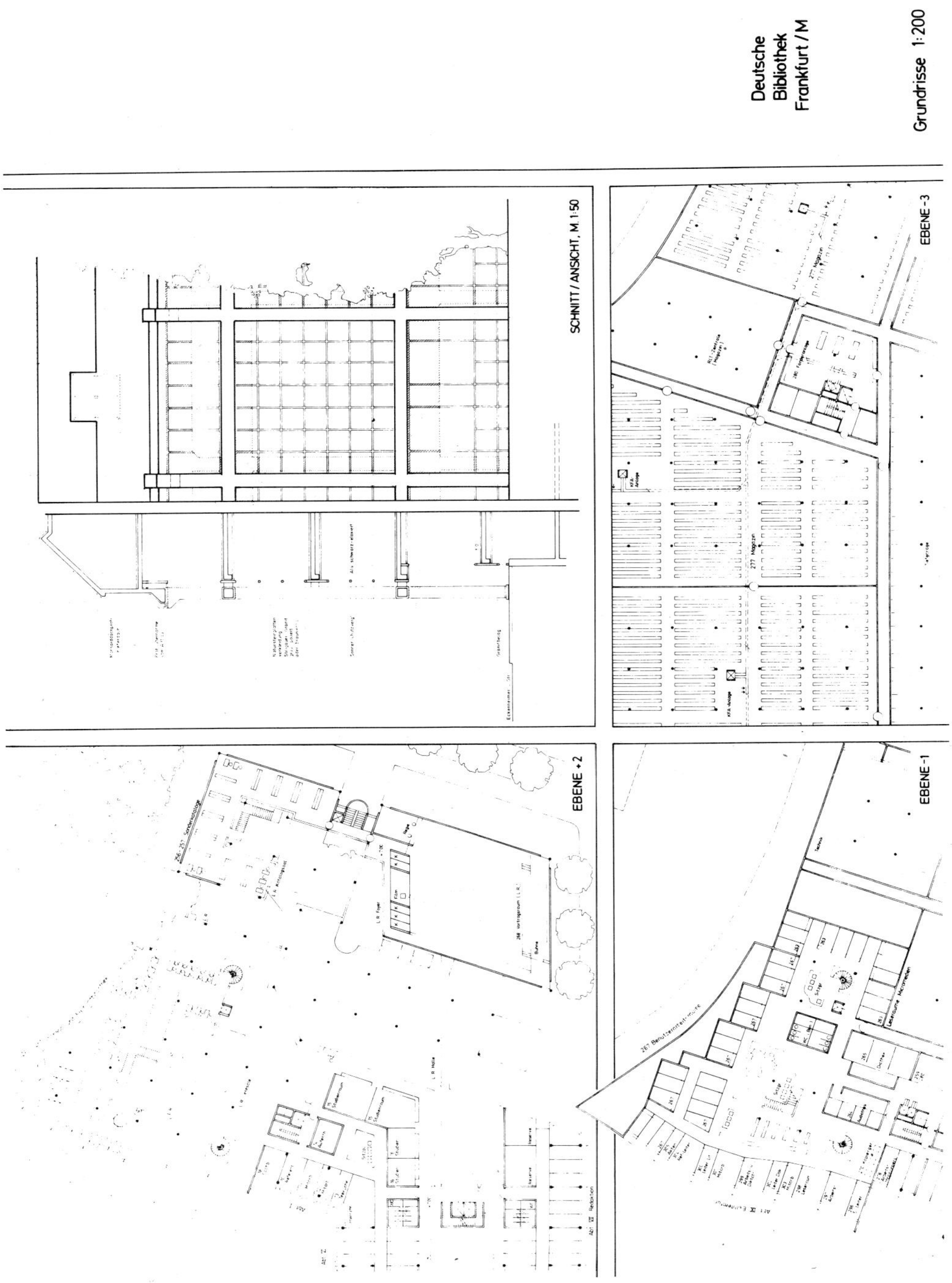
Deutsche
Bibliothek
Frankfurt/M
Grundrisse 1:200
SCHNITT/ANSICHT, M 1:50
EBENE -3
EBENE +2
EBENE -1

IV. Räumlich-funktionelles Konzept

A. Der interne Bereich (Verwaltung und Magazin)

Rein quantitativ ist dieser Teil der Bibliothek rund 20mal so groß wie der Benutzerbereich. Über drei Viertel dieses Programms ist auf drei unterirdische Magazingeschosse verteilt, wobei diese Tiefgeschosse fast die gesamte Grundstücksfläche in Anspruch nehmen. Für den Benutzer ist also der immense Bücherbestand optisch überhaupt nicht wahrnehmbar.

Die verbleibende »oberirdische« Verwaltung ist jedoch immer noch so umfangreich, daß sie eine rund dreimal so große Baumasse gegenüber dem Benutzerbereich darstellt.

Die Verfasser machen daher den Vorschlag, flächenintensive, von der Anlieferung im EG abhängige Verwaltungsteile (Technischer Bereich, EDV-Abtlg.) *unter* dem Bibliotheksgarten in guter Anbindung zum Hauptgebäude anzuordnen. Die Belichtung der Räume ist gewährleistet (siehe Schnitte).

Funktionsabläufe und innerbetriebliche Struktur des Dienstbereiches definieren den kompakt zusammengefaßten Verwaltungsbauteil. Der »Weg des Buches« von der Anlieferung bis zur Buchausgabe ist mit der vorgeschlagenen Anordnung der Raumgruppen und des Erschließungssystems mit kurzen vertikalen und horizontalen Verbindungen gut zu organisieren.

Die Buchausgabe als kommunikativer Umschlagsplatz ragt tief in den Benutzerbereich hinein. Der Forderung nach belichteten Einzel- und Doppelzimmern der 258 (!) Büroräume wurde durch das additive Prinzip der Reihung und Stapelung entsprochen, wobei die Bürozonen durch den im Bibliotheksbau günstigen Stützenraster von 7,50 m × 7,50 m flexibel aufteilbar sind.

B. Der öffentliche Bereich (Benutzerteil)

Bei einer Präsenzbibliothek dieser Bedeutung ist der Benutzerbereich der eigentlich räumlich interessante Teil.

Die Grundidee hierbei ist die U-förmige Gruppierung der einzelnen Benutzerbereiche wie Ausstellung, Vortragssaal, Katalog, Lesesäle, Buchausgabe und Speiseraum um eine alles verbindende, hohe und lichte Eingangshalle.

Der Besucher überblickt bereits beim Eintritt in die Halle die terrassierte und transparente Raumfolge der Lesesaal- und Kataloggeschosse. Galerien auf der Verwaltungs- und Vortragssaalebene begleiten die Halle auf den Längsseiten. Das Café als Treff- und Mittelpunkt ist für alle Personengruppen ein Ort der Begegnung und des Gesprächs.

Die Lesebereiche sind auf vier Ebenen gestaffelt, mit vielfältigen Durch- und Ausblicken. Sie bilden mit den geschoßgleichen und transparent gehaltenen Katalogebenen ein räumlich-fließendes Kontinuum. Zeitschriften-Lesesaal und Bücherausgabe liegen schnell erreichbar auf der Eingangsebene, die ruhigeren Lesebereiche im 1. und 2. OG, verbunden über großzügige Treppenanlagen. Benutzerkatalog und Informationszentrum sind direkt neben der Kontrolle im räumlichen Verbund mit der Halle angeordnet.

Die Sondereinrichtungen für die Benutzer (Arbeits-, Schreib- und Diktierzimmer sowie die Leseräume für Mikromedien) haben ihre absolut ruhige Lage im »Gartengeschoß« des Benutzerteils zusammen mit der Abteilung für Exilliteratur.

Die Lesesaalebenen öffnen sich weit und transparent zum ruhigen Bibliotheksgarten, während Katalog und Vortragssaal mit ihren teilweise geschlossenen Außenwänden zur lauten Straßenseite abgeschirmt liegen.

Halle, Lesesäle, Katalog und Vortragssaal erhalten das erforderliche Tageslicht in den tieferen Raumzonen von oben durch Sheddächer. Innen wird die Längsrichtung der Sheds vermieden durch untergehängte, richtungslose Licht-Strukturdecken (Glas- oder Polyesterkörper), die für die ausgewogene Atmosphäre einer guten Allgemeinbeleuchtung in einer Bibliothek wichtig sind.

Die ebenengleiche Organisation von Lesesaal- und Katalogebenen ermöglicht bei einer Umstellung des z. Z. konventionellen Katalogs auf EDV eine flexible Nutzung der oberen Katalogebene (+ 1) eventuell als Erweiterung des Lesebereiches oder als bibliographisches Zentrum. Die künftige Entwicklung des mit elektronischer Datenverarbeitung gedruckten Katalogs in Bandform läßt erwarten, daß weitaus weniger Stellflächen als beim herkömmlichen Zettelkatalog erforderlich sind.

Innerhalb des Lesebereiches sind zur Gartenseite kleine, transparent abgeschlossene Wintergärten für Gespräche und Erholungspausen der Benutzer vorgesehen.

C. Künstlerische Angebote

Primär ist die architektonisch-räumliche Konzeption, die in der isometrischen Darstellung und im von oben offenen Modell am besten verdeutlicht wird.

Künstlerische Einzelgestaltungen sollten integrierend in die Architektur eingesetzt werden. Folgende Standorte für Kunstobjekte kommen in Betracht:

– Eingangs-Vorplatz: Eine Freiplastik, die den Grundgedanken der Bibliothek, der »universitas litterarum« als Allegorie symbolisieren soll.
– Eingangshalle:
  + Eine Wasser-, bzw. Brunnenplastik neben dem locker und mit viel

Pflanzen vorgesehenen Café stellt das »panta rhei«, die ewige Bewegung des Seins, dar.
+ Farbglaswände im Ausstellungsbereich mit diaphaner Lichtwirkung.
+ Gestaltung des Fußbodens mit Natursteinplatten (Schiefer, Gneis).
+ Farbige oder plastische Gestaltung der geschlossenen Wand zwischen Café und Bücherausgabe.
- Benutzerkatalog: im Bereich des Treppenaufgangs in Verbindung mit einer Sitzgruppe.
- Lesesäle: Im Bereich der Treppenaufgänge mit vertikaler optischer Blick-Beziehung durch alle Ebenen, kombiniert mit Sitzgruppen.
- Foyer/Vortragssaal 1. OG
- Sitzungszimmer 1. OG
- Bibliotheksgarten

V. Konstruktion und Material

Die Tiefgeschosse für das Magazin und die Garagen liegen im Grundwasser und müssen eine entsprechend ausgebildete Grundwasserwanne erhalten. Da sie fast die gesamte Grundstücksfläche beanspruchen, ist diese Maßnahme höchst kostspielig.

Als Konstruktionsraster wird das im Bibliotheksbau günstige Rastermaß von 7,50 m vorgeschlagen (Modul 1,25 m), das sich sowohl für den Achsabstand der Magazinregale als auch für die flexible Aufteilung der Bürotrakte optimal eignet; außerdem erlaubt es eine gute Nutzbarkeit im Garagenbereich.

Mansarddächer an der Eckenheimer Landstraße in Schieferdeckung analog den benachbarten Altbauten.

Fassade des Bürotraktes (Eckenheimer Landstraße) mit natursteinverkleideten Stützen, dahinter im Quadratraster aufgeteilte Glas-Wandkonstruktion (Alurahmen schwarz eloxiert mit Sonnenschutzverglasung).

Eingangsfront in Hallenhöhe verglast, geschlossene Fassaden an der Adikesallee und Schlosserstraße mit grauen, polierten Strigauer Granitplatten verkleidet.

Die Gartenfassaden sind großflächig in Gebäudehöhe verglast und erhalten ein feststehendes, mit Abstand vor der Verglasung montiertes Sonnenschutzgerüst, das gleichzeitig zur Begrünung der Fassaden mit Rankpflanzen dient. Gartenseitig ist auch eine Dachbegrünung (z. B. System Optima) vorgesehen.

VI. Fördertechnik (Buchtransport)

Das System der horizontalen und vertikalen Förderbänder (KFA-Anlage) durchzieht die ganze Bibliothek. Primär im Magazinbereich sind in jedem

Bandabschnitt (ca. 2 000 m²) KFA-Stationen vorgesehen, so daß der Weg vom entferntesten Bücherregal zur Station maximal 40,00 m beträgt.

Die horizontalen Förderbänder treffen sich in jedem Magazingeschoß in der Förderzentrale, von wo sie vertikal zur Buchausgabe im EG geführt werden. Weitere KFA-Stränge führen zur Einbandstelle auf Ebene –1 sowie zum Dienstkatalog auf Ebene +1.

Planungsdaten

Hauptnutzfläche:	49 595 m²
Bruttogeschoßfläche:	81 971 m²
Bruttorauminhalt:	321 233 m³

Beurteilung des Preisgerichts:

Städtebauliche/stadträumliche Gesichtspunkte

Der Verfasser verzichtet auf eine besondere Betonung der Eck- und Eingangssituation, das Gebäude ordnet sich in Form und Höhe der Straßenrandbebauung unter. Die Zusammenfassung der Baumassen entlang der beiden Hauptstraßen ergibt einen großen Freiraum auf dem Restgrundstück (teilweise unterbaut), zu dem sich Lese- und Benutzerräume öffnen.

Äußere Erschließung

Der Fußgängerzugang und die Vorfahrt sind beengt und verkehrstechnisch nicht problemlos. Ihre Lage und Gestalt entsprechen nicht der Bedeutung des Bauwerks. Die Gestaltung der Zu- und Ausfahrt und die Anlieferung in der Cronstettenstraße folgt nicht der Auslobung.

Funktion und Qualität der räumlichen Gestaltung

Die innere Erschließung mit einer klaren Trennung des öffentlichen und des Dienstbereiches entspricht dagegen den Nutzerforderungen. Die Wegeführung ist im öffentlichen Bereich räumlich nicht eindeutig, sie ist im Dienstbereich gekennzeichnet durch lange parallele Flure. Die Bereichszuordnung der Leseräume und Katalogräume entspricht im Grundsatz der Nutzerforderung. Ein gewichtiger Mangel ist die Aufteilung des Benutzerkatalogs auf zwei Geschosse.

Im Lesesaalbereich gelingt eine interessante räumliche Gliederung mit Bezug zu dem begrünten Freiraum.

Im gesamten internen Bereich bleibt die Erschließung und Raumzuordnung ohne besondere Qualität.

Konstruktion und Wirtschaftlichkeit

Die Konstruktion ist ohne besondere technische Schwierigkeiten realisierbar (ausreichende Geschoßhöhe). Die HNF des Raumprogramms ist überschritten, die Kubatur ist außergewöhnlich hoch.

Wertung des künstlerischen Beitrags

Für die künstlerische Gestaltung wird kein zusätzlicher Beitrag vorgelegt.

Wertung der architektonischen Qualität

Architektonisch positiv zu werten ist die Bezugnahme großer Teile der Benutzer- und Diensträume auf die Grünzone.

In der plastischen Gliederung der Baumassen und in der Durchbildung der Fassaden bleibt der Entwurf schematisch und ohne Signifikanz.

Weitere Abbildungen s. Farbtafeln Seiten 283–284

Ankauf

Gerd Lindemann, Florian Thamm

Aus dem Erläuterungsbericht:

Städtebauliche Gestaltung

Der Vorschlag für die Baumassenverteilung nimmt bewußt die Blockrandbebauung der Eckenheimer Landstraße auf. Der Neubau schließt direkt an das Wohnhaus Cronstettenstraße 2 an mit Hausmeisterwohnungen und Gästeappartements, staffelt sich dann um ca. 11 m nach Westen zurück, um zwischen lauter Straße und Büros einen großzügigen Grünstreifen mit Baumbepflanzung zu ermöglichen.

Der Verwaltungsriegel setzt sich in ruhiger Gliederung bis zur Adickesallee fort, mit Eingangsakzent und Vorfahrt. Er nimmt den Dienstbereich der Bibliothek auf; im Erdgeschoß, im nördlichen Teil die öffentlich zugänglichen Bereiche wie Ausstellung und Kantine, die hier auch mit eigenem Eingang die Funktion eines Straßenrestaurants übernimmt (U-Bahn-Haltestelle).

Erweiterungsgelände

Der Gebäudetrakt ist bewußt nicht um die Ecke herumgeführt, sondern weist nach Norden über die Adickesallee hinüber zum Erweiterungsgelände, wo später das Magazingebäude stehen soll.

Gegen den straffen Verwaltungsteil der Bibliothek ist nach Westen hin in das ruhige Blockinnere die weiche Form des Benutzerbereiches (Lesesäle und Vortragssaal) gestellt, die hier mit niedriger Höhenentwicklung in parkartiger Bepflanzung beidem gerecht wird: ruhiges Arbeiten und Studieren in günstiger Himmelsrichtung und Umgebung und keine Beeinträchtigung der niedrigen Wohnbebauung.

Äußere Erschließung, Tiefgarage

Im Anschluß an das vorhandene Wohnhaus liegt die Zufahrt zum Anlieferhof und der Tiefgarage. Die Tiefgarage ist übersichtlich erschlossen und gliedert sich in eine Ebene, die ein Geschoß tiefer als die Zufahrt liegt mit 201 Einstellplätzen.

Großschutzraum

Hier besteht auch gut die Möglichkeit, einen Teil (im nördlichen Bereich) für die Schaffung eines Großschutzraumes »abzuhängen«.

Die andere Parkebene auf Zufahrtsniveau schafft Möglichkeiten für 114 PKW. Sie ist unter Ausnutzung des Geländegefälles nach Südwesten natürlich belüftet und belichtet. Beide Ebenen sind an die Eingangshalle angeschlossen.

Öffentlicher Bereich

Die Eingangshalle ermöglicht eine gute Trennung von Dienstbereich und Benutzerbereich. Der Pförtner kontrolliert das großzügige Treppenhaus, das in den internen Teil führt. Nach Norden liegen Ausstellungsflächen, Stiftung Buchkunst und Kantine/Restaurant.

Die Eingangshalle geht über in die Foyerhalle (verglast) zum Katalogsaal, Vortragssaal, Café und Garderoben/WC-Block. Über eine zentrale, kontrollierte, offene Treppe erreicht man die Lesesäle und übrigen Benutzerräume. Aus diesen hat man Ausblicke sowohl in die Parkanlagen als auch in die durchgehende belichtete Foyerhalle. Die Lesesäle sind in zwei Ebenen verteilt, untereinander durch eine Galerietreppe zusätzlich verbunden und durch ein Lichtband belichtet. Zentral in der Anlage liegt die Bücherausgabe mit Kastenförderanlage, die Magazin und Benutzerbereich verbindet.

Dienstbereich

Im 1. UG (voll belichtet): Anlieferung mit Poststelle und Technischen Diensten. Im EG die DVA. In den Obergeschossen dann die übrigen Abteilungen um den zentralen Versorgungs- und Erschließungskern. Das gewählte Entwurfssystem läßt eine optimale Verteilung und Zuordnung der einzelnen Bereiche und Raumgruppen zu, auch in anderer Form als der dargestellten.

Magazin

Das Magazin liegt kompakt, im wesentlichen in 3 Ebenen, unter der Anlage, zentral erschlossen durch Hauptkern und Buchförderanlage. Das gewählte Konstruktionsraster von 7,50 m × 7,50 m läßt eine optimale Regalstellung zu und ist gut auf spätere Kompakt-Magazinierung umzustellen.

Schlosserstrasse

Eckenheimer Landstrasse

Schlossstrasse

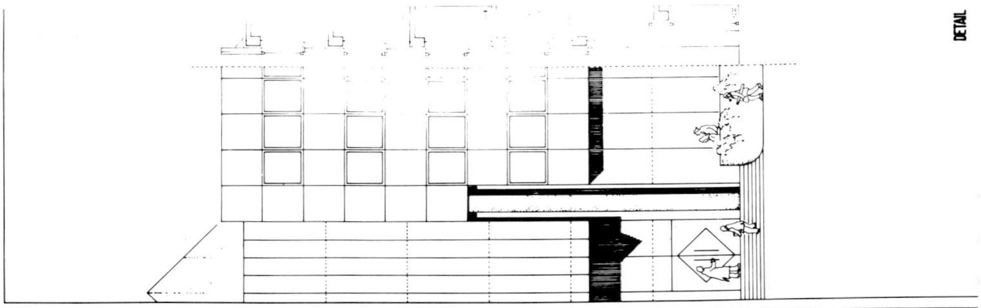
DETAIL

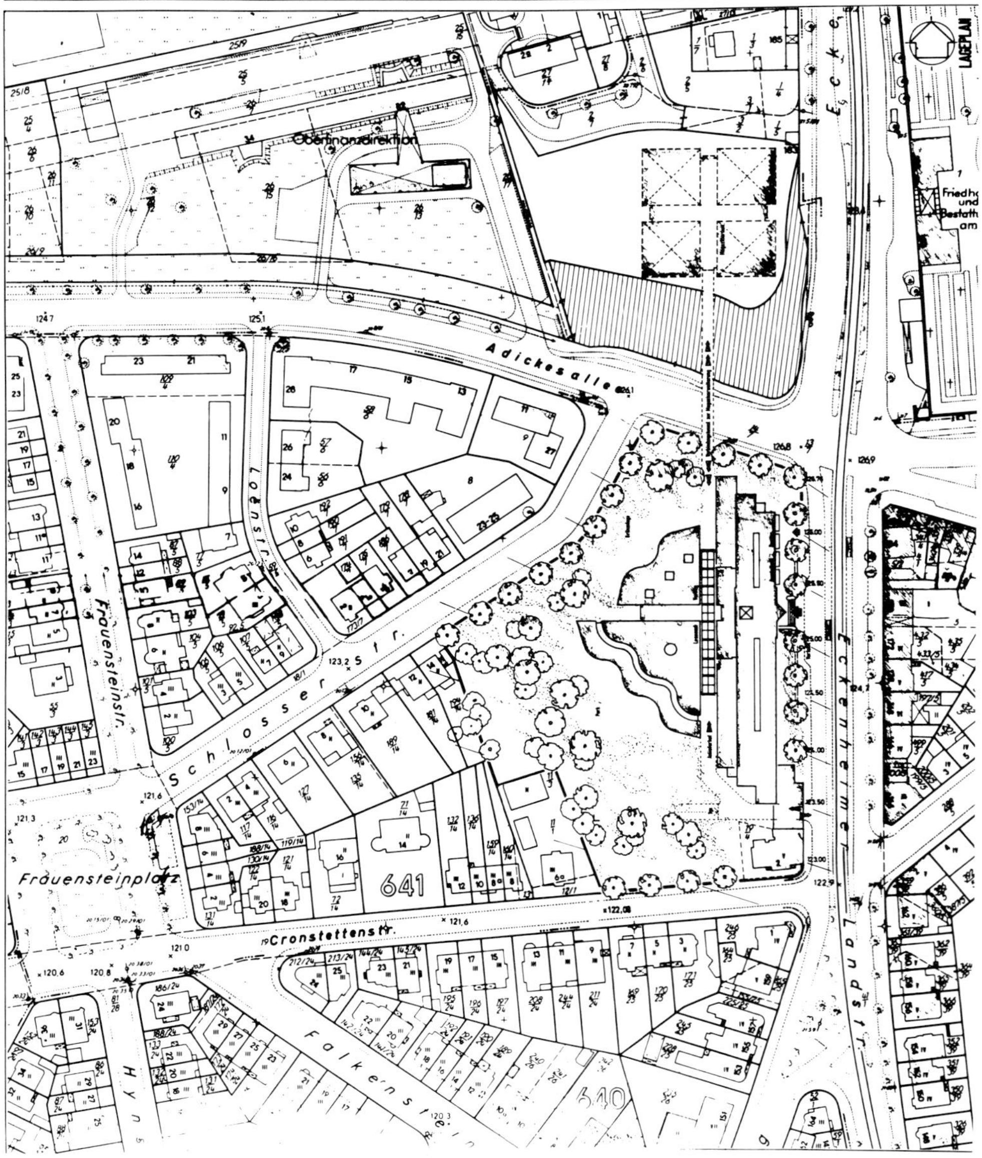
LAGEPLAN
Oberfinanzdirektion
Adickesallee
Schlosserstr.
Frauensteinstr.
Frauensteinplatz
Loënstr.
Cronstettenstr.
641
640

In der untersten Ebene schließt direkt in der Haupterschließungsachse der Verbindungstunnel zum vorgesehenen Erweiterungsmagazin an.

Konstruktion und Technik

Das gesamte Gebäude ist auf einem Konstruktionsraster von 7,50 m × 7,50 m entworfen. Die Technikflächen liegen an der Ecke Adickesallee und Eckenheimer Landstraße.

Material

Für den Verwaltungsteil, der sich geschlossen, blockhaft darstellt, ist eine Metallfassade genauso denkbar, wie eine Ziegelfassade. Der Lesesaalbereich im Westen sollte auf jeden Fall seine Transparenz zeigen, d. h. großzügige Verglasung.

Künstlerische Konzeption

Diese dokumentiert sich zum einen schon in der gewählten Architekturgestalt selbst: hier die strenge nüchterne Form des Arbeits- und Verwaltungsteils, dort die weiche fließende Form des Benutzerbereiches in Form einer Blüte (oder aufgeklappten Buches). Zum anderen durch die innere Gestaltung des Raumes und der Lichtführung im Verbindungsteil zwischen Dienstbereich und Publikumsteil. Hier kommt der Lichtführung besondere Bedeutung zu: Die durchgehende zentrale Erschließungshalle des Diensttreppenhauses markiert genau wie die Glashalle zwischen Verwaltung und Publikumsteil die Transparenz des Gebäudes.

In beiden Lichträumen sollte der Schwerpunkt für detaillierte künstlerische Aussagen bzw. Realisierung von Kunstobjekten liegen.

Planungsdaten

Hauptnutzfläche:	47783 m^2
Bruttogeschoßfläche:	64052 m^2
Bruttorauminhalt:	211372 m^3

Beurteilung des Preisgerichts:

Städtebauliche/stadträumliche Gesichtspunkte

Der Verfasser wählt eine lineare Lösung an der Eckenheimer Landstraße. Er verzichtet auf eine Bezugnahme zur Adickesallee und wird dadurch der städtebaulichen Situation nicht gerecht. Anstelle einer auf die Straßenführung bezogenen Eckbetonung gestaltet der Verfasser den der Öffentlichkeit zugeordneten Bereich als freiplastische Form in einer Gartenanlage.

Äußere Erschließung

Fußgängereingang und Vorfahrt an der Eckenheimer Landstraße haben genügend Abstand zu der Adickesallee wie auch zu der Zu- und Abfahrt zur Tiefgarage.

Funktion und Qualität der räumlichen Gestaltung

Die klare Gliederung des Bauwerks führt zu einer übersichtlichen inneren Erschließung, die die Nutzeranforderungen erfüllt. Trotz der Eindeutigkeit der Erschließung bleibt die Wegeführung im Öffentlichkeitsbereich durch die unterschiedliche Bezugnahme auf die angrenzenden inneren und äußeren Bereiche interessant. Der Dienstbereich ist über kurze Wege erschlossen. Die Bereichsorganisation entspricht im allgemeinen den Nutzeranforderungen. Als Einschränkung zu werten ist die Aufteilung der Benutzerräume auf drei Geschosse. Die räumliche Qualität der Einzelbereiche entspricht ihrer Funktion. Die Räume des öffentlichen Bereiches sind vielfältig und der Funktion folgend nach Innen und mit dem Außenbereich verflochten. Im Dienstbereich entspricht die Raumqualität den dort geforderten Arbeitsbedingungen.

Konstruktion und Wirtschaftlichkeit

Die einfache Konstruktion läßt eine hohe Wirtschaftlichkeit in Investition und Betrieb erwarten. Die kompakte Bauweise führt zu einer niedrigen Kubatur.

Wertung des künstlerischen Beitrags

Die Spannung zwischen der ondulierten Ausformung des Nutzerbereiches und der langgestreckten rationalen Form des Dienstbereiches wird vom Verfasser als Auseinandersetzung mit der gestellten Frage nach dem Element »Kunst« verstanden.

Wertung der architektonischen Qualität

Durch die Reduzierung des architektonischen Ansatzes auf die Addition der beiden gebäudetypologischen Elemente des Verwaltungsgebäudes und des Großraums (mit den Räumen des Öffentlichkeitsbereichs) entsteht keine spezifische, der Aufgabenstellung entsprechende Lösung.

Weitere Abbildungen s. Farbtafeln Seiten 284–285

Nichtprämierte Arbeiten der engeren Wahl (Nachrücker)

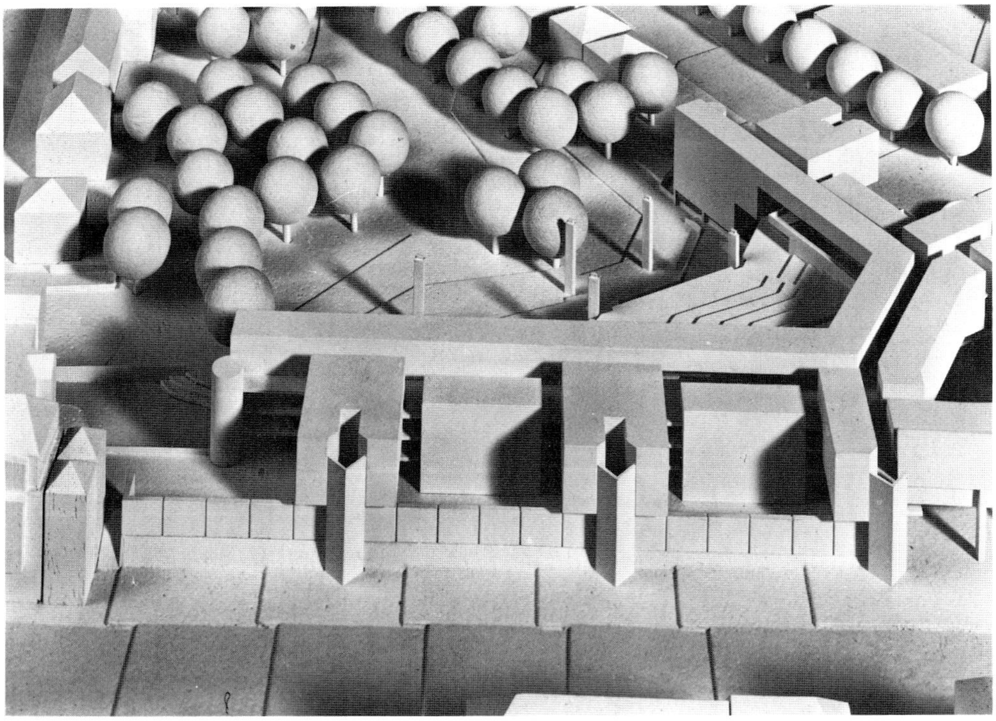

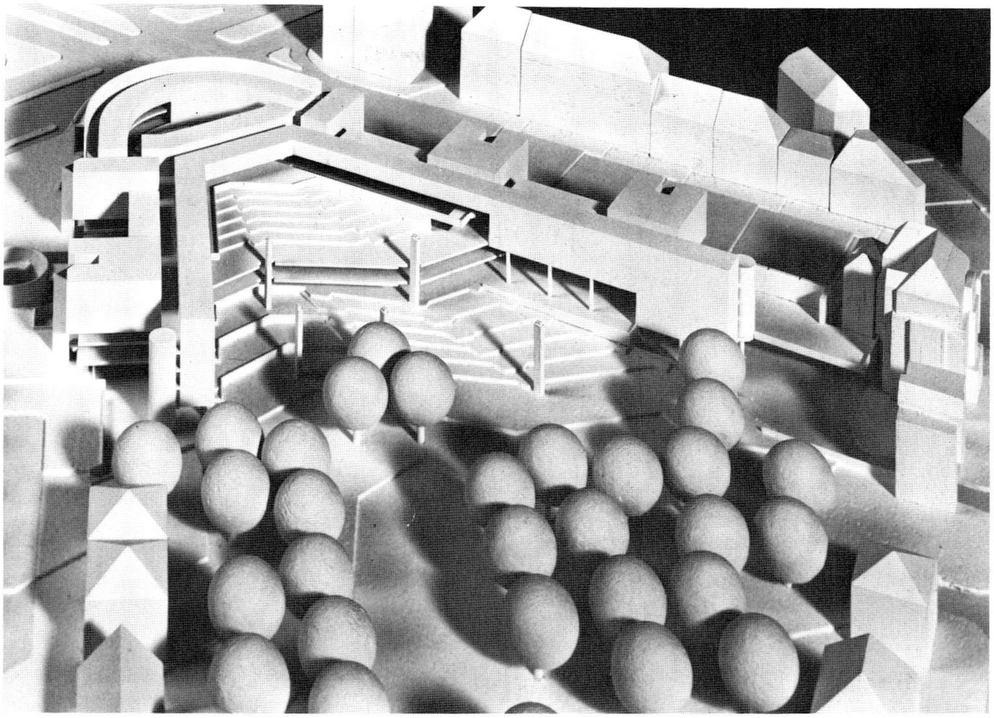

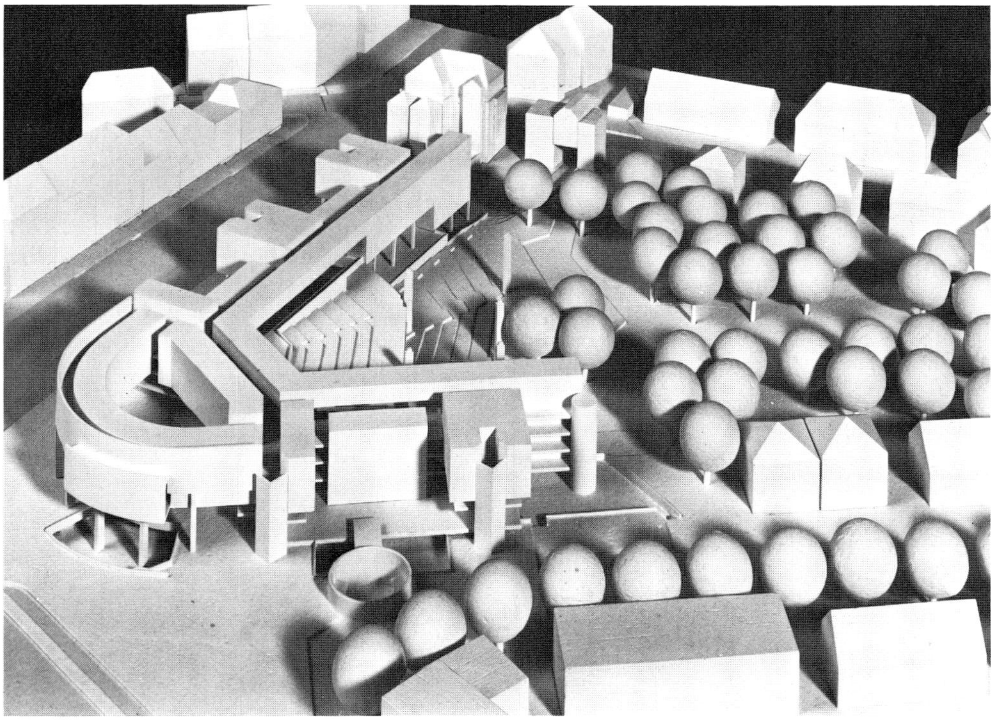

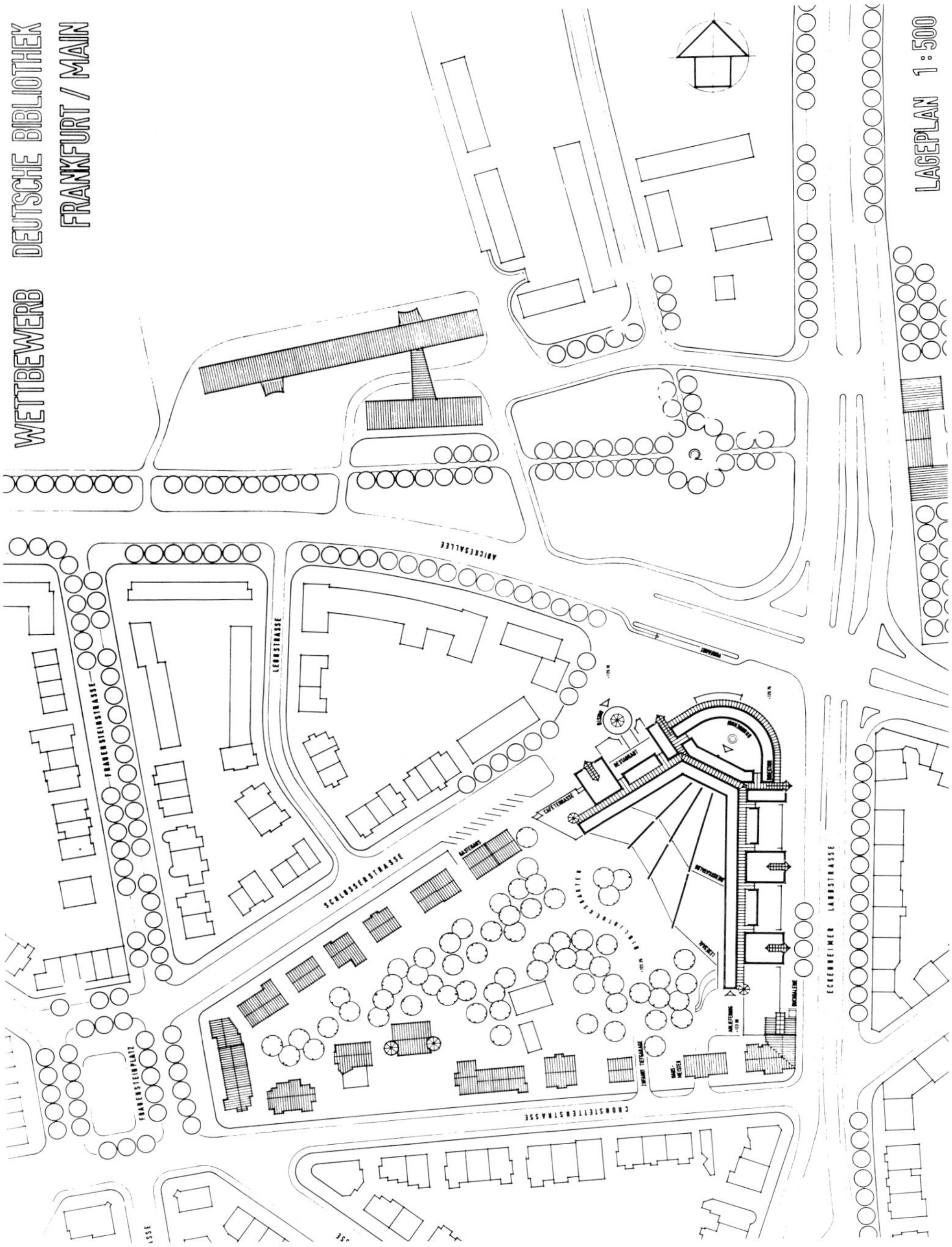
WETTBEWERB DEUTSCHE BIBLIOTHEK
FRANKFURT / MAIN
LAGEPLAN 1:500

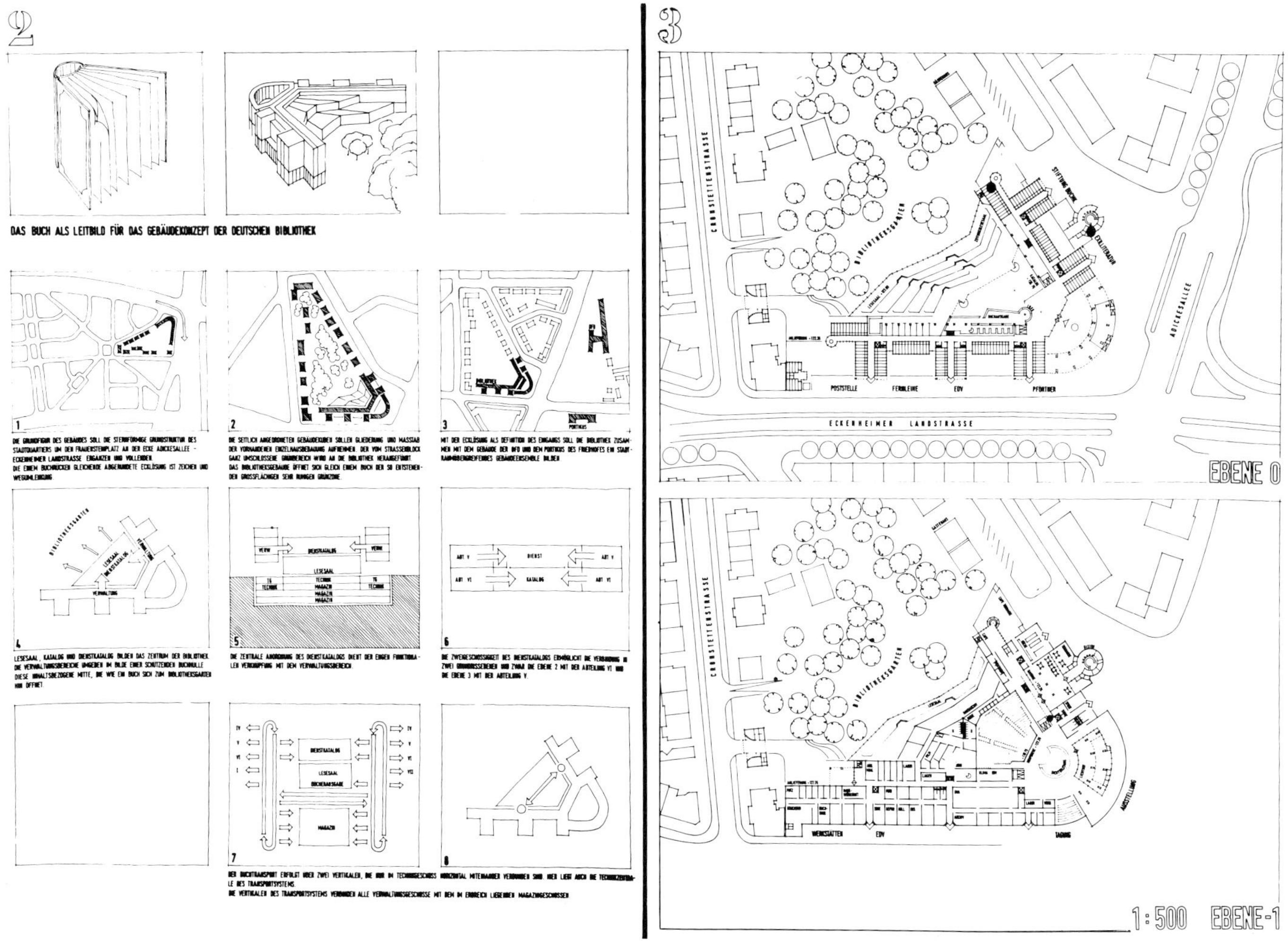
2
DAS BUCH ALS LEITBILD FÜR DAS GEBÄUDEKONZEPT DER DEUTSCHEN BIBLIOTHEK
1
DIE GRUNDFIGUR DES GEBÄUDES SOLL DIE STERNFÖRMIGE GRUNDSTRUKTUR DES STADTQUARTIERS UM DEN FRAUENSTEINPLATZ AN DER ECKE ADICKESALLEE - ECKENHEIMER LANDSTRASSE ERGÄNZEN UND VOLLENDEN.
DIE EINEM BUCHRÜCKEN GLEICHENDE ABGERUNDETE ECKLÖSUNG IST ZEICHEN UND WEGUMLENKUNG.
2
DIE SEITLICH ANGEORDNETEN GEBÄUDEKUBEN SOLLEN GLIEDERUNG UND MASSTAB DER VORHANDENEN EINZELHAUSBEBAUUNG AUFNEHMEN. DER VOM STRASSENBLOCK GANZ UMSCHLOSSENE GRÜNBEREICH WIRD AN DIE BIBLIOTHEK HERANGEFÜHRT.
DAS BIBLIOTHEKSGEBÄUDE ÖFFNET SICH GLEICH EINEM BUCH DER SO ENTSTEHENDEN GROSSFLÄCHIGEN SEHR RUHIGEN GRÜNZONE.
3
PORTIKUS
MIT DER ECKLÖSUNG ALS DEFINITION DES EINGANGS SOLL DIE BIBLIOTHEK ZUSAMMEN MIT DEM GEBÄUDE DER BFD UND DEM PORTIKUS DES FRIEDHOFES EIN STADTRAUMÜBERGREIFENDES GEBÄUDEENSEMBLE BILDEN.
4
VERWALTUNG
LESESAAL, KATALOG UND DIENSTKATALOG BILDEN DAS ZENTRUM DER BIBLIOTHEK. DIE VERWALTUNGSBEREICHE UMGEBEN IM BILDE EINER SCHÜTZENDEN BUCHHÜLLE DIESE INHALTSBEZOGENE MITTE, DIE WIE EIN BUCH SICH ZUM BIBLIOTHEKSGARTEN HIN ÖFFNET.
5
VERW
DIENSTKATALOG
LESESAAL
TECHNIK
MAGAZIN
DIE ZENTRALE ANORDNUNG DES DIENSTKATALOGS DIENT DER ENGEN FUNKTIONALEN VERKNÜPFUNG MIT DEM VERWALTUNGSBEREICH.
6
ABT V
DIENST
KATALOG
ABT VI
DIE ZWEIGESCHOSSIGKEIT DES DIENSTKATALOGS ERMÖGLICHT DIE VERBINDUNG IN ZWEI GRUNDRISSEBENEN UND ZWAR DIE EBENE 2 MIT DER ABTEILUNG VI UND DIE EBENE 3 MIT DER ABTEILUNG V.
7
DIENSTKATALOG
LESESAAL
BÜCHERAUSGABE
MAGAZIN
8
DER BUCHTRANSPORT ERFOLGT ÜBER ZWEI VERTIKALEN, DIE NUR IM TECHNIKGESCHOSS HORIZONTAL MITEINANDER VERBUNDEN SIND. HIER LIEGT AUCH DIE TECHNIKZENTRALE DES TRANSPORTSYSTEMS.
DIE VERTIKALEN DES TRANSPORTSYSTEMS VERBINDEN ALLE VERWALTUNGSGESCHOSSE MIT DEM IM ERDREICH LIEGENDEN MAGAZINGESCHOSSEN.
3
CRONSTETTENSTRASSE
BIBLIOTHEKSGARTEN
STIFTUNG BUCHK
EXLIBRIS
ADICKESALLEE
POSTSTELLE
FERNLEIHE
EDV
PFÖRTNER
ECKENHEIMER LANDSTRASSE
EBENE 0
WERKSTÄTTEN
TAGUNG
AUSSTELLUNG
1:500 EBENE-1

5

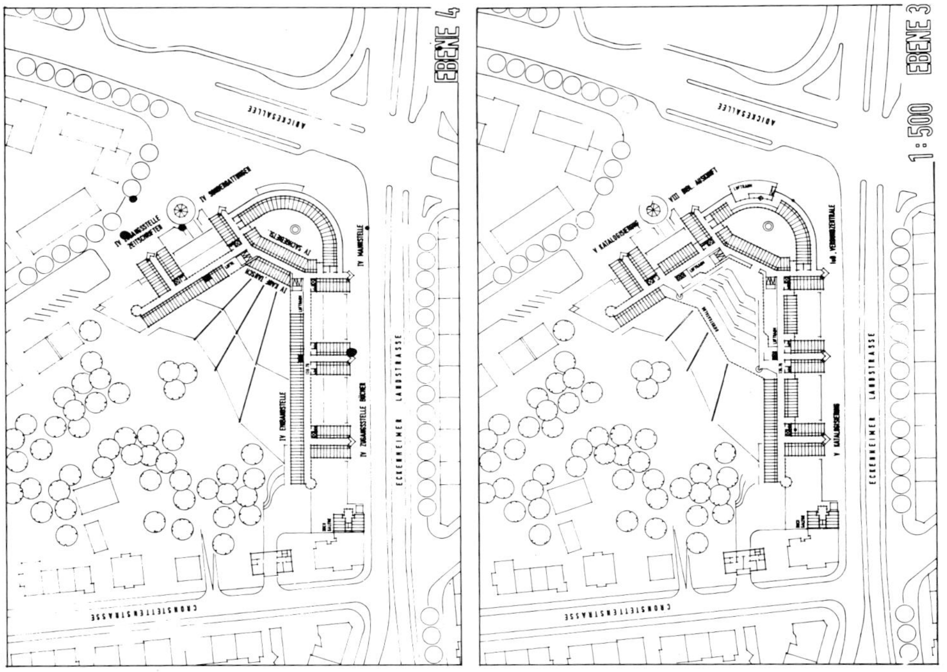
EBENE 4
EBENE 3
1:500
ABICKESALLEE
ECKENHEIMER LANDSTRASSE
CRONSTETTENSTRASSE

4

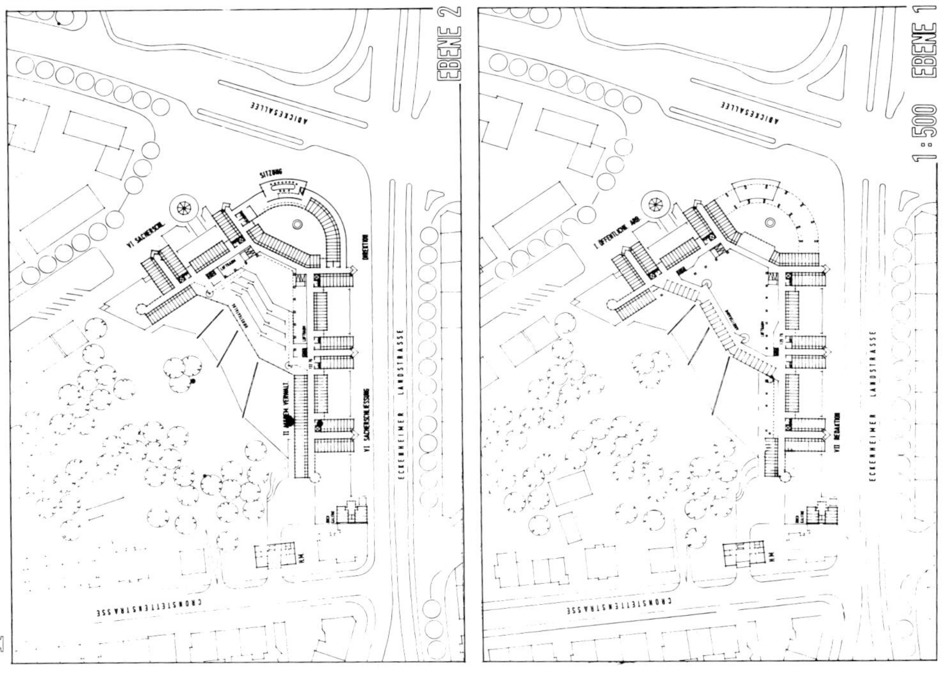
EBENE 2
EBENE 1
1:500
ABICKESALLEE
ECKENHEIMER LANDSTRASSE
CRONSTETTENSTRASSE

6

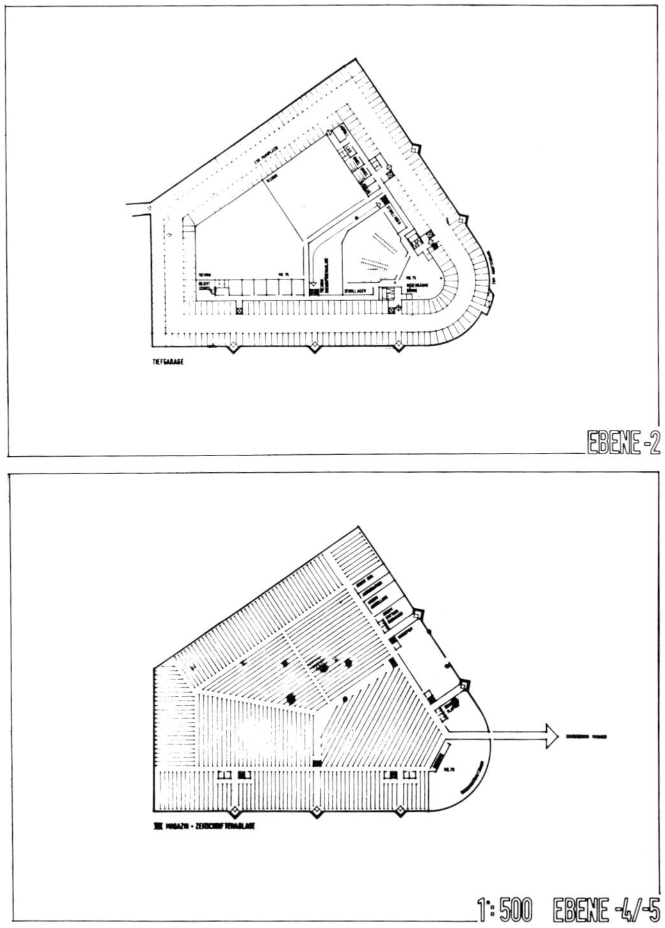
TIEFGARAGE
EBENE -2
MAGAZIN - ZEITSCHRIFTENABLAGE
1:500 EBENE -4/-5

7

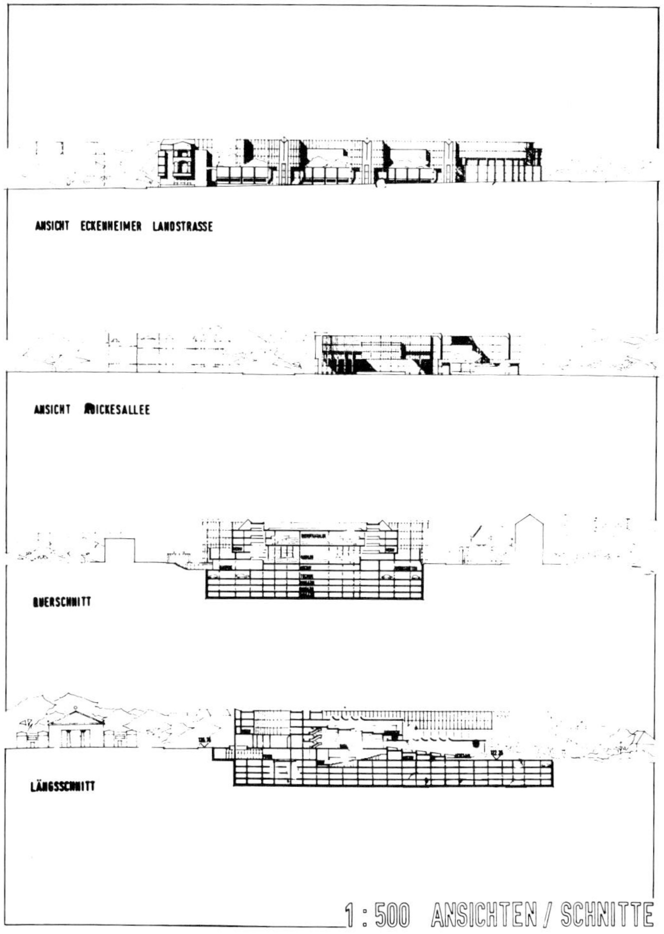
ANSICHT ECKENHEIMER LANDSTRASSE
ANSICHT ICKESALLEE
QUERSCHNITT
LÄNGSSCHNITT
1 : 500 ANSICHTEN / SCHNITTE

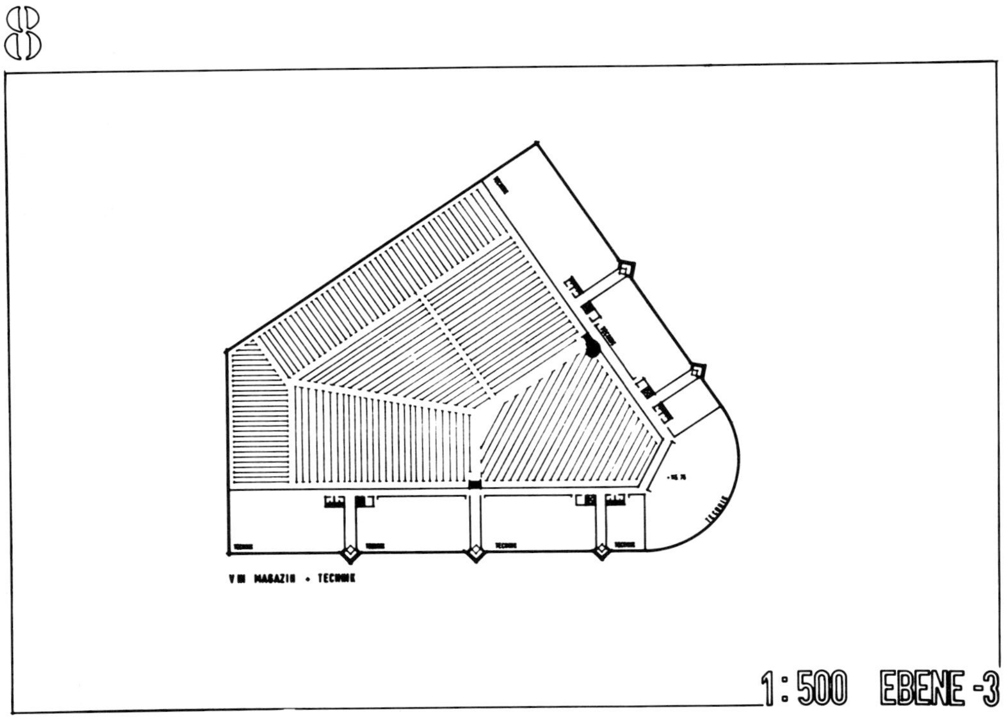
8
VIII MAGAZIN + TECHNIK
1:500 EBENE -3

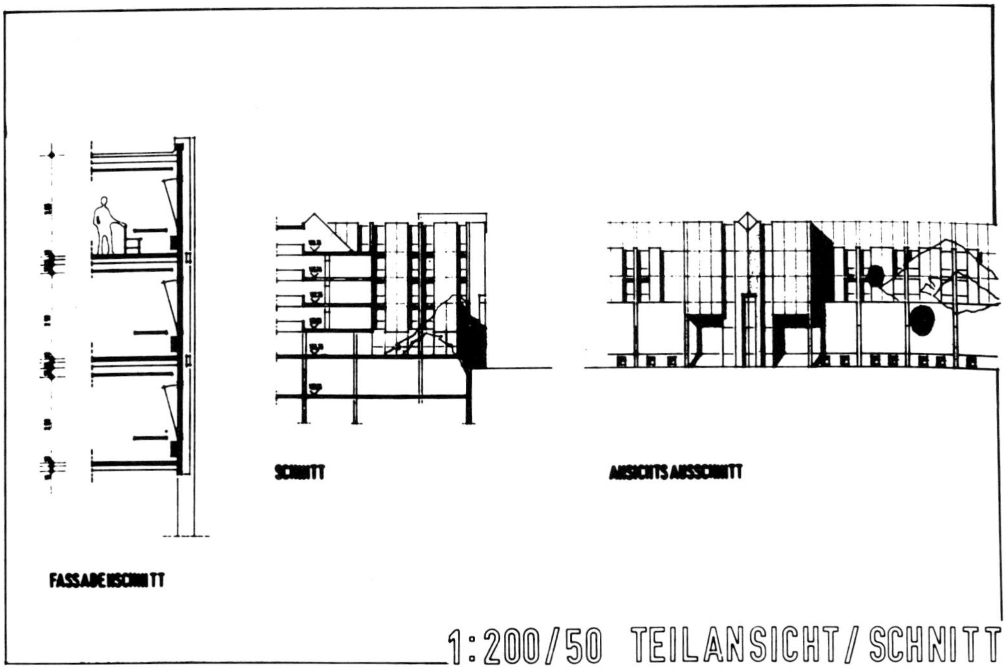
SCHNITT
ANSICHTSAUSSCHNITT
FASSADENSCHNITT
1:200/50 TEILANSICHT/SCHNITT

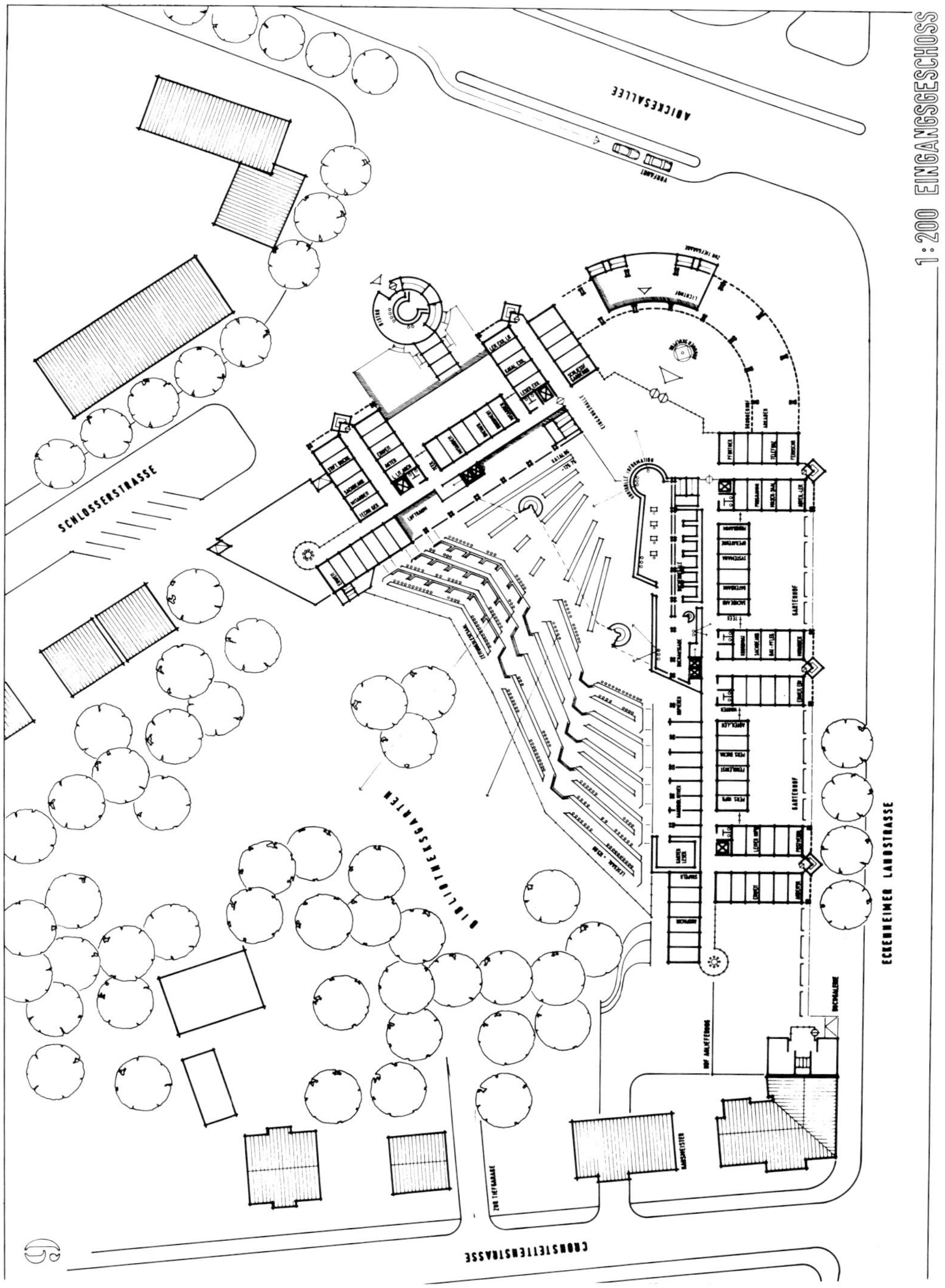

1:200 EINGANGSGESCHOSS
ADICKESALLEE
SCHLOSSERSTRASSE
ECKENHEIMER LANDSTRASSE
CRONSTETTENSTRASSE
BIBLIOTHEKSGARTEN

C. Henze + Vahjen

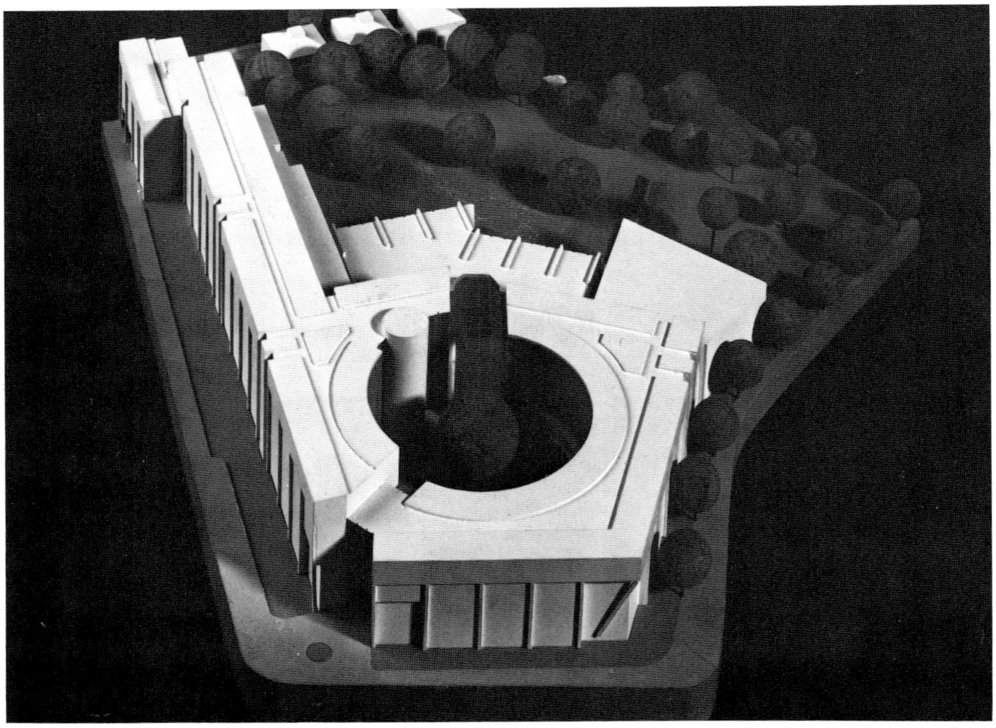

Oberfinanzdirektion
Adickesallee
Frauensteinstr.
Schlosser Str.
Frauensteinplatz
Cronstettenstr.
Eckenheimer
OSTEN

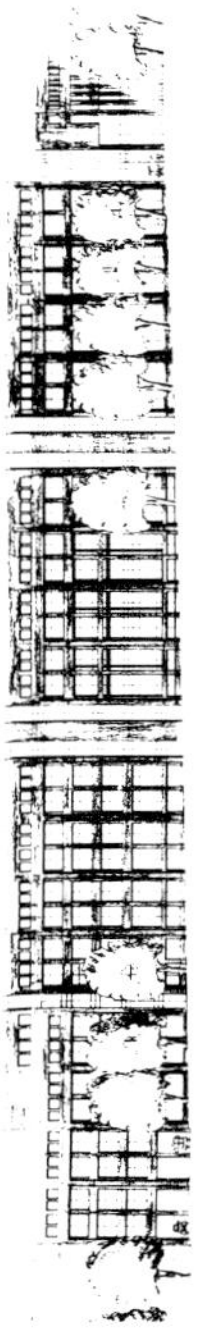

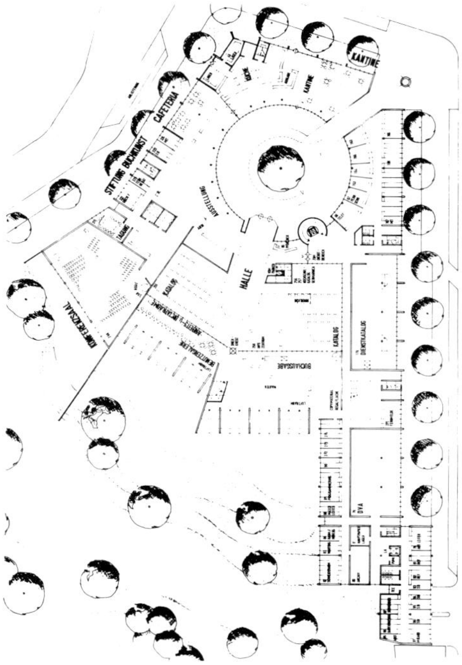

KANTINE
CAFETERIA
STIFTUNG BUCHKUNST
HALLE
BUCHAUSGABE
KATALOG
DVA

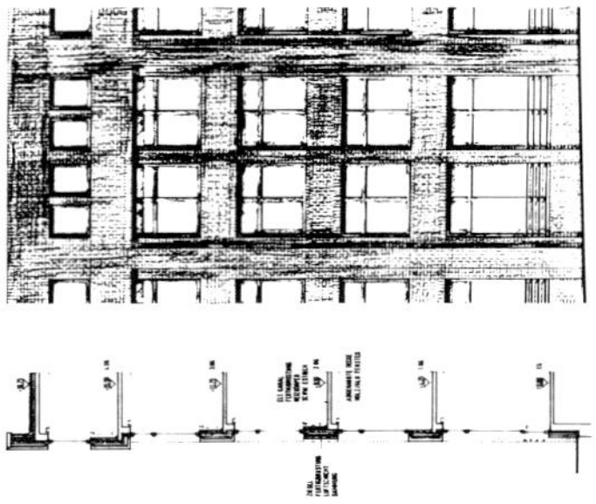

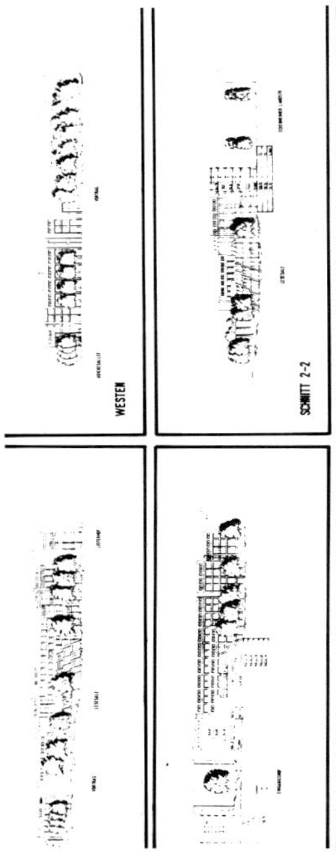

WESTEN
SCHNITT 2-2

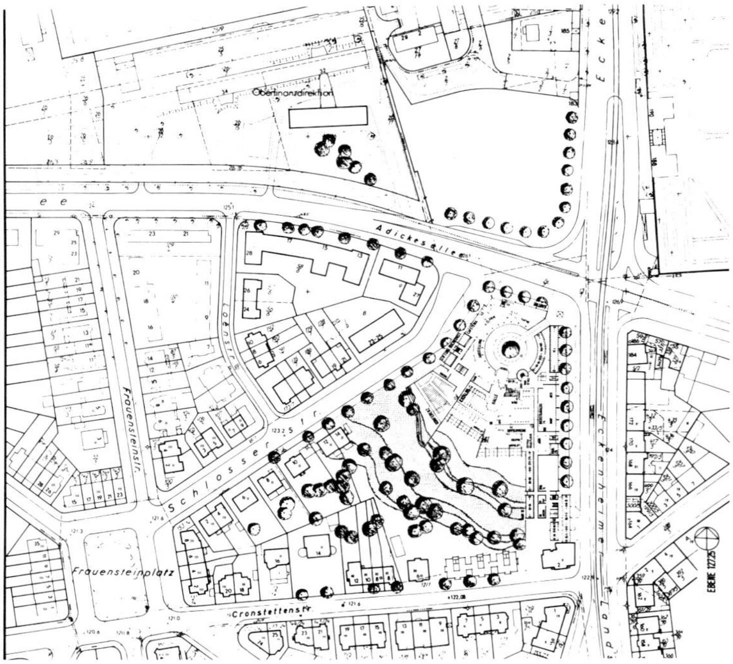

Oberfinanzdirektion
Adickesallee
Schlosserstr.
Frauensteinstr.
Frauensteinplatz
Cronstettenstr.
Eckenheimer Landstr.

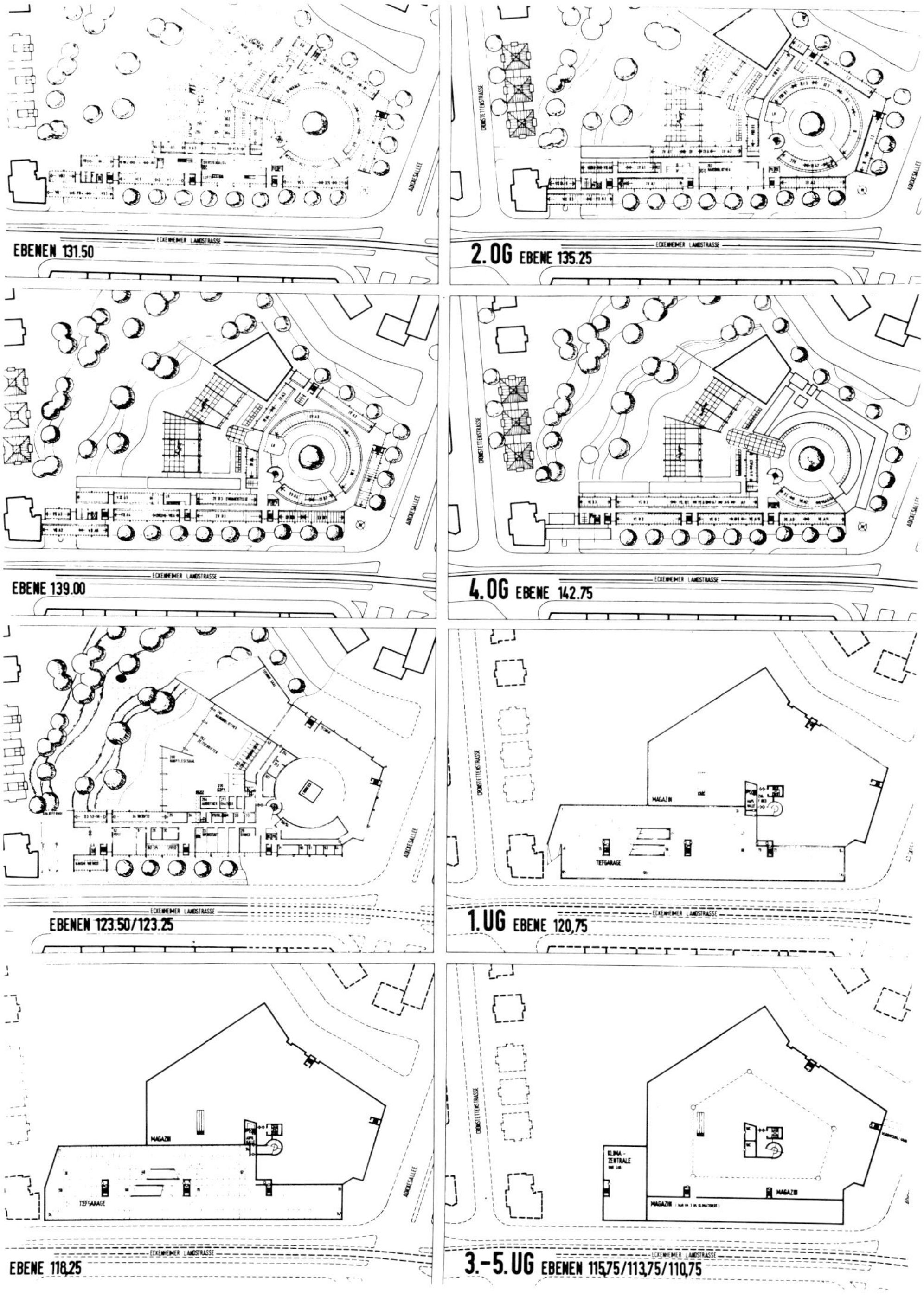
EBENEN 131.50
2. OG EBENE 135.25
EBENE 139.00
4. OG EBENE 142.75
EBENEN 123.50/123.25
1. UG EBENE 120,75
EBENE 116,25
3.-5. UG EBENEN 115,75/113,75/110,75
ECKENHEIMER LANDSTRASSE
MAGAZIN
TIEFGARAGE
KLIMA-ZENTRALE

H. Siepmann und Partner

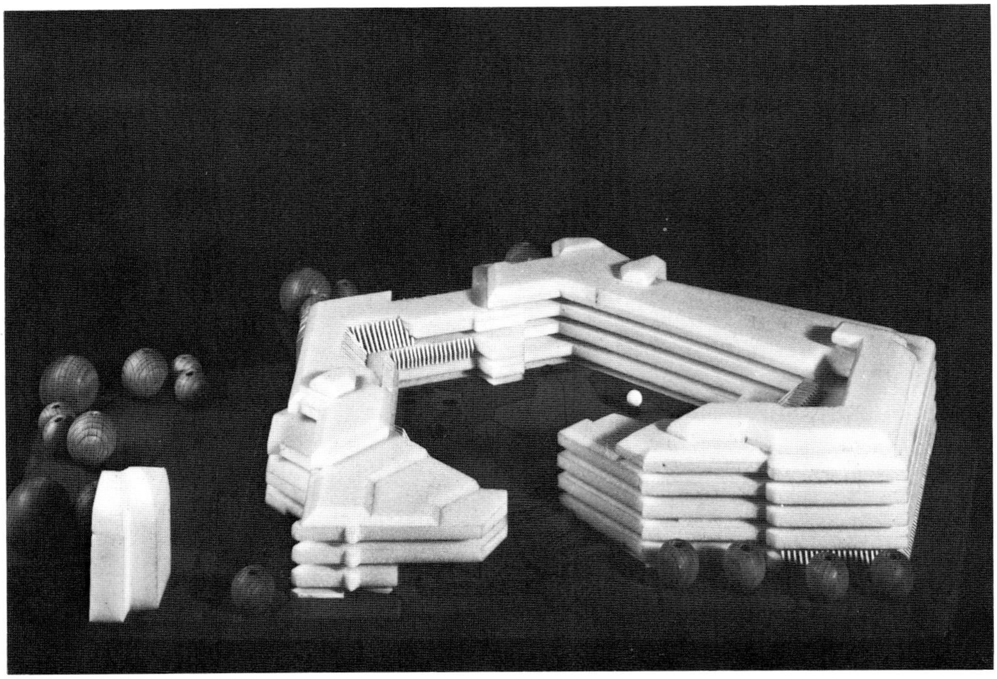

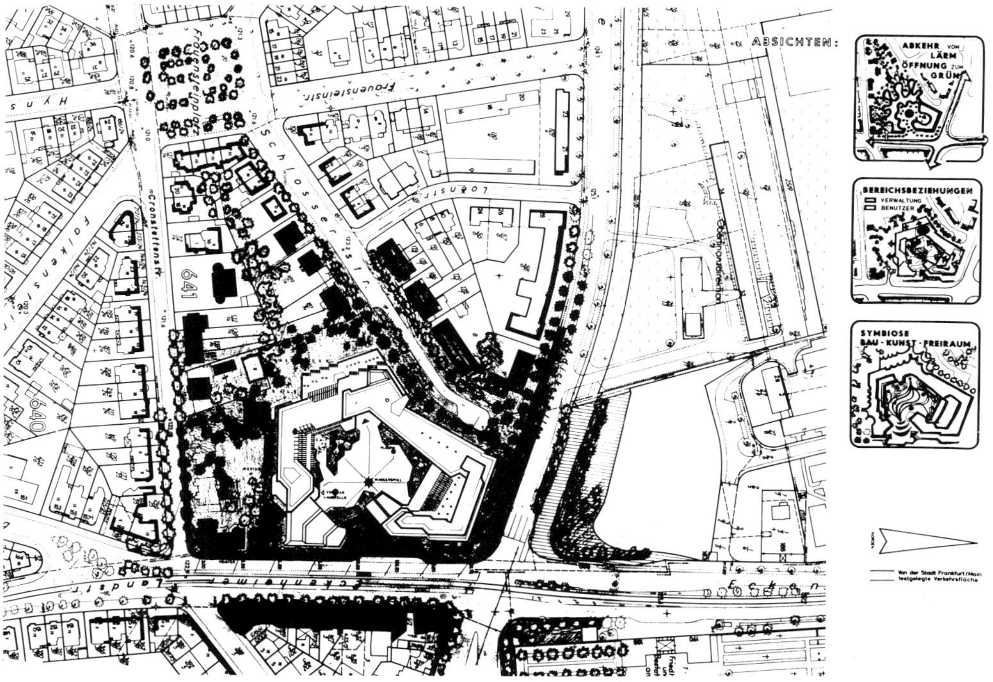
ABSICHTEN:
ABKEHR VOM LÄRM
ÖFFNUNG ZUM GRÜN
BEREICHSBEZIEHUNGEN
VERWALTUNG
BENUTZER
SYMBIOSE BAU - KUNST - FREIRAUM
Frauensteinstr.
Schlosserstr.
Cronstettenstr.
641
640

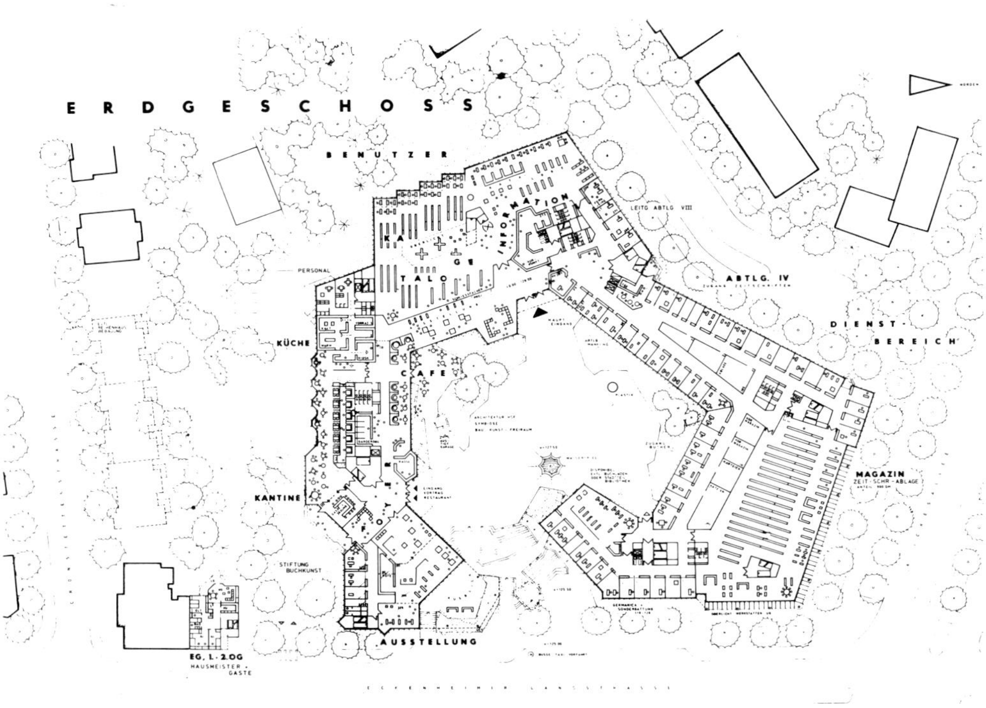
ERDGESCHOSS
BENUTZER
KATALOGE
INFORMATION
PERSONAL
KÜCHE
CAFE
KANTINE
FOYER
STIFTUNG BUCHKUNST
AUSSTELLUNG
LEITG ABTLG VIII
ABTLG. IV
DIENST-BEREICH
MAGAZIN
ZEIT-SCHR-ABLAGE
EG, 1.-2.OG
HAUSMEISTER + GÄSTE

3

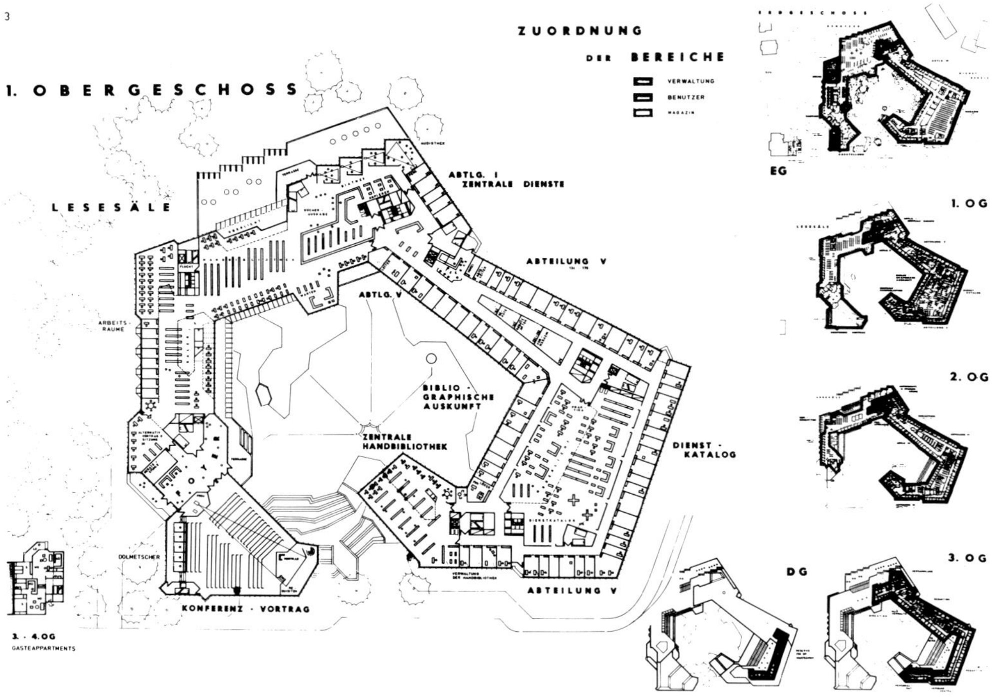
ZUORDNUNG
DER BEREICHE
VERWALTUNG
BENUTZER
MAGAZIN
1. OBERGESCHOSS
LESESÄLE
ABTLG. I
ZENTRALE DIENSTE
ABTEILUNG V
ABTLG. V
ARBEITS-RÄUME
BIBLIOGRAPHISCHE AUSKUNFT
ZENTRALE HANDBIBLIOTHEK
DIENST-KATALOG
DOLMETSCHER
KONFERENZ · VORTRAG
ABTEILUNG V
3. - 4.OG
GASTEAPPARTMENTS
EG
1. OG
2. OG
DG
3. OG

2. OBERGESCHOSS

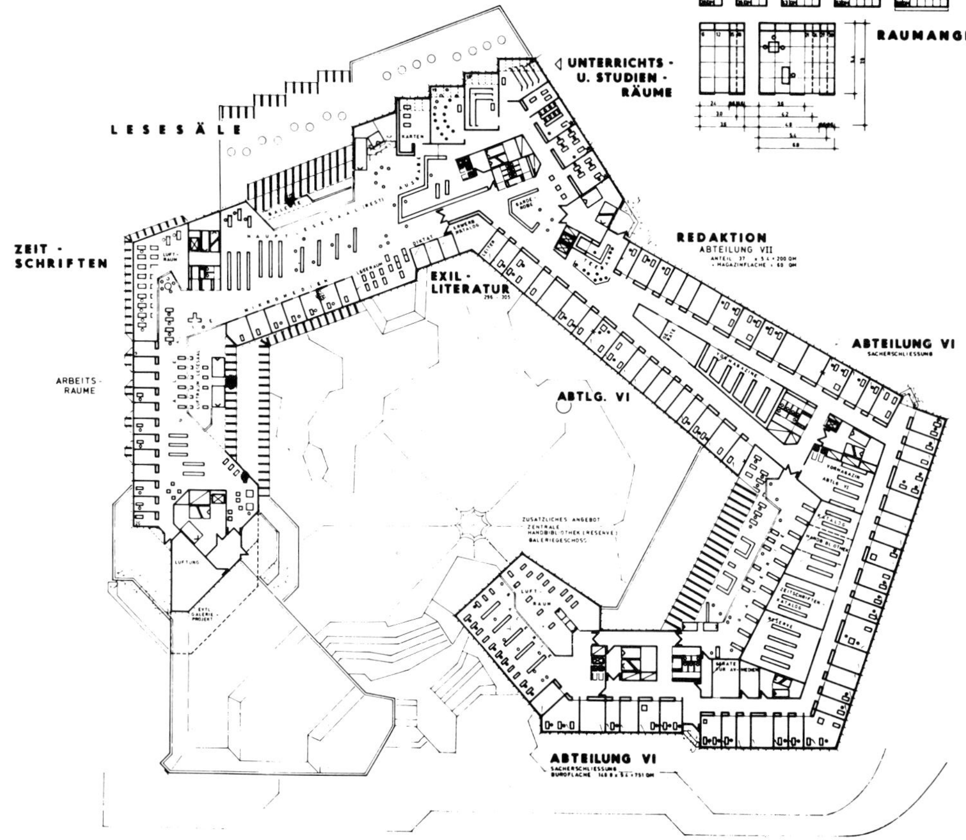

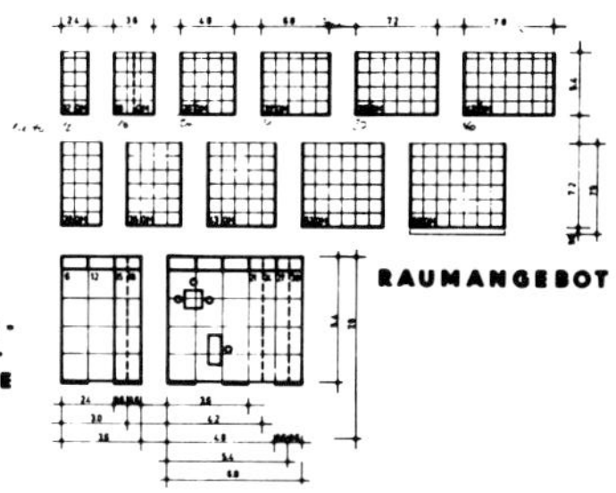

RAUMANGEBOT

3. OG

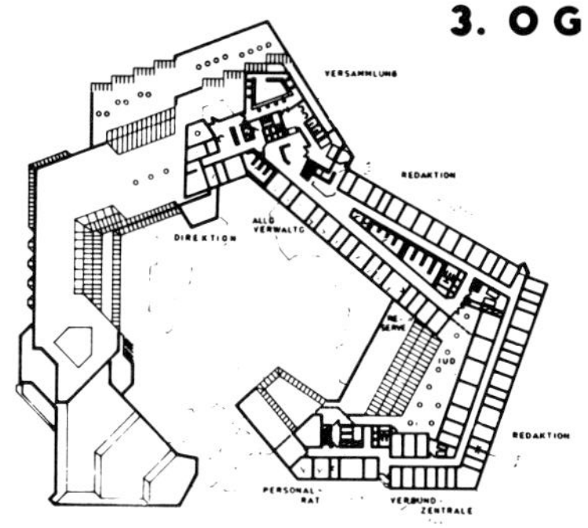

DG

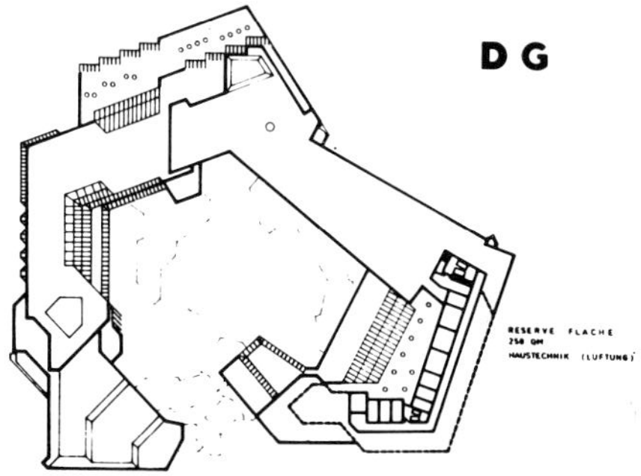

5-

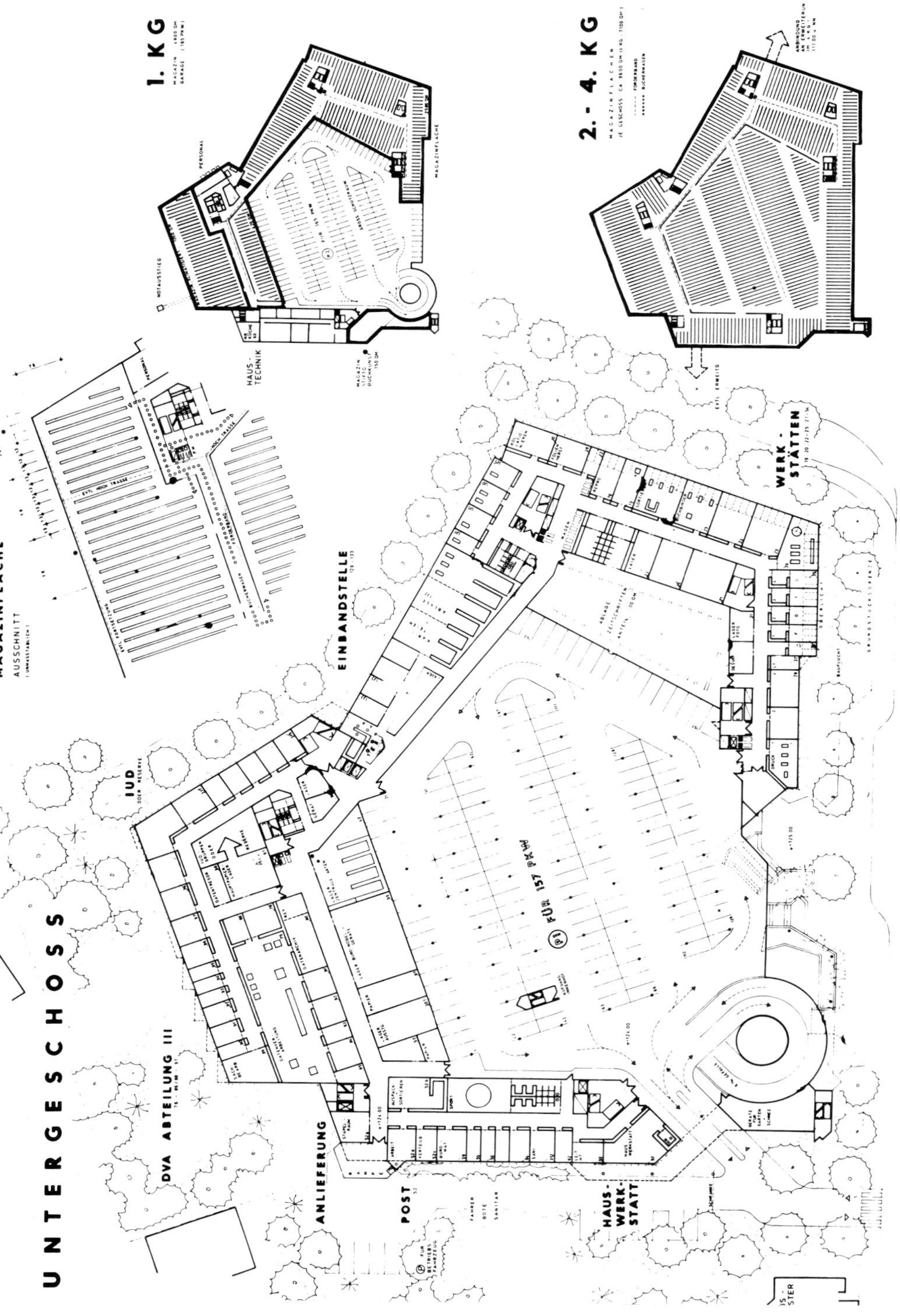

UNTERGESCHOSS
1. KG
2. - 4. KG
MAGAZINFLÄCHE
AUSSCHNITT
EINBANDSTELLE
WERK-STÄTTEN
IUD
DVA ABTEILUNG III
ANLIEFERUNG
POST
HAUS-WERK-STATT
HAUS-TECHNIK
P1 FÜR 157 PKW

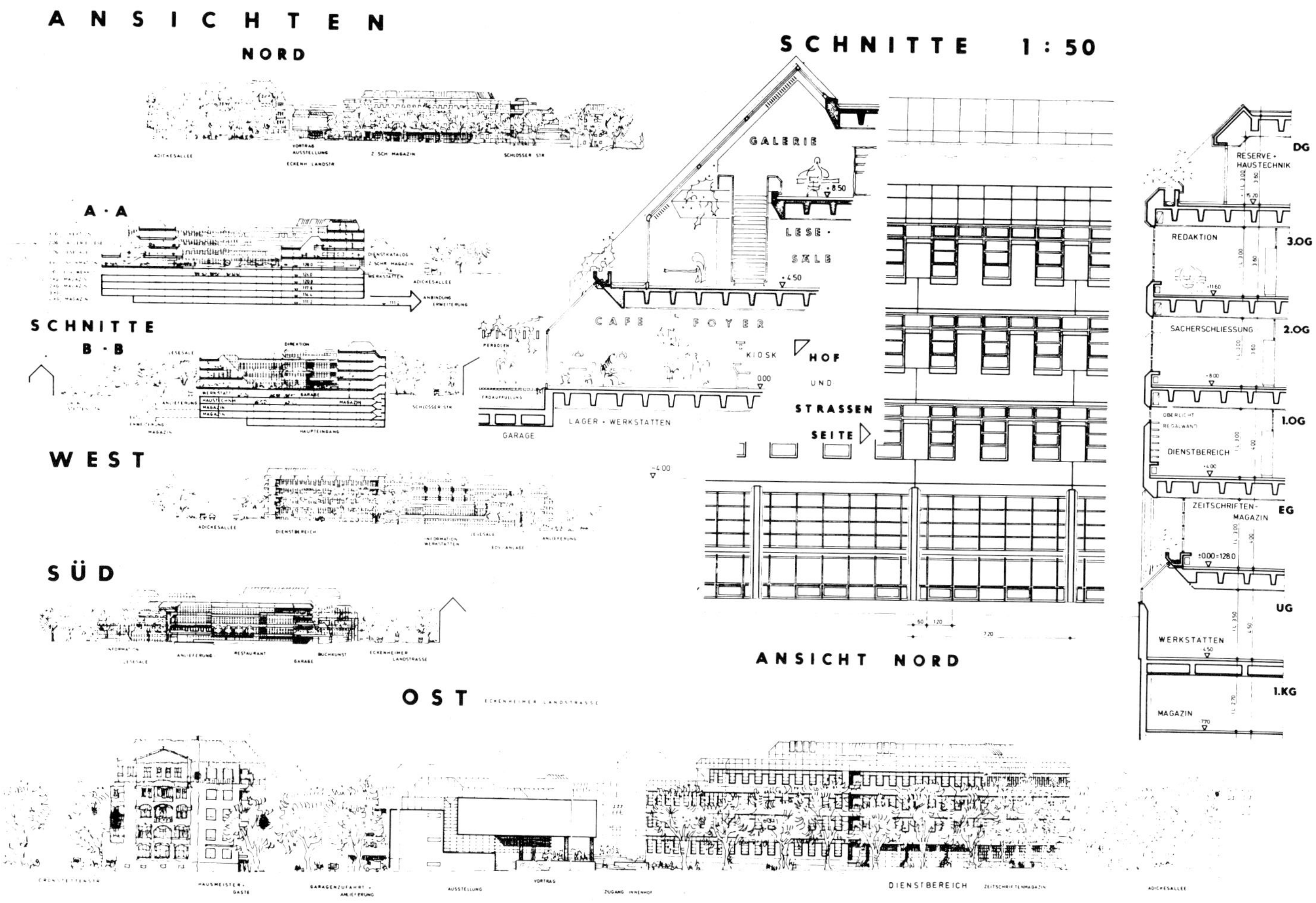
ANSICHTEN
NORD
A·A
SCHNITTE
B·B
WEST
SÜD
OST
SCHNITTE 1:50
GALERIE
LESE·
SÆLE
CAFE FOYER
KIOSK
HOF
UND
STRASSEN
SEITE
LAGER + WERKSTATTEN
GARAGE
ANSICHT NORD
DG
RESERVE +
HAUSTECHNIK
3.OG
REDAKTION
2.OG
SACHERSCHLIESSUNG
1.OG
DIENSTBEREICH
EG
ZEITSCHRIFTEN-
MAGAZIN
UG
WERKSTATTEN
1.KG
MAGAZIN
DIENSTBEREICH

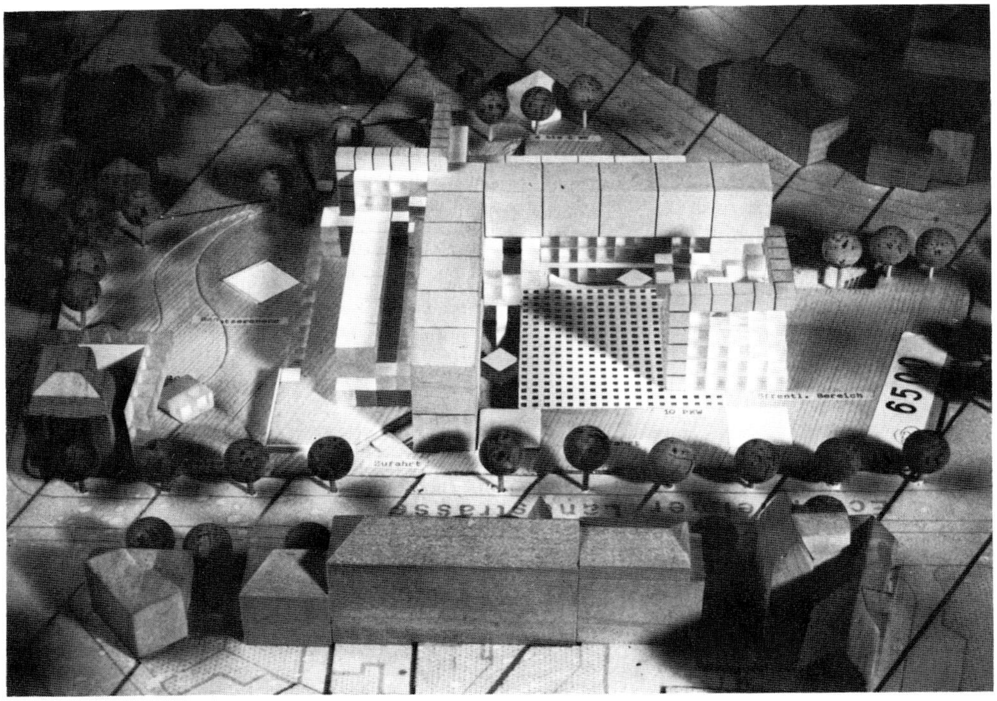
Zufahrt

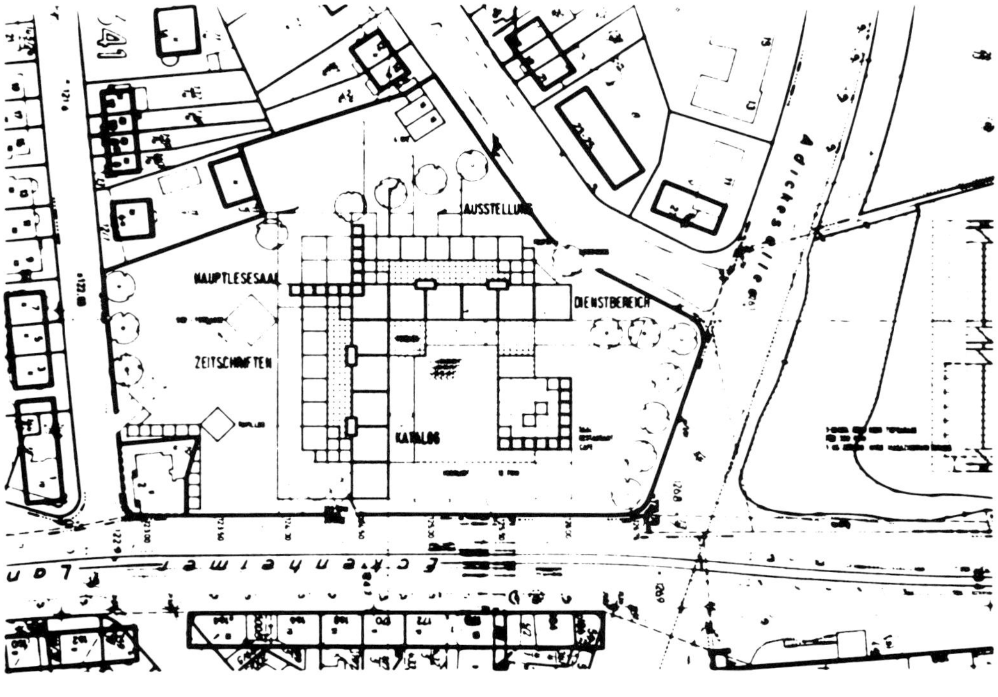
HAUPTLESESAAL
ZEITSCHRIFTEN
KATALOG
DIENSTBEREICH

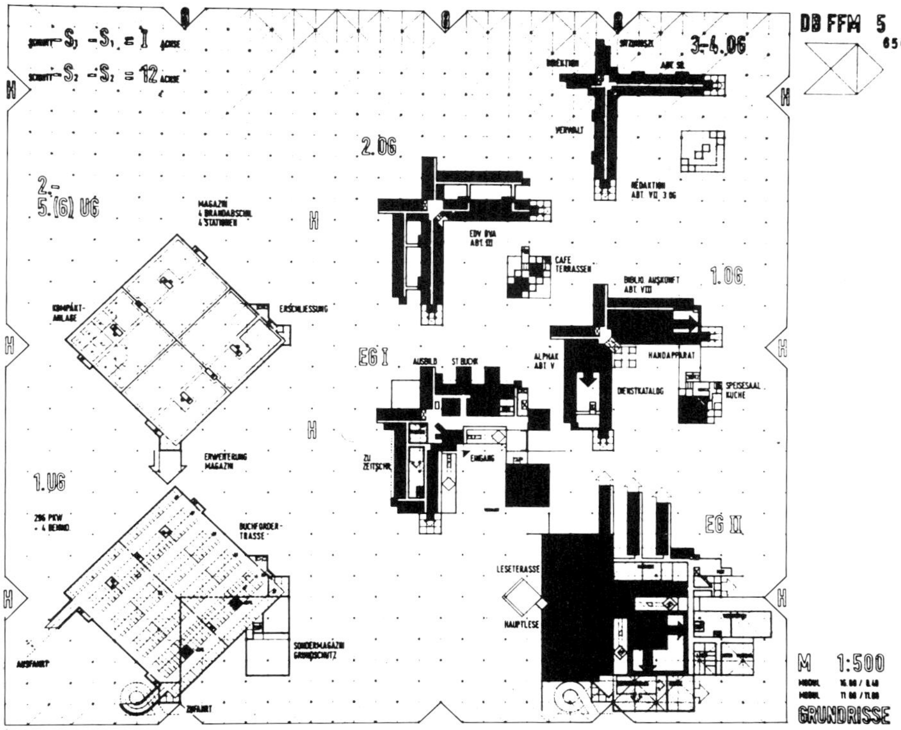
DB FFM 5
650
3-4.OG
2.OG
1.OG
2.-5.(6) UG
1.UG
EG I
EG II
M 1:500
GRUNDRISSE

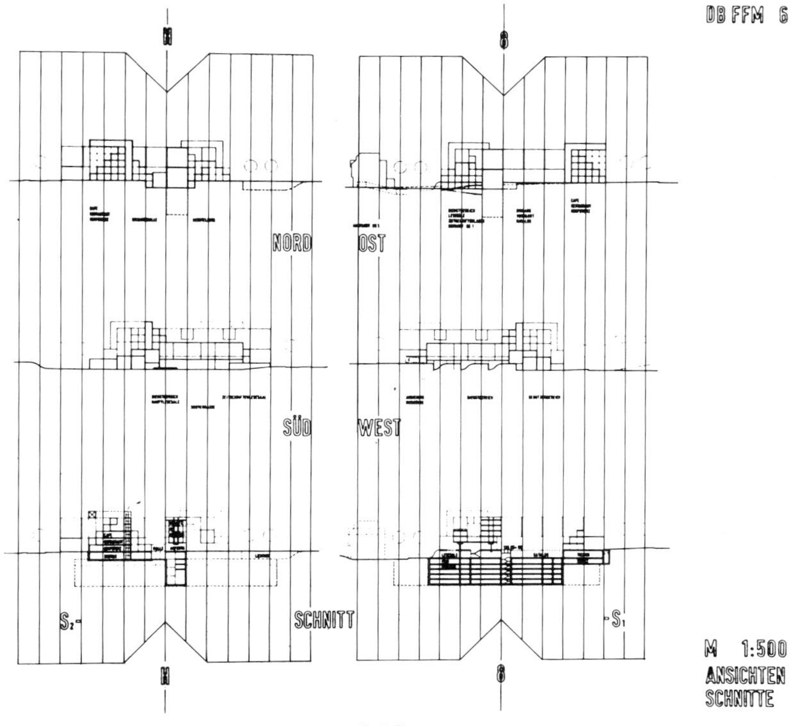
DB FFM 6
NORD
OST
SÜD
WEST
SCHNITT
M 1:500
ANSICHTEN
SCHNITTE

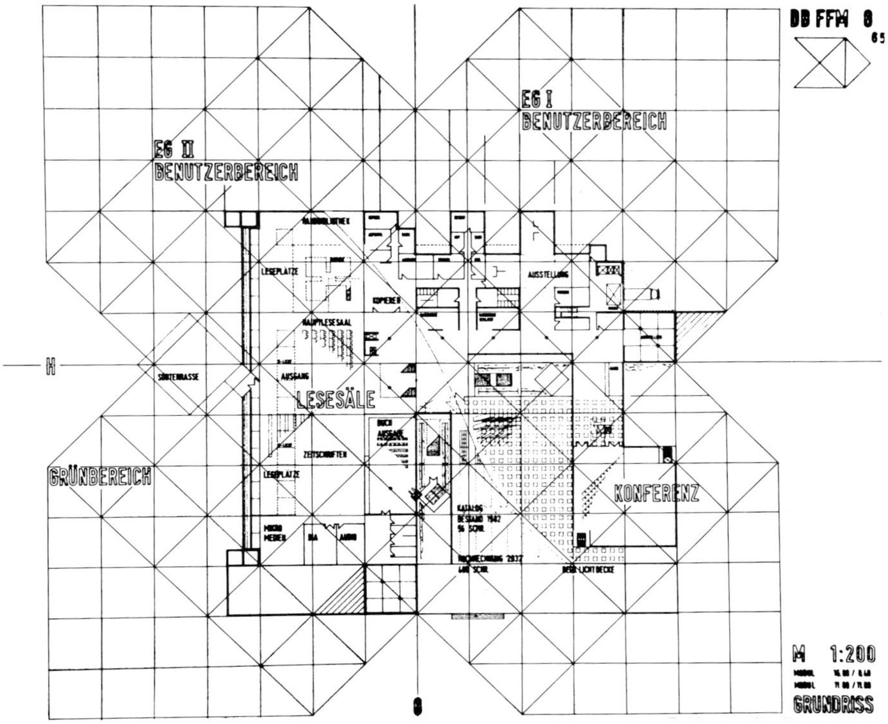
DB FFM 8
EG II BENUTZERBEREICH
EG I BENUTZERBEREICH
LESESÄLE
GRÜNBEREICH
KONFERENZ
M 1:200
GRUNDRISS

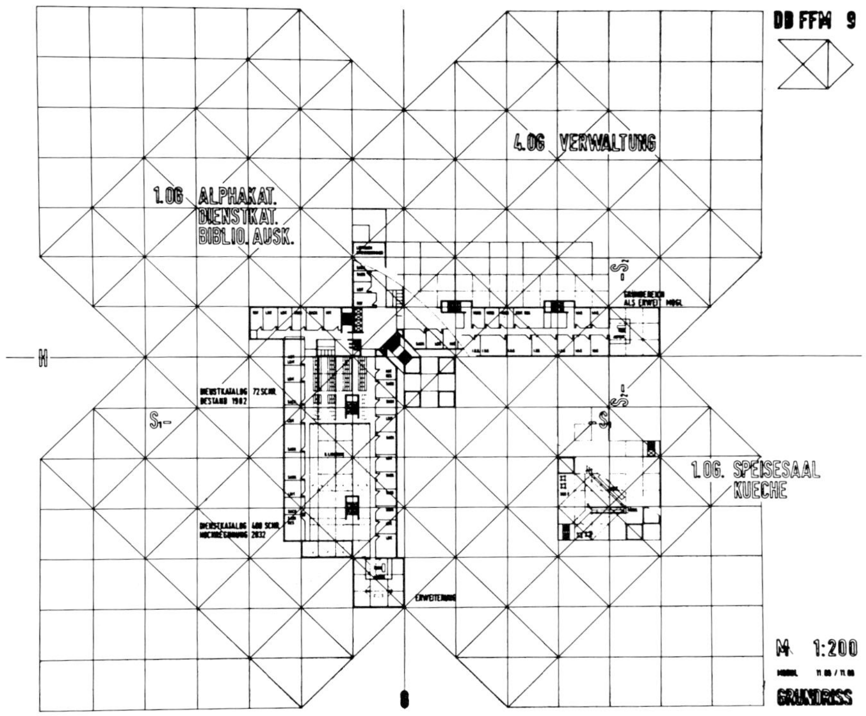
DB FFM 9
4.OG VERWALTUNG
1.OG ALPHAKAT. DIENSTKAT. BIBLIO. AUSK.
1.OG. SPEISESAAL KUECHE
M 1:200
GRUNDRISS

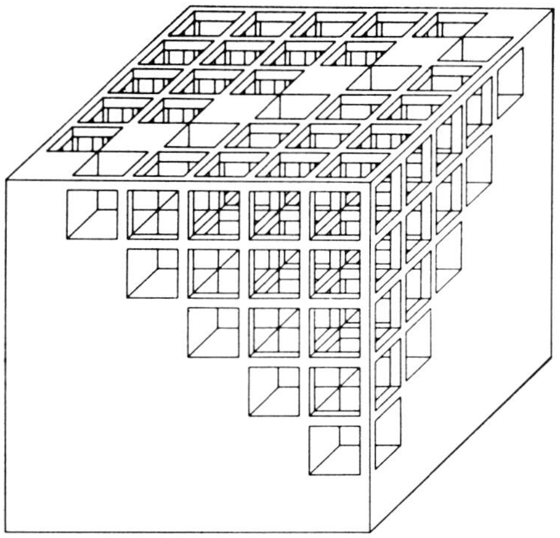

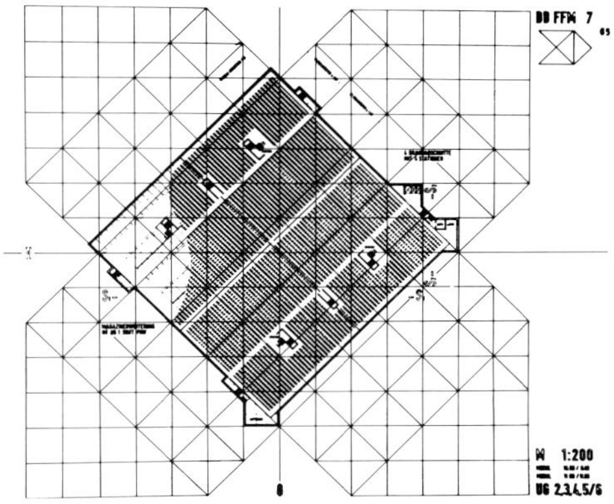
DD FFW 7
M 1:200
UG 2,3,4,5/6

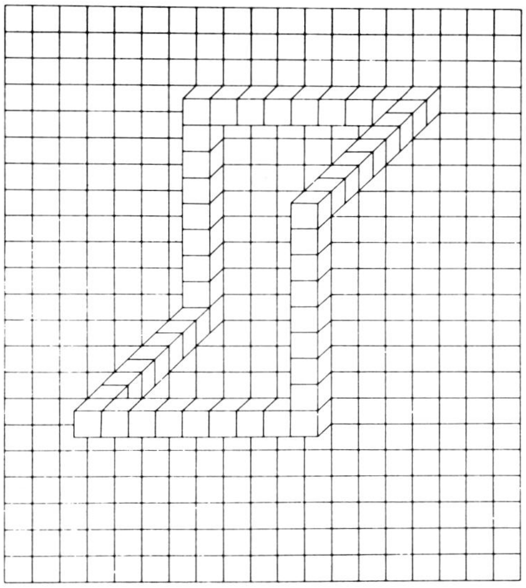

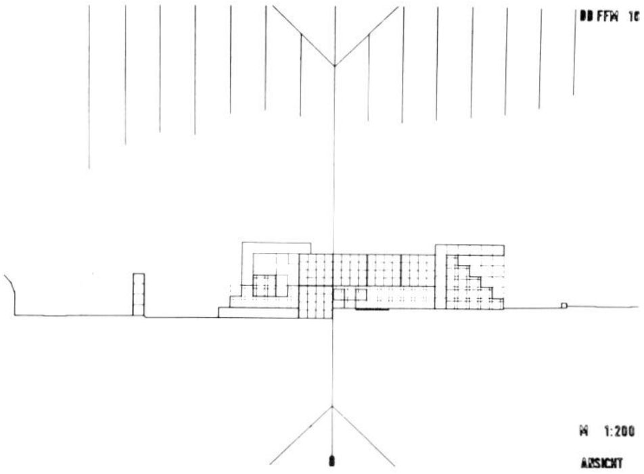
DD FFW 10
M 1:200
ANSICHT

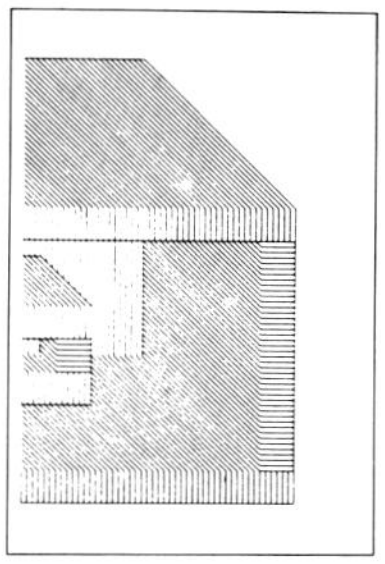

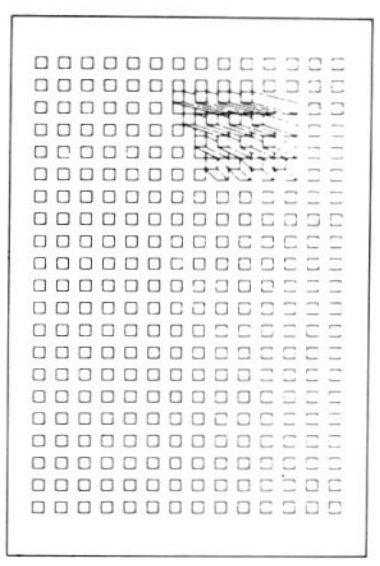

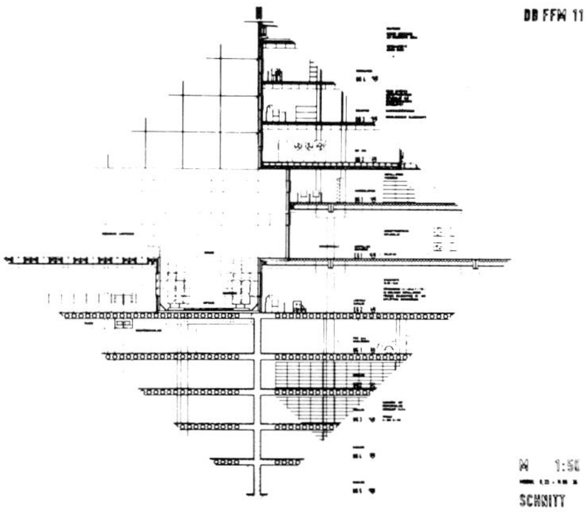
DD FFW 11
M 1:50
SCHNITT

Arbeiten mit lobend erwähnten künstlerischen Beiträgen

R. Gutbrod + Partner

Aus dem Erläuterungsbericht:

Das Wettbewerbsgelände bildet an der Adickesallee/Eckenheimer Landstraße einen stumpfen Winkel, der – fluchtgerecht bebaut – keinerlei Prägnanz besitzt. Gerade hier sollte jedoch städtebaulich ein Signal gesetzt werden, das auf die Bedeutung des Gebäudes hinweist.

Das Konzept der Verfasser, an den vielbefahrenen Hauptstraßen vorwiegend lagerhausartige Büchermagazine anzuordnen und die repräsentativen Räume grundsätzlich nach Innenhöfen bzw. zur Rückseite zu orientieren, erschwert die Tendenz, diese Gebäudeecke zum Signum der Deutschen Bibliothek hochzustilisieren.

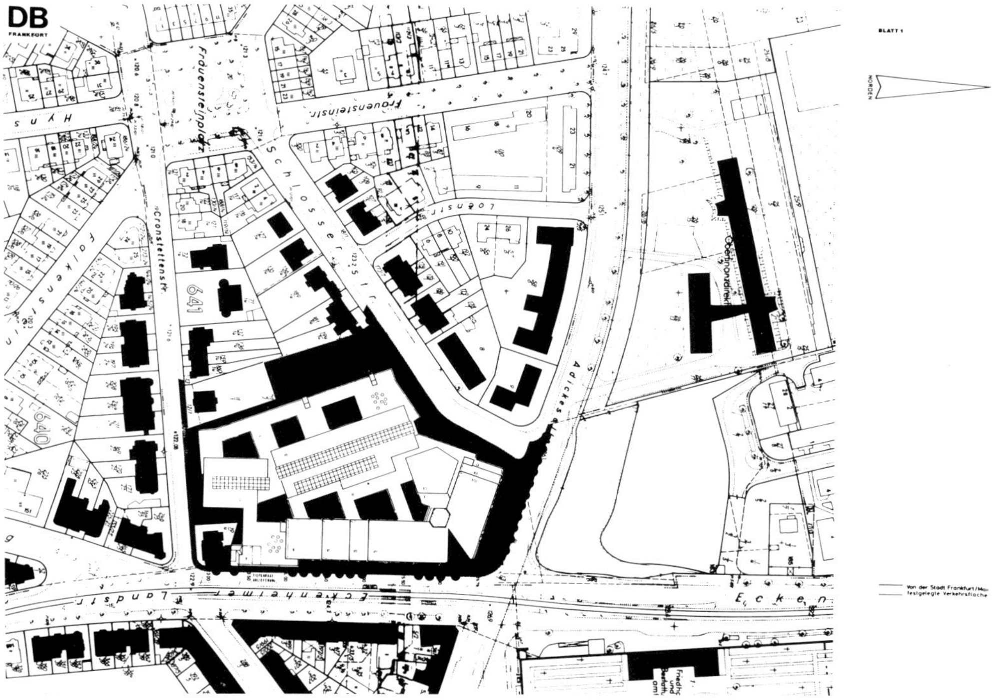

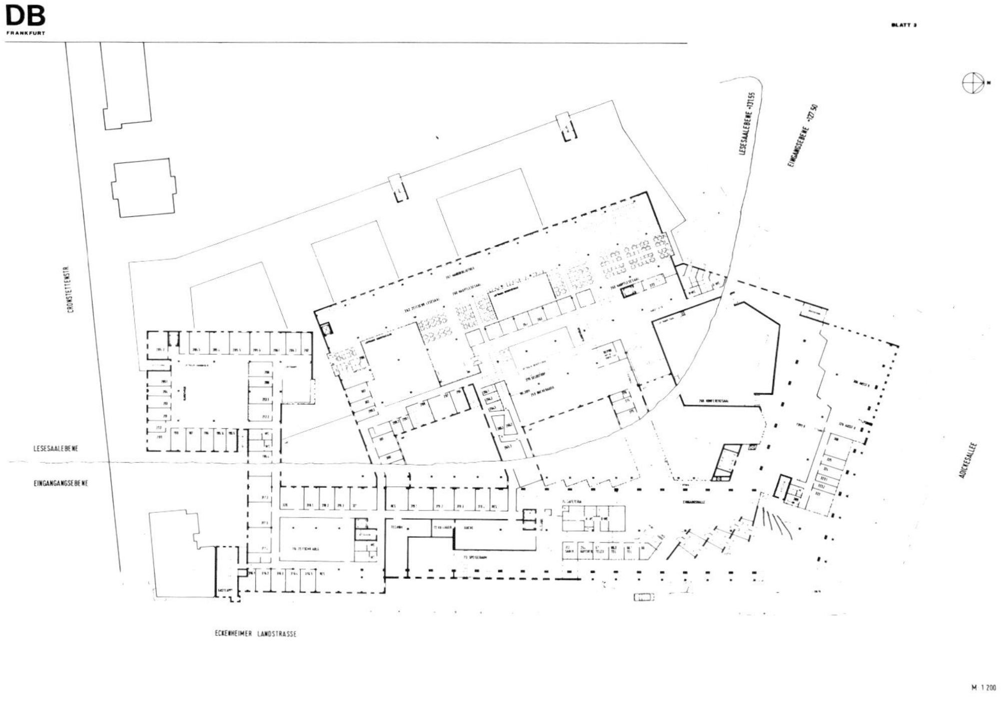

Der Wunsch des Auslobers, schon im Bauwettbewerb Kunst zu integrieren, führte zur vorgeschlagenen Lösung: die Ecke insgesamt zum Kunstwerk zu gestalten. Der stumpfe Winkel wird wie von einem Beilhieb gespalten. Im spitzen Winkel nach innen entsteht der »Hack«: ein aufgeschlagenes Buch aus Edelstahlblechen, zwar im Erdgeschoß zerfranst und zerfetzt, nach oben strebend jedoch in klaren Flächen den Lagerhauscharakter der Büchermagazine unterstreichend und betonend. Bei einer Höhe von fast 20 m reißt diese, buchstäblich in das Haus eingelagerte Skulptur, den Zweckbau aus der Sachlichkeit heraus in die Sphäre des Künstlichen, des Künstlerischen.

Der »Hack« in seiner beherrschenden Monumentalität erlaubt es, das Gebäude selbst als schlichtes Gehäuse zu behandeln, ohne die Bedeutung seines Inhalts zu schmälern.

Weitere Abbildung s. Farbtafel Seite 286

Sievers und Partner

Aus dem Erläuterungsbericht:

Gedanklicher Ansatz für die Gestaltung

»Das Wort aber oder die Sprache ist dafür da, das Nützliche oder Schädliche und so denn auch das Gerechte und Ungerechte anzuzeigen. Denn das ist den Menschen vor den anderen Lebewesen eigen, daß sie Sinn haben für gut und böse, für ungerecht und gerecht und was dem ähnlich ist. Die Gemeinschaftlichkeit dieser Ideen aber begründet den Staat.«

Aristoteles

Die Konzeption einer zentralen deutschen Bibliothek ist eine der größten und entscheidenden kulturellen Leistungen der Bundesrepublik und ist gleichzeitig eine Forderung, die eine Zeit der ständigen dynamischen Wissensvermehrung und die nahezu verwirrende Vielfalt der veröffentlichten Gedanken und Konzepte in den zahlreichen Gebieten unseres Lebens (Gesellschaft) stellt. Eine demokratische Gesellschaft, wie die unsere, hat die Verpflichtung, das erarbeitete Wissen aus der Geschichte und der Gegenwart jedem Mitglied dieser Gesellschaft und den nachfolgenden Generationen zur Verfügung zu stellen, um freie Verwirklichung im Leben des einzelnen und die freie Bestimmung der Zukunft unserer Gesellschaft mit allen möglichen Kräften zu unterstützen. Zwar spät, aber in einer nicht gerade günstigen Wirtschaftssituation, stellt sich unsere Gesellschaft dieser Pflicht. Das setzt ein Zeichen. In diesen Anspruch und den hohen Rang des Vorhabens muß der Architekt und der Künstler die Grundlage für eine Gestaltung finden.

Das Gebäude – oder der Rahmen – kann und darf nicht nur funktionelles Behältnis von gesammeltem Wissen sein, sondern muß den unersetzbaren Wert seines Inhaltes darstellen – repräsentieren.

Der Begriff »Repräsentation« ist in unserer Zeit nicht zweifelsfrei – wohl nicht immer zu Unrecht – dennoch muß an dieser Stelle gesagt werden, daß das »Nicht-Herausstellen« der entscheidenden Phänomene unseres Lebens Zweifel an der Substanz und der Vitalität unserer Zeit und Gesellschaft entstehen ließ. Es gilt hier also Wert zu repräsentieren, nicht im Sinne des über-

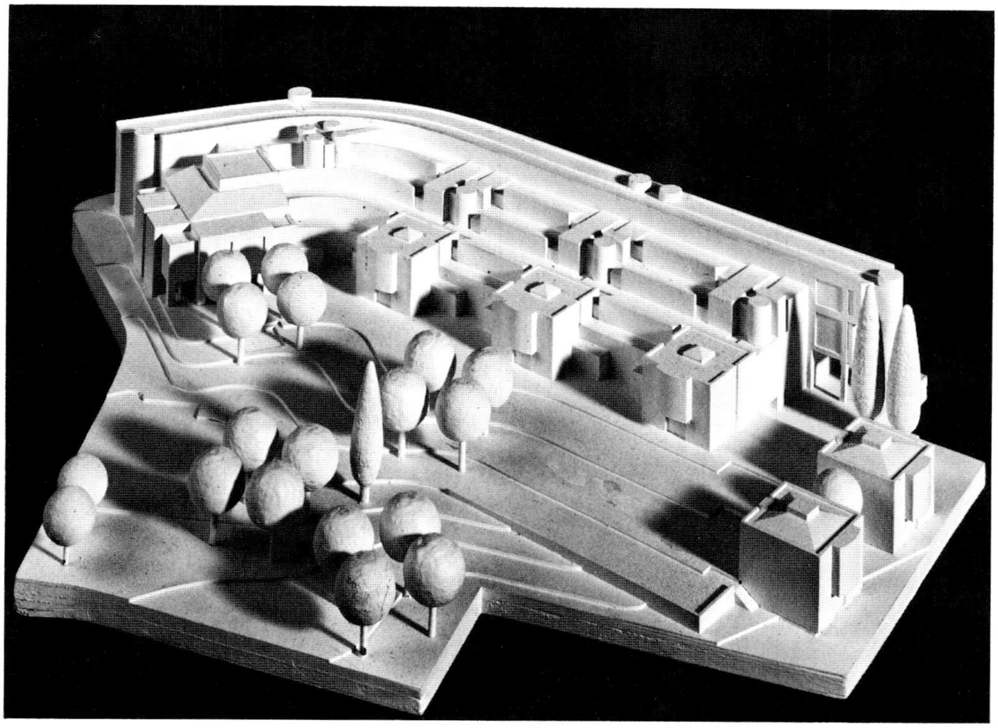

heblichen Triumphes, aber dennoch mit Stolz und Achtung vor dem Geleisteten. Die sensible Balance zu finden, ist die wichtigste Aufgabe des Gestalters.

Wenn oben gesagt wurde, daß dieses Vorhaben bedeutet, die freie Verwirklichung im Leben des einzelnen und in der Zukunft unserer Gesellschaft zu unterstützen, so ergibt sich für den Gestalter eine zweite – nicht weniger wichtige – Verpflichtung, mit all seinen Möglichkeiten jedem Bürger dieses Staates den freien Zugang zu diesem Wissen zu ermöglichen – frei von Scheu und Vorbehalten.

Beschreibung des Konzeptes

Auf der Grundlage dieser beiden Forderungen werde ich versuchen, meinen künstlerischen Gestaltungsvorschlag zu entwickeln.

Das Wort – die Sprache – der Buchstabe – die Schrift – das Buch bedeuten wohl die höchste Leistung von Abstraktion, die der Mensch bisher vollbracht hat. Sie hat Erfahrung aus der Isolation des Individuums gelöst und sie für jeden Menschen für alle Zeiten und an jedem Ort erfahrbar und nutzbar gemacht. Die Gefahr, daß das so Erfahrene nur auf der Ebene des

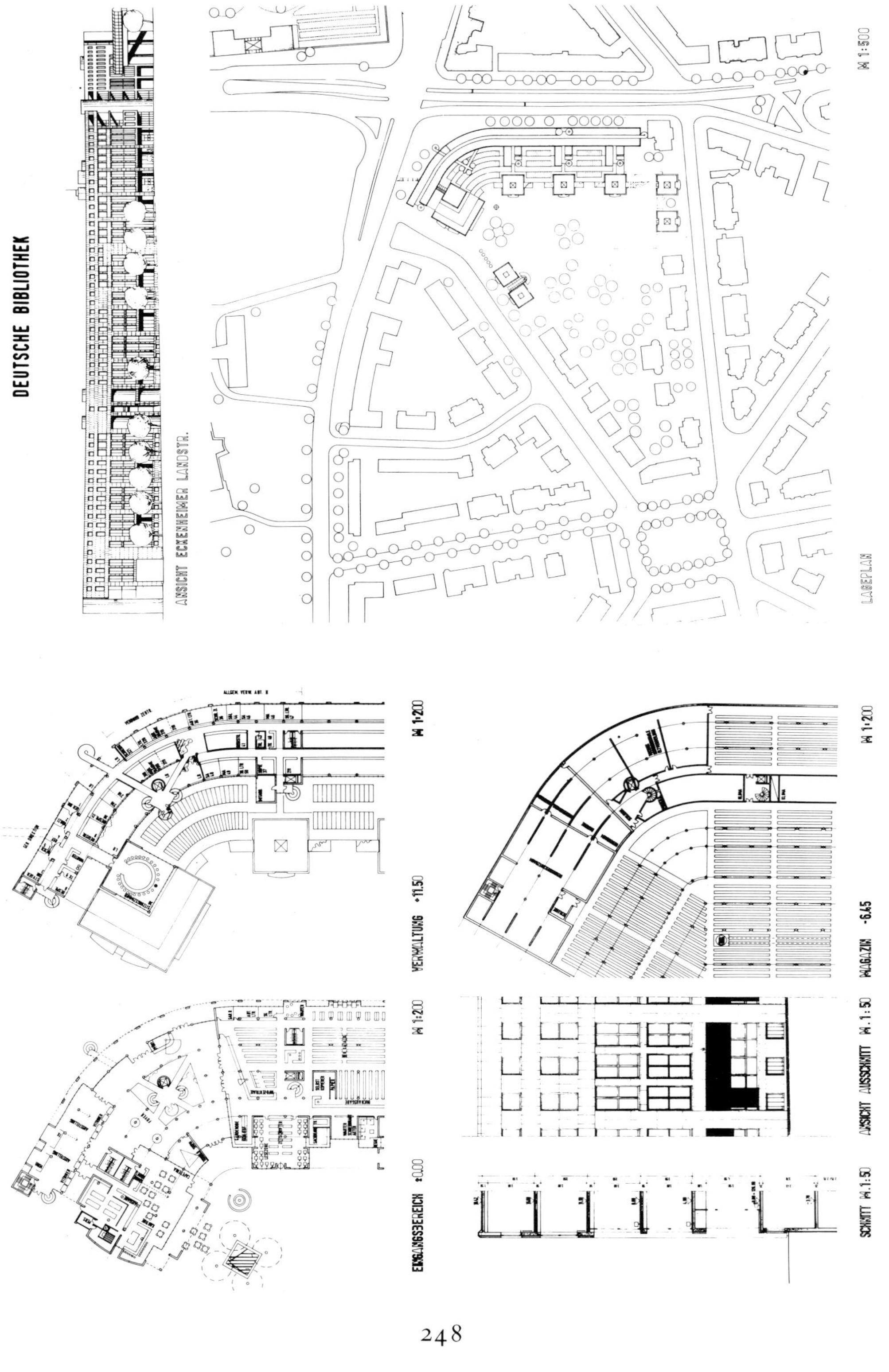
DEUTSCHE BIBLIOTHEK
ANSICHT ECKENHEIMER LANDSTR.
LAGEPLAN
M 1:500
VERWALTUNG +11.50
M 1:200
EINGANGSBEREICH ±0.00
M 1:200
MAGAZIN -6.45
M 1:200
ANSICHT AUSSCHNITT M. 1:50
SCHNITT M. 1:50

Wortes – des Begriffs – ohne begreifen – verstanden wird, und daß Phänomene und Dinge nicht mehr in »Sich selbst« erlebt werden, war und ist immer gegenwärtig. Um auf diese Spannung und diese Wechselwirkung unserer Dingumwelt und der Ebene der gedanklichen Ausdeutung hinzuweisen, habe ich ein Konzept entwickelt, das die Begriffe Steine – Pflanzen – Wasser als Vertreter für Natur an diesem Gebäude »dingfest« machen soll. Sowohl Kontrast als auch Vermittler zwischen diesen beiden Ebenen sollen die Gestaltungsobjekte mit ihren drei Elementen sein. In diesem Gebäude, in dem eine notwendige Funktionalität und die Forderungen der gebauten Umgebung vorherrschend sind, stelle ich mir in meiner Aufgabe eine stärkere Gewichtung des organisch-vegetationshaften vor. In dem parkähnlichen Grünbereich mit seinen Pflanzen und Bäumen denke ich mir die Objekte auf stärker abstrahierter-geometrischer Ebene, um so wiederum Vermittler zur Innensituation des Gebäudes zu sein.

Dem Konzept unterliegt eine zweite, mir sehr wichtige Absicht, die ich oben schon als Pflicht des Gestalters angedeutet habe.

Bauten von diesen notwendigen Dimensionen und von dieser Bedeutung machen es Menschen schwer, sie selbstverständlich und ohne Vorbehalt zu nutzen und sie ohne Schwellenangst zu betreten. Selbst wenn die Hauptaufgabe dieser Institution in der Magazinierung, der Katalogisierung und der Verteilung an andere Institutionen bestehen sollte, bleibt dennoch die Aufgabe, jedem Bürger den freien Zugang mit allen Kräften zu ermöglichen.

In unserer Zeit sind Pflanzen und Wasser ständige Begleiter in unserem Leben, und es liegt nahe, die Gäste dieser Einrichtung mit den Pflanzen in das Gebäude zu begleiten und im Foyer eine Zwischensituation von eigenem Lebensraum zu den Lese- und Arbeitsräumen zu bieten.

Damit stellt sich eine von drei wichtigen Gestaltungssituationen heraus.

Das Foyer

hat – als Haupteingang – Verbindung zwischen dem Dienstbereich, dem Benutzerbereich und dem Ausstellungs- und Konferenzbereich des Gebäudes und in seiner Verteilerfunktion zu den verschiedenen Stockwerken und Räumen für den Publikumsverkehr die zentrale Bedeutung.

In seinem Mittelpunkt ist ein Bündel von vier Säulen gedacht, die Treppe, Fahrstuhl, Bepflanzung und Wasserbehälter aufnehmen. Brücken führen von diesem Säulenstamm zu den einzelnen Stockwerken hinüber. In der Höhe der einzelnen Stockwerke entstehen Plattformen oder in gewisser Weise Kapitelle, aus denen sich vier Astansätze herausbilden, die zu einem Teil den Beginn und die Ankerpunkte für drahtseilgespannte Brücken hinüber zu den Stockwerken bilden. Die Brücken werden wiederum in balkonartigen Ansätzen an der gegenüberliegenden Wand verankert. An den Ansätzen entstehen Nischen, Rinnen, Kolke, Wannen und Näpfe für Pflanzen und Wasser. Die gegenüberliegenden Säulenschäfte mit der Wendeltreppe werden z. T. für Ausblicke eröffnet. Die sich wiederum gegenüberliegenden Säulenschäfte, die den Fahrstuhl und vornehmlich die Pflanzen beherbergen, sind geschlossen. Man kann an diesen geschlossenen Schäften das Wasser gerichtet durch Rinnen oder ungerichtet herabfließen lassen. Es sammelt sich auf den Kapitellen in Vertiefungen und wird dann weiter nach unten abgeführt.

Die Darstellungsmittel der Kapitelle sollen Profilstaffelungen sein, die eine Verwandtschaft zum Organischen zeigen, ohne in eine ungleiche Konkurrenz zu pflanzlichen Formabläufen zu geraten, d. h., sie sollen straff gegliedert sein. Konkretere Aussagen über die Gestaltung der Profile lassen sich in diesem Stadium des Entwurfes noch nicht machen. Ich füge diesen Ausführungen einige von mir entwickelte Beispiele an und bitte darum, sie nicht zu konkret zu verstehen, sondern nur als Hinweis für einen Rahmen von Möglichkeiten. Dies gilt auch für bildnerische Beispiele für andere Gestaltungssituationen, die nachfolgend noch aufgeführt werden.

Material

Auch bei Aussagen über das zu verwendende Material für alle Gestaltungsbereiche kann ich lediglich in der Skizze bleiben.

Vorgesehen ist, neben Pflanzen und Oberflächenbewuchs auf den Objekten (Moose und Algen usw.) und dem Wasser, Beton und weißen Marmor, sowohl einzeln als auch in Verbindung miteinander, als Gestaltungsmaterial einzusetzen.

Den wesentlichen Materialanteil wird der plastische Beton und Betonblöcke stellen, durchzogen von Marmorbändern und bestückt mit Marmorblöcken in der Art von Intarsien und Einschließungen. In dem reizvollen Zusammenspiel dieser beiden Materialien eröffnen sich viele Möglichkeiten der Strukturierung – der Wichtung – der Akzente.

Sitzzone u. Brunnen

Außerhalb des Gebäudes in der Grünanlage ergibt sich in dem Kreismittelpunkt der Gebäudekrümmung und der unmittelbar anschließenden Sitzzone der zweite vorrangige Gestaltungsraum. Hier könnte ein Brunnen angeboten werden. Er könnte in der Art der Reisigwände der früheren Lüneburger Saline aufgeführt werden. Über die Wände wurde die Sole gepumpt und rieselte durch die Reisigbündel nach unten. Hier denke ich mir einen hohen, geschichteten Reisigturm mit Steinpfosten an den Ecken, Wassersammelbekken am Fuße des Brunnens oder Abführung des Wassers zu einem weiteren, tieferliegenden Brunnen, Profilelemente als Sitzelemente umfassen den Brunnen.

Tiefgarage (SO-Ecke)

Die dritte Gestaltungssituation ergibt sich aus dem abfallenden Terrain und aus der Notwendigkeit, daß die Parkgarage im Freibereich aus dem Boden wächst. Hier soll die Tatsache des herauswachsenden Betonblocks Anlaß für das Objekt sein. Ein angekippter Quader wächst aus dem Boden. Sowohl das Terrain als auch der Quader fallen zur Mitte des Geländes ab und bilden ein Tal; ein reizvoller Gegensatz. Der Quader soll monolithisch stehen mit möglichen Marmorintarsienstreifen.

In diesem Konzept werden bewußt nicht alle Möglichkeiten der Gestaltung angezeigt. Es sollten aber über die Vorschläge hinaus Sitzsituationen, Sockel und Podeste für Freiplastiken im Garten vorgesehen werden und Möglichkeiten für Plastik- und Bilderausstellungen im Gebäude geschaffen werden. Dezente, aber klare Leitsysteme sind in diesem Gebäude mit seinen zahlreichen Aufgaben unerläßlich. Eine weitere Aufgabe wäre die farbliche Gestaltung der Innenräume. Die Farbe des Betons, des Marmors und der Pflanzen geben den Farbrahmen vor. Die stärkste Farbgebung, wenn auch keine starke, sollte in den belebten Verkehrswegen sein. Hier wirkt sie auf den Vorübergehenden und kurze Zeit Verweilenden. In den Lese- und Diensträumen, in denen lange Zeit gearbeitet und gelebt wird, darf Farbe nur einen zurückhaltenden Rahmen bilden, mit der Aufgabe, Ruhe zu vermitteln und die jeweilige Aufgabe zu unterstützen. Ich habe die möglichen Aufgaben eines Gestalters bei diesem Vorhaben nur in Schwerpunkten skizziert oder angedeutet. Es wäre unredlich, hier mehr aussagen zu wollen. In einem langen Prozeß des Einlebens und Entwickelns kann dies vorgestellte Konzept erst konkret Gestalt gewinnen. Ich hoffe dennoch, daß die Ausführungen und die Beispiele meinen Ansatz für eine Gestaltung der Deutschen Bibliothek klargemacht haben.

Tino Marino

Aus dem Erläuterungsbericht:

Integration Kunst und Architektur:

Selten waren wir mit so einer anspruchsvollen Aufgabe wie der Deutschen Bibliothek in Frankfurt konfrontiert, da die Vorstellung, Skulpturen seien eine Ergänzung der Architektur, überholt ist. Dies betrifft auch die Synthese des bildhauerischen Werkes und der Architektur. So sind wir zum ersten Mal in unserer Tätigkeit bei einem Werk angelangt, das mit seiner Verwandlung des bildhauerischen Werkes in Architektur, monumental und in seinen Ausmaßen ungewöhnlich ist.

Zusammenwirken der Kunstformen:

Wie oben gesagt, Skulpturen mit ihrer Wirkung nur als Kontrast oder Silhouette auf einen Hintergrund beliebiger Art auszubilden, kommt nicht in Frage. Aus diesem Grund haben wir eine neue Ausdrucksweise gesucht. Unser Entschluß war, daß die Gruppe der plastischen Formen von allen Seiten, also auch von unten, voll erfaßbar sein muß. *Unser Konzept ist also eine Komposition von Formen, die man durchschreiten muß, um zum Haupteingang zu gelangen.* Mit dieser Gestaltung wird der Besucher in das räumliche Geschehen miteinbezogen, egal von welcher Seite er eintritt.

Die Propyläen:

So nennen wir einfachsheitshalber die Komposition dieser Formen. Deren detaillierte Bearbeitung (plastische Oberflächenbehandlung einiger Flächen, teilweises Öffnen der Überdachung, Verfeinerung oder Komprimierung etc.) ist in Wirklichkeit eine sehr anspruchsvolle Aufgabe für jene, die mit deren Ausführung beauftragt werden. Diese elementare Bearbeitung bietet unzählige Möglichkeiten zur Applikation des eigenen traditionellen bildhauerischen Schaffens. Als Beispiel bringen wir im Projekt die Plastik »Baum des Wissens«. Diese schwebt über einer breiten Wasserfläche, wird daher

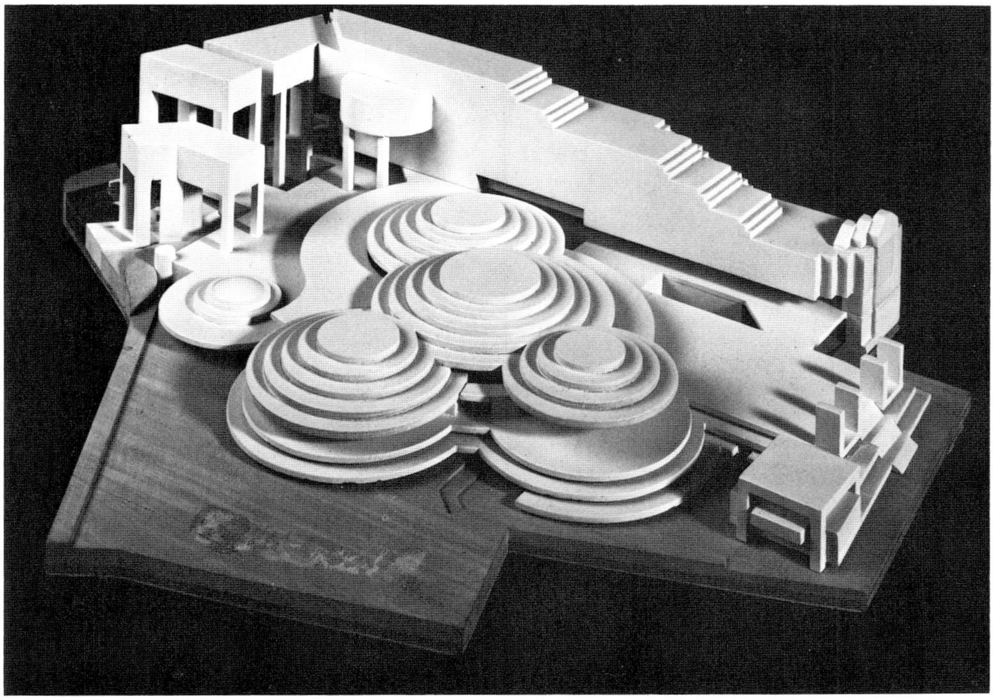

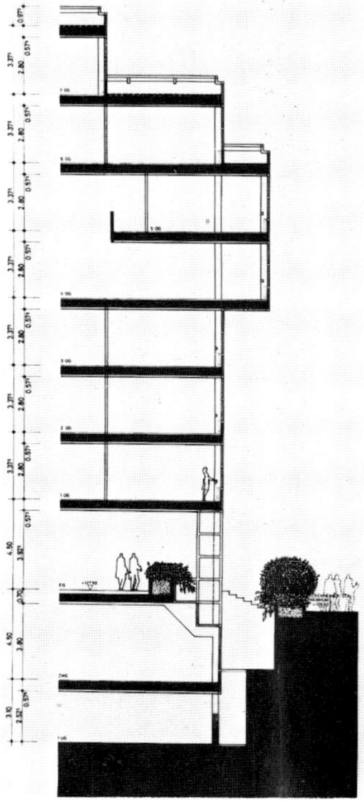

ANSICHT
GRUNDRISS

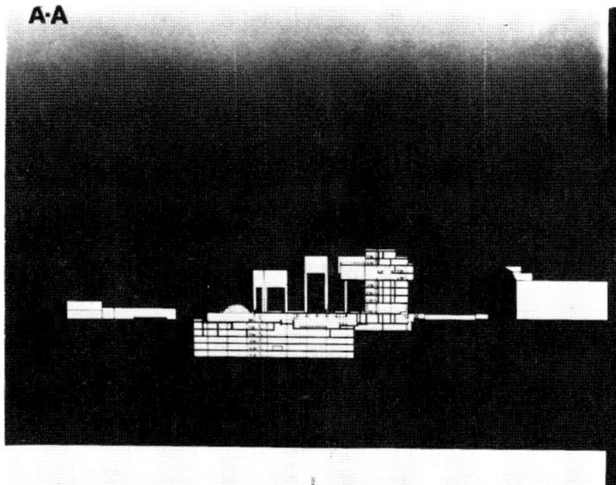
A·A

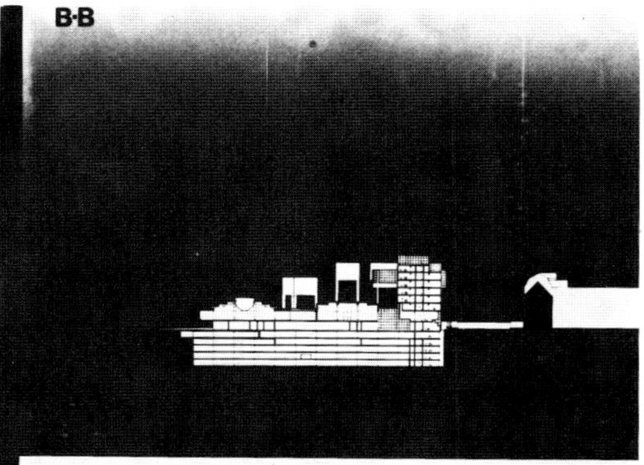
B·B

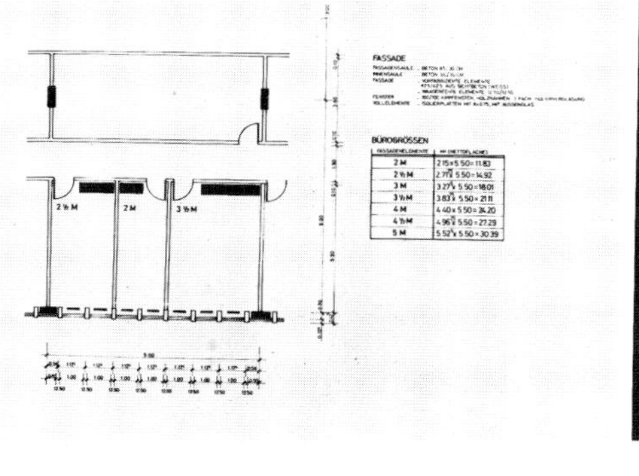
FASSADE
BÜROGRÖSSEN
2 M | 2.15 x 5.50 = 11.83
2 ½ M | 2.71 x 5.50 = 14.92
3 M | 3.27 x 5.50 = 18.01
3 ½ M | 3.83 x 5.50 = 21.11
4 M | 4.40 x 5.50 = 24.20
4 ½ M | 4.96 x 5.50 = 27.29
5 M | 5.52 x 5.50 = 30.39

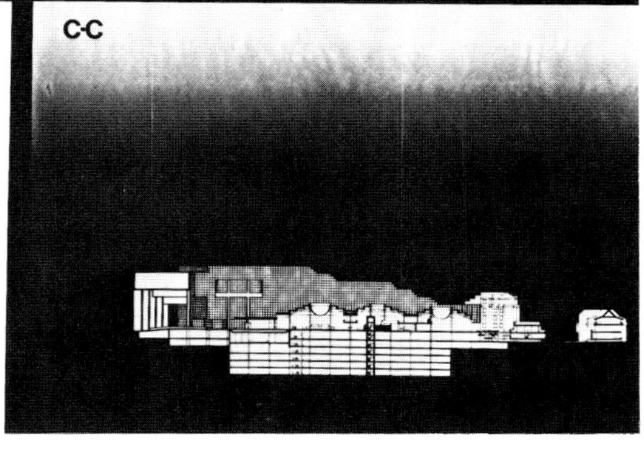
C·C

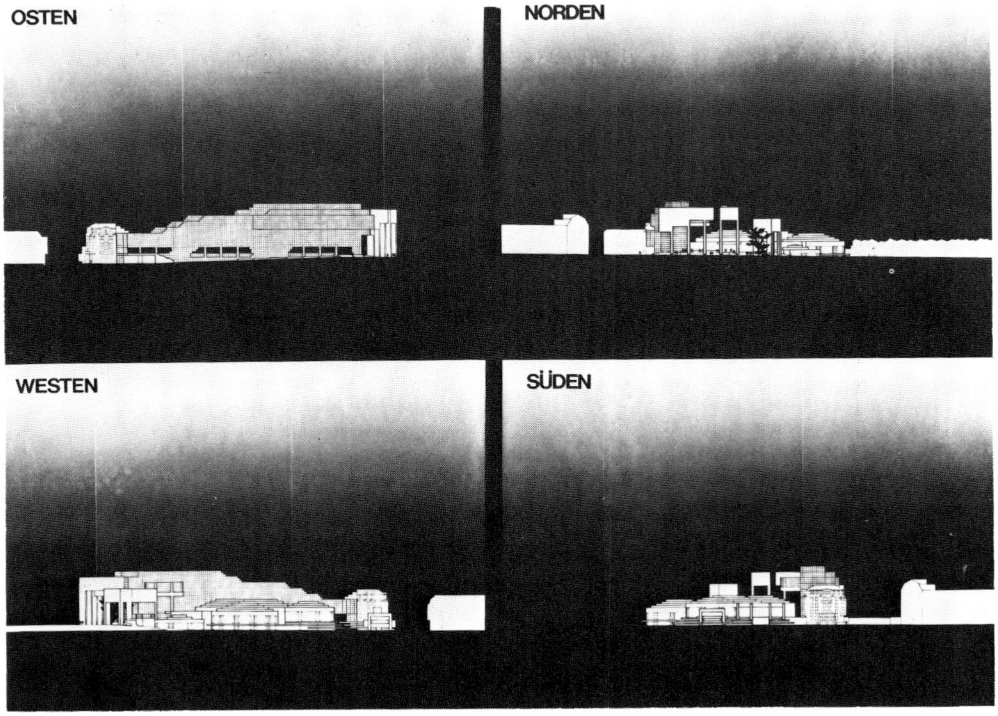

wirkungsvoll reflektiert und räumlich von einem Betonrahmen umschlossen, so daß eine Betrachtung aus allen Richtungen möglich ist. Die Entwicklung der Propyläen bleibt nicht auf die Oberfläche begrenzt, sondern setzt sich unter dem Blickhorizont des Besuchers fort. Pylonen und Wände reichen bis zum Zwischengeschoß und erlauben dem Besucher Einblick in die Grünanlagen des Patio.

Verknüpfung Propyläen-Haupttrakt:

Als unerläßlich betrachten wir, daß die Propyläen eine unteilbare Einheit des architektonischen Gesamtkonzepts bilden müssen und zwar dermaßen, daß ein eventuelles Weglassen der Propyläen eine Verstümmelung des Gebäudes bedeutet und zu einem urbanistischen Torso führt.

Der Übergang Gebäude — Propyläen erfolgt an der Kreuzung Adickesallee — Eckenheimer Landstraße.

Die lange Front des Verwaltungsgebäudes, parallel zur Eckenheimer Landstraße verlaufend, setzt sich aus einem quadratischen Betonraster mit Zwischenverglasung zusammen. Diese Fassade biegt an der Ecke unter 45° ab und endet in einem tiefen negativen Einschnitt. In diesem räumlichen Einschnitt beginnt die glatte Wand der Propyläen, die keineswegs ein fremdes Element, sondern eine inhaltliche Fortsetzung des Verwaltungsgebäudes ist. Diese Wand respektiert vollkommen die Höhenentwicklung und reagiert auf den Erker und die Arkaden. Die Fugeneinteilung der Propyläen könnte das Fassadenmotiv weiterführen.

In eigenständiger Form ändert sich die Höhe der Untersicht, der Durchblick steigt stufenweise, erreicht die maximale Höhe auf der Achse des Haupteinganges und senkt sich zum Eingang Schlosserstraße hin wieder ab. So wird das entworfene Projekt in den vorhandenen urbanistischen Kontext integriert. Mittels niedriger Elemente (Ausstellungssaal, Rampe zur Schlosserstraße) wird der allmähliche Übergang zu der niedrigeren Villenbebauung geschaffen.

Material

Das im Projekt vorgesehene Rahmenraster des Verwaltungstraktes und die Propyläen müssen aus dem gleichen Material geschaffen werden. Falls für das Raster Vorsatzbeton verwendet wird, so sind die Oberflächen der Propyläen auch in Vorsatzbeton auszubilden. Wird das Raster aus Marmor, werden auch die Propyläen aus Marmor. Die Bearbeitung der riesigen Flächen und Pylonen stellt in jedem Falle eine eigenständige Aufgabe dar, die sich mit Möglichkeiten der verschiedensten Behandlungsarten von Oberflächen (von der feinsten bis zu der gröbsten Struktur) befaßt. Einige der Bearbeitungsarten können in Reliefs übergehen, sich in dreidimensionale Formen, oder in Formen, welche die Natur widerspiegeln, entfalten.

Von Törne

Der Erläuterungsbericht lag den Herausgebern nicht mehr vor.

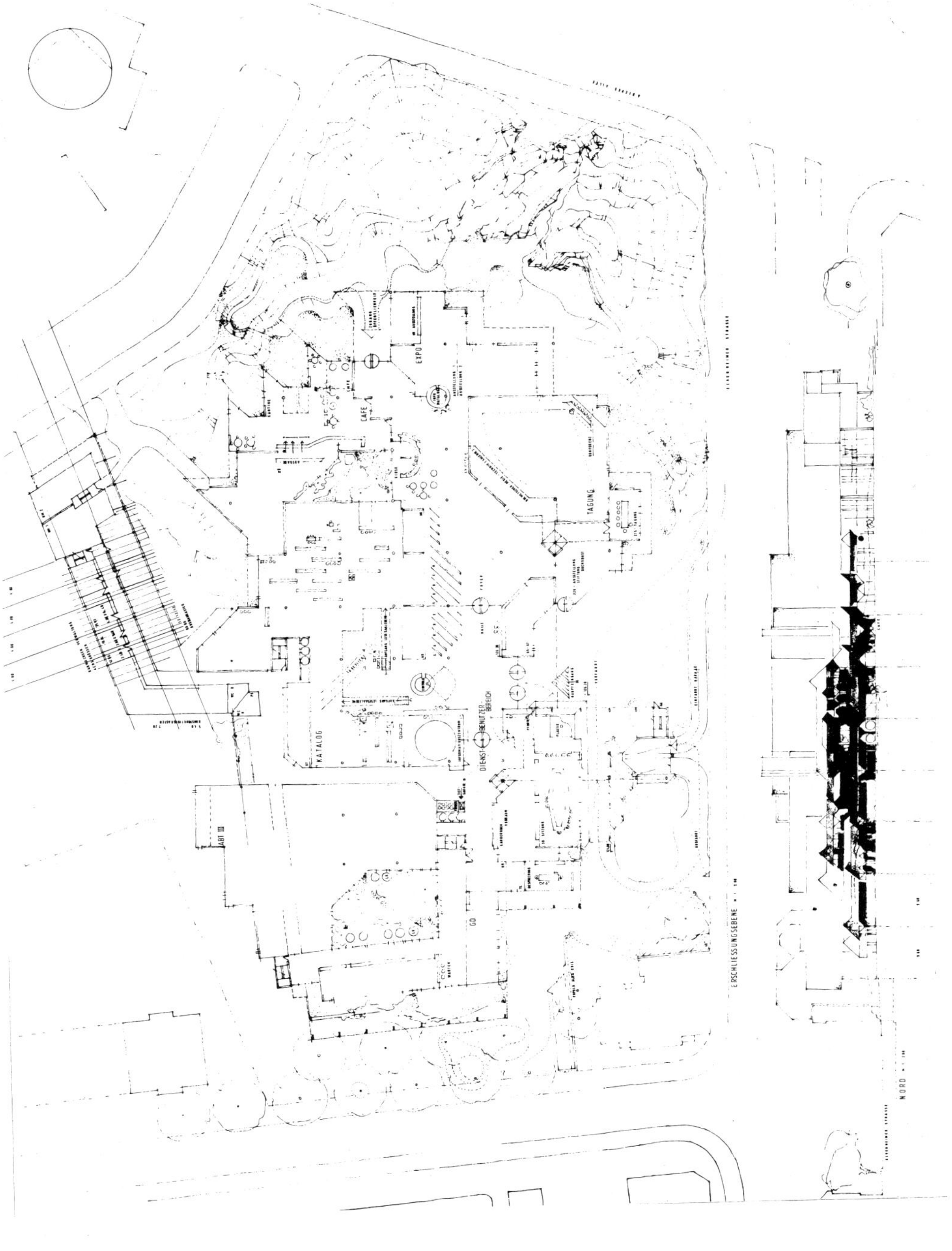

V. Skrivanek; H.-F. Wirth, München

Aus dem Erläuterungsbericht:

Künstlerisches Gesamtkonzept:

Aus dem Gedankenbereich, der zur Entstehung der zeichenhaften Bauwerksgestalt führte, entstammen auch die Vorstellungen für die künstlerische Konzeption, und somit bildet sie einen integralen Teil der architektonischen Lösung.

Der Entwurf bildet den baulichen und geistigen Rahmen für die Arbeit des Künstlers, der sich folgender Themen in freier Interpretation annehmen sollte:

Baum, Entspannung, Lesen – Wasser, Schiff, Arche – Wasser, Bewegung, Spiegelung – Vorplatz, Säulen, Steininsel – Giebelwand Bürgerhaus, um die wichtigsten zu nennen.

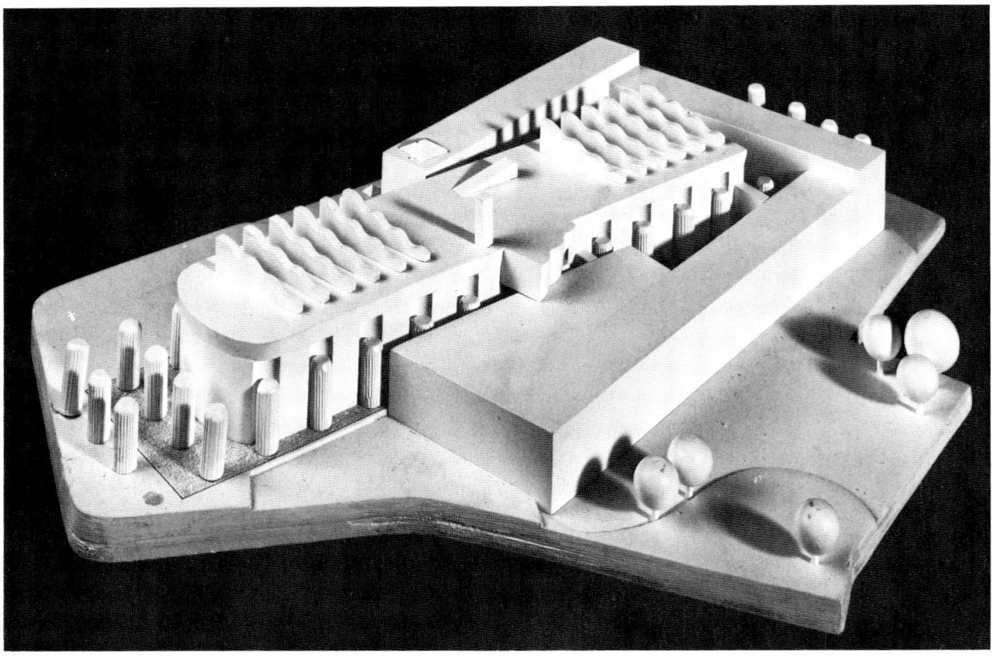

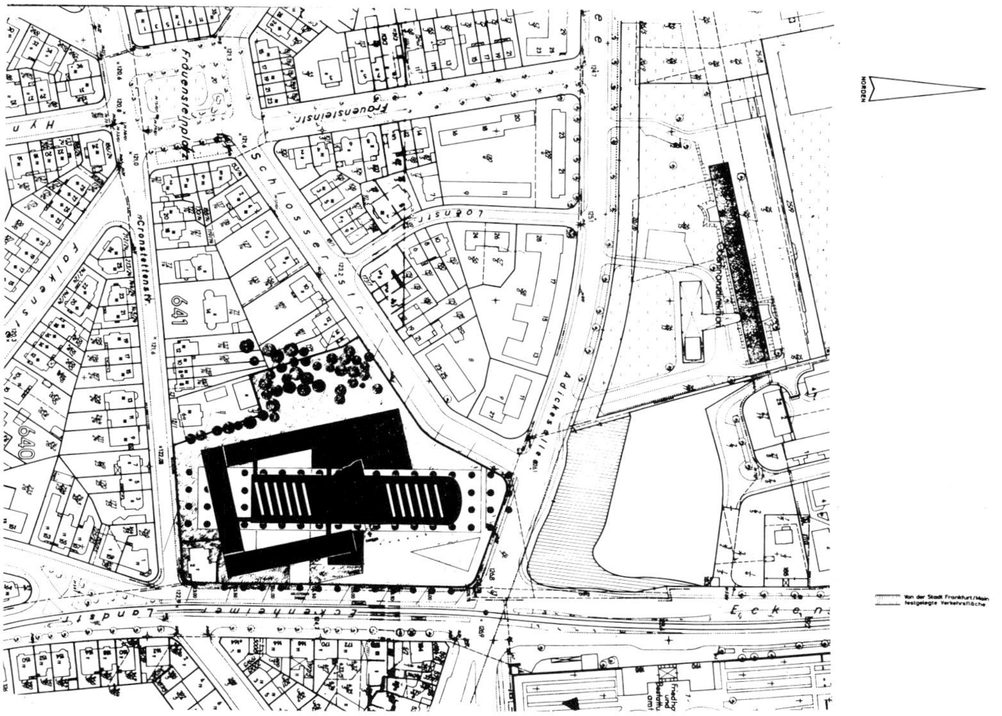
NORDEN
Frauensteinplatz
Frauensteinstr.
Schlosserstr.
Lortzingstr.
Cronstettenstr.
Falkensteinstr.
Adickesallee
Eckenheimer Landstr.
Von der Stadt Frankfurt/Main
festgelegte Verkehrsfläche

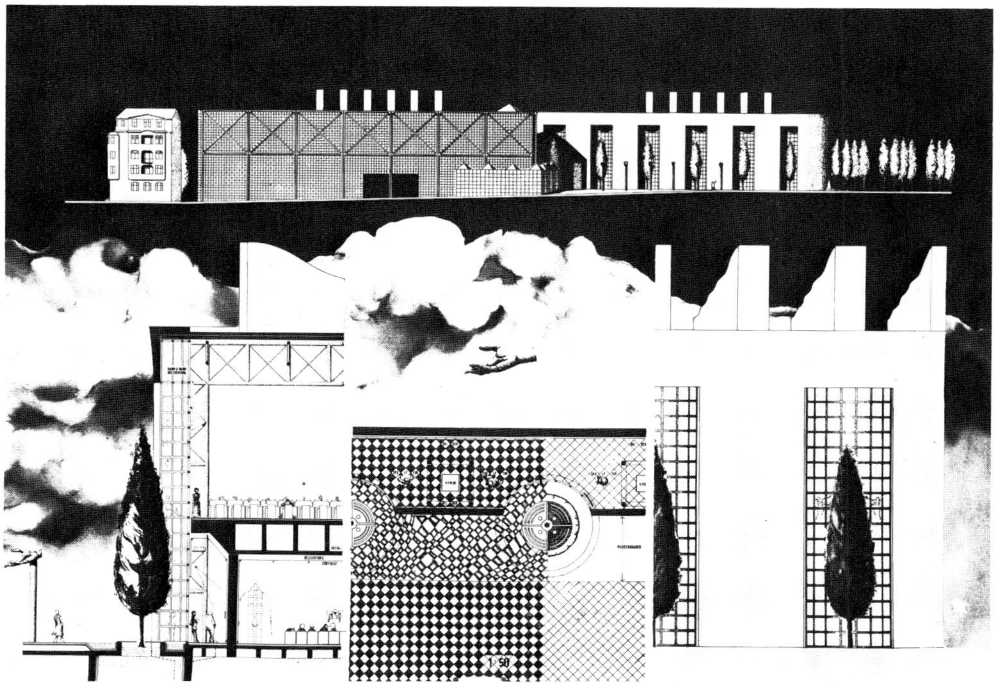

Fünf weitere bemerkenswerte Entwürfe

Ungers, Köln

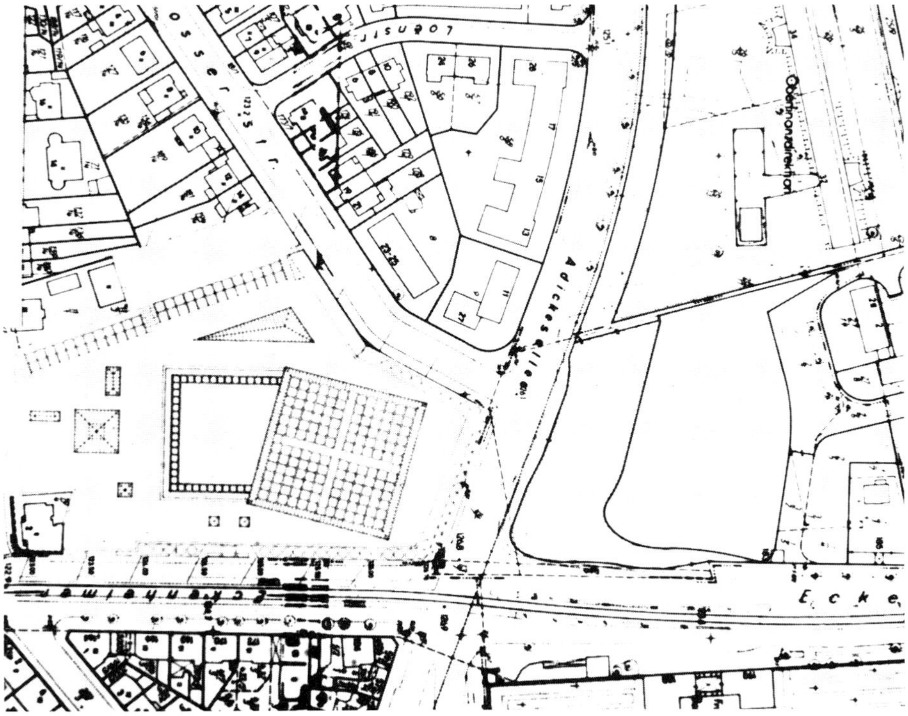

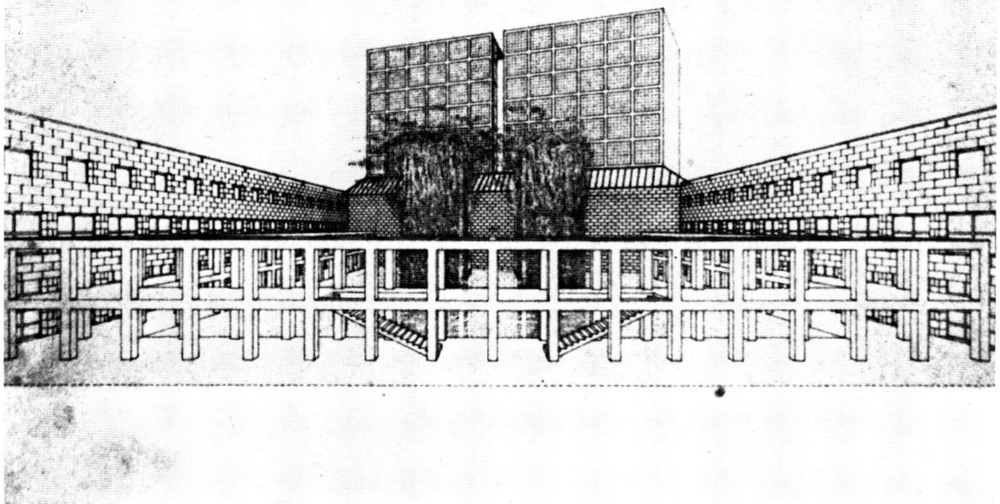

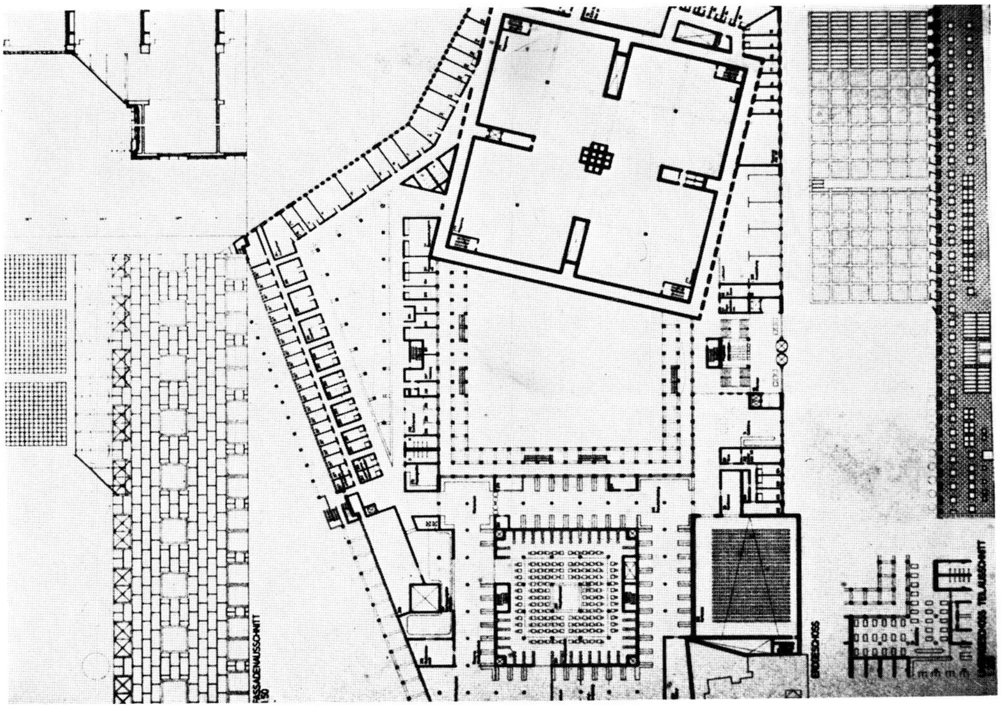

FASSADENAUSSCHNITT
ERDGESCHOSS

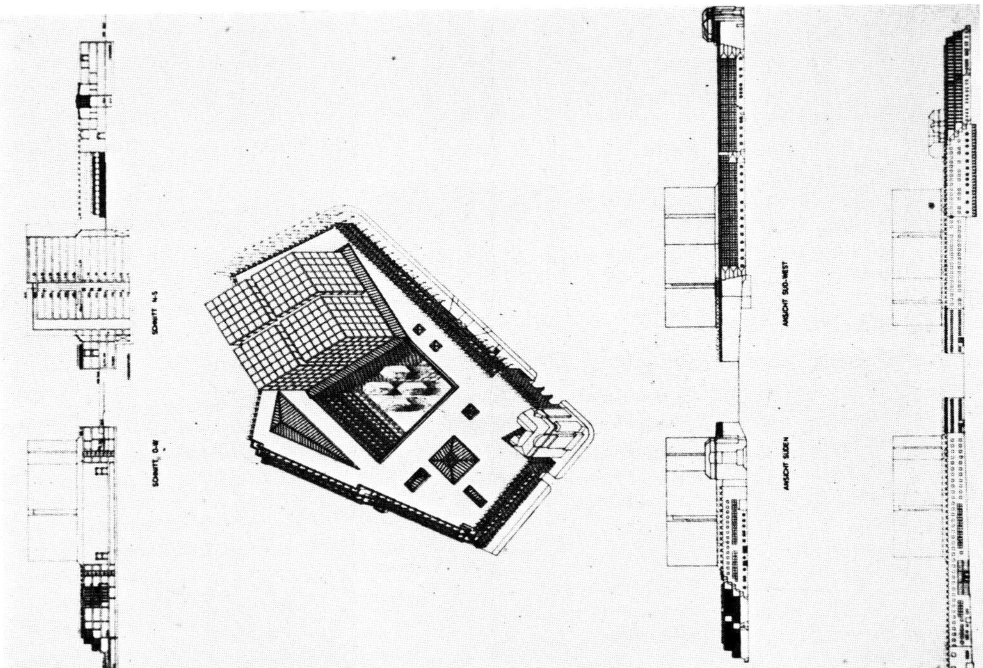

SCHNITT N-S
SCHNITT O-W
ANSICHT SÜD-WEST
ANSICHT SÜDEN

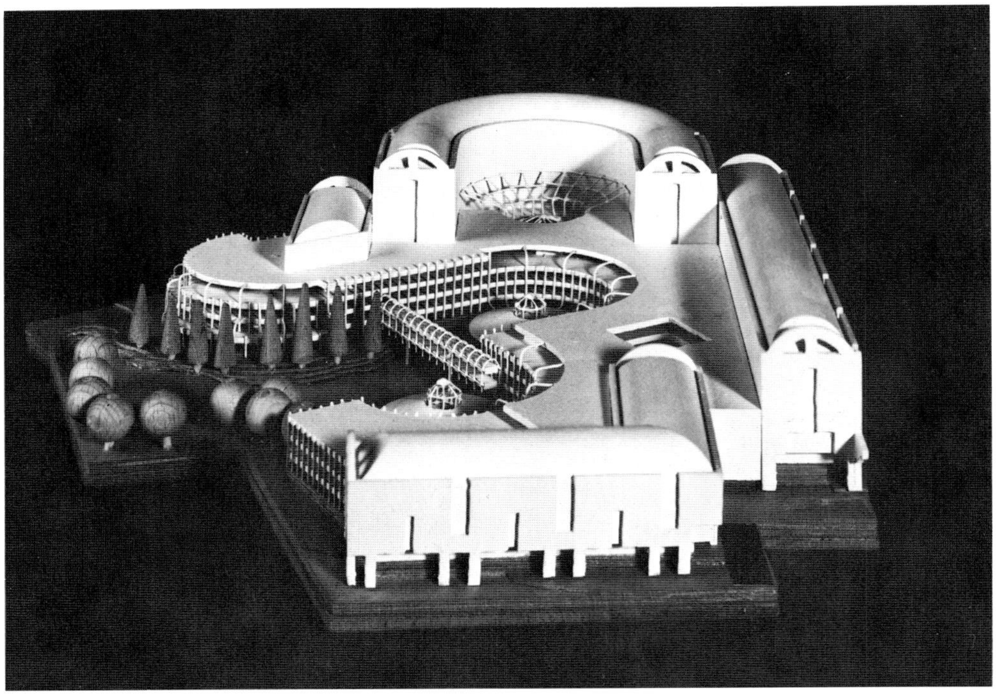

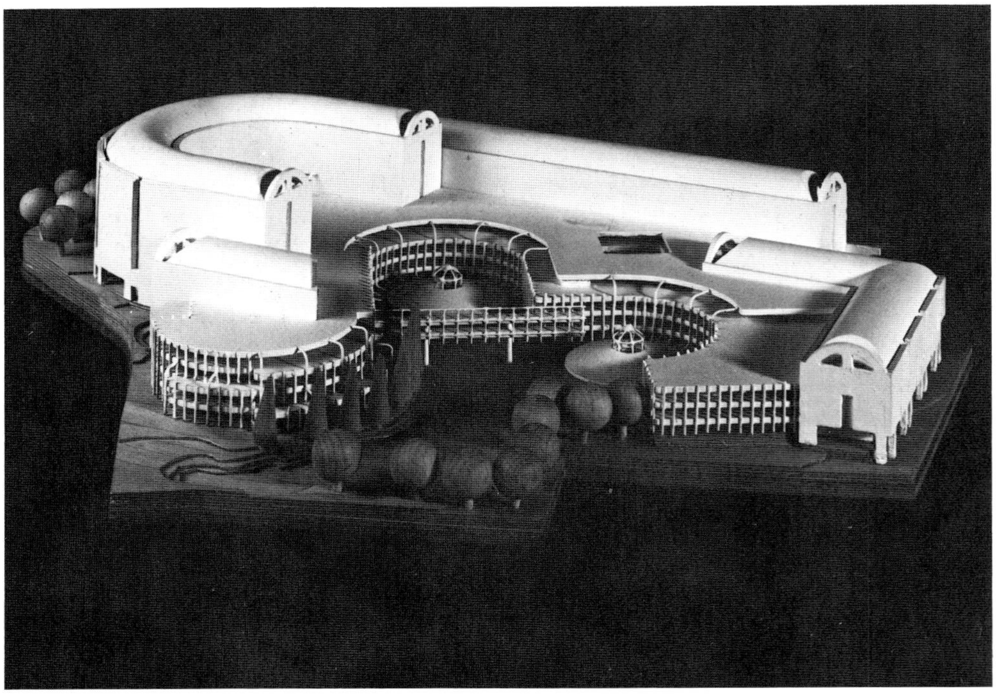

Braun & Schlockermann, Frankfurt; weitere Abb. s. Farbtafeln S. 287–288

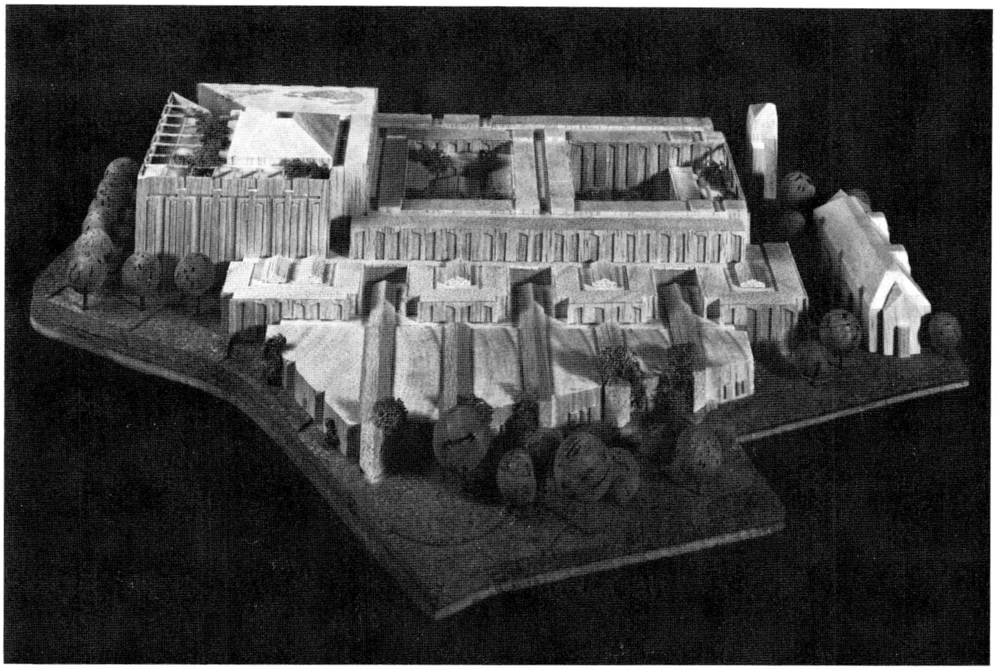

Deeken – Hoffmann, Lingen; weitere Abb. s. Farbtafel S. 285

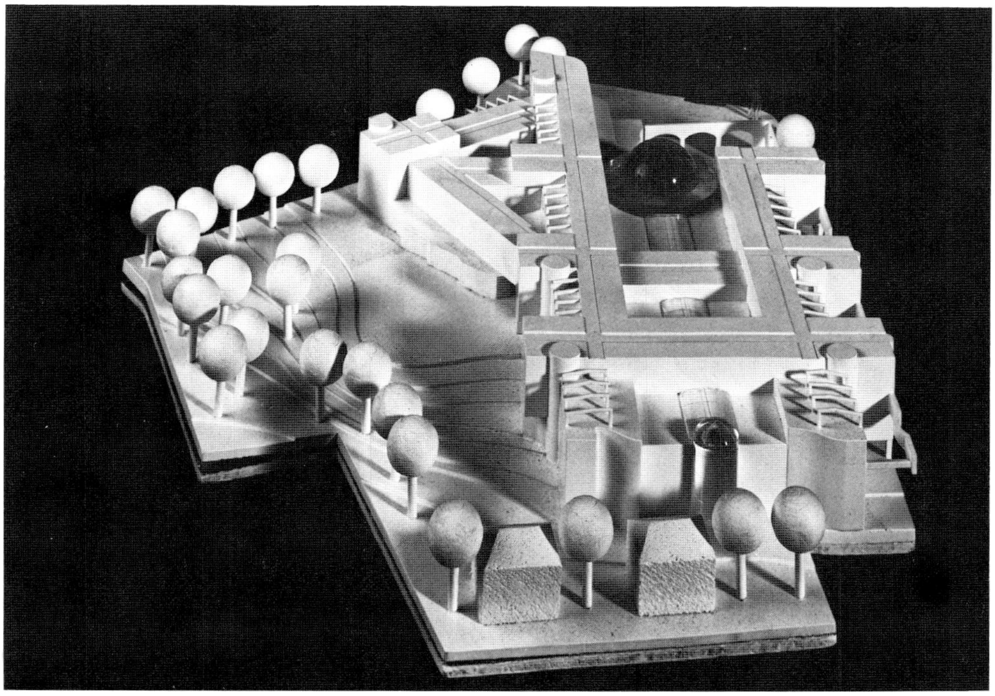

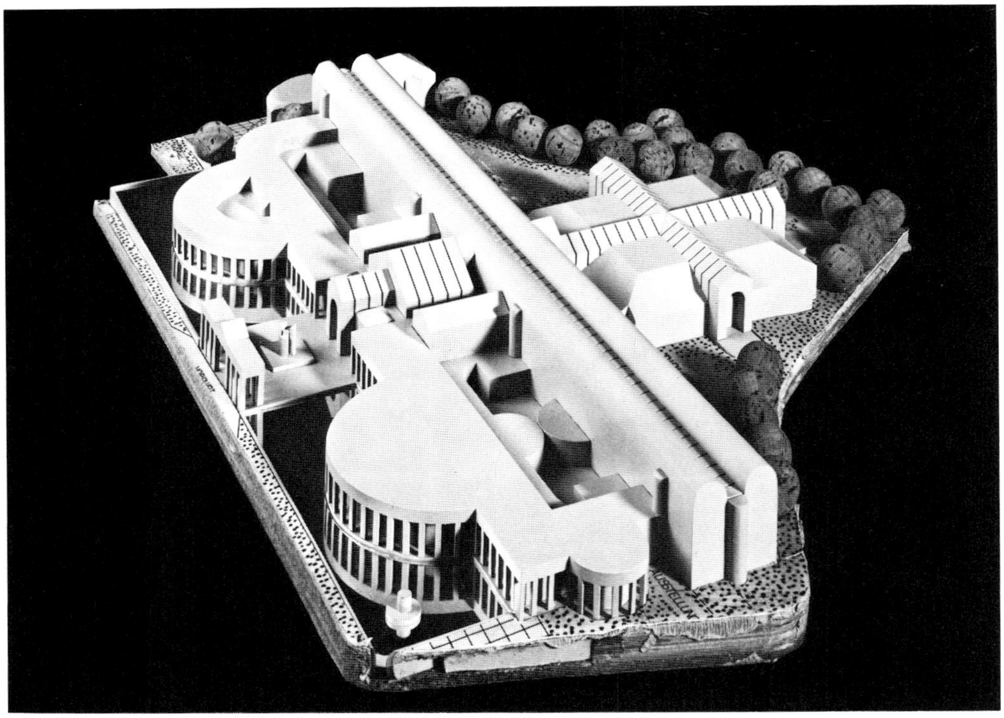

Farbtafeln

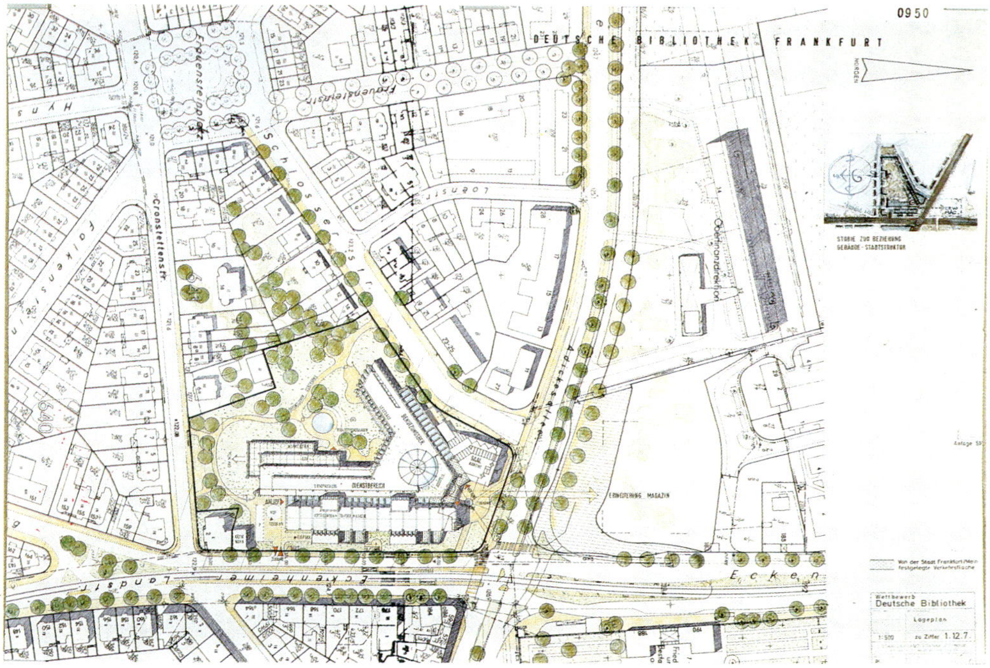

2. Preis: Arat/Kaiser/Kaiser

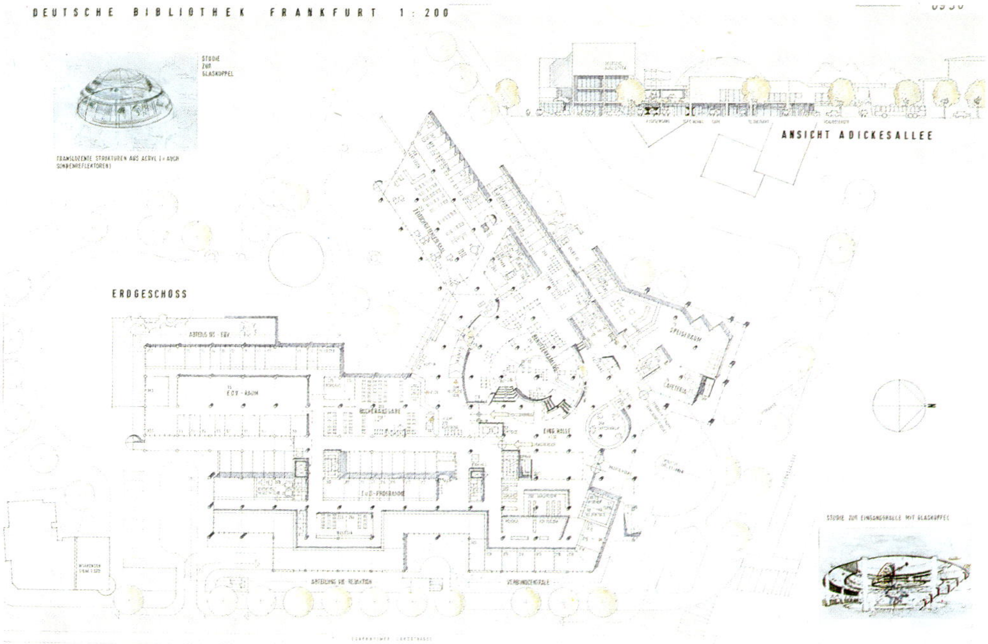

2. Preis: Arat/Kaiser/Kaiser

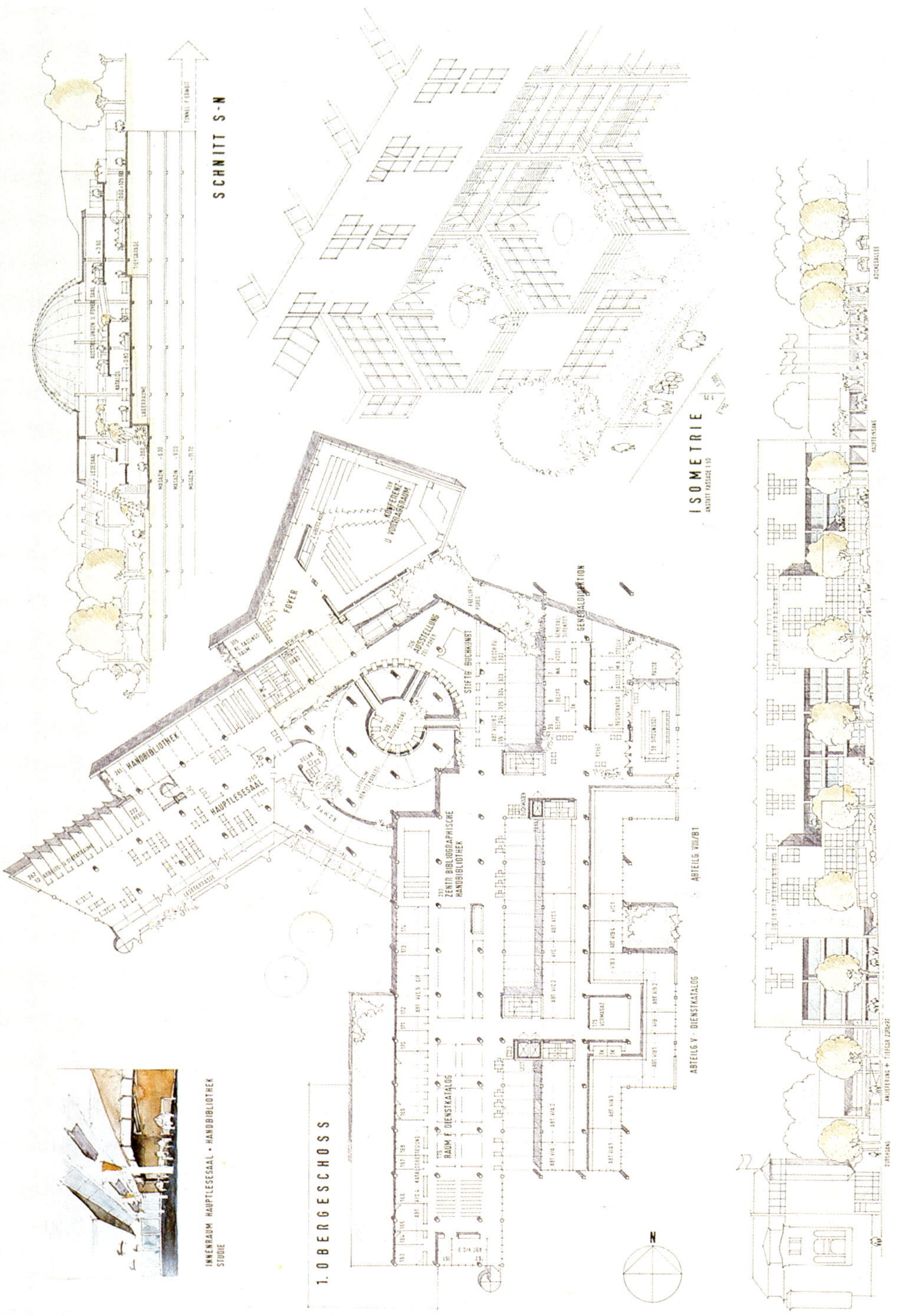

2. Preis: Arat/Kaiser/Kaiser

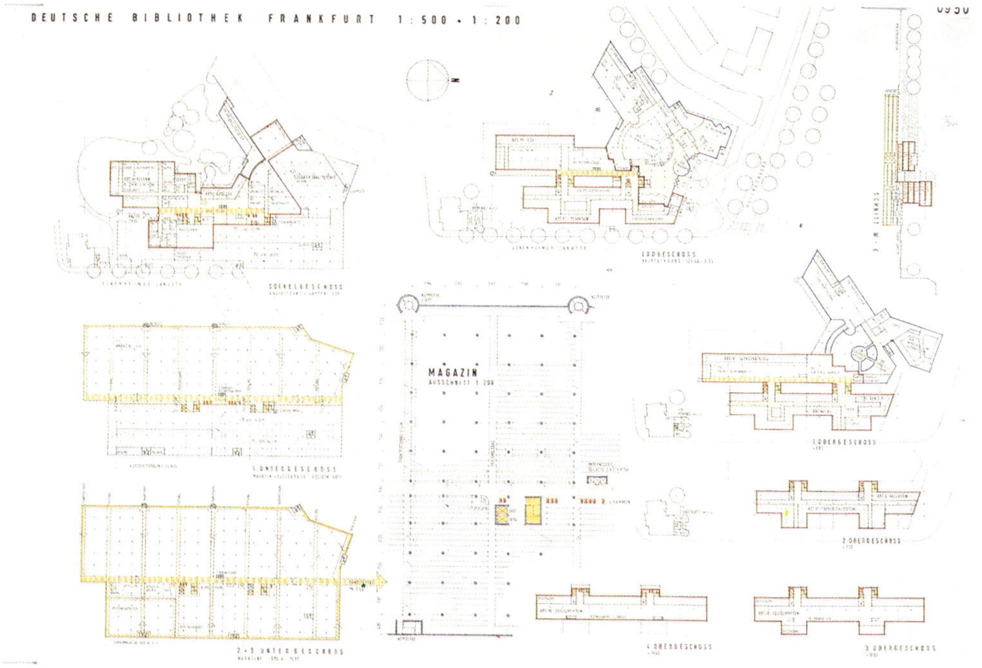

2. Preis: *Arat/Kaiser/Kaiser*

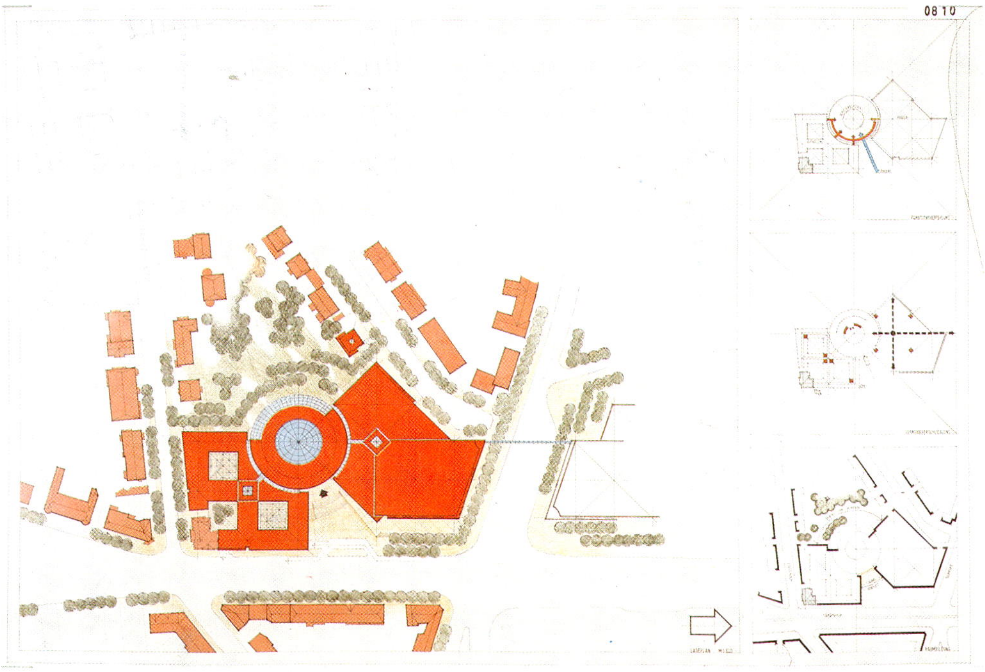

Ankauf: von Gerkan, Marg und Partner

Ankauf: von Gerkan, Marg und Partner

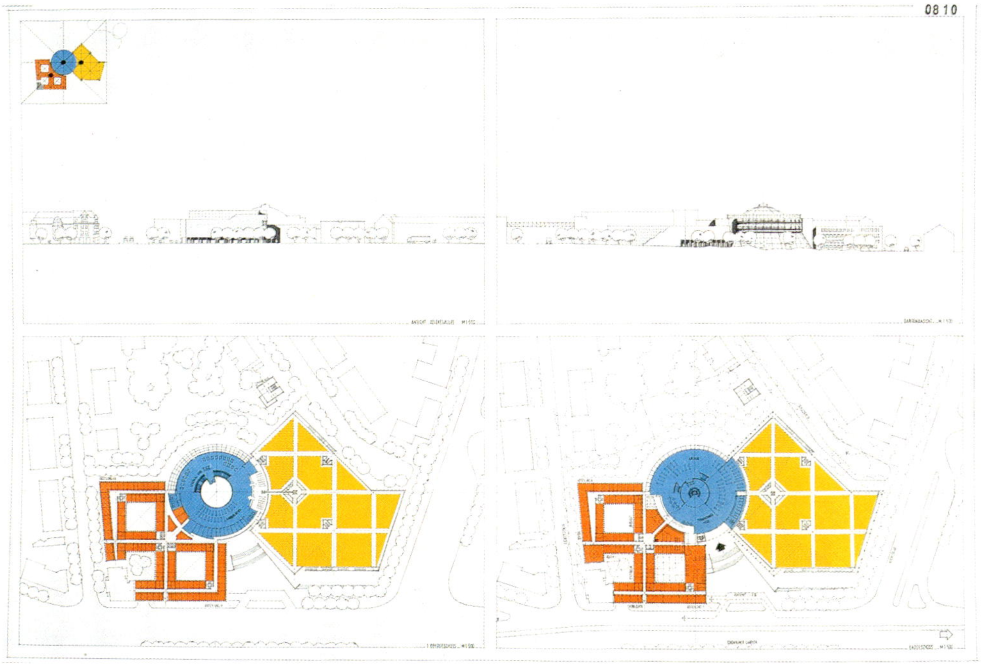

Ankauf: von Gerkan, Marg und Partner

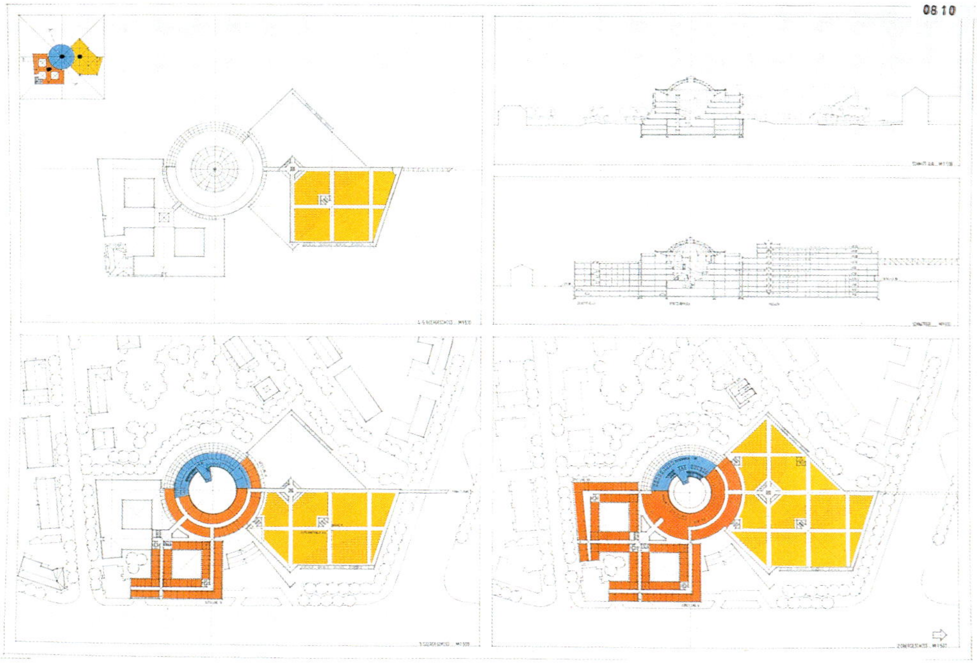

Ankauf: von Gerkan, Marg und Partner

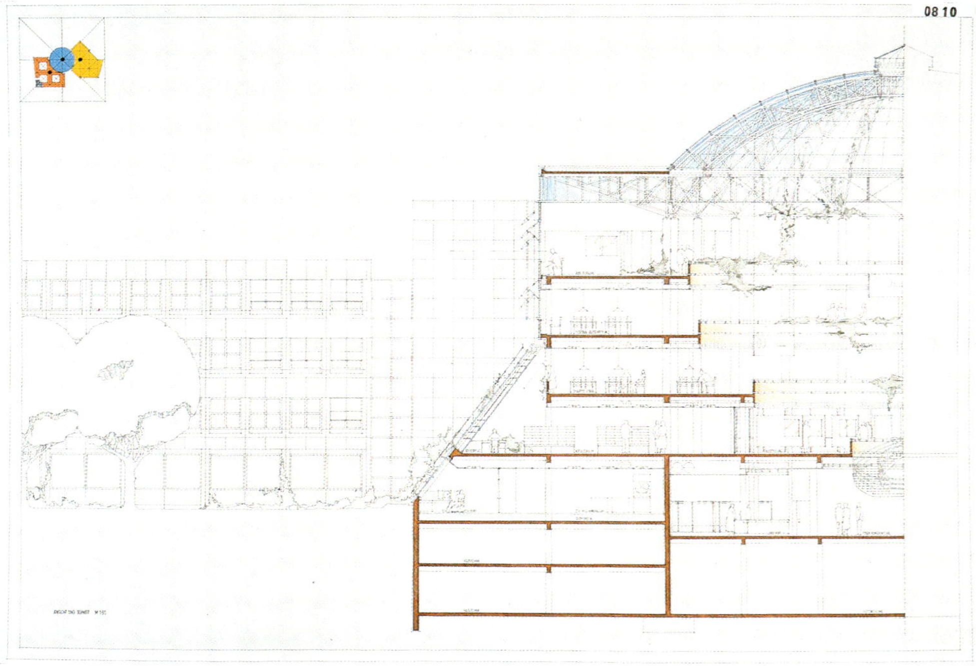

Ankauf: von Gerkan, Marg und Partner

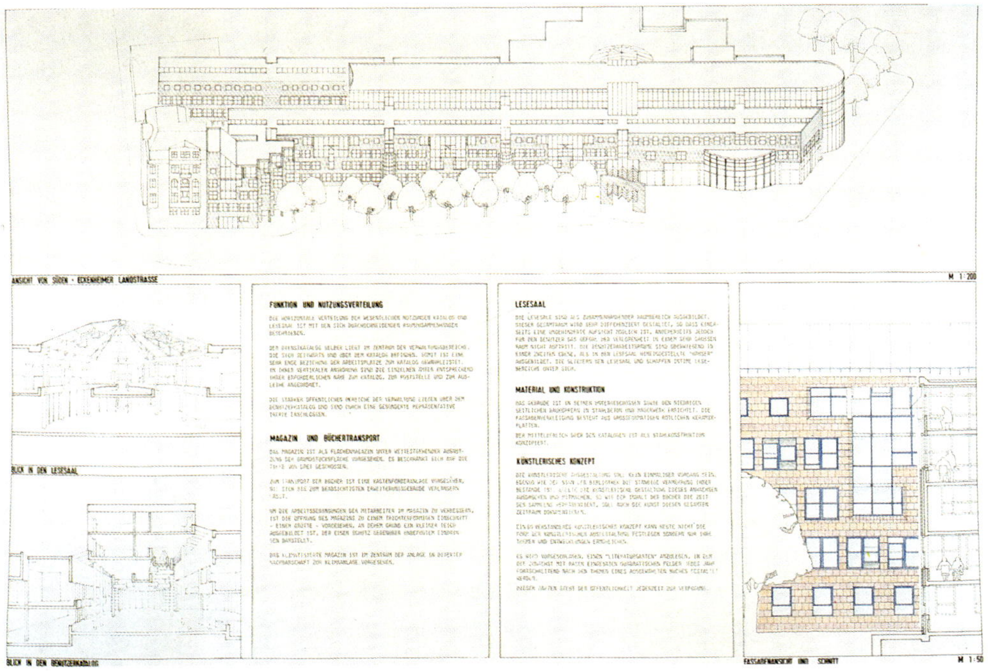

Ankauf: Rüdiger

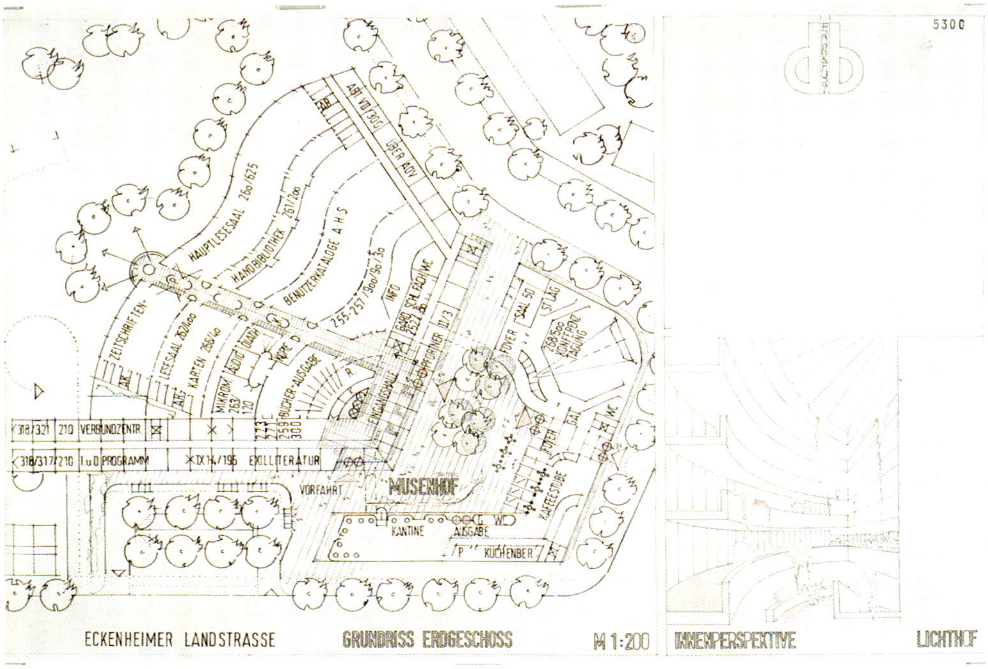

Ankauf: Haslob – Hartlich – Schütz

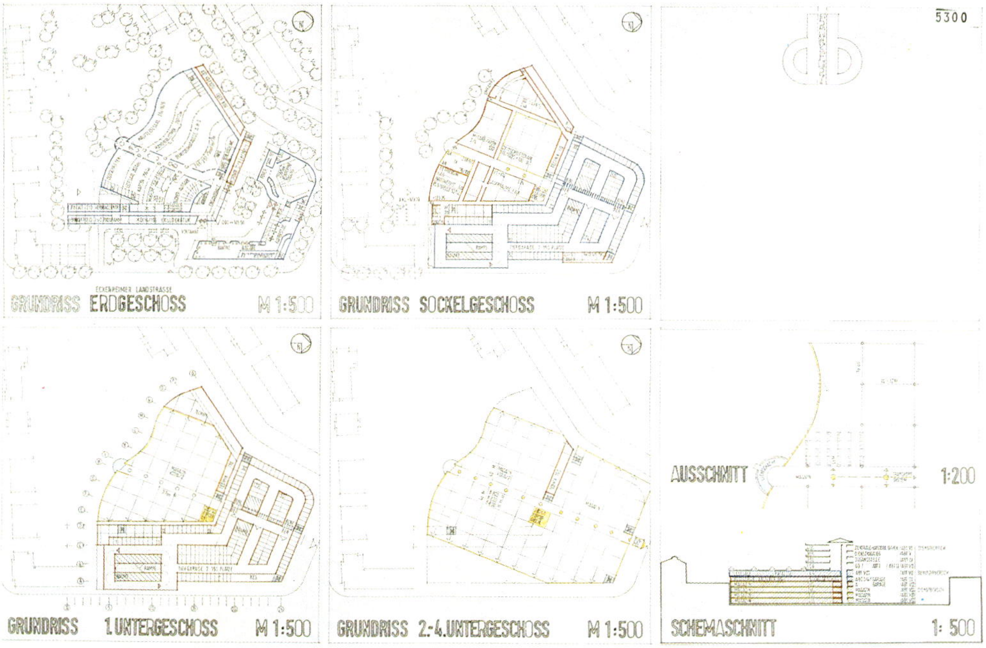

Ankauf: Haslob – Hartlich – Schütz

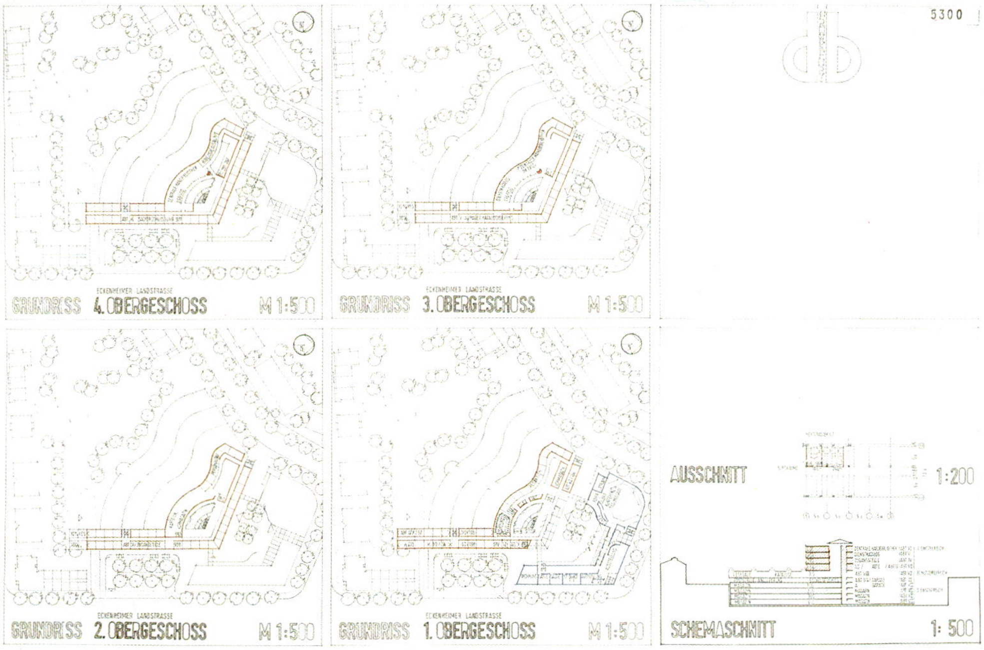

Ankauf: Haslob – Hartlich – Schütz

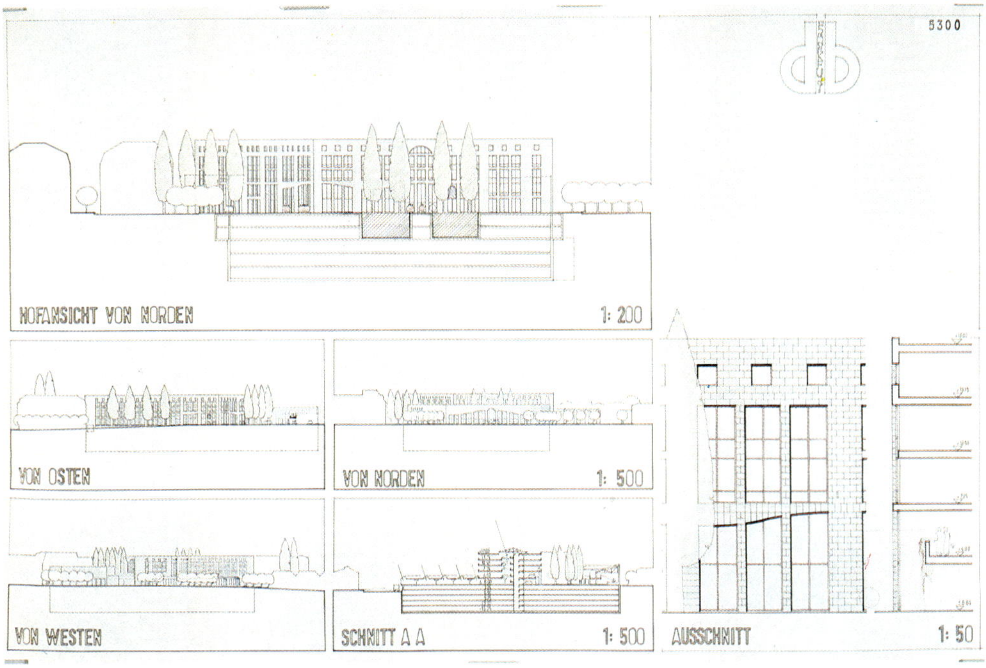

Ankauf: Haslob – Hartlich – Schütz

Ankauf: Beisert – Findeisen – Grossmann-Hensel – Wilkens

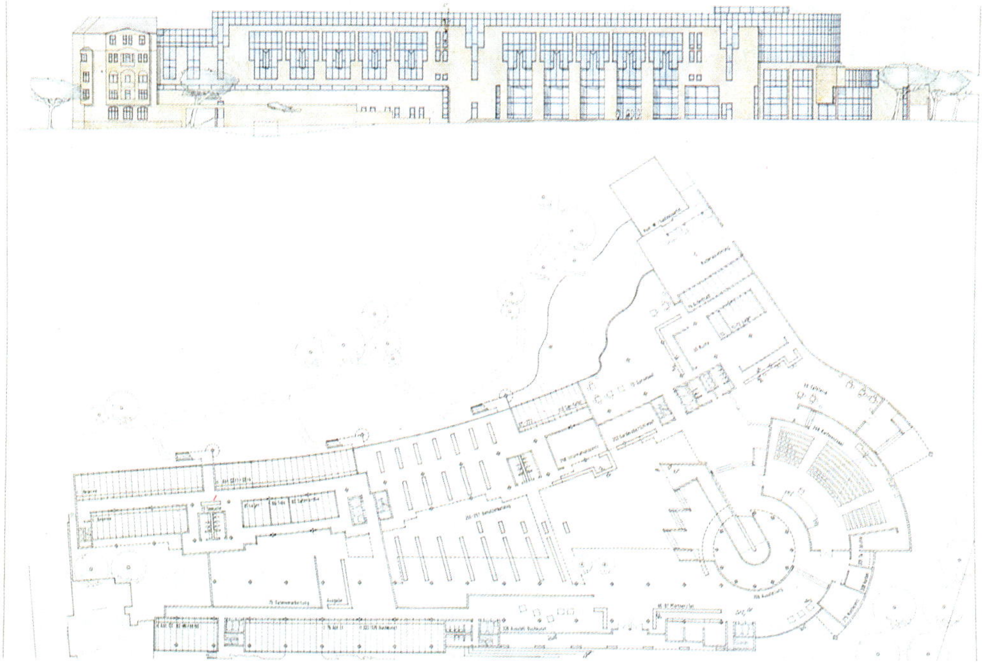

Ankauf: Beisert – Findeisen – Grossmann-Hensel – Wilkens

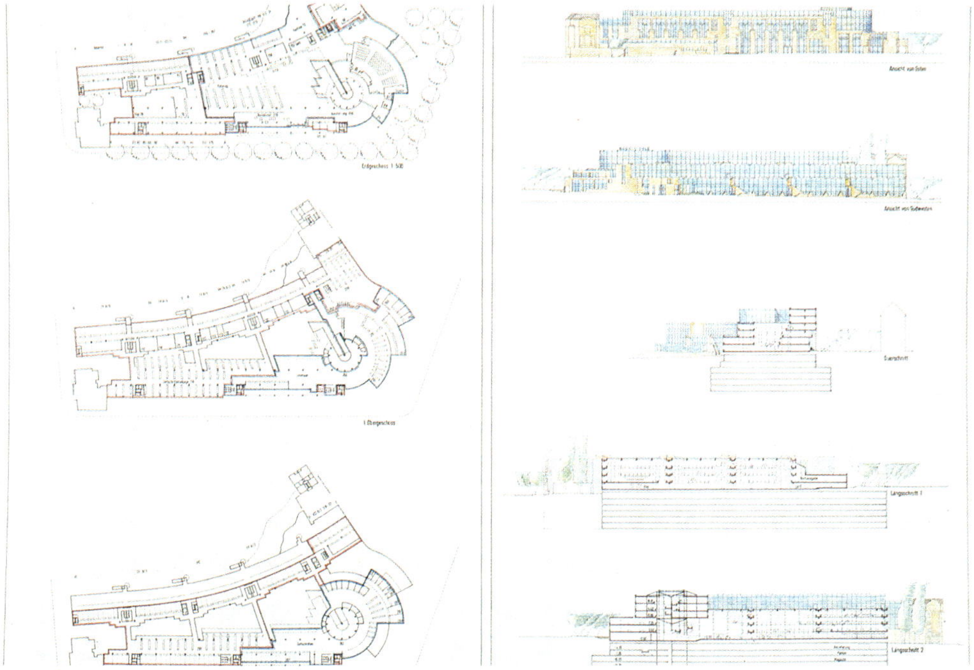

Ankauf: Beisert – Findeisen – Grossmann-Hensel – Wilkens

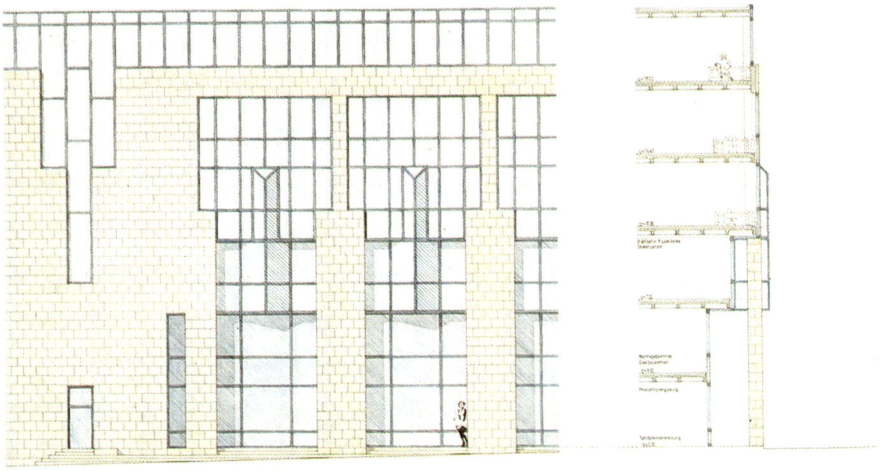

Ankauf: Beisert – Findeisen – Grossmann-Hensel – Wilkens

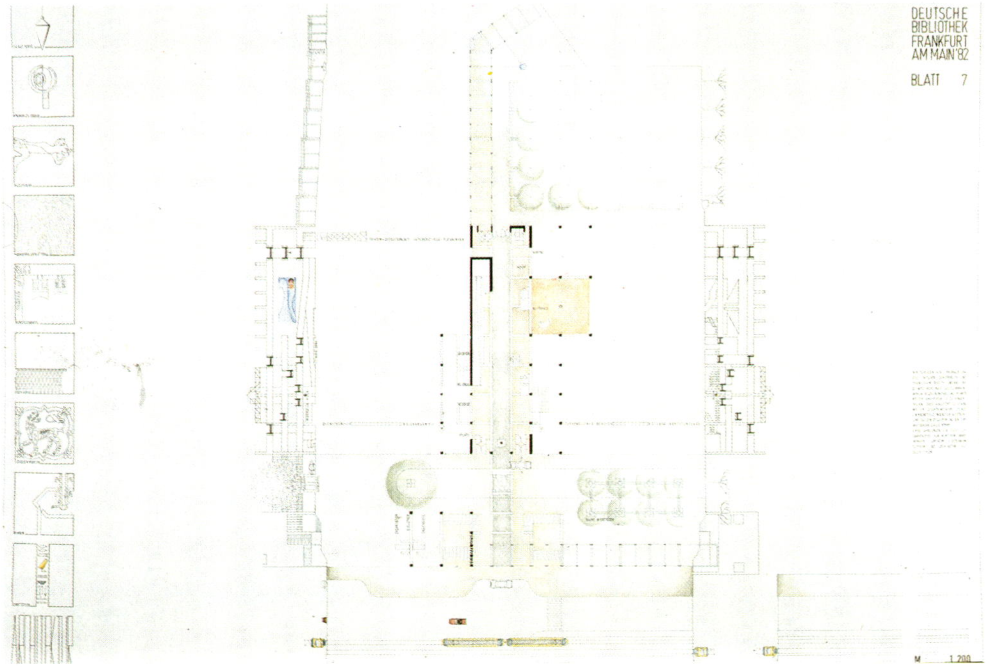

Ankauf: Schürmann und Partner

Ankauf: Grünberg + Krohn

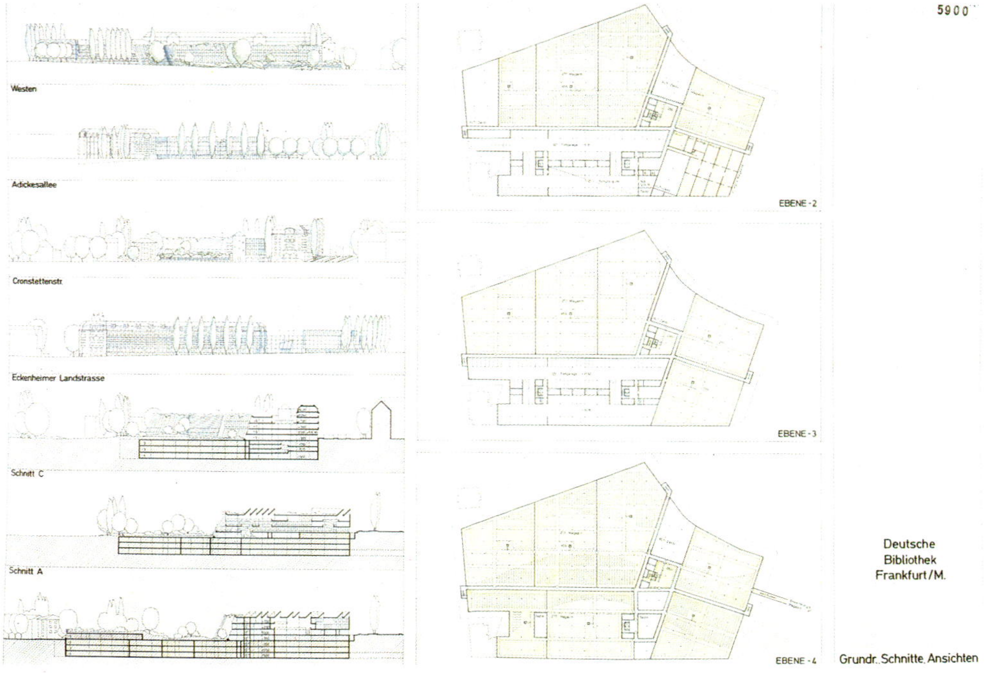

Ankauf: Grünberg + Krohn

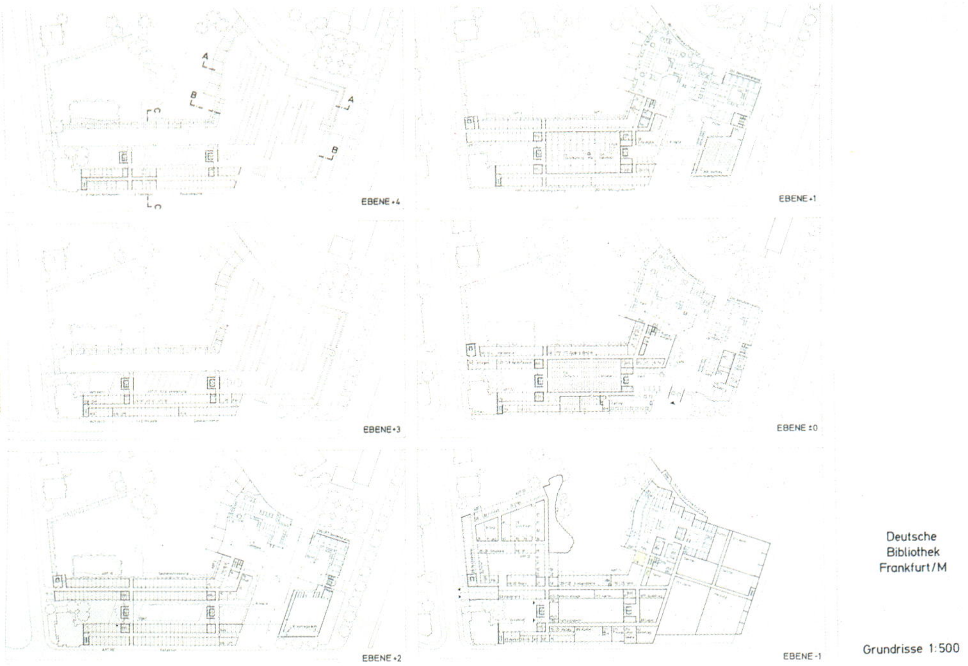

Ankauf: Grünberg + Krohn

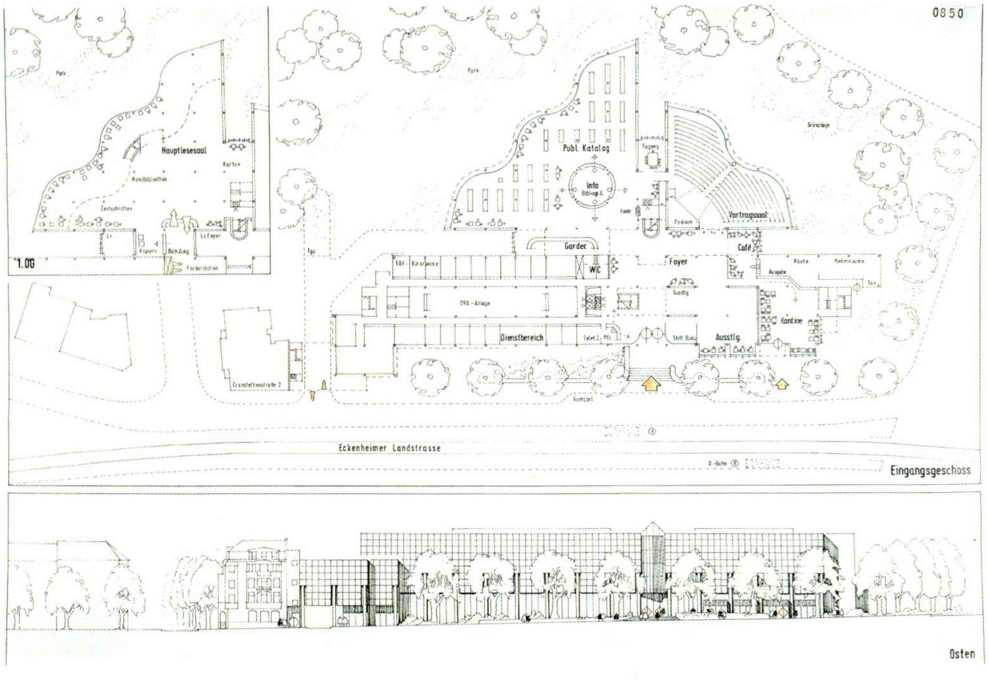

Ankauf: Lindemann – Thamm

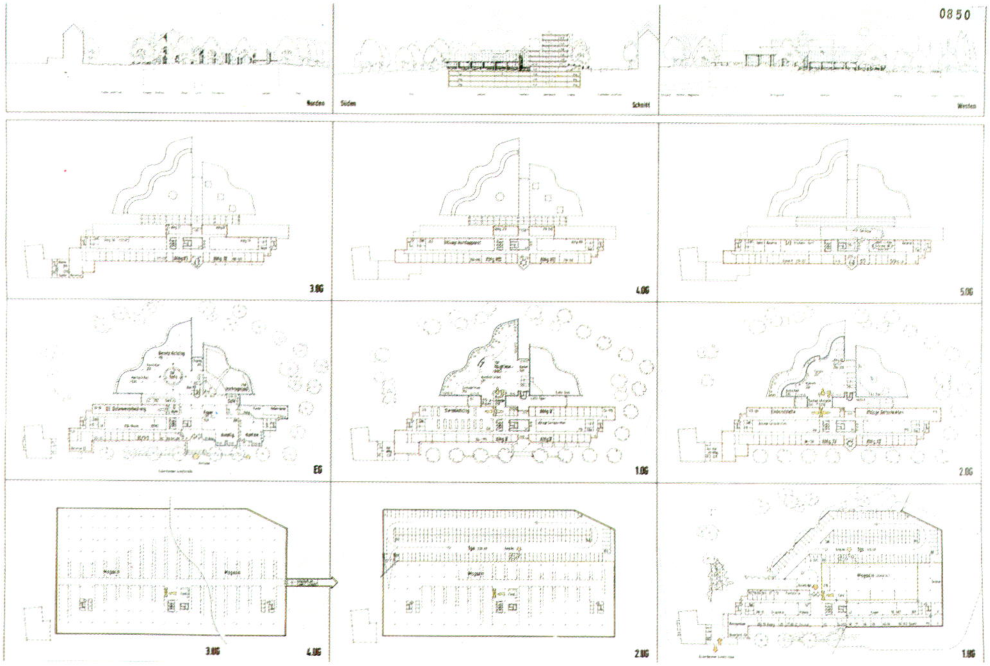

Ankauf: Lindemann – Thamm

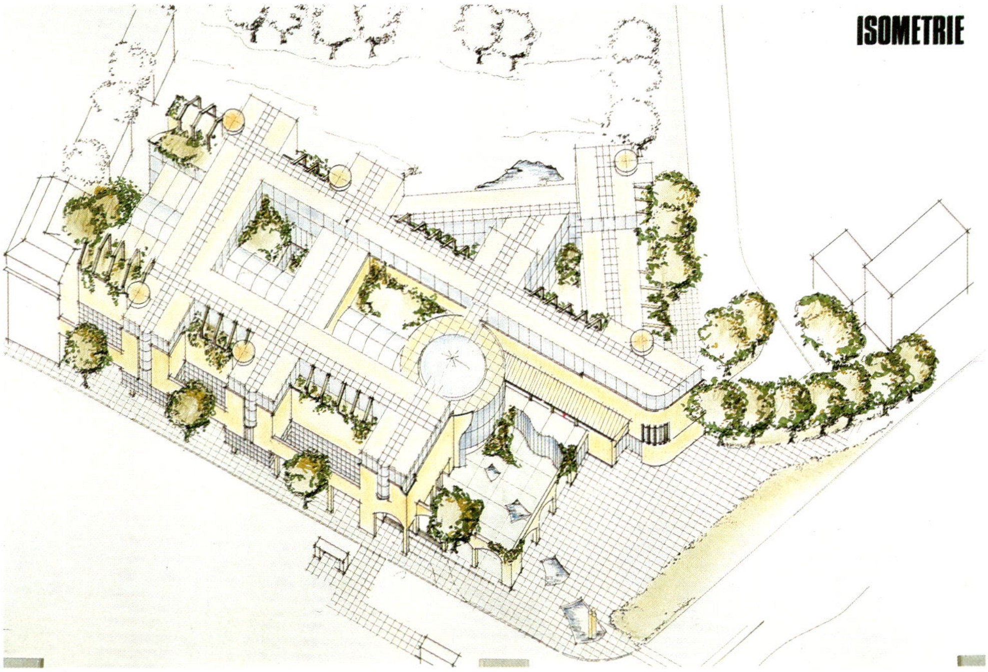

Deeken – Hoffmann

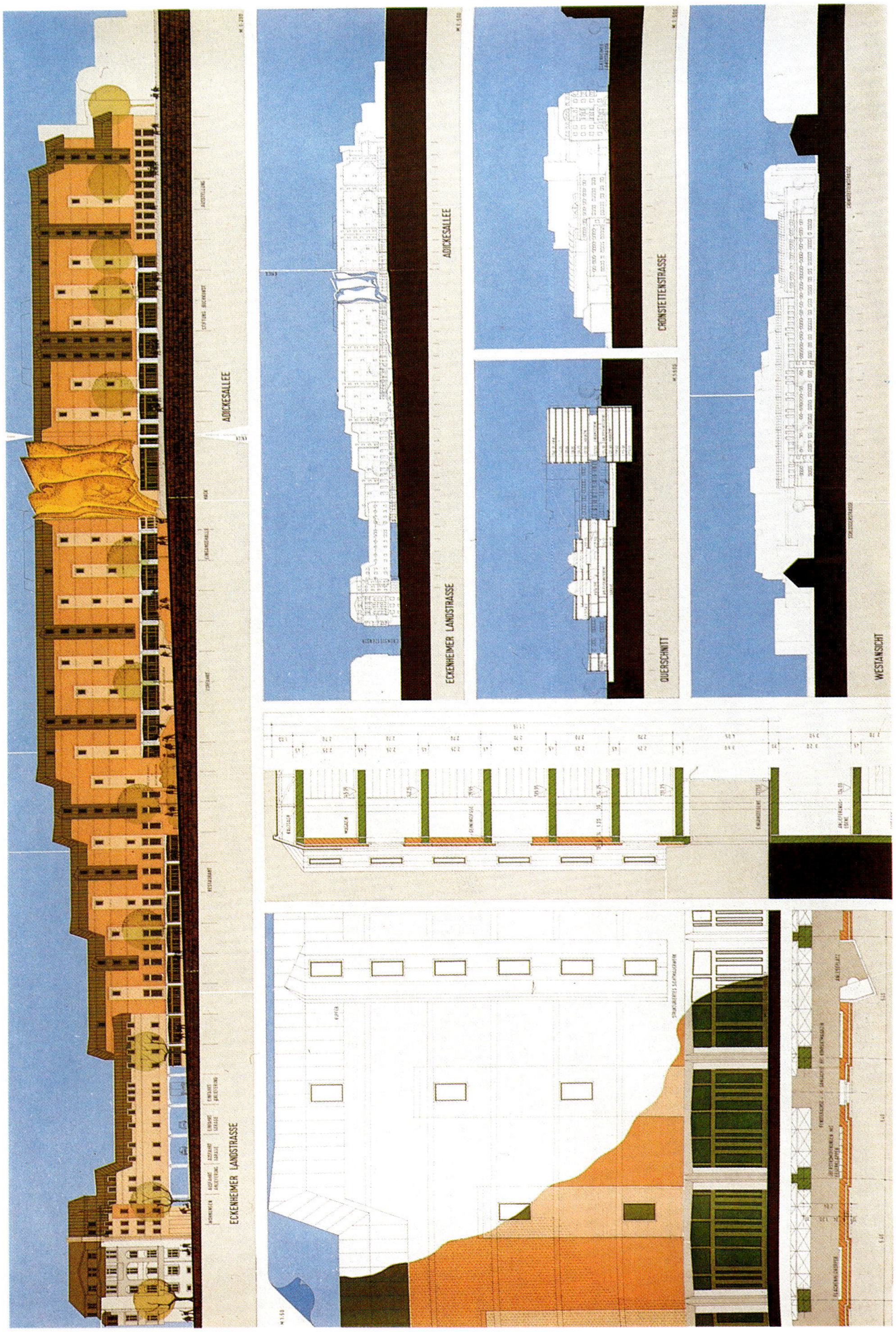
ECKENHEIMER LANDSTRASSE
ADICKESALLEE
ADICKESALLEE
ECKENHEIMER LANDSTRASSE
CRONSTETTENSTRASSE
QUERSCHNITT
WESTANSICHT

R. Gutbrod

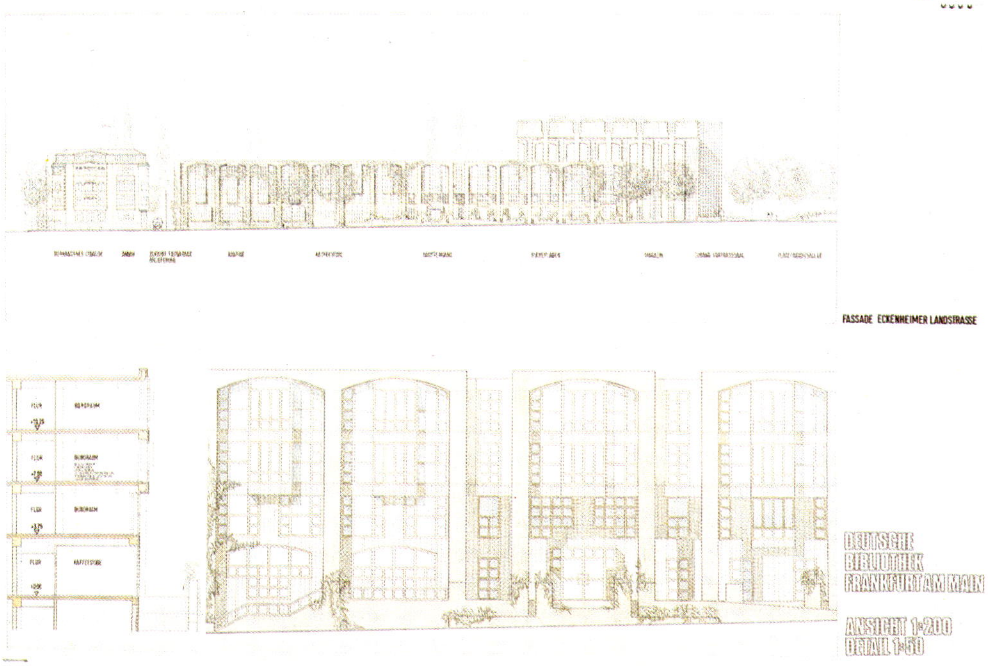

Braun & Schlockermann

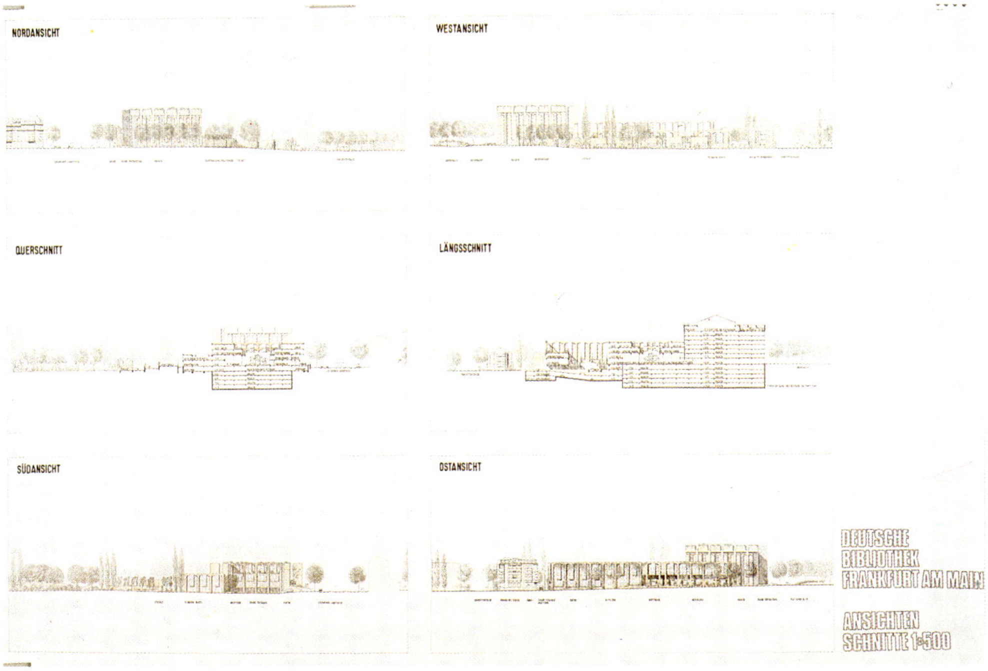

Braun & Schlockermann

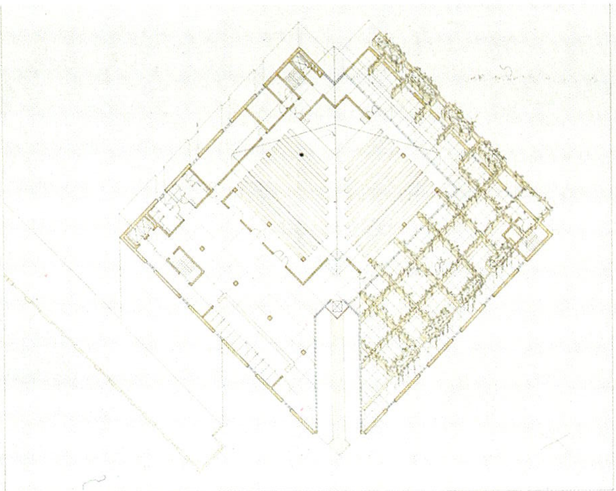

EBENE 8 KONFERENZ- UND VORTRAGSSAAL

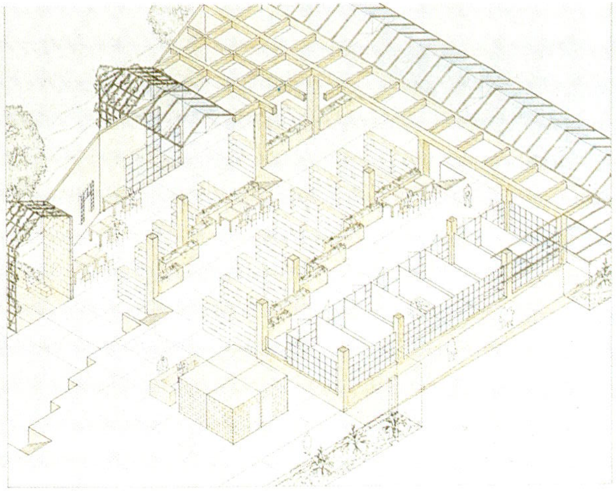

AUSSCHNITT LESESAALBEREICH

DEUTSCHE
BIBLIOTHEK
FRANKFURT AM MAIN

DARSTELLUNGEN
ZUR KONZEPTION

Braun & Schlockermann

Nach dem Wettbewerb

Walter Belz

Betrachtungen des Vorsitzenden der Jury

Der Wettbewerb Deutsche Bibliothek in Frankfurt

Zum Zeitpunkt, da ich diesen Beitrag schreibe – vier Monate, nachdem das Preisgericht getagt hat – weiß ich nicht, wie weit das Projekt der Deutschen Bibliothek in Frankfurt auf dem Weg zur Realisation fortgeschritten ist. Ich bin nicht darüber orientiert, welche Gespräche stattgefunden haben, welche Kräfte gestaltend, verändernd, vielleicht sogar verhindernd (hoffentlich nicht!) am Werk sind – und das ist vielleicht auch gut so. Dadurch bin ich frei und in der Lage, ohne eine Wirkung erzielen zu wollen oder eine Absicht zu haben, für diese Festschrift etwas über die vielfältigen Aspekte und Probleme eines Verfahrens, wie es hinter uns liegt, darzulegen. Ich will versuchen, dies in einige Abschnitte zu gliedern und werde bestrebt sein, eher die allgemein bedeutsamen Gesichtspunkte hervorzuheben, als zu speziell auf einzelnes einzugehen – dies könnte ich im Abstand gar nicht mehr und überdies werden hierzu die authentischen Protokolle des Preisgerichts und die Arbeiten selbst mehr sprechen müssen.

Warum und wozu überhaupt ein Wettbewerb?

Immer wieder stellt sich die Frage, ob denn ein Wettbewerb für ein Bauvorhaben sinnvoll sei, es wird geklagt darüber, was er an Aufwand und Zeitverlust bedeute, wie schwierig es sei, dann einem – vielleicht unbekannten – Verfasser als Architekten gegenüberzustehen und anderes mehr. Um es vorweg zu sagen: summa summarum ist ein Wettbewerb, speziell für eine Aufgabe wie diese, nahezu unerläßlich. Es gibt kaum ein Verfahren, bei dem man so viele (notwendige) Beteiligte am Prozeß des Planens und Bauens zusammenführen und die erforderlichen Schritte zu Entscheidungen koordinieren, mindestens bewußt machen kann. Vertreter der Behörden, die für die planungs- und baurechtliche Genehmigung letztlich maßgebend sind, werden ebenso in den Prozeß der Meinungsbildung einbezogen wie die Partner auf allen Ebenen der einzelnen Vorgesetzten oder mitbestimmenden Instanzen. Es gehört zu den wichtigsten Aufgaben der Leitung einer Jury, dafür zu sorgen, daß ein solcher Prozeß des Bewußtwerdens entsteht, gefordert wird, und schließlich bei allen Beteiligten das Gefühl entsteht, einen gemeinsamen Weg zu gehen.

Überdies ist ein Wettbewerb für ein so wichtiges Projekt als eine offene Chance für die Architektenschaft unseres Landes von großer Bedeutung. Wo sonst könnte der Staat seiner Verpflichtung besser nachkommen, einer breiten, leistungsbereiten Schicht von Fachleuten Gelegenheit zum Nachweis ihrer Qualität zu geben, als hier? Dagegen treten alle Einwände zurück.

Was kann ein Wettbewerb leisten?

Es ist wichtig, sich von vornherein darüber klar zu sein, was man vom Resultat eines Wettbewerbs erwarten darf und kann. Auf der Basis eines Raumprogramms, technischer Vorgaben und im Rahmen einer stadträumlichen Situation, eines in seiner Bebaubarkeit definierten Grundstücks werden Vorentwürfe im Maßstab 1:200 von den Teilnehmern erarbeitet und der Jury vorgelegt. Dabei kann es nicht um die Lösung jedes baulichen oder technischen Details gehen, selbst dem Nutzer oder Betreiber wichtig erscheinende Fragen betrieblicher Organisation müssen nicht in allen Einzelheiten geklärt bzw. richtig gelöst sein. Wichtig ist vor allem die Disposition im ganzen: wieweit ist der »Entwurf« geeignet zur Lösung der Bauaufgabe. Dafür gibt es im wesentlichen drei Kriterien:

- das städtebaulich/stadträumliche Kriterium; die Frage nach der Einbindung in die Umgebung, sei sie gebaut oder Landschaft, historisch bedeutsam oder neu gegründet – zuvörderst also keine grob materiellen Fragen, mehr solche geistiger Auseinandersetzung mit dem kulturellen Kontinuum, mit Erbe und Zukunft. Daneben ist selbstverständlich die positive Auseinandersetzung mit den unmittelbaren Gegebenheiten äußerer Einwirkungen und Zusammenhänge wie Verkehr und anderen unabdingbar.
- das Kriterium der Eignung des Baugefüges für den Zweck des Gebäudes, seine räumliche Organisation in der Hierarchie von Erschließung, Weg und Raum – wiederum eben nicht so sehr im einzelnen als in der Disposition, die Möglichkeiten der Ausdeutung ebenso läßt wie einen klaren Rahmen der Unverwechselbarkeit schafft. Man beschreibt solches vereinfacht als »funktionelle« Gesichtspunkte – die Gefahr dabei ist, daß so eine Trennung von organisatorischen und gestalterischen Fragen vorgenommen wird: die aber sollte es eigentlich nicht geben. Gestalt ist vielmehr immer Teil und kann nicht losgelöst oder dazugefügt werden.
- schließlich das Kriterium der technischen Machbarkeit des Planungskonzepts: ein Entwurf an einem bestimmten Ort und zu einem bestimmten Zweck erfährt ja seine Form auch durch sein Gefüge, seine Konstruktion, seine Bauweise. Die entsteht in Wechselwirkung zu den Auseinanderset-

zungen mit Ort und Funktion und bewirkt im Verschmelzungsprozeß schließlich seine Gestalt. Es ist eben dieser Vorgang der Verschmelzung, der eigentlich architektonische Qualität ausmacht. Daß daneben Gesichtspunkte der Wirtschaftlichkeit der eingesetzten Mittel und des Resultats bedeutsam sein müssen, ist selbstverständlich.

Es ist bereits deutlich geworden, daß die Qualität des Resultats aus einer Vielzahl von Einzelwerten bestehen muß, daß aber entscheidend ist, wieweit aus diesen Einzelbereichen ein Ganzes entstanden ist. Auf dessen Identität, die nicht mit Punkten und Noten meßbar ist, kommt es an. Weil der Verschmelzungsvorgang der auf verschiedenen Ebenen angesiedelten Einzelteile entscheidend ist, bleibt das Resultat auch nicht einfach quantifizierbar.

Das »Pluralismus«-Problem

Alles Vorangegangene wäre einfacher, als Richtschnur für Entscheidungen leichter brauchbar, wenn es Einigkeit darüber gäbe, woran denn nun, neben dem »aus sich heraus« Entstehen, die Gestalt sich orientieren müsse. Wir leben in einer Zeit totaler Kommunikation – jede Information ist verfügbar, alles Wissen kann transportiert und angewandt werden. Technische Möglichkeiten sind beinahe ohne Grenzen, Übereinkünfte zu Formen bestehen nicht. Sie bestanden früher, besonders in der vorindustriellen Zeit, weil dort Grenzen des Verfügbaren gesetzt und Normen über Bedeutungsgehalte gültig waren. Heute gibt es kaum noch Grenzen zwischen der Welt der schnell verbrauchten Konsumgüter und denen unserer gebauten Umwelt, man hat zum Teil vergessen, daß die ja eine Auseinandersetzung mit der Vergangenheit und ein Zeugnis für die Zukunft sein muß. So ist es nicht verwunderlich, daß in einer Zeit vielfältiger geistiger Umbrüche auch die Architektur sich an vielen Leitbildern orientiert und keine einheitliche Sprache – einen Stil – haben kann. So haben wir auch im Wettbewerb es mit ganz unterschiedlichen Ansätzen zu tun gehabt:

- mit Versuchen, die Aufgabe einfach, direkt, funktionell, alltäglich zu lösen
- mit Lösungen, die Vorbilder in der Vergangenheit (architektonische Ordnungen) wieder zu erwecken oder in der Brechung mit neuen Ideen zu verwirklichen suchten
- mit Entwürfen, die bewußt Bedeutung herunterspielen und lockere, schwerelose Gefüge entstehen ließen
- mit Arbeiten, die ästhetischer Ausdruck des technischen Zeitalters sein wollten.

Stichworte wie Funktionalismus, Rationalismus, Historismus, demokratische Architektur, »high tech«, Strukturalismus mögen hierfür Assoziationen liefern und die Diskussion der Fachleute kennzeichnen.

Das Signifikanzproblem

Eine große Rolle mußte die Frage spielen, wie sich die Deutsche Bibliothek darstellt, ob für sie ein spezifischer Ausdruck gefunden werden kann und wurde. Das ist, gerade am vorher Gesagten gemessen, ein schwieriges Problem. Was ist eine Bibliothek? Hat sie andere Mauern, andere Fenster, andere Bauformen – solche, die man erkennen und einordnen kann? Offensichtlich nicht so ohne weiteres. Ein Schlüssel zur Öffnung der Tür zum Unbekannten hätte dabei das Magazin sein können. Es ist aber keinem Verfasser gelungen, auf dem begrenzten Grundstück beides, die allgemeinen Bereiche und das Magazin so unterzubringen, daß nichts zu kurz kam. Wenn man hinterher überhaupt etwas bedauern will, so dies. Die wenigen guten Arbeiten mit ganz oder teilweise oberirdischem Magazin als bedeutsamem baulichem Ausdruckspotential haben entweder die städtebaulich tragbaren Maßstäbe gesprengt oder für die allgemeinen Bereiche einfach nicht mehr genügend Entwicklungsmöglichkeiten gelassen. So mußte sich die Frage nach der Signifikanz des Gebäudes auf einer subtileren Ebene stellen: auf der Ebene unmittelbaren Erlebens als Besucher und Mitarbeiter, nicht auf der Ebene der Fernwirkung. Das muß kein Schaden sein. Dies leistet gerade die Arbeit des ersten Preises in schöner Weise.

Das Problem der großen Zahl

Am Ende, fast mit einem Stoßseufzer, kann dies nicht unerwähnt bleiben. Eine riesige Zahl von Arbeiten, ein großer geistiger Einsatz der Architektenschaft und auch der beteiligten Künstler stand als Herausforderung und Anspruch der Jury gegenüber. Und diese Jury mit Mitarbeitern und Beobachtern war selbst eine große Zahl. Die damit verbundenen Anstrengungen, der Aufgabe und den Beteiligten gerecht werden zu wollen, waren groß.

Das Ergebnis

Es scheint mir unredlich, wie gelegentlich in publizierten Kommentaren geschehen, der Architektur unserer Tage (und dem Resultat des Wettbewerbs) Sprachlosigkeit vorzuwerfen, sie als unfähig, Bedeutung widerzuspiegeln, abzuqualifizieren. Man kann nicht ein halbes Jahrhundert lang Unterordnung, Sachlichkeit, Wirtschaftlichkeit, Zweckmäßigkeit bis zur Selbstverleugnung fordern und dann plötzlich – ohne eine Gesellschaft zu haben, die auf eine entsprechende Rangordnung der Werte verpflichtet wäre, eine Architektur fordern, die glaubwürdig kulturelle Größe und Bedeutung darzustellen vermöchte.

Das Ergebnis des Wettbewerbs ist sicher nicht spektakulär. Aber es ist redlich und sinnvoll – und dies kann mehr sein.

Erhard Weiß

Der Wettbewerb für den Neubau der Deutschen Bibliothek aus der Sicht des Auslobers

Von altersher ist es üblich, für Bauvorhaben von besonderer Bedeutung, die in der Regel auch dadurch gekennzeichnet sind, daß sie mit öffentlichen Geldern finanziert werden, Architektenwettbewerbe auszuloben. So hat auch nie ein Zweifel daran bestanden, daß für die Planung des Neubaus der Deutschen Bibliothek in Frankfurt am Main ein Architektenwettbewerb stattfinden müsse. Durch die Gegenüberstellung von Alternativen ist es den verantwortlichen Institutionen möglich, die beste Lösung für diese komplexe Aufgabe zu finden. Geht es doch nicht nur um die Frage, die vielschichtigen funktionellen Anforderungen durch eine Planung zu erfüllen, bei der durch vernünftige konstruktive Vorschläge wirtschaftliche Herstellungs- und Folgekosten sicherzustellen sind, sondern vor allem darum, den kulturellen Ansprüchen eines Instituts wie der Deutschen Bibliothek sowie den städtebaulichen Vorstellungen Rechnung zu tragen, die man davon selbstverständlich nicht trennen kann.

So hat der Wettbewerbsauslober – die Bundesrepublik Deutschland, vertreten durch den Bundesminister für Raumordnung, Bauwesen und Städtebau, dieser vertreten durch die Oberfinanzdirektion in Frankfurt am Main und letztlich durch das Staatsbauamt Frankfurt am Main – von den Wettbewerbsteilnehmern mit deutlicher Betonung einen architektonischen Beitrag erwartet, der der kulturpolitischen Bedeutung einer Nationalbibliothek entspricht. Neben den städtebaulichen und bauplanerischen Aufgaben sollten sich die Architekten auch mit der Integration von Architektur und Kunst auseinandersetzen.

Dem Auslober war klar, daß das von der Stadt Frankfurt am Main der Deutschen Bibliothek zur Verfügung gestellte Grundstück dem Können der Architekten ungewöhnliche Leistungen abverlangen würde. Die städtebauliche Situation ist durch die bestehende Bebauung, nicht zuletzt durch die benachbarte niedrige, durch eine Servitut in ihren Rechten gesicherte Wohnbebauung des Holzhausen-Viertels, durch die Verkehrsstraßen, die Lage am inneren Rand des Alleen-Ringes, vor allem aber durch die, gemessen am geforderten Bauvolumen, recht geringe Grundstücksgröße bestimmt. Zwar steht nördlich des Alleen-Ringes ein Erweiterungsgrundstück zur Verfügung, doch war vorgeschrieben, die zunächst zu realisierenden 46 000 qm Hauptnutzfläche auf dem Grundstück südlich der Adickesallee unterzubringen.

Unter diesen Umständen war vorauszusehen, daß die gewünschte signifikante Ausformung der Bauaufgabe nicht durch das für Bibliotheksbauten typische Büchermagazin möglich sein würde. Die wegen der Nachbarbebauung vorgegebene Gebäudehöhenbeschränkung mußte dazu führen, neben anderen Räumen auch das für knapp 13 Millionen Exemplare ausgelegte Büchermagazin in den Keller zu legen. Anders als in früheren Zeiten, in denen für die Realisierung der kulturell bedeutenden Baumaßnahmen oft besondere Grundstücke vorgehalten wurden und Fragen der Zulässigkeit der Bebauung kaum eine Rolle spielten, müssen wir uns heute mit den tatsächlichen Verhältnissen und darüber hinaus mit den in vielfältiger Weise differenzierten gesetzlichen Bestimmungen auseinandersetzen. Das geht so weit, daß ein innerhalb des Straßengevierts noch bestehendes Wohngebäude nicht zur Arrondierung des Grundstücks erworben werden konnte und nun seinerseits sogar Maßstäbe für die geplante Bebauung setzt.

Das »Zauberwort«, mit dem all die städtebaulichen, baurechtlichen und planerischen Probleme gelöst werden sollen, heißt Integration. Darunter darf man nun allerdings nicht, was fälschlicherweise oft geschieht, die ängstliche Anpassung eines neuen Gebäudes an die vorhandene Situation verstehen, sondern, in des Wortes korrekter Interpretation, das Zusammenfügen unterschiedlicher Elemente zu einer Einheit von ausdrucksvollerer Bedeutung. Allen am Wettbewerb beteiligten Fachleuten war von vornherein klar, daß sich die Meinungen über die Erfüllung der Aufgabe an dieser Anforderung entzünden und klären würden.

Zum festgesetzten Termin am 16. 3. 1982 gaben 155 Wettbewerbsteilnehmer ihre Arbeiten im Staatsbauamt Frankfurt am Main ab. Die Vorprüfung hatte eine äußerst umfangreiche Arbeit zu leisten, die insgesamt fünf Monate in Anspruch nahm. Es sollte sich zeigen, daß die außerordentlich gründliche Vorprüfung eine wesentliche Voraussetzung für die Arbeit des Preisgerichts war, die anders kaum sachgerecht zu bewältigen gewesen wäre. Wegen der großen Zahl der Wettbewerbsteilnehmer, vor allem aber wegen der Bedeutung der Aufgabe waren drei volle, überlange Arbeitstage erforderlich, um die Preisträger zu ermitteln. Es waren außerordentlich harte Arbeitstage, nicht nur wegen des geistigen Anspruchs infolge der Zahl und Qualität der eingereichten Wettbewerbsarbeiten, sondern auch in physischer Hinsicht. Der harte Betonfußboden in den großen, über zwei Geschosse verteilten, unausgebauten Büroräumen, in denen die Arbeiten sehr übersichtlich aufgebaut waren, machte sich nicht nur bei den älteren Teilnehmern an der Preisgerichtssitzung bemerkbar.

Als außerordentlich sachgerecht erwies sich die Entscheidung, für einen so großen und umfangreichen Wettbewerb ein von der Zahl her kleineres Preisgericht zu berufen. Wenn auch an allen, den Entscheidungen vorangehenden Beratungen sowohl die stellvertretenden Preisrichter wie auch die anwesenden beratenden Fachleute ohne Einschränkung oder Redezeitbeschränkung teilnehmen konnten, waren die endgültigen Beurteilungen doch von einer kleinen, überschaubaren Zahl von fünf Fach- und vier Sachpreisrichtern zu verantworten. Die intensiven Auseinandersetzungen um die angebotenen architektonischen Lösungen mündeten stets in einen Entscheidungsprozeß, der sich durch klare Abstimmungsverhältnisse auszeichnete. Man nahm sich viel Zeit mit den Beratungen und Diskussionen, um möglichst auch noch die letzten Unsicherheiten auszuräumen und zu eindeutigen Entscheidungen zu kommen. Die für eine erfolgreiche Preisgerichtsarbeit erforderliche Gruppendynamik ist gewisser zu erwarten, wenn bei kleiner Zahl der Beteiligten Fraktions-, manche nennen es Cliquen-Bildungen gar nicht erst aufkommen.

Nachdem am dritten Tag die schriftlichen Beurteilungen entworfen, zur Diskussion gestellt, kritisch durchleuchtet und verabschiedet worden waren, war die schwerste Arbeit getan; nun mußte die Rangfolge der mit Preisen auszuzeichnenden Arbeiten festgelegt werden.

Dieser Aufgabe unterzog sich das Preisgericht unter dem Eindruck aller gewonnenen Erkenntnisse und des fortgeschrittenen Meinungsbildungsprozesses mit großer Gewissenhaftigkeit, die ihren Ausdruck in der ständigen Rückkoppelung und dem qualifizierenden Vergleich der verschiedenen Lösungsansätze und Lösungen fand. Schließlich, gegen 18 Uhr, fiel die Entscheidung über den ersten Preis zugunsten der freien Architekten BDA Prof. P. Färber und Prof. R. Hoechstetter aus Darmstadt.

Versucht man einmal, dem Ergebnis des Wettbewerbs frei von baufachlichen Zwängen gerecht zu werden und sich ein Urteil über seinen Erfolg zu bilden, so ist das angesichts der Fülle des vorgelegten Materials und angesichts der hohen Erwartungen, mit denen die Auslober, das für die Deutsche Bibliothek zuständige Bundesministerium des Innern und die Gremien der Deutschen Bibliothek selbst an diese wahrhaft epochale Aufgabe herangegangen sind, sicherlich nicht leicht. Das kommt auch in den kritischen Auseinandersetzungen mit der Bauaufgabe zum Ausdruck, die in mehreren großen Tageszeitungen zu lesen waren. Die kenntnisvoll abwägenden Beurteilungen der vorliegenden Entwürfe sind gerade in ihrer Differenzierung außerordentlich aufschlußreich.

Eine Bewertung, von allen Fachleuten unterschiedlichster Fachrichtung und einer interessierten Öffentlichkeit gleichermaßen einhellig begrüßt, könnte sich, falls es sie heute überhaupt noch gäbe, nur an traditionellen

Strukturen orientieren. Bei der Frage, wie ein Bibliotheksgebäude gebaut werden muß, um auch in 50 Jahren noch funktionsfähig zu sein und um zugleich der dann lebenden Generation als überzeugendes Beispiel für die Fortsetzung der Tradition der großen Bibliotheksgebäude zu gelten, müssen die Meinungen zwangsläufig auseinandergehen. In unserer pluralistischen Gesellschaft, über die wir immer glücklich sind, wenn wir an unsere eigene Meinungsfreiheit denken, der gegenüber wir aber große Bedenken haben, wenn wir feststellen müssen, daß andere ganz anderer Ansicht sind, ist das nicht anders möglich. Hier hilft sicherlich die Toleranz weiter, zu der die Gesellschaft inzwischen gefunden hat und die Erkenntnis, daß insbesondere in Sachen der Kunst – und Architektur ist Baukunst – der bei anderer Gelegenheit äußerst zweckmäßige demokratische Meinungsbildungsprozeß nichts ausrichten kann. Es gibt nicht viele bedeutende Kunstwerke, die schon bei ihrer Entstehung öffentliche Zustimmung fanden und sie sich auch im Laufe der Geschichte bewahren konnten. Darum sind früher oft nicht bestimmte Kunstwerke in Auftrag gegeben worden, sondern Künstler wurden beauftragt, nach Programmvorgaben Kunstwerke zu gestalten. Neben dem Ziel, in der Konkurrenz verschiedener Vorschläge die nach den Möglichkeiten der ersten Bearbeitungsphase beste Lösung zu ermitteln, führt auch ein Bauwettbewerb dazu, den Architekten zu finden, mit dem die Bauherrschaft vertrauensvoll zusammenarbeiten kann. Der Weg vom Wettbewerbsentwurf zum fertiggestellten Bau ist lang und keine breite Chaussee.

Die Bundesbauverwaltung, die nach den Bestimmungen für Bundesbauten bei der Bauvorbereitung und bei der Durchführung der Bundesbaumaßnahmen Rechte und Pflichten des Bauherrn wahrzunehmen hat, steht vor einer verantwortungsvollen Aufgabe, die ihr niemand abnehmen kann. Wirtschaftliche Gesichtspunkte, die nicht nur in den voraussichtlichen Investitionskosten, sondern auch in den zu erwartenden Folgekosten ihren Niederschlag finden, sind von ebenso großer Bedeutung wie die baukulturellen Ziele, denen besonders das Bauvorhaben für die Deutsche Bibliothek gerecht werden muß. Hier sind Entscheidungen zu treffen. Glücklicherweise ist es keineswegs so, daß baukünstlerische Leistungen erst bei hohen Baukosten möglich sind. Erinnern wir uns einer Blütezeit baukünstlerischen Schaffens, der italienischen Renaissance nämlich, und daran, daß die damaligen Baumeister, deren scharfes, skrupelloses Konkurrenzverhalten uns von Giorgio Vasari überliefert ist, vor allem mit ihren bautechnischen Ideen und der Wirtschaftlichkeit ihrer Vorschläge den Wettbewerb bestritten haben. Aus dem Zusammenklang von Wirtschaftlichkeit, Bautechnik und baukünstlerischen Fähigkeiten entstanden im Wettbewerb die Leistungen, vor denen wir alle bewundernd stehen. Heute ist es nicht anders als in der Renaissance. Wie damals sprechen auch heute gute Gründe dafür, dem Wettbewerbsergebnis zu vertrauen.

Weniger erfreulich wäre es indessen, wenn unsere Zeit in einem anderen Punkt der Renaissance zu vergleichen sein sollte. In Vasaris Biographie Filippo Brunelleschis kann man folgenden Satz lesen: »Als die Künstler und Bürger hörten, Filippo sei das Werk übertragen, erschien es dem einen gut, dem anderen schlimm, wie dies zu allen Zeiten mit den Meinungen des Volkes, der Schwätzer und der Neider gewesen ist. Während man daher die Steine herbeischaffte, um das Mauerwerk anzufangen, erhob sich unter den Künstlern und Bürgern eine Partei, die den Konsuln und Werkmeistern entgegentrat. Sie sagten, dies sei ein unüberlegter Schritt ... eine ganz unmenschliche und grausame Wut steckt in denen, die, vom Neide blind gemacht, im Wettkampf des Ehrgeizes Ruhm und herrliche Werke in Gefahr bringen ...«[1]

1 Vasari, Giorgio: Künstler der Renaissance. Hrsg. von Fritz Schillmann. Berlin 1948. S. 51.

Hans Küppers

Hervorheben oder einfügen

Es ist vielleicht in Vergessenheit geraten, daß die erste deutsche Nationalbibliothek ihren Platz auf der Galerie der Paulskirche hatte. Das war 1848, als die in Frankfurt tagende erste deutsche Nationalversammlung die Gründung einer Reichsbibliothek beschloß und die Paulskirche zur Stätte des freien Wortes machte. Frankfurt am Main ist traditionell ein Ort politischer und geistiger Freiheit, eine Standortbedingung für den Sitz der Deutschen Bibliothek – wichtiger noch als die geographisch zentrale und verkehrsgünstige Lage.

Die Frankfurter sind stolz darauf, daß die Deutsche Bibliothek 100 Jahre später wieder den Sitz in den Mauern ihrer Stadt fand. Nicht innerhalb der historischen Stadtmauer zwar, dem Ring der Wallanlagen, sondern innerhalb des zweiten Ringes, der die Stadterweiterung des 19. Jahrhunderts umschließt. Der Frankfurter Oberbürgermeister Franz Adickes ließ diesen Ring von Boulevards um die Jahrhundertwende anlegen. Der künftige Standort der Deutschen Bibliothek (vgl. den Stadtplanausschnitt S. 39) liegt wie der bisherige an einem Schnittpunkt dieses Alleengürtels mit einer in die Stadtmitte führenden Radialstraße. Er ist daher sowohl mit der Frankfurter City und ihren zentralen Einrichtungen wie mit dem übergeordneten Verkehrsnetz verbunden und so für den örtlichen und überörtlichen Benutzerkreis – vorwiegend Wissenschaftler und Studenten – außerordentlich gut erreichbar. Von der Innenstadt und dem Hauptbahnhof aus fährt man zur neuen Bibliothek mit der U-Bahn, von der Universität mit dem Bus über den Alleenring. Der nächste Autobahnanschluß Miquelallee ist kaum 2 km entfernt. Der Bau des Alleentunnels, der durch die Stadt- und Verkehrserweiterung dieses Jahrhunderts notwendig geworden ist, wird die Lagegunst noch verbessern und die Störungen durch das hohe Verkehrsaufkommen vermindern.

Die innerstädtische Randlage bietet weitere Vorteile: genügend Fläche und sogar Erweiterungsmöglichkeiten für den seit der ersten Büchersammlung auf der Paulskirchengalerie gewaltig gewachsenen Platzbedarf für Bücherspeicher, Verwaltung, Leseräume und Parkplätze; dazu eine ruhige Umgebung von Wohnvierteln, Verwaltungsbauten, Krankenhäusern und großflächigen Grünanlagen. Lage und Nachbarschaft entsprechen der Bedeutung der Einrichtung: In der Nähe dieses Kreuzungspunktes wichtiger Einfallstraßen in die Stadt liegen zentrale örtliche und überörtliche Einrichtungen. Vis-à-vis setzt das klassizistische Säulenportal zum Hauptfriedhof einen feierlichen Akzent. An der Adickesallee reihen sich die Bauten der Oberfinanzdirektion, des Landesarbeitsgerichts, der Außenstelle des Bundesernährungsministeriums, des Hessischen Rundfunks, und nicht weit in einer Parkanlage erhebt sich das Gebäude der Deutschen Bundesbank.

Im Unterschied zu den genannten öffentlichen Bauten der 50er und 60er Jahre, die alle an der Außenseite des Alleenrings entstanden und nach der architektonischen Auffassung ihrer Zeit als Einzelbauten frei in ihre Umgebung gestellt worden sind, erfordert der Standort der Deutschen Bibliothek eine stärkere Anpassung an die gewachsene bauliche Umgebung. Diese Forderung entspringt einem gewandelten Denken in Architektur und Städtebau, das sich auch in dem Wettbewerb zum Neubau der Deutschen Bibliothek niederschlägt. Dieser Denkwandel berührt die Frage des Hervorhebens und Einfügens. Daß dies nicht nur eine ästhetische Frage ist, hat Frankfurts jüngere Baugeschichte gezeigt: Nicht von ungefähr ist das Wort »städtebauliche Dominante« zum Reizwort geworden. Es zeigt sich darin ein Umdenken, das stärker auf bauliche Gesamtheiten zielt und das Einzelne mit dem Ganzen in Einklang zu bringen versucht.

Nach einer Zeit, in der alles Planen von der Funktion des Einzelbauwerks, sei es Gebäude oder Verkehrsanlage, ausging, wird heute die Integration von Verkehrsanlagen, Grünanlagen und Bauten zu Gestalteinheiten gesucht. In Architekturtheorie und -praxis wird die Stadt als Ganzes, als eigener zu gestaltender Baukörper wiederentdeckt. Die Freude an formalen städtebaulichen Gestaltungssystemen und das neuerwachte Interesse an traditionellem Städtebau, insbesondere des 19. Jahrhunderts, mit seinen Achsen, geometrischen Plätzen, Rastern und Diagonalen erlauben sogar, von einer *Renaissance der Stadtbaukunst* zu sprechen.

Das starke Bedürfnis der Orientierung erlebbarer Ordnung hat auch im Städtebau – nach einer langen Zeit der Diskriminierung formaler Gestaltung als »Formalismus« – zur Emanzipation der Form von der Funktion verholfen. Es wird wieder anerkannt, daß der Form eine eigene selbständige Funktion zukommt als Ordnungs-, Schmuck- und Bedeutungselement: Architektur ist mehr als nur Design.

Das Vokabular ist bereits vielfältiger, farbiger und geistreicher geworden. Auf der Suche nach neuen Ausdrucksmöglichkeiten wird die Erinnerung an den ganzen reichen Wortschatz der alten wie der modernen Baugeschichte wieder lebendig. So richtet sich die Kritik an der Verarmung der architektonischen Sprache auch gegen den rücksichtslosen Umgang mit der historisch überkommenen Stadtgestalt: Manches, was der Krieg nicht zerstört hatte, zerstörte der Wieder- und Neuaufbau. Als Reaktion darauf und auf die Langeweile architektonischer Massenkonfektion erleben wir ein geschärftes, nicht selten auch überspitztes Denkmalschutzbewußtsein. Es steckt darin allerdings auch ein neues Geschichtsbewußtsein und der Drang nach Wiedergewinnung von historischer Kontinuität und Identität. Der Wunsch nach Erhaltung gebauter Geschichte erstreckt sich dabei nicht allein auf einzelne Bauten oder Ensembles, sondern auf ganze Stadtteile und Stadtstrukturen.

Dem Stadtplaner, der die Stadt nicht als tote Hülle, sondern als lebendigen und wachsenden Organismus sieht, erwächst hieraus der *Konflikt zwischen Erhaltung und Entwicklung*. In Frankfurt wird dieser Widerspruch, der vor allem den verdichteten Stadtkern betrifft, gelöst durch ein Entwicklungskonzept, das einerseits den Gebietscharakter der innerstädtischen Wohngebiete weitgehend respektiert, andererseits aber dem zentralörtlichen Gewerbe Entwicklungsmöglichkeiten an City-Standorten und entlang vorgegebenen gewerblichen Entwicklungsachsen eröffnet. Gestalterisch erlaubt dieses Konzept auch künftig eine vielfältige Palette von Bauformen: vom mehrgeschossigen Stadthaus in einer Blockrandbebauung bis zum vielgeschossigen Bürohochhaus – allerdings im Rahmen einer Gestaltkonzeption, die herausragende Bauten in Stadtbild und Stadtstruktur einfügt und besondere Ansprüche an ihre architektonische Qualität stellt.

Übrigens ist der vor Jahren noch verständlichen Hochhausschelte in Frankfurt inzwischen durch Schaffung von ordnendem und schützendem Planungsrecht die Grundlage entzogen worden, und es ist an der Zeit, ein Wort der Ehrenrettung zu sagen. Tatsächlich bietet sich dem Besucher des Bankenviertels an Taunus- und Gallusanlage gerade durch die moderne Hochhauskulisse ein ganz besonderer großstädtischer Erlebnisraum. Die Alte Oper wirkt mit ihrem gelben Sandstein vor dem Hintergrund silbrig glänzender Fassaden wie ein eingefaßtes altes Schmuckstück, Schauspielhaus und neue Oper sind ein moderner Kontrapunkt, dazwischen die Wallanlagen mit ihren Denkmälern und dem alten Baumbestand von einer – gegenüber dem City-Alltagsbetrieb – erholsamen sonntäglichen Festlichkeit. Die in ihrer stolzen Pracht miteinander wetteifernden Hochhäuser wirken hier keineswegs erdrückend, sondern haben den nötigen Raum, um ihre imposante Ausstrahlung zu entfalten. Mit Recht ist die Mehrheit der Frankfurter Bürger daher stolz auf ihre »Skyline«.

Künftig wird in Frankfurt das Hochhaus nicht mehr die einzige Form des repräsentativen Großbaus sein und kann es auch nicht sein, wenn es nicht in weiten Teilen zur Auflösung der bestehenden Stadtgestalt kommen soll. Im Gegenteil bemüht sich die Stadt Frankfurt mit einer Reihe von Projekten um *Stadtreparatur* in großem Stil. Der Römerberg-Wiederaufbau ist hier von erstrangiger Bedeutung. Ob und wie die Paulskirchenumgebung neu gestaltet werden kann, dazu hat die Stadt eine Reihe namhafter Architekten um Gutachten gebeten. Dabei soll die Berliner Straße, eine Verkehrsschneise aus der Nachkriegszeit, in eine sich einfügende Stadtstraße verwandelt werden. In Sachsenhausen soll das lange brachliegende Gelände an der Darmstädter Landstraße bebaut werden: Die geplante Geschäfts- und Wohnbebauung wird in Höhenentwicklung und Dichte zwischen den maßstabslosen massigen Hochbauten der 60er Jahre und der kleinmaßstäblicheren Umgebung zu vermitteln versuchen.

An Konrad-Adenauer-Straße und Friedberger Tor soll das Ergebnis eines städtebaulichen Ideenwettbewerbs verwirklicht werden: Hier wird die Justiz ihren ursprünglichen Wunsch nach repräsentativer Hochhausdominanz zurückstellen, um im Konzert anderer Bauten in einer Blockrandbebauung dieses Eingangstor zur City stadträumlich neu zu gestalten.

*

Auch die künftige Deutsche Bibliothek liegt an einer sehr gestaltempfindlichen Eingangssituation, einem Tor zur erweiterten Innenstadt. An der Innenseite der Adickesallee gelegen steht der Standort unter dem Anpassungsdruck der hier vorherrschenden Stadtstruktur (vgl. Abb. S. 40). Die Randbebauung längs des Alleenrings, die städtebaulich und stadthistorisch den Abschluß des verdichteten Stadtkerns bezeichnet, verlangt nach Schließung. An der Eckenheimer Landstraße und nach Osten ist eine dichte, vier- bis fünfgeschossige Blockrandbebauung aus der Gründerzeit bestimmend. Der gründerzeitliche Eckbau auf dem Bibliotheksgelände selbst steht unter Denkmalschutz. Im Westen schließt sich eine villenartige, zwei- bis dreigeschossige durchgrünte Wohnbebauung an, die besondere Rücksichtnahme erfordert.

Die Bewohner dieses sogenannten Holzhausenviertels wachen eifersüchtig auf die Erhaltung des Gebietscharakters. Dieses Wohngebiet mit einem sternförmigen Straßennetz um den Frauensteinplatz ist vor dem Ersten Weltkrieg entstanden und hat bis heute durch die weitgehende Einhaltung von Bausatzungen (Holzhausen-Vertrag, Knoblauchfeld-Vertrag) sein Gesicht bewahrt. Mitte der 60er Jahre wurde die »Schutzgemeinschaft Wohnviertel Holzhausen« gegründet, die sich zum Ziel setzte, eine Hochhausbebauung auf dem heutigen Bibliotheksgelände zu verhindern. Damals nämlich verfolgte die Stadt entsprechend den städtebaulichen Leitvorstellungen jener Tage das Ziel, nach dem sogenannten Finger-Plan entlang den zum Zentrum führenden Radialstraßen städtebaulich zu verdichten, mit Schwerpunkten um die U-Bahn-Haltestellen. Als ein solcher Schwerpunkt war auf dem heutigen Bibliotheksgelände das »Holzhausen-Center« geplant mit bis zu 20-geschossigen Büro- und Wohntürmen und großflächigem Einzelhandel. Der Schutzgemeinschaft gelang es tatsächlich, einen ersten Bebauungsplan durch eine Normenkontrollklage zu Fall zu bringen. Der konstruktive Vorschlag, das Gelände für den Neubau der Deutschen Bibliothek zu nutzen, kam ebenfalls aus den Reihen dieser Bürgerinitiative. So steckt in diesem Grundstück ein Stück Frankfurter Planungsgeschichte in dem Streit um die Frage »städtebauliche Dominanz oder Integration«.

Welche Antwort auf diese Frage hat der Wettbewerb der Deutschen Bibliothek gegeben? Die bedeutende Einrichtung verlangt nach entsprechend repräsentativer Gestaltung, die Umgebung aber nach Einordnung in die besondere städtebauliche Situation. Hervorheben oder einfügen?

*

Selten wohl hat ein Wettbewerb eine so verwirrende und widersprüchliche Vielfalt von Ergebnissen gebracht. Der Verlust des funktionalistischen Dogmas hat gestalterische Freiheit, aber auch Unsicherheit mit sich gebracht. Es ist ein Zeichen des Umbruchs, in dem sich die neuere Architektur befindet. Die Bandbreite und Gegensätzlichkeit der Vorschläge veranschaulichen beispielhaft die Entwürfe zweier Antipoden: Behnisch und Ungers. Behnischs »antiautoritärer« Entwurf (vgl. S. 112) weist jede Unterordnung unter die gegebene städtebauliche Struktur ebenso zurück wie die Darstellung von Bedeutung und Repräsentanz durch entsprechende bauliche Hervorhebungen. Er leugnet Zwänge und Hierarchien, die freie Form vermeidet strenge Ordnungen und selbst den rechten Winkel, wo es geht. Es ist eine spielerische abstrakte Raumplastik, die für sich sprechen will und symbolische Aussagen vermeidet. Diese offene Landschaftsarchitektur, wie Behnisch sie selbst nennt, bietet – von innen nach außen entwickelt – sicherlich eine sehr schöne Abfolge fließender Innenräume, zerfließt aber nach außen ins Unbestimmte. Das Gebäude ist konzipiert für ein Stück freier Parklandschaft, wirkt hier jedoch in dieser Umgebung wie ein bewußter antiurbaner Affront.

Ganz anders Ungers (vgl. S. 265). Seine selbstbewußt-»autoritär« gesetzte Außenform bestimmt das Innere. Er führt längs der Adickesallee und längs der Eckenheimer Landstraße die Blockrandbebauung fort, und zwar in Form einer massiven abwehrenden Mauer, mit einem Zinnenkranz gekrönt und durchbrochen durch Fenster, die in ihrem Lochcharakter den Eindruck eines Festungsbauwerks noch verstärken. Dahinter erhebt sich, die Mauer hoch überragend, ein Magazinturm in Form eines gewaltigen Würfels. Anders als der Freigeist Behnisch interpretiert Ungers die Deutsche Bibliothek als Hort deutschen Dichtens und Denkens: Architektur als strenge, den Ort interpretierende und überhöhende Symbolsprache.

Der mit dem Ersten Preis ausgezeichnete Entwurf von Färber und Hoechstetter aus Darmstadt vermeidet Extreme (vgl. S. 78). Er widersteht der Versuchung, der Bedeutung des Bauwerks auf Kosten der Umgebung zum Ausdruck zu verhelfen. Statt dessen würde seine Realisierung »zu einer städtebaulichen Abrundung und Aufwertung des Baugebietes zum Nutzen der gesamtstädtischen Struktur wie auch der unmittelbaren Nachbarschaft führen« (Preisgericht).

Der Entwurf nimmt da, wo es zwingend ist, die vorhandenen Höhen- und Fluchtlinien auf: Mit Respekt vor dem historischen Stadtkörper wird die Innenseite des Alleenringes baulich fortgeführt und geschlossen; an der Ekkenheimer Landstraße schließt die Blockrandbebauung rücksichtsvoll an das bestehende Restgebäude an. Der Außenraum des Gebäudes wird zum Innenraum der Stadt. Diese betont städtische Konzeption geht in einem rückwärtigen Gartenbereich in die dortigen Wohnhausgärten über und verträgt sich mit der villenartigen Wohnbebauung. Der Blockrand bildet einen urbanen Straßenraum und schließt zugleich das Innere von Lärm und Hektik der Großstadt aus. Die repräsentative Gestaltung beschränkt sich auf architektonische Elemente wie die umlaufenden Säulenarkaden, die wie ein Leitmotiv wiederkehren, um auch dem im inneren Park gelegenen Lesesaal eine fast tempelartige Überhöhung zu geben. Überhaupt weckt der Entwurf mit seinen strengen geometrischen Formen Assoziationen und Erinnerungen an klassische Bautraditionen, dies aber in einer modernen Sprache. Ohne dramatischen Kontrast lebt die Anlage doch vom spannungsvollen Widerspruch: zwischen Außen und Innen, Offenheit und Geschlossenheit, urbaner Hektik und ruhiger Abgeschiedenheit, zwischen Natur und Technik, Tradition und Moderne. Sie fügt sich mit unaufdringlichem Selbstbewußtsein in die Umgebung ein, hervorgehoben vor allem durch die Qualität der Architektur.

Gerhard Schlitt

Der Wettbewerb Deutsche Bibliothek

Ein Blättern in den Erläuterungsberichten

Bis zum Barock und Rokoko wurde in der Innenarchitektur von Bibliotheken das Buch, der Buchrücken, in die gestaltete und sichtbare Architekturform als künstlerisches Element einbezogen – zumindest als ›Tapete‹. Es war den weltlichen und geistlichen Besitzern ein Bedürfnis, dadurch ihre Belesenheit und Gelehrsamkeit zu demonstrieren.

Erst in den letzten zwei Jahrhunderten verschwanden die Bücher mehr und mehr in gestaltungsneutrale Magazine. Die Lesesäle wurden abgetrennt und erhielten eine zentrale, architektonische Funktion. Derartige eigenständige Magazinbauten sind sicher eine Folge der steigenden Zahl an Publikationen, sie verraten aber auch eine veränderte Haltung der Bibliothekare (als Bauherren) und der Architekten zu den Bibliotheksgebäuden und zum Umgang mit Büchern und ihren Benutzern. Nach außen hin trugen die Bibliotheken selbstverständlich immer das Architekturkleid ihrer Epoche. Sie unterschieden sich in keiner Weise von anderen repräsentativen Profan- oder Kirchenbauten wie Schlössern, Justizpalästen, Museen, Militärbauten, ja sogar Kirchen. Der jeweils vom Bauherren oder vom Architekten für angemessen oder für repräsentativ gehaltene Formenapparat mit Versatzstücken wie Portikus, Kuppel, Treppenhausanlagen, Quer- und Längssälen wurde auch bei Bibliotheken angewendet.

Della Santa's Reformplan einer dreigeteilten, nach funktionellen Gesichtspunkten zusammengefügten Bibliothek aus dem Jahre 1816 wirkt sich ordnend nur auf den Grundriß aus. Als Baukörper war sie ein Kasten, dem man im Prinzip jede beliebige Architekturhülle überstülpen konnte. Die selbstgestellte Frage ›In welchem Style sollen wir bauen?‹ beantwortete damals (1828) der Großherzogliche Badische Residenz-Baumeister Heinrich Hübsch[1] konsequent folgendermaßen: »Die Gebäude werden sich ganz nach der individuellen Phantasie der einzelnen Künstler, also sehr mannigfach verzieren«, um selbstsicher fortzufahren: »Die aus einer glücklichen Phantasie hervorgegangenen Verzierungen werden ohnehin bald durch die nachahmende Menge vorherrschende Autoritäten werden«. Und kein geringerer als Karl Friedrich Schinkel entwarf zur selben Zeit (um 1825) die Kirche auf dem Werderschen Markt in Berlin zunächst in der Form eines römischen

Tempels und dann (mit Turmanlage) in einem antikischen Stil. Gebaut wurde eine gotische Fassung[2].

Erst Ende des 19. Jahrhunderts sprengten die inzwischen zu hoher Reife entwickelten neuen Konstruktionsmaterialien Stahl und Stahlbeton den reichen Formenkanon der historischen und der historisierenden Stile. Dazu formulierte um die Jahrhundertwende der bedeutende amerikanische Hochhausarchitekt Louis H. Sullivan (1856–1924)[3] die neue architekturtheoretische Grundforderung, daß die Form eines Bauwerks seiner Funktion zu folgen habe (form follows function), ein Grundsatz, der die Baukunst des 20. Jahrhunderts – jedenfalls bis in die 50er Jahre – prägen sollte.

Um 1950 begannen dann Architekten wie Walter Gropius die Architektur aus einer inzwischen oft übermächtig gewordenen funktionellen Erstarrung zu lösen. 1955 schrieb er dazu u. a.: »Es wird mehr und mehr als aussichtslos angesehen, im Zeitalter der Industrialisierung mit den Mitteln einer handwerklichen Periode bauen zu wollen. Man scheitert entweder an finanziellen Schwierigkeiten, herbeigeführt durch die Knappheit an guten Handwerkern, oder man endet mit toten Imitationsprodukten industriellen Ursprungs. Wir können nicht endlose Wiederbelebungsversuche anstellen. Die Baukunst muß sich weiterentwickeln oder zugrunde gehen. Ihr neues Leben muß aus dem gewaltigen Wandel auf dem sozialen, technischen und ästhetischen Gebiet während der letzten beiden Generationen entspringen. Kein Stil vergangener Zeiten kann das Leben der Menschen des 20. Jahrhunderts widerspiegeln. Es gibt in der Baukunst nichts Endgültiges – nur beständigen Wandel.«[4]

Betrachtet man die 156 Entwürfe für den Neubau der Deutschen Bibliothek unter diesen Aspekten, so ist es nicht verwunderlich, daß nicht *der* Entwurf dabei herausgekommen ist: Weder kann das Symbol ›Bibliothek‹, wie auch Günther Pflug schlüssig nachgewiesen hat[5], zu einer unverwechselbaren Gestalt führen (es sei denn, man nimmt die dreigeteilte Version mit Lesesaal-, Verwaltungs- und Magazinbereich als langweiligen Notbehelf im Sinne von Sullivan), noch gibt es in den vielen Ausprägungen moderner Architektur Stilelemente, die eindeutig für eine zentrale kulturelle Einrichtung, wie sie die Deutsche Bibliothek darstellt, verwendet werden können. Insofern hat die Klage in der Frankfurter Allgemeinen Zeitung, daß bei dem Wettbewerb für die Deutsche Bibliothek »im Heer der grauen Mäuse die am wenigsten graue Maus gesiegt habe«[6], nur zum Teil etwas mit architektonischer Qualität, aber viel mit der gegenwärtigen Entwicklung der Architektur zu tun.

Architekturzitate, wie französische Revolutionsarchitektur (Goldapp, Klumpp; Bremen) oder die Staatsbibliothek Preußischer Kulturbesitz von Hans Scharoun (Dörfler; Berlin. Wisniewski, Reuter; Berlin) konnten wenig überzeugen. Solitäre von der absoluten Ausstrahlung etwa des Centre Pompidou in Paris fehlen, weil weder die Bauaufgabe noch das vorhandene Grundstück sie zuließen. Bleibt nur die Überlegung, ob man nicht doch das Buch in der ganzen Breite seiner Bedeutung oder die gesammelte Büchermasse in irgendeiner Form semantisch verwenden kann.

Es sei daher der Versuch gewagt, aus der Vielfalt der Entwürfe, besonders aber aus den Erläuterungsberichten (überwiegend der Nichtpreisträger), ein paar Vorstellungen hierzu und zu den allgemeinen Bauproblemen der Deutschen Bibliothek in die Erinnerung zurückzurufen. Dabei werden weitgehend, ohne daß dies in jedem Fall gekennzeichnet ist, die Originalformulierungen übernommen.

Repräsentation

Einige Architekten haben sich freimütig und auf sympathische Weise mit dem Problem und den heute möglichen Formen der Repräsentation auseinandergesetzt. Fünf in der Grundhaltung sehr ähnliche Stimmen seien hier zunächst zitiert:

1. In der Bebauung soll die Deutsche Bibliothek deutbar, erkennbar, einprägsam werden. Die stadträumliche Umgebungsstruktur ist dabei zu berücksichtigen. Das heißt, das Bauwerk herausheben, doch gleichzeitig einordnen, unterordnen und anpassen.
   Bestimmbar wird der Baukörper der Deutschen Bibliothek durch Ausdehnung, zusammenhängende Erscheinung und Ausprägung, er wird damit unverwechselbar (Werner; München).
2. Die ständige Veränderung der kulturellen Leitbilder impliziert auch Veränderungen im Bereich von Kunst und Architektur. Was ist dann aber ein angemessener repräsentativer Ausdruck für eine derartige Bauaufgabe? Ein bißchen Wilhelminisch oder gar ein Schuß Weinbrenner? Wir meinen, daß sich eine solche Forderung an den kulturpolitischen Grundwerten unseres Gemeinwesens orientieren muß mit dem Ziel einer Entwicklung in Freiheit. Das Gesamtkonzept verwirklicht diese Idee, der Entwurf läßt derartige Aspekte antizipatorisch aufleuchten. Es ist also keine ›Heldengalerie‹ für eine intellektuelle Elite, die dem Anspruch einer solchen Bibliothek gerecht werden kann, vielmehr ist ein hohes Maß an Offenheit geboten (Schuster; Duisburg).
3. Das Gebäude – oder der Rahmen – kann und darf nicht nur funktionelles Behältnis von gesammeltem Wissen sein, sondern muß den unersetzbaren Wert seines Inhalts darstellen – repräsentieren. Der Begriff ›Repräsentation‹ ist in unserer Zeit nicht zweifelsfrei – wohl nicht immer zu Unrecht – dennoch muß an dieser Stelle gesagt werden, daß das ›Nicht-Herausstellen‹ der entscheidenden Phänomene unseres Lebens Zweifel an der

Substanz und der Vitalität unserer Zeit und Gesellschaft entstehen läßt. Es gilt hier also Wert zu repräsentieren, nicht im Sinne des überheblichen Triumphs, aber dennoch mit Stolz und Achtung vor dem Geleisteten. Die sensible Balance zu finden, ist die wichtigste Aufgabe des Gestalters (Sievers und Partner; Braunschweig).

4. Sicher wäre es sinnvoll, wenn sich das ›Gehäuse‹ dieses Organs unserer Gesellschaft ›Nationalbibliothek‹ an den stetigen Tendenzen deutscher Architektur orientieren würde und damit die sich in kurzen Abständen auf- und abbauenden Architekturmoden vermeiden könnte (z. B. Brutalismus, Metabolismus, Strukturalismus, Rationalismus, Postmoderne, high-tech usw.), Strömungen, die den Problemen des Augenblicks folgen ... Wir müssen also das ›Höhere‹ finden, das, was hinter, besser: über unserem Alltag steht ... (Behnisch und Partner; Stuttgart).
5. Die Deutsche Bibliothek soll als eine einmalige nationale Einrichtung die ihr gebührende unverwechselbare Ausstrahlung besitzen und darf ohne weiteres ein gewisses Maß an Monumentalität aufweisen (Arat, Kaiser, Kaiser; Stuttgart)

Folgerichtig versucht man, die repräsentative Ausstrahlung ganz allgemein in der Signifikanz der Architekturform selbst (Schmidt; Eschborn. Rohde; Hannover) oder in der klaren Ausformung der Baukörper-Gruppe (Kutschera; Hamburg. Ritzmann; München) zu finden. Wobei z. B. die Terrassendynamik (Wisniewski, Reuter; Berlin), ein Grünhügel (Fuss, Trögl; Frankfurt) oder ein Solitär (Peters, Peters; Hamburg) zur ›unverwechselbaren Gestalt‹ führen. Selbst die Gestalt des Buches wird inhaltsträchtig zum Baukörper, dessen Aussagekraft wohl nur vom Flugzeug aus wirksam werden könnte (Rüdiger; Braunschweig. Ostertag; Braunschweig).

Für andere Verfasser ist die repräsentative Ausrichtung des Gebäudes zum Alleenring wichtig (Vorplatz, Fassadengestaltung, Vorfahrt, Haupteingang) (Dersch, Düsterhöft; Stuttgart), sie wollen die Bedeutung des Hauses durch eine städtebauliche Erweiterung des Straßenraumes hervorheben (Gallon; Wiesbaden), ein vorgesetzter Portikus schafft gleichzeitig einen Abstand zum normalen städtischen (Verkehrs-)Geschehen und soll darüber hinaus ›nicht ohne etwas Pathos‹ sein (Deeken, Hoffmann; Lingen). Vom Pathos ist es dann nicht weit zu der – vom Entwerfer selbstgewählten – Schwierigkeit, eine von der Gestaltung her unergiebige Magazinecke an architektonisch wichtiger Stelle ›zum Signum der Deutschen Bibliothek hochzustilisieren‹ (Gutbrod; Berlin).

Traditionsgemäß wird aber häufig auch die Repräsentanz des Gebäudes von innen verstanden (Kersten, Martinoff, Struhk; Braunschweig. Kriwet; Dodenburg). Zentrale Bedeutung hat hier die Eingangshalle (v. Steinbüchel; Frankfurt. Haupt, Haupt; Berlin) und die zum Haupteingang führende Treppenanlage (Müller; Bremen). Genauso leicht finden sich, wie könnte es anders sein, auch Gegenargumente: »Die Eingangshalle sollte – entgegen der Erwartung ›da muß etwas Besonderes passieren‹ – nicht in der üblichen Kälte repräsentativ überhöht, sondern ihrer Funktion als Ausstellungs-, Informations-, Ruhe- und Wartebereich entsprechend ›zurückhaltend – menschlich‹ gestaltet werden« (Braun und Schlockermann, Bayrle; Frankfurt). Wenn einerseits ein absonderliches Zeltdach zu repräsentativem Zwecke das Gebäude überspannt (See; Offenbach), hat man andererseits viel Verständnis für diejenigen, die eine unauffällige Repräsentation durch landschaftsbezogene Materialien vorschlagen (Millhagen; Wedel) oder die Deutsche Bibliothek nicht zu wuchtig, aber dennoch repräsentativ (Golla; Wiesbaden) gestalten wollen.

Oberirdische Magazine

Die Größe und die Bedeutung einer Bibliothek und ihre Eigenart lassen sich ohne Zweifel am einfachsten und am einleuchtendsten dadurch nach außen demonstrieren, daß man die Bücher in einem kompakten, hohen oberirdischen Büchermagazin unterbringt. Durch die erheblichen Lasten und durch die Forderung nach gleichmäßiger Temperatur und konstanter Luftfeuchtigkeit ergibt sich außerdem eine Fassadengestaltung, die diesen Baukörper von allen anderen abhebt. Dazu kommen allerdings Überlegungen zu den Baukosten, der Erweiterungsfähigkeit, der Wirtschaftlichkeit, der funktionellen Anbindung und des Schutzes der Bücher, sowie bei dem Wettbewerb für die Deutsche Bibliothek die Rahmenbedingungen des vorhandenen Grundstücks. Es ist also nicht verwunderlich, daß gerade bei einem derart symbolträchtigen Teil der Bibliothek die Meinungen der Bibliothekare in bezug auf die Vor- und Nachteile oberirdischer und unterirdischer Magazine auseinandergehen. Entsprechend gibt es auch bei den Architekten Verfechter der einen oder anderen Richtung.

Für die einen ist das oberirdische Magazin von der Idee her der wesentlichste Teil der Aufgabe: Die gewaltige Masse des Magazins darf nicht völlig versteckt, sondern sollte bejaht, gezeigt und zumindest in Teilen ›einsehbar, erfaßbar, begehbar‹ gemacht werden. Keineswegs etwa sollte durch ausschließlich unterirdische Anordnung der Magazinflächen der Hinweis auf das Besondere der Bauaufgabe fehlen. Dann würde anstelle einer Deutschen Bibliothek nur ein Verwaltungsbau – wie symbolisch oder repräsentativ auch immer – entstehen. Die entscheidende Qualität der Aufgabe wäre nicht genutzt (Braun und Schlockermann, Bayrle; Frankfurt). Weitere Motive und Formulierungen für eine derartige Lösung sind:

– Erst durch die oberirdischen Magazingeschosse wird die Gestalt einer Bibliothek erreicht (Wisniewski, Reuter; Berlin),

– Das geistige Potential im Buchturm wird durch Architektur und Kunst symbolisiert (Schmidt; Eschborn),
– Das Magazin der Deutschen Bibliothek ist ›Bücherschrein der Nation‹ (Mussow; Rhöndorf) und hat die Bedeutung eines ›(heiligen) Hortes‹ Mussow; Rhöndorf. Arlt, Philipp und Partner; Kreuztal),
– Betonung des Auftrages ›Sammlung‹ durch geschlossenen Magazinturm mit Ecksäule (Ehrensäule mit den Namen aller deutschen Autoren) (Joos, Schulz, Krüger-Heyden; Frankfurt, Braunschweig),
– Das Magazin ist dominanter Blickpunkt der baulichen Gesamtanlage (Kierig; Gifhorn. Andres; Bad Gandersheim),
– Es soll die Assoziation einer ›Bücherpyramide‹ erweckt werden (Golla; Wiesbaden),
– Das Wesentliche der Bibliothek, das Buch, erhält seinen Ausdruck mit dem Magazin-Turm (Ritzmann; München),
– Eine bewußte Darstellung der Deutschen Bibliothek als ›Archivbibliothek‹ wird angestrebt (Speer; Alfeld),
– Der Sammelauftrag der Deutschen Bibliothek als wesentlicher Bestandteil ihrer Aufgaben soll durch das Magazin ins Bewußtsein des Benutzers gerückt werden (Dersch, Düsterhöft; Stuttgart),
– Der Magazinbereich darf nicht ›versteckt‹ werden, sondern die Archivierung der Bücher muß sichtbar gemacht werden – als sinnlich wahrnehmbarer Ausdruck der Kultur, des Reichtums und der Vielfalt des Bildungsgutes Buch und als ›ehrlicher‹ Ausdruck des Auftrages der Deutschen Bibliothek ... Daher: Kein unterirdisches Magazin, sondern turmartige Magazinbereiche mit städtebaulicher Signalwirkung (Werkfabrik; Berlin),
– Das ›erschlagende Volumen des kollektiven Gedächtnisses‹ ist das Symbol der Deutschen Bibliothek (Kresing, Münster).

Mit der Umkehrung dieser Argumentationen läßt sich genauso gut die Unterbringung in Tiefengeschossen begründen:
– Da die Magazinbereiche keine sichtbare architektonische Gliederung sinnvoll darstellen können, sind sie in den Untergeschossen untergebracht (Kersten, Martinoff, Struhk; Braunschweig. Kriwet; Dodenburg),
– Das notwendige städtebauliche Gewicht wird in erster Linie nicht durch Quantität der Baumasse, sondern durch ihre qualitative Ausgestaltung zu erreichen sein. Daher wird eine unterirdische Anordnung der Magazine gewählt (Lindemann, Lindner, Kopp; Mannheim),
– Die Magazine werden als Tresor für das Kulturgut in die Erde eingelassen. Das Buch ist damit Basis für den geistigen und materiellen Oberbau (Eilingsfeld, Kleinert, Utzmann, Wissenbach; Frankfurt).

Wenn also das oberirdische Magazin nicht *die* zwingende symbolhafte Lösung darstellt, muß man sich fragen, ob die Masse an Büchern nicht auf andere Weise ›benutzt‹ werden kann, um das Besondere einer, dieser Bibliothek sichtbar zu machen.

Blick auf Bücher

Erstaunlich zurückhaltend sind die Architekten mit Vorstellungen, in irgendeiner Form den Blick auf eine größere Zahl von (ausgewählten) Büchern freizugeben, sei es für Passanten, die an der Bibliothek vorübergehen, sei es für die Besucher der Bibliothek selbst.

Vorgeschlagen wird z. B., den Benutzungsbereich als Museum der Buchdruckerkunst auszubauen (Peters, Peters; Hamburg), oder im Gebäudeinnern und von der Straße her durch große Öffnungen den Blick nach unten in das Büchermagazin zu öffnen (Wisniewski, Reuter; Berlin. Dersch, Düsterhöft; Stuttgart. Fritz, Stukowski; Darmstadt). Besonders erwähnenswert sind in diesem Zusammenhang jedoch die drei folgenden Vorschläge:

1. Das Schatzhaus, das als sichtbare Spitze des Magazins und Kern der Anlage ... durch eine ›provokante Achse‹ mit dem Eingangsbereich und damit mit der Außenwelt verbunden ist. Ein Mahnmal und Gedenkforum für verfolgte deutsche Denker und für die Verbrennung verbotener Literatur (Altenstein, Dahms; Bremen).
2. Das Bücherhaus, das ein bißchen nach dem Wolfenbütteler Vorbild konzipiert ist. Es steht symbolisch für die Hauptaufgabe der Deutschen Bibliothek: Das Sammeln und Aufbewahren deutschsprachiger Literatur ... Es konfrontiert den Besucher, sowie den in der Bibliothek Arbeitenden, ohne Umwege über abstrakte Kunstwerke, direkt mit der Materie ›Buch‹ ... Es ist Herzstück und Seele einer jeden richtigen Bibliothek ... Es ist Zeichen und Symbol, bietet Identität und Orientierung und wird damit zum Ort des Erlebens ... Es nimmt die Erinnerung an die historischen Sammelstätten wieder auf und setzt damit eine Tradition fort. Funktional bildet das Bücherhaus durch seine zentrale Lage in der gesamten Anlage den Verteiler zu allen Einrichtungen des Gebäudes (Mäckler; Frankfurt).
3. Das aufgeschnittene Magazin: Um die Massenhaftigkeit der zusammengetragenen Millionen Druckwerke ... erlebbar zu machen, ist der Magazinturm an der Ecke Adickesallee/Eckenheimer Landstraße – gleich einem operativen Schnitt – über alle Geschosse, auch in die Untergeschosse, diagonal eingeschnitten und über einen schmalen Steg ›betretbar‹ gemacht. Das Individuum erhält so Einblick in die Innenwelt der Bibliothek, in ihren Organismus, und durch die Vielzahl in die Tiefe laufender, serieller Regale und Gänge eine Vorstellung von der überwältigenden Quantität der gesammelten Archivmasse ... Die räumliche Wirkung des Gebäudeeinschnitts in seiner Dimension ist vergleichbar der einer gotischen Ka-

thedrale oder der Raumwirkung einer stillen, engen, mittelalterlichen Gasse. Bei Tage erscheint die Gasse als Schattenschneise, nach oben begrenzt durch den langen, schmalen Ausschnitt des Himmels. Bei Nacht wird durch Beleuchtung der architektonische Eindruck monumentalhaft verändert. Der Gebäudeeinschnitt ist über seine ganze Höhe verglast. Im Zentrum führt ein gläserner Aufzug zum Vortragssaal auf dem Dach des Magazinturms. Die Auffahrt gibt Einblick in die weiten Geschosse mit ihren unendlichen Regalreihen und Gängen (Braun und Schlockermann, Bayrle; Frankfurt).

In allen drei Entwürfen stecken Vorstellungen, die Qualität haben, die des Nachdenkens wert sind.

Plastik mit Bezug zur Literatur

Darstellungen zur Frage, in welchem Zusammenhang Architektur und Kunst stehen, füllen Bibliotheken. Die Formulierung des Auslobers, daß bei den Entwürfen für die Deutsche Bibliothek »ein architektonischer Beitrag erwartet (wird), der der kulturpolitischen Bedeutung einer Nationalbibliothek entspricht, (mit dem Ziel), die Integration von Architektur und Kunst zu erreichen« hat viele Architekten angeregt, sich auch zu diesem Problem Gedanken zu machen.

Ein Verfasser folgt dem von Sullivan formulierten Grundsatz ›form follows function‹: Der Entwurf sollte eine Synthese aus Funktionalität und Gestaltung bilden (Müller; Bremen). Oder es wird eine integrierte Verflechtung von Kunst und Architektur angestrebt (Haag, Mosny; Stuttgart). Ein anderer leitet den künstlerischen Aspekt nicht von applizierter ›Kunst am Bau‹, sondern von der Architektur als sich selbst genügendem Kunstwerk ab (Herdel; Darmstadt). Dieser Weg kann zu der schlichten Feststellung führen, daß Architektur Kunst sei. Diese komprimierte Aussage wird jedoch sogleich eingeschränkt:

Ein Gesamtkunstwerk, wie in früheren Epochen (z. B. Barock ...) zu formulieren, ist aus grundsätzlichen, aus gesellschaftlichen Situationen und Entwicklungen heute nicht (mehr) möglich. Die Bedeutung eines Gebäudes vom Range der Deutschen Bibliothek kann nur durch erstrangige Kunstwerke unterstrichen werden (Ostertag; Braunschweig). Neue Unsicherheit oder altes Dilemma? Da machen es sich die nächsten Verfasser (selbstbewußt?) wieder einfacher: Die künstlerische Konzeption dokumentiert sich schon in der gewählten Architekturgestalt selbst (Lindemann, Thamm; Braunschweig-Wolfsburg). Oder: Wir betrachten Architektur als Kunst in der sozialen Anwendung. Wir erheben als Architekten nicht den Anspruch, bildende Künstler zu sein, wir messen aber der Architektur die Bedeutung zu, selbst Kunst zu sein – Baukunst. Wir verstehen Baukunst als kulturelle Leistung, welche die sozialen Nutzungsbedürfnisse der Gesellschaft durch eine geistige Konzeption räumlich und städtebaulich gestaltet und funktionell ordnet ... Der Entwurf ist dabei offen für einen Dialog mit Beiträgen der bildenden Kunst (v. Gerkan, Marg und Partner; Hamburg). Auch Entwicklungslinien werden angedeutet: Kunst und Architektur, Kunstarchitektur, Architekturkunst, Kunst als Prozeß, Architektur als Prozeß: Vorbehalten von Räumen für Kunstprozesse (Werkfabrik; Berlin).

Schließlich klingt auch die Resignation des Baukünstlers an, der sich durch die dem Wettbewerb zugrunde liegende Aufgabenstellung einer integrierten Konzeption aus Architektur und Kunst verunsichert fühlt und sich fragt, ob die Architektur selbst als Kunst (Baukunst) gemeint sei. Er gibt sich dann die eher banale Antwort: Dies scheint jedoch nicht der Fall zu sein. Dann: Der Gegenpol (Kunst am Bau) sei eher negativ beleumdet und scheide daher wohl auch aus. Die Konzeption dieses Verfassers sieht demnach folgendermaßen aus: Die Architektur ist in der Gestaltung eher zurückhaltend und bildet mit ihren Strukturen und ihren Materialien ein durchlaufendes Grundmuster, in das Kunst hineingearbeitet ist. An ein sogenanntes künstlerisches Gesamtkonzept ist dabei jedoch nicht gedacht, sondern an Situationen, die von durchaus unterschiedlichen Künstlern gesamträumlich zu gestalten sind, mit Rückwirkung auf die Architektur (Guggenberger; Bochum).

Im folgenden sollen nun einige Möglichkeiten dokumentiert werden, die sich auf Plastiken beziehen, deren Thema irgend etwas mit Literatur im weitesten Sinne zu tun hat. So werden vorgeschlagen:

– Zwei Stalaktiten mit ungleicher Höhe, ausgebildet wie zwei Folianten mit einer eingeschobenen Weltkugel, die den Altbau kaschieren (v. Steinbüchel; Frankfurt),
– Eine Skulptur vor dem Lesesaalbereich als moderne Darstellung des ›Apollonischen Geistes‹ (Wisniewski, Reuter; Berlin),
– Ein Relief am Magazinturm: Ikonografie menschlicher Informationsvermittlung vom Ritzzeichen zum Druck, zur Zeichnung, die Spannweite kalligraphischer Äußerung künstlerisch umgesetzt (Schmidt; Eschborn),
– Eine 60 m hohe Säule aus Stahl und Hartporzellan mit in Porzellan gebrannten handschriftlichen literarischen Zeugnissen (Schmidt; Eschborn),
– Für den Bereich des Haupteingangs Skulpturen mit dem Thema ›Allegorien aus Literatur, Wissenschaft und Künsten‹ (Kutschera; Hamburg),
– Eine Plastik ›Baum des Wissens‹, die über einer breiten Wasserfläche schwebt und daher wirkungsvoll reflektiert wird und räumlich von einem Betonrahmen umschlossen ist, so daß eine Betrachtung von allen Seiten möglich wird (Marino; München),

– Plastische Zeichen auf gebrannten Tontafeln als Wandkörper im Eingangsbereich (Haag, Mosny; Stuttgart),
– Ein ›Dichterhof‹, in dem die Klassiker J. W. Goethe, Friedrich Schiller und G. E. Lessing mit den Schriftstellern der neuen deutschen Literatur ein Statuenensemble bilden (Heinrich, Wörner, Meyer; Dortmund),
– Eine Durchdringung des ganzen Gebäudes mit Schriftkunst als stimmige Korrespondenz zur Architektur, deren eigene Sprache sie nicht nachplappert oder überbetont, sondern aktiv kommentiert (Kersten, Martinoff, Struhk; Braunschweig. Kriwet; Dodenburg),
– Der Weg in die Bibliothek soll keine zielgerichtete Schneise sein ... Man begegnet einer Reihe axial angeordneter Statuen. Sie verstellen den Weg des Besuchers, zwingen zu einer Richtungsänderung und säumen schließlich seinen Weg. Die Statuen symbolisieren die Entwicklung deutscher Kultur. Dichter und Denker, die ›Säulenheiligen‹ dieses Prozesses schlechthin, begleiten den Besucher bis in die Bibliothek hinein, auch wenn sie teilweise von ihrem Sockel gestürzt sind (Schuster; Duisburg),
– Eine Ahnengalerie der Dichter und Denker (Portraitbüsten), Spielereien mit Schriftzeichen, Buchstabenornamente an Wänden und Böden, ein Buch aus Stein (Sack, Böttger; München),
– Schreiben – Lesen und Sprechen – Hören sind die Begriffspaare, unter denen Skulpturengruppen im Eingangsbereich zusammenstellt werden. Diese Menschengruppen verharren in einer Bewegungsphase auf der Freitreppe und stehen im Gespräch in der Passage, sie sollen Kristallisationspunkte für Kontakte unter belebten Menschen sein – ein Forum für deutsche Literatur (Sack, Böttger; München),
– Entlang der Adickesallee sollen eine Reihe von Plastiken die Thematik bedeutender deutscher Literatur widerspiegeln (z. B. Die Blechtrommel) (Grüttner, Dreckhoff; Soest),
– Objekt für den Vorplatz: Eine Reihe von 24 liegenden, beweglichen Hohlkörpern bewegt sich im Laufe eines Tages wellenförmig auf und ab ... Die Formation dieser beweglichen Welle durch feste, steife Flächen assoziiert eine Reihung von Büchern, Ordnern, Akten (Becker, Strauß; Worms),
– Ein Objekt, das an eine riesige Druckmaschine mit unendlich vielen Schriftzeichen erinnert und aus 1000 runden Stahlrohren besteht, die in zwei senkrecht stehenden Gittern voneinander unabhängig hin und her zu bewegen sind (Becker, Strauß; Worms),
– Entlang der Benutzerachse werden alle Buchstaben des Alphabets auf Sokkeln aufgestellt, um zu symbolisieren, daß der ganze Bibliotheksapparat auf der Basis dieser wenigen Elemente aufbaut (Peters, Peters; Hamburg),
– Ein computergesteuerter Bildschirm läßt nach dem Zufallsprinzip Buchsta-

ben in beliebiger Reihenfolge aufleuchten. Im Laufe der Jahre wird so irgendwann jedes Wort erscheinen (Peters, Peters; Hamburg),

- Der Vorplatz wird als begehbare Monumentalplastik ausgeformt, die in der Superstruktur aus ›Drei Dimensionen‹, drei geschichteten Blättern, deren plastische Spannung durch Verschiebung erzeugt wird, besteht. Die Assoziation zu Wellen oder ›Eselsohren‹ ist offensichtlich. In der Mikrostruktur ist an reliefartige ... Veränderungen gedacht, die den Anreiz des Begehens erhöhen. In diesen Reliefs soll eine Symbiose aus Buchstaben (écriture énigmatique), organischen Formen, Schriftzeichen und Körperformen gefunden werden (Chlumsky, Peters; Lübeck. Siebenrock; Kiel).

Ideen

Daneben gibt es aber auch eine Reihe von interessanten Vorschlägen, die wegen ihrer Originalität nicht unerwähnt bleiben sollen. Die erste Gruppe bezieht die Natur ein:

- Ein Aquarium ermöglicht einen entspannten Zugang zum Katalogsaal. Leben und Bewegung werden durch das Wasser und die Fische reflektiert. Dabei entstehen Assoziationen wie ›Der stumme Fisch‹ oder ›Der Mensch evolutioniert aus dem Element Wasser‹. Fließendes Wasser in den Kaskaden am Haupteingang ... sowie die Kaskade mit dem fließenden Wasser zum Garten bilden die Gegenpole (Müller; Bremen),
- Im Zentrum des Hofes, und damit des Gesamtkomplexes, ist – direkt vor dem Haupteingang – eine große Brunnenanlage mit Wasserspielen geplant. Gleichsam wie in einer Oase findet der Besucher hier Ruhe und Entspannung. Er wird zum Verweilen angeregt und andererseits eingestimmt auf den geringen Geräuschpegel im Benutzungsbereich. Der Boden des Brunnens soll durchsichtig sein. Die Decken des Magazingeschosses unter dem Brunnen sind ausgespart: so kann Tageslicht großflächig nach unten fallen – vielfach gebrochen durch die bewegte Wasseroberfläche (Novotny, Mähner; Offenbach),
- Im Mittelpunkt des Foyers ist ein Bündel von vier Säulen geplant, die Treppe, Fahrstuhl, Bepflanzung und Wasserbehälter aufnehmen. Brücken führen von diesem Säulenstamm zu den einzelnen Stockwerken hinüber ... An den Ansätzen entstehen Nischen, Rinnen, Kolke, Wannen und Näpfe für Pflanzen und Wasser ... (Sievers und Partner, Design Studio Drews; Braunschweig),
- Wesentlichstes Element der künstlerischen Gestaltung ist eine ›Kunstachse‹, die sich aus dem Zentrum des Gebäudes mit dem Seerosenteich in den Parkraum parallel zum Wasserlauf entwickelt. Diese Achse kann von allen Seiten eingesehen werden. Sie findet im zentralen Rundtreppenhaus

ihren geometrischen Ausgangspunkt und endet am Wasserbrunnen mit den Kaskaden. Gesäumt wird diese ›Achse‹ durch Plastiken, die sich im Wasser spiegeln und nachts bei entsprechender Objektbeleuchtung den Außenraum markieren (Graff; Stade),

- Von äußersten Schnittpunkten der Sichtbeziehungen weist ein weithin erkennbares, bei Dunkelheit angestrahltes Bündel von Wasserstellen als Blickfang auf das Gebäude hin. Wasser als hier nicht erwartetes Element fließt über mehrere Becken in das Gebäude ein und sammelt sich im Mittelpunkt der Halle in einer Fontänenskulptur. Wasser als Lebensgrundelement fließt die Informationslinie zur Versinnbildlichung von Information als Quell des Geistes entlang und begleitet den Besucher durch die Bibliothek (und kann gleichzeitig als klimatisches Element in den Großräumen verwendet werden) (Deeken, Hoffmann; Lingen).

Eine zweite Gruppe benutzt technische Möglichkeiten:

- An einem entlang der Eckenheimer Landstraße vorgesehenen ›Mediensteg‹ sind große und kleine Bildschirme angebracht. Die kleinen Bildschirme (1,50 × 1,50 m) sind auf Nahentfernung und Selbstbedienung vom Mediensteg aus eingerichtet; die großen Bildschirme (3 × 3 m) übermitteln Informationen in den Straßenraum der Eckenheimer Landstraße. Durch die Bildschirme lassen sich verschiedene visuelle und akustische Informationen vermitteln: Das Einspielen von Videofilmen ist ebenso möglich wie das Einblenden von Buchzitaten, Veranstaltungshinweisen, aktuellen Nachrichten, Diaserien usw. Die Deutsche Bibliothek wird somit nicht nur als Haus des Buches sondern in einem weiteren Sinn als Haus der Medien aufgefaßt ... (Seemüller; Stuttgart).
- Um zwischen Architektur und Kunst eine enge Verknüpfung zu erreichen, wird vorgeschlagen, ein kinetisches Kunstsystem im Bereich der stehenden Glasdächer (Glasdome) – Bereich Information und Buchrückgabe – zu installieren, das sowohl technisch-künstlerisch als auch technisch-anschaulich ist, wie z. B. durch Sonneneinstrahlung und aufsteigende Warmluft sich bewegende Teile mit Speichervermögen, die bei Dunkelheit ihre Bewegungsenergie aufgrund der Speicherung zusätzlich in Strahlung umsetzen, so daß der Effekt einer sich vielfach brechenden Lichtmasse entsteht, nicht zu verstehen als geballte Blitze, vielmehr als sanftes, beruhigendes Schimmern. Dieses wäre auch Ausdruck der sich ständig ändernden, bewegenden, erweiternden, mit Spannungsunterschieden versehenen, deutschsprachigen in diesem Gebäude gespeicherten Literatur (Müller-Sykor; Braunschweig),
- Eine Plastik im zentralen Bereich der Kataloge besteht aus einer Kombination von klassischen Bildhauermaterialien (schwarzem Marmor, Gold-

bronze) und konzentriertem Licht (gelenktem Tageslicht und roten Laserstrahlen): Licht durchdringt feste Materie, wird von ihr reflektiert und erzeugt ein Spannungsfeld ... In der wissenschaftlichen Atmosphäre einer Bibliothek stellt sich der Künstler dieses plastische Ereignis als Anregung zur Meditation über den technischen Fortschritt vor, der, gegen die Menschheit gerichtet, zur Selbstzerstörung führt (Rogalla, Veit; Berlin),
- Am Eingangsbereich kündigen (große) Leuchtbuchstaben die Titel von neuen Büchern kontinuierlich an (Kresing; Münster).

Eine dritte Gruppe bevorzugt Ausstellungen und Kunstsammlungen:
- Aus den Erträgen einer Stiftung ›Kunstwerke der Deutschen Bibliothek‹ wird ein sich stets aktualisierendes Programm finanziert, das von Porträts der Direktoren (sic!) bis zu Waghalsigerem (sic! sic!) reichen könnte (Schroth; Berlin),
- Zur Betonung der kulturpolitischen Bedeutung einer Nationalbibliothek wird ein gesonderter Ausstellungsbereich vorgeschlagen, der in einer Ausstellung (Repräsentation und Aufklärung) Entstehung und Entwicklung der Schrift zeigt (Thema z. B. ›Vom Felsbild zum Alphabet‹) (Benter; Berlin),
- Die Aufgabe, die die Kunst für die Deutsche Bibliothek übernehmen soll, ist nicht auf das Bauwerk zu beschränken. Vielmehr soll die Bibliothek als ein wesentliches Kulturforum für die Stadt und das Land eine entsprechende lebendige Rolle übernehmen. Die Mittel für Kunst am Bau sollten daher zweckgebunden angelegt und von der Bibliothek verwaltet werden. Ein entsprechendes Gremium, geführt von der Deutschen Bibliothek, sollte in Zusammenarbeit mit den regionalen Kunstinstitutionen ein jährliches Konzept ausarbeiten. Das übergreifende Thema künstlerischer Konzepte soll das Buch sein, als der geistige Inhalt des Hauses. Der Ort der Darstellung ist die zentrale Halle. Dort werden in dem räumlichen Tragwerk Vorkehrungen für verschiedene Ausstellungsmöglichkeiten geschaffen ... (Haupt, Haupt; Berlin).

Zwei besonders beachtenswerte Vorschläge sollen schließlich besonders hervorgehoben werden:

1. Sichtbarmachung der Aufgaben und des Inhalts der Deutschen Bibliothek im Stadtbild durch Leitlinien.
   Leitlinie I: Entwicklung der Deutschen Literatur (Wegführung für PKW-Verkehr)
   Leitlinie II: Entwicklung der Drucktechnik (Wegführung in der U-Bahn/S-Bahn)
   Leitlinie III: Entwicklung und Darstellung gedruckter Medienvielfalt (Wegführung für Fußwege) (Drees, Albus, Reif; Düsseldorf).

2. Integriert in die Eingangslösung: Wiederverwendung des noch erhaltenen, schönen Portikus der Frankfurter Stadtbibliothek, die 1825 gebaut worden ist (Groll; Aschaffenburg).

Mit diesen Beispielen wird die Blütenlese aus den Erläuterungsberichten beendet, die keinen Anspruch auf Vollständigkeit erhebt. Selbstverständlich sind die zitierten Vorschläge insgesamt von unterschiedlicher Qualität und aus dem Zusammenhang der Entwürfe gerissen mehr oder weniger problematisch. Vielleicht läßt sich dennoch der eine oder andere pfiffige oder auch skurrile Vorschlag so oder abgewandelt bei der Fortentwicklung der Entwurfsarbeiten mit dem Ziel verwenden, der Deutschen Bibliothek auf kleinen Umwegen doch noch ein unverwechselbares Signum zu verschaffen, das mehr ist als exzellente Verwaltungsarchitektur oder ein gut gestaltetes Firmenschild über dem sicher sehr einladenden Eingang.

Im übrigen kann man den Architekten Braun und Schlockermann nur zustimmen, wenn sie feststellen: »Ansonsten ist die Deutsche Bibliothek zunächst Arbeitsstätte, wenn auch eine besondere!«

Quellen:

1 In welchem Style sollen wir bauen? Beantwortet von Heinrich Hübsch. Karlsruhe 1928, S. 52.

2 Schinkel, Karl Friedrich. (Lebenswerk.) Hrsg. v. d. Akad. d. Bauwesens. Schriftl. v. Paul Ortwin Rave. Berlin: Dt. Kunstverl. Bd. 3.5. T. 1: Berlin, Bauten f. d. Kunst, Kirchen, Denkmalpflege. 1941. S. 254f.

3 Louis H. Sullivan
In: Knaurs Lexikon der modernen Architektur. München-Zürich 1963, S. 264.

4 Gropius, Walter: Architektur – Wege zu einer optischen Kultur. Frankfurt/Hamburg 1956 (Fischer-Bücherei. Bd. 127), S. 64.

5 Pflug, Günther: Der Bibliotheksbau als Symbol.
In: Zeitschrift für Bibliothekswesen und Bibliographie 29 (1982) 6, S. 449–461.

6 Schreiber, Mathias: Block oder offene Landschaft? Zum Wettbewerb um den Neubau der Deutschen Bibliothek in Frankfurt.
In: Frankfurter Allgemeine Zeitung vom 16. 9. 1982.

Die Entscheidungsfindung

Die Preisträger stellen sich vor

R. Hoechstetter

Der Wettbewerb »Deutsche Bibliothek« – aus der Sicht des ersten Preisträgers

Wer die Gelegenheit hatte, die Ausstellung »Wettbewerb Deutsche Bibliothek in Frankfurt« zu sehen, war sicher überrascht von der Vielzahl völlig unterschiedlicher Entwürfe. Die »Bauwelt« kommentiert denn auch in ihrem Heft 38/1982 auf Seite 1608: Da findet sich die »utopische« Space-needle (als Büchermagazin) neben dem »demokratischen« Sechseckentwurf, das standfeste, globigklotzige Rationalismusvolumen neben dem spielerisch-leichten, fast fliegenden Scharounbaukörper, die unterkühlte Hightech-Struktur neben dem Nierentisch.

Diese Tatsache ist charakteristisch für die aktuelle Architekturdiskussion, die gekennzeichnet ist durch das Nebeneinander sehr unterschiedlicher Vorstellungen, die sich in den verschiedensten »Ismen« äußern. Das Nebenein-

ander dieser »Ismen« war auch bei diesem Wettbewerb zu erwarten. Erfahrungsgemäß bleibt die inhaltliche Diskussion über die konzeptionelle Aussage eines Entwurfs hinter der Auseinandersetzung mit Modeströmungen zurück. Konzeptionen werden allzuoft von Formalismen, welche die Zugehörigkeit zu einer bestimmten Gruppe zum Ausdruck bringen sollen, verschüttet.

Was nun den Wettbewerb »Deutsche Bibliothek« angeht, so hofften wir, daß die Bedeutung der Aufgabe eine Diskussion über die architektonische Konzeption geradezu herausfordern müßte. Wir sahen in dieser Aufgabe eine Herausforderung für unsere Arbeitsweise, Konzeption aus einer spezifischen Aufgabe mit dem dazugehörenden Ort herauszuformulieren. Die Auseinandersetzung mit der Aufgabe Nationalbibliothek und Stadt als Kulturträger in ihrer Wechselwirkung war hierbei von Interesse. Wir suchten die Definition der Beziehung Stadt, Landschaft und Haus, wobei es sich bei diesem Haus um eine Nationalbibliothek handelt.

Die Einsicht in die Wettbewerbsunterlagen mit dem relativ komplexen Raumprogramm und die Analyse des vorgegebenen Grundstücks machten sehr schnell deutlich, daß man dieser Aufgabe nicht mit vorhandenen Rezepten gerecht werden konnte. Freiheit und Identifikation bei der Lösung der Aufgabe Nationalbibliothek konnten hier nur erreicht werden durch die spezifische Auseinandersetzung mit Aufgabe und Ort.

Im folgenden einige Erläuterungen zu unserer Arbeit

Das Grundstück an der Ecke Adickesallee, Eckenheimer Landstraße befindet sich in Cityrandlage, es ist gekennzeichnet durch das Aufeinandertreffen sehr heterogener Baustrukturen mit Villenbebauung im Süden und einer Blockrandbebauung zu den großen Straßen. Außerdem haben die umliegenden Straßen unterschiedliche Verkehrsbelastungen und stadträumliche Bedeutungen. Die Adickesallee ist Teil des Alleenrings, die Eckenheimer Landstraße mit U-Bahn führt radial zur Stadtmitte. Die anderen angrenzenden Straßen sind ruhige Wohnstraßen. Im südlichen Bereich des Grundstücks, zwischen den Villen, findet sich ein beachtlicher Baumbestand, den man schon fast als parkähnlich bezeichnen könnte, ansonsten ist das Grundstück nicht allzugroß für das dort unterzubringende Programm.

Diese Bedingungen des Ortes wirkten sich direkt auf die gewählte Konzeption aus.

So sind wir vom Ausdruck städtisch, dort wo es uns erforderlich erscheint, nämlich zur Adickesallee und zur Eckenheimer Landstraße, während unsere Architektur landschaftsbezogen ist beim Lesesaal und dem größten Teil der Büros, die sich zum parkähnlichen Grünbereich hin orientieren. Um diesen Park weiter zu aktivieren und den Maßstabssprung zwischen Bibliothek und Einfamilienhausbebauung zu entschärfen, sind wir mit unserem Gebäude weit abgerückt von den Einfamilienhäusern. Daraus resultieren sich jeweils frei entwickelnde Baukörper und Raumfolgen, die den verschiedenen Funktionen Ausdruck verleihen. Die in der vorgefundenen Situation liegenden Qualitäten hier Stadt – dort Park werden überholt.

Die Nationalbibliothek hat dabei die Aufgabe, Stadt als Kulturträger an diesem besonderen Ort zum Ausdruck zu bringen.

Wir nehmen mit einer Blockrandbebauung an der Eckenheimer Landstraße und der Adickesallee die vorhandene städtebauliche Struktur auf. Um die kulturpolitische Bedeutung der Nationalbibliothek zum Ausdruck zu bringen, geschieht dies allerdings nicht durch Anpassung, sondern durch Überhöhung vorgefundener architektonischer Qualitäten. Im einzelnen drückt sich das z. B. so aus, daß die Fassaden zur Eckenheimer Landstraße und zur Adickesallee zwar die durch das bestehende Eckgebäude an der Cronstettenstraße vorgegebene Blockbebauung zu Ende führen, gleichzeitig aber einen geschützten, repräsentativen Eingangsplatz mit Filterwirkung zu den umgebenden lauten Straßen umfassen.

Um diesen Eingangsplatz gruppieren sich alle für den Stadtraum attraktiven Nutzungen wie Cafeteria und Ausstellungsbereich.

Die Fassade ist in drei Zonen gegliedert, im unteren Teil durch eine zweigeschossige Arkadierung, im Mittelteil durch die Zusammenfassung von zwei Geschossen mittels räumlicher Fenster, die ihrerseits eine Säulenordnung bilden, und einem Attikageschoß. Im Bereich der Hauptportale zum Eingangsplatz wird die Arkadierung überhöht, sie reicht optisch über vier Geschosse und gewinnt daraus ihre Eigenständigkeit und ihren repräsentativen Charakter. Die Frage der Überhöhung ist eng verbunden mit dem Thema der Variation. Während Teile der Bürofassade am Übergangsbereich zum Gründerzeitgebäude die Nachbarfassade überhöhen durch die Zusammenfassung von zwei Geschossen, orientieren sich die beiden Eingangsportale eher am Maßstab des Haupteingangs zum gegenüberliegenden Friedhof mit seiner klassizistisch monumentalen Säulenordnung.

Funktion und innere Erschließung

Alle Bereiche werden über eine großzügige Eingangshalle erschlossen, wobei die Cafeteria und der Konferenzsaal mit Ausstellungsbereich auch direkt vom Eingangsplatz erreichbar sind. Die Eingangshalle, an die alle Funktionen angeschlossen sind, soll dem Besucher die Komplexität der Aufgaben der Deutschen Bibliothek sinnfällig zum Ausdruck bringen. Hierbei wird eine gute Orientierungsmöglichkeit durch räumliche Zusammenhänge angestrebt. Dem Haupteingang direkt gegenüber liegt der Zugang zum Katalogbereich.

Dieser Bereich liegt auf der Ebene ± 0.00 mit gutem Überblick über den Lesesaal. Von hier erreicht man den auf Gartenniveau liegenden Lesesaalbereich. Dieser ist als räumlich differenzierter Großraum mit Galerien ausgebildet. Im Unterschied zum Büroteil ist dieser Bereich betont transparent und filigran gehalten. Hier soll ein Raumeindruck vermittelt werden, den man mit »Lesen unter Bäumen« umschreiben könnte im Einklang mit dem südlich vorgelagerten Grünbereich. Die Vorstellungen des Architekten Labrouste mit seinen Gußeisenkonstruktionen für die Lesesäle der Bibliothèque Nationale in Paris wurden hier auf die spezifische Situation frei ins Moderne übersetzt. Die leichte Stahlkonstruktion ist eine Antwort auf die reizvolle Vegetation der Nachbarschaft.
Stütze – Baumstamm,
Gitterträger – Äste und Zweige.
Die Glaspyramide (Baumkrone) schafft gute Lichtverhältnisse für die Lesesaalbenutzer.

Der Konferenzraum ist ebenfalls separat erschließbar, er ist umgeben vom Ausstellungsbereich, der gleichzeitig als Foyer nutzbar ist.

Zum Büroteil

Die Büros gruppieren sich auf großen zusammenhängenden Geschoßflächen, die eine günstige Zuordnung der Nutzungen ermöglichen, um zentrale Funktionen des bibliothekarischen Dienstes wie: EDV-Anlage im EG und zentraler Dienstkatalog mit Handapparat im 1. OG. Diese Nutzungen sind ihrer Funktion entsprechend als Großraum mit größerer Raumhöhe konzipiert. Sie sind deshalb zusätzlich jeweils auch vom darüberliegenden Geschoß über eine Galerie erreichbar. Sie werden durch Glassheds von oben belichtet. Die mehr allgemeine Verwaltung und der Schulungsbereich sind zur Schlosserstraße hin orientiert.

Bei der Materialwahl für die Fassaden haben wir an eine Sandsteinverkleidung in Anlehnung an andere Kulturbauten der Stadt Frankfurt gedacht.

Soweit man sich an historischen Beispielen orientiert, müssen diese allerdings weiterentwickelt und übersetzt werden. Man kann eine Architekturform nicht ohne weiteres aus ihrem geschichtlichen Zusammenhang herauslösen.

Deshalb konnte es uns nicht um das Darstellen vorgedachter Formen gehen. Bei der Komplexität der Aufgabenstellung in Abhängigkeit von einem spezifischen Ort kann die Idealform nur am Ende, nicht am Anfang einer Entwicklung stehen.

Hierzu ein Zitat von Karl Friedrich Schinkel

»Überall ist man nur da wahrhaft lebendig, wo man etwas Neues schafft; überall, wo man sich ganz sicher fühlt, hat der Zustand schon etwas Verdächtiges, denn da weiß man etwas gewiß, also etwas, was schon da ist, wird nur gehandhabt, wird wiederholt angewendet. Dies ist schon eine halb tote Lebendigkeit. Überall da, wo man ungewiß ist, aber den Drang fühlt und die Ahnung hat zu und von etwas Schönem, welches dargestellt werden muß, da, wo man also sucht, da ist man wahrhaftig lebendig.«

H. D. Kaiser

Erläuterungen zum Wettbewerbs-Entwurf für die »Deutsche Bibliothek« in Frankfurt am Main

Struktur

In der Ausschreibung wurde vom Auslober folgende organisatorische und funktionelle Vorstellung entwickelt: »Dienstbereich, Benutzungsbereich und Magazin bilden – zum Teil die Abteilungsgrenzen überschreitend – die drei großen Funktionsabschnitte, die auch die bauliche Zuordnung bestimmen.«

Diese übergeordnete Strukturidee und die lokalen städtebaulichen Rahmenbedingungen – insbesondere die annähernd dreieckige Grundstücksform mit einer Öffnung zum Grün – haben zu der vorliegenden Gebäudeform geführt: Der Dienstbereich im östlichen Gebäudeflügel und der Benutzungsbereich gegenüber im Westflügel gruppieren sich um eine attrakti-

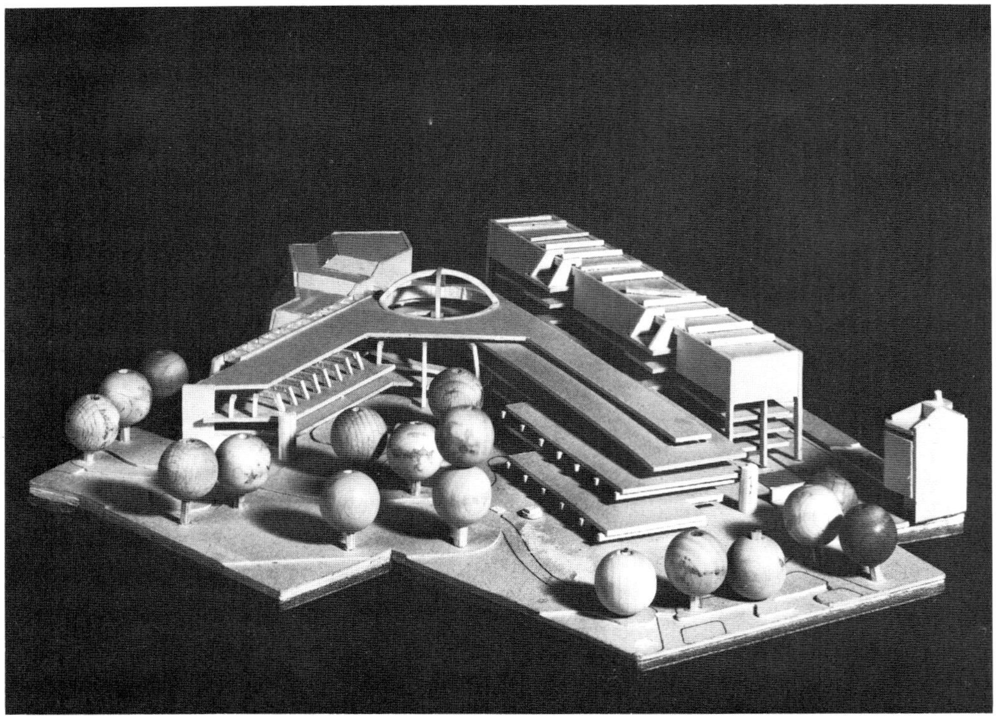

ve, von allen Seiten beeinflußte und erlebbare Mitte, die sich zudem zum Grünraum öffnet.

Die Grundform des Gebäudes bringt somit seine »innere Ordnung« zum Ausdruck und auch im Inneren ist diese große Zwei-Teilung ablesbar und Grundlage des Sichzurechtfindens: An der Spitze des Dreiecks, im Schnittpunkt beider Gebäudeflügel, treffen sich in einer gemeinsamen großen Eingangshalle alle Zugänge für die verschiedenen Bereiche mit ihren vorgeschalteten Kontrollen.

Städtebau

Durch die Konzentrierung der Gebäudemassen mehr am Rande des Grundstücks haben wir die Erhaltung des im Blockinneren befindlichen, wertvollen Grünraums und die Orientierung eines Großteils der Büroräume, der Eingangs-Kataloghalle und der Lesesäle zu diesem Grünraum ermöglicht.

Gleichzeitig haben wir durch das Abrücken des Ostflügels von der Eckenheimer Landstraße den dort befindlichen Arbeitsplätzen die nötige Distanz zur Straße und den Platz für das Pflanzen einer lärmabschirmenden Baumreihe gewonnen. Die an der Eckenheimer Landstraße vorspringenden Büro-Terrassen sollen dem Baukörper hier seine programmbedingte Länge nehmen und zusätzliche Büroräume nach Norden und Süden – weg vom Straßenlärm – orientieren.

Mit beiden Maßnahmen sollte auch der bestehenden Wohnzeile auf der anderen Straßenseite ein maßstäblicheres und humaneres Gegenüber geschaffen werden.

Dienstbereich

Dieser Bereich entwickelt sich konzentriert um zwei linear hintereinander angeordnete Treppen- und Aufzugskerne. Wir haben angestrebt, daß alle Abteilungen einschließlich der Technikbereiche über vertikale und horizontale Wegesysteme – deren Knotenpunkte diese 2 Vertikalstränge bilden – untereinander leicht erreichbar sind.

Dieses Verkehrssystem verleiht dem ganzen Dienstbereich eine Übersichtlichkeit. Dieses System wird auch im Magazinbereich fortgesetzt. Auch dessen Erweiterung nördlich der Adickesallee wird über dieses einfache System erschlossen.

Der Dienstbereich bildet somit konstruktiv und funktionell eine zusammenhängende und komprimierte Einheit und soll bewußt nicht mit dem Benutzungsbereich vermischt werden.

Eine Großzahl der Arbeitsplätze orientiert sich zum Grünraum. Diese Zahl könnte dadurch noch vermehrt werden, daß beispielsweise die EDV-Abteilung und Teile des Dienstkatalogs zur Eckenheimer Landstraße orientiert werden und im Tausch personalintensivere Abteilungen zur ruhigen Innenseite verlegt werden.

Durch das strenge Rückgrat der 2 Vertikal-Knotenpunkte ist auch bei den mit Sicherheit zu erwartenden Umstrukturierungen des Dienstbereichs – über eine längere Zeitspanne gesehen – die Übersichtlichkeit nie gefährdet und eine gute Orientierbarkeit gegeben.

Benutzungsbereich

Der Benutzungsbereich entwickelt sich separat im ruhigen Teil des Grundstücks, von der Mitte ausgehend. Die längs des Grünraums angeordneten Lesesäle bieten fast ausschließlich Leseplätze mit guter Orientierung und schönem Ausblick in den Park. Nur die Einzelarbeitsplätze und einige Spezialräume sind zur Schlosserstraße gerichtet.

In diesem Trakt befinden sich auch die publikumsintensiven und außerhalb der Dienststunden zu nutzenden Gebäudeteile (Konferenz- und Ausstellungsräume, Kantine und Cafeteria).

Durch eine kurze Faltwand im Erdgeschoß kann dieser Bereich außerhalb der Öffnungszeiten abgetrennt werden. Trotzdem erweitert sich das Foyer der Konferenzräume – durch sein Zusammenfügen mit der Ausstellungs-Galerie im 1. Obergeschoß – bis unter die große Glaskuppel. Alle Besucher der abendlichen oder Wochenend-Veranstaltungen erleben die Atmosphäre des weitgespannten und großzügigen Innenraums, obwohl sie nur einen kleinen kontrollierten Gebäudeteil begehen dürfen.

Architektur

Die bewußte Zurückhaltung des Gesamten sollte den eigentlichen Auftrag der »Deutschen Bibliothek« zum Ausdruck bringen, nämlich

- Sammel- und Archivauftrag
- Informationsauftrag
- Dienstleistungsauftrag.

In keinem dieser Aufträge fanden wir eine übertrieben repräsentative Haltung angebracht. Wir fanden es viel angemessener und intelligenter, wenn das rein auf wissenschaftlicher Arbeit basierende Innenleben dieses Gebäudekomplexes sich als »Institutsgebäude oder sonstiges wissenschaftliches Gebäude« darstellen würde und nicht in die Nähe eines nationalen Denkmals gerückt würde.

Durch die enorm große Masse und durch die Wahl zeitloser, solider Materialien (beispielsweise Naturstein-Verkleidungen) und Proportionen wird sich dieser Komplex ohnehin von den umliegenden Strukturen abheben. Wenn letztlich die vielen verschiedenen Inhalte – vom Einzelarbeitsraum bis zum großen Lesesaal – in den Fassaden ablesbar würden, so ergäbe sich eine wünschenswerte Annäherung an die Vielgestaltigkeit der umgebenden Bebauung.

H. W. Joos, R. Schulze, K. Krüger-Heyden

Die Deutsche Bibliothek Frankfurt am Main

Die besondere Bauaufgabe und ihre historischen Vorbilder

Der Auftrag der Deutschen Bibliothek in Frankfurt lautet »Sicherstellung einer vollständigen Sammlung der neuerschienenen deutschen Literatur und ihre bibliographische Erschließung«. Diese Aufgabe wurde so schon vom Mitbegründer und ersten Direktor der Deutschen Bibliothek, Prof. H. W. Eppelsheimer, formuliert.

Anhand auch der baulichen Entwicklung der Deutschen Bibliothek von 1947 bis heute läßt sich nachvollziehen, daß sie sich in Fortsetzung dieses Grundsatzes von einer befristeten Lösung im Zuge der politischen Nachkriegsentwicklung zu einer festen Institution entwickelt hat.

Sie unterscheidet sich damit als einzige zentrale bundesrepublikanische Bibliothek von den anderen Bibliotheken auf deutschem Boden und ist –

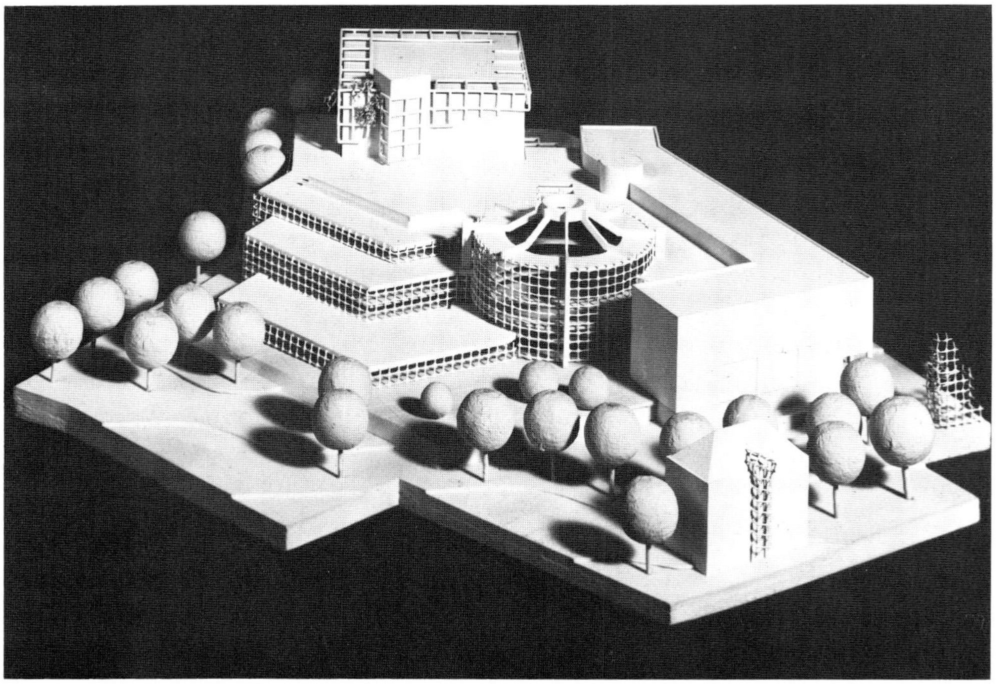

mit Einschränkungen – vergleichbar mit der »Bibliothèque Nationale« in Paris oder der »British Museum Library« in London.

Der für diese Bibliothek formulierte Auftrag stellt zwei Aufgaben in den Mittelpunkt:

– die Sammlung und Archivierung und
– die Bereitstellung der bibliographischen Verzeichnisse, Kataloge.

Auch bei der baulichen Ausformung der genannten historischen Beispiele, wie z. B. bei der Bibliothèque Nationale (1861–67), gebaut in Paris von dem Architekten H. Labrouste (1801–1875), stehen diese Aufgaben im Vordergrund. Gleichberechtigt neben dem Bauteil für die Kataloge und dem Lesesaal steht der Bauteil der oberirdischen Magazine, der sogar mit einem Fenster in der Wand zum Lesesaal und der Verwaltung Sichtverbindung hat. Durch die oberirdische Lage der Magazine konnte er sogar 1954–59 aufgestockt werden, und die »Bibliothèque Nationale« funktioniert bis heute in unveränderter baulicher Form weiter.

Idee

Die beiden großen Aufgaben der Deutschen Bibliothek bestimmen auch die architektonische Ausprägung der vorliegenden Arbeit der Entwurfsverfasser. Die Absicht war, die Hauptnutzungsbereiche der Deutschen Bibliothek auch baukörperlich dominant und unverwechselbar im Entwurf darzustellen.

Diese Absicht hat für den Entwurf vor allen Dingen zur Folge, daß das Magazin nicht nur *versteckt* in den Untergeschossen angeordnet wird, sondern auch als sichtbares Zeichen des Sammlungs- und Archivierungsauftrages an stadträumlich wichtiger Stelle baukörperlich in Erscheinung tritt. Im Entwurf wurde dies so umgesetzt, daß das Magazin gleichsam als sichtbare Basis und Sockelgeschoß, aus dem der signifikante Magazinturm herauswächst, ausgebildet wurde.

Den baulichen Gegenpol und die Ergänzung zum Magazin bilden die Benutzer- und Dienstkataloge – dem bibliographischen Auftrag entsprechend – und die daran angegliederten Lesesäle als weitere zentrale Einrichtung der Bibliothek. Diese Bereiche sind von den Entwurfsverfassern als zentraler, transparenter, alles verbindender offener Raumbereich aufgefaßt worden. Sie bilden in der Gebäudestruktur im kontrastierenden Dialog zum Magazinturm als transparente Rotunde die zweite Großform.

Die transparenten und zum Grünzug heruntergestaffelten Lese- und Arbeitsräume und der Dienstbereich mit der Verwaltung als aufgeständerter Baukörperriegel ergänzen die Gebäudekontur, um die Idee der Darstellung und Dominanz der Hauptnutzungsbereiche zu unterstützen, ohne das Gebäude in eine Addition von Einzelbauteilen zerfallen zu lassen.

Eine weitere Gestaltidee, die sich mit der ersten Gestaltvorstellung zu einer Synthese verbindet, ist durch das umgebende Gelände geprägt.

Der bestehende Grünzug soll in und auf die Gebäudestruktur »gezogen« werden und als Kontrast zu den geschlossenen Baukuben und transparenten Glasflächen wirken. Das vegetative »Grün« soll das Gebäude mit einem Teil Natur einhüllen, wie z. B. bepflanzte Dächer (5. Fassade) und berankter Magazin-»Fels«-Block und auch im Inneren des Gebäudes soll das Grün zu einem lebendigen Dialog zwischen künstlicher und lebendiger Struktur führen.

Dieser Ansatz beinhaltet auch die künstlerische Absicht und ihre Ausgestaltung, das Bauwerk zu einem lebendigen Gesamtkunstwerk – über seine Funktionserfüllung hinaus – zu machen.

Städtebauliche und stadträumliche Bezüge

Für das Grundstück gab es einen städtebaulichen Rahmenplan in Form eines mit den Anliegern und Nachbarn abgestimmten Bebauungsplanvorschlages.

Die Entwurfsverfasser waren, trotz des angestrebten eigenständigen, signifikanten Erscheinungsbildes für die Deutsche Bibliothek, bemüht, die Einhaltung und Aufnahme der städtebaulichen Rahmenbedingungen aus dem Bebauungsplan in bezug auf die Höhenstaffelung, Erschließung, Baulinien etc. zu gewährleisten.

Das Grundstück weist an den verschiedenen Randbereichen sehr unterschiedliche stadträumliche Bedingungen auf.

- An der Eckenheimer Landstraße ist die Blockrandbebauung der umliegenden Straßenquartiere vorherrschend. Zusätzlich wird das Grundstück an der Ecke Eckenheimer Landstraße/Cronstettenstraße durch ein Restbauwerk belastet.
- An der Cronstettenstraße und an der Schlosserstraße grenzt das Grundstück an eine durchgrünte, offene Mehrfamilienhausbebauung im Villenstil an. Der Rückraum der Villenbebauung beinhaltet schöne Gärten, die sich im keilförmigen Grünzug auf dem Planungsgebiet fortsetzen. Das Gelände auf dem Grundstück fällt in Richtung der Gärten ab.
- An der weiträumigen Adickesallee sind größere Freibereiche, z. B. der Friedhof, bzw. die großmaßstäblichen Baukörper, wie z. B. die der Oberfinanzdirektion oder in einiger Entfernung der Hessische Rundfunk, wirksam.

Auf diese sehr unterschiedlichen stadträumlichen Bedingungen geben die Entwurfsverfasser differenziert Antwort.

An der Eckenheimer Landstraße wird durch den langen aufgeständerten Verwaltungsriegel die Blockrandbebauung an dieser Straße mit gleicher Geschossigkeit fortgesetzt und zu Ende geführt. An das bestehende Haus an der

Ecke Cronstettenstraße wird bewußt nicht angebaut, um der Deutschen Bibliothek als besonderes Einzelbauwerk die Aussagekraft auch in diesem Bereich zu erhalten. Ein direkter Anschluß des Bibliotheksbaukörpers ohne Zäsur an das Wohngebäude wird immer zu architektonischen und nutzungsbedingten Fragwürdigkeiten führen.

Ein abschließender Anbau, genutzt als Wohngebäude, ist denkbar, aber die Verfasser haben hierauf bewußt verzichtet, um durch das kaschierende Rankgerüst an der Hauswand kontrastierend auf diesen städtebaulichen Problempunkt aufmerksam zu machen. Zudem liegt in der Fuge zwischen der Bibliothek und dem Wohngebäude die dort geforderte Fahrverkehr- und Anlieferungserschließung.

An der Cronstettenstraße wird die Lücke zwischen der Ecke an der Eckenheimer Landstraße und der weiteren Bebauung in Richtung Frauensteinplatz behutsam in gleicher »Sprache« der mehrgeschossigen Einzelhausbebauung geschlossen und ebenfalls als Wohnung, Gästeappartements genutzt.

Im Rückraum dieser Wohngebäude und an der Schlosserstraße bleibt die Bibliotheksbebauung zu den Gärten hin sehr zurückhaltend und führt den breiten Grüngürtel bis hinauf in und auf das Gebäude. Das bewachsene Sockelgeschoß und die begrünten Dächer der Staffelgeschosse sind Ausdruck dieser Entwurfsabsicht. Gleichzeitig wird die Höhenentwicklung des Geländes aufgenommen und durch die Ausbildung des Sockel- und der Staffelgeschosse fortgesetzt. Die Transparenz und Leichtigkeit von außen nach innen und umgekehrt werden durch die wintergartenähnliche Fassade der Lesesäle und der verglasten Rotunde noch unterstützt.

An der Adickesallee und an der Ecke Adickesallee/Eckenheimer Landstraße wird durch den Magazinturm und den Eingangsplatz die stadträumliche Dominanz und Torwirkung als städtebaulicher Akzent gesetzt.

Eine Steigerung und ein Endpunkt der Bibliothek, auch gegenüber den anderen Großbauwerken und Freiflächen, wird durch den Magazinturm an dieser wichtigen Ecke des Grundstückes erreicht. Gleichzeitig wird dem Besucher im Eingangsbereich und dem Vorbeifahrenden durch die besondere Signifikanz der architektonischen Ausbildung des Magazins die unverwechselbare Bauaufgabe deutlich gemacht und die Auffindbarkeit des Haupteinganges erleichtert.

Wie der Theaterturm das Gebäude eines Theaters prägt, wird hier der Magazinturm zum Zeichen für »die Deutsche Bibliothek«.

Die stadträumliche Torwirkung kann durch den Erweiterungsbau des Magazins auf dem gegenüberliegenden Grundstück und durch eine oberirdische Verbindung beider Bauten noch gesteigert werden, so daß ein »Büchertor« für die Bücher-Stadt Frankfurt entsteht.

Der Haupteingang und die Vorfahrt werden über den Vorplatz an der städtebaulich wichtigen Kreuzung Eckenheimer Landstraße/Adickesallee beiden Straßenräumen zugerechnet. Der Eingangsbereich ist sowohl vom Individualverkehr als auch von den öffentlichen Verkehrsmitteln auf kurzem Wege erreichbar.

Organisation, Funktion und Innenraum

Die Funktionsbereiche für die Benutzer, die Verwaltung und das Magazin sind nach der organisatorischen Disposition der Deutschen Bibliothek so zueinander geordnet, daß die einzelnen Bereiche im Sinne eines guten Arbeitsablaufes eng miteinander verknüpft sind, aber trotzdem je nach ihrer Funktion abgegrenzt sind und einen eigenen architektonischen Ausdruck erhalten.

Die Orientierbarkeit und Erlebbarkeit des Organisationsaufbaues des Hauses wird durch ein einfaches horizontales und vertikales Erschließungssystem und durch die damit verbundenen Luftraumverbindungen gewährleistet. Der gute Zugriff aller Benutzer- und Dienstbereiche auf die zentralen Einrichtungen und Magazineinheiten wird durch deren zentrale Lage und durchgehende kurze vertikale Erschließung besonders berücksichtigt.

Die wenigen Untergeschosse sind für die Magazin- und Technikflächen wie für die angegliederte Tiefgarage zweckmäßig genutzt.

Das Sockelgeschoß, an das unter Ausnutzung des Geländegefälles problemlos ebenerdig angeliefert werden kann, dient als zentrales horizontales Anlieferungs- und Verteilungsgeschoß. In diesem Geschoß sind außer den Magazin- und Verwaltungsflächen auch die zentralen Raumprogrammeinheiten wie z. B. Post, Druckerei, Datenverarbeitungszentrale etc.

Im Erdgeschoß werden sämtliche öffentlichkeitsorientierte Nutzungsbereiche angeboten. Die räumliche Disposition sieht vor, daß sich alle öffentlichkeitsorientierten Nutzungsbereiche um eine zentrale Eingangshalle gruppieren und die introvertierten Bereiche, wie z. B. Katalog, Lesesäle etc., zum Garten und die extrovertierten Nutzungsbereiche, wie z. B. Ausstellung, Speiseraum-Gaststätte etc., zum Straßenraum angeordnet werden.

An die zentrale Eingangszone schließt sich der wichtigste Benutzerbereich, der Katalog unter der Rotunde, an. An diesem Bereich liegen die Lesesäle und die Buchausgabe mit direkter Verbindung zum Magazinturm.

Bei einer weiteren Durcharbeitung des Wettbewerbsentwurfes lassen sich wettbewerbsbedingte Unvollkommenheiten durch einfache Umgruppierung des Ausstellungs- und Vortragsbereiches – z. B., daß der Vortragsbereich in das 1. Obergeschoß verlegt wird und der Ausstellungs- bzw. Speiseraumbereich nachrückt – ausräumen. Durch diese Umorganisation lassen sich ein großzügiger proportionierter Eingangsbereich und Ausstellungs-Vortragsbereich schaffen, ohne das Grundsatzkonzept aufzugeben.

Auch die für die Entwurfsverfasser wichtige optische Durchlässigkeit und Transparenz der Benutzerräume, z. B. von Katalog, Lesesälen, Ausstellungs- und Speiseraum, lassen sich durch ein großzügiger bemessenes Raumangebot und die Lufträume noch steigern.

Im Zwischengeschoß sind die halböffentlichen Nutzungsbereiche, wie z. B. Direktion, Unterricht, Verbundzentrale etc., die gezielten Publikumsverkehr haben, angeordnet und durch Lufträume optisch mit der Benutzerebene im Erdgeschoß verbunden.

Darüber entwickeln sich in den zwei Obergeschossen funktionsgerecht zugeordnet Dienstkatalog, bibliographischer Handapparat, Zeitschriftenbearbeitung und die dazugehörigen Verwaltungsräume. Auch diese Geschosse und Raumeinheiten sind gestaffelt und erhalten durch Luftraumverbindungen, Oberlichter und die transparente Fassade, die begrünten Dachflächen eine offene, »heitere«, lichtdurchflutete Arbeitsatmosphäre.

Die innenräumliche Ausprägung entspricht der architektonischen Gesamtkonzeption und läßt die kontrastreiche Gegenüberstellung der geschlossenen und offenen Bauteile auch im Innenraum wirken.

Konstruktion, Material, Wirtschaftlichkeit

Die Konstruktion ist in einem einheitlichen Tragwerksraster von 8,40 m × 8,40 m als Stahlbetonskelettkonstruktion vorgesehen. In dieses Regelraster läßt sich das industriell gebräuchliche Ausbauraster von 1,20 m × 1,20 m mit einem Grundmodul von 0,60 m verwenden.

Die Konstruktion der Rotunde und der Fassaden sind als Glas-Stahlkonstruktionen mit z. T. vorgehängtem Sonnenschutz und tragenden Fassadensprossen vorgesehen. Die leichte Stahlstruktur wird auch als Rankgerüst z. B. auf dem Magazinturm fortgesetzt.

Das Sockelgeschoß und der Magazinturm sind massiv ausgebildet und mit Quadermauerwerk aus dem für Frankfurt typischen Sandstein verkleidet. Die übrigen Fassadenteile sind darauf farblich abgestimmt.

Durch eine sparsame Kubatur und durch konstruktive und materialgerechte Einheitlichkeit sind die Voraussetzungen für eine wirtschaftliche, aber dennoch repräsentative Bauausführung gegeben.

Gestaltung

Ausgehend von den schon erläuterten außen- und innenräumlichen Gestaltvorstellungen wird ein Bauwerk für die Deutsche Bibliothek vorgeschlagen, das außen und innen einheitlich räumlich durchgestaltet und als Gesamtkunstwerk zu verstehen ist. Dies wird unterstrichen durch den künstlerischen

Einsatz des Kontrastes Natur – Bauwerk, der u. a. Assoziation von einem Sockel mit begrüntem, berankten Felsblock hervorrufen soll, durch den plastisch durchgestalteten Magazinturm mit der Ehrensäule Deutscher Autoren und dem Gegensatz von geschlossenen und offenen Bauteilen.

G. Behnisch

Der Ort

Bedeutung und Ansehen von Sachen, Organisationen oder Personen werden sichtbar auch in ihrem Ort, im Platze, den sie in der Gesellschaft einnehmen können. An einem angemessenen Platz wird man bald »zuhause« und akzeptiert sein. Unangemessene Plätze jedoch führen zu Spannungen – in den äußeren Beziehungen und im Innern. Ein von vornherein angemessener Platz ist für alle angenehm. Ein zunächst unangemessener Platz muß umgeformt, umgestimmt werden.

In anderen Staaten sind Nationalbibliotheken mit dem Staate gewachsen. Sie nehmen einen gesicherten Platz im öffentlichen Bewußtsein ein. Ihre Gebäude stehen in Regierungsvierteln oder an Prachtstraßen. Die Deutsche

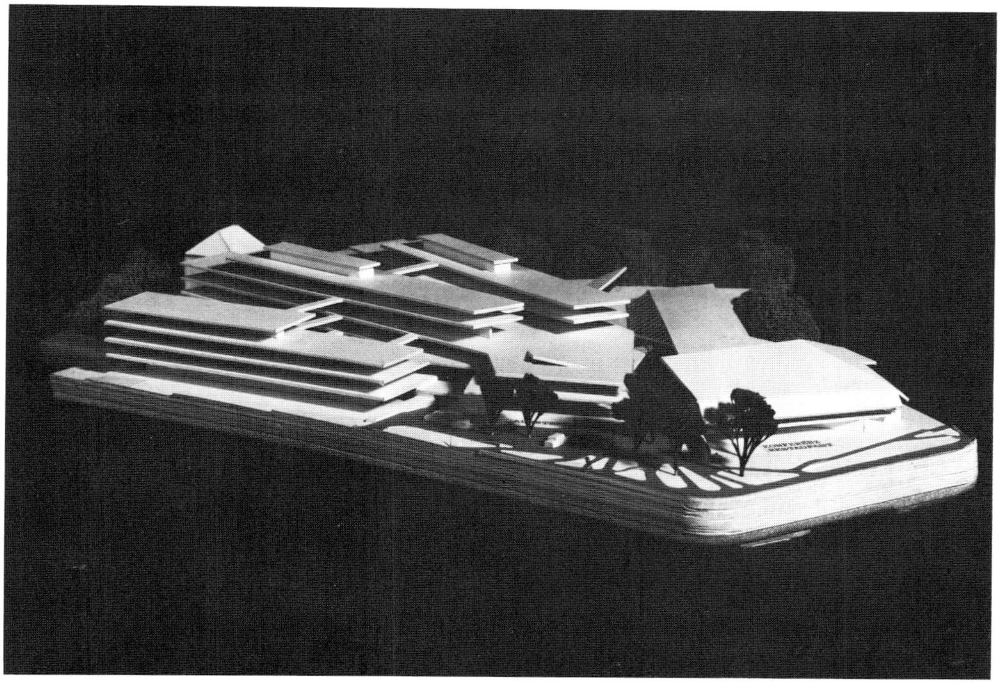

Bibliothek verfügt nicht über solch günstige (absichernde) Voraussetzungen. Ihr Sitz ist in Frankfurt, obwohl seinerzeit der Sitz der Regierung nicht nach Frankfurt, sondern nach Bonn gelegt wurde. Damit muß die Deutsche Bibliothek auf den offiziellen Rahmen, der die Bedeutung der Bibliothek von vornherein und öffentlich dokumentieren würde, auf ein Gebäude z. B. im Regierungsviertel, verzichten.

Im gesellschaftspolitischen Sinne kann diese Situation positiv bewertet werden, kommt darin doch die Absicht zum Ausdruck, Macht, öffentliche Einrichtungen usw. nicht zentral zusammenzufassen, sie vielmehr dezentral anzuordnen.

Im Rahmen solcher Betrachtungen ist die Deutsche Bibliothek in der Stadt Frankfurt sicher angemessen plaziert. Buchmessen, Universität, überhaupt: zahlreiche kulturelle Einrichtungen, Vitalität und Bedeutung Frankfurts versprechen der Deutschen Bibliothek ein gutes Zuhause.

Problematischer erscheint jedoch der ausgewählte Bauplatz: Im Zentrum der Stadt, neben einem Theater, am Bürgerpark oder im Bereich der Universität hätte sich die Deutsche Bibliothek leichter getan.

Der Ort an der Kreuzung der Eckenheimer Landstraße und Adickesallee jedoch, neben einem nicht zu Ende geführten Wohngebiet des 19. Jahrhunderts, neben dem Friedhof und in der Nähe eines Verwaltungsgebäudes einer OFD ist nicht von vornherein auf die Deutsche Bibliothek eingestimmt.

Diese etwas problematische Situation muß man sehen. Die Deutsche Bibliothek muß hier »ihren Ort« erst noch schaffen. Sie muß das Vorhandene umstimmen, d. h. nicht, daß die Deutsche Bibliothek ihren neuen Ort »auf den Kopf stellen« soll. Schließlich sind dort Menschen und Dinge, die dort schon vor der Bibliothek zu Hause waren und zu Hause bleiben möchten. Nicht auf den Kopf stellen, aber umstimmen müssen wir den Ort.

In drei Richtungen zielen in diesem Zusammenhang unsere Bemühungen:

1. Wir sollen beim Planen des Bereiches der Deutschen Bibliothek diejenigen Wesensmerkmale der vorhandenen Situation, die willkommen sind, aufnehmen und verstärken.
2. Wir wollen uns von denjenigen Ansätzen lösen, die nicht zur Deutschen Bibliothek passen, die, sollten sie weitergeführt werden, zu Mißklängen führen müßten.
3. Wir sollten die Wesensmerkmale und Kräfte der Deutschen Bibliothek selbstbewußt in die neue Situation einbringen.

Die vorhandene Situation ist gekennzeichnet u. a. durch

- Randbebauung
- Renditewohnbau der Gründerzeit
- 2 große Straßen
- das Grün der Wohngärten und des Friedhofsgeländes.

Es muß vorausgeschickt werden, daß der symbolische Wert nicht nur – wahrscheinlich sogar nicht einmal vorwiegend – an der Oberfläche der Dinge Wesen liegt, daß der symbolische Wert vielmehr diesen innewohnt und daß demzufolge der ästhetische Wert nicht nur von der Oberfläche, dem geometrischen Raum etc. abgelesen wird; unsere Aufgabe kann also auch nicht vorwiegend oberflächlich bedacht und behandelt werden. (S. Mukarowski »Kapitel aus der Ästhetik«.)

Dann können jedoch die Straßen nicht mehr ausschließlich oder auch nur vorwiegend als geometrisch-straßenräumliches Phänomen behandelt werden. Aus den Flanierstraßen Camillo Sittes im 19. Jahrhundert, in denen gelebt werden konnte, sind Fahrbahnen geworden, mit Lärm, Gestank, hohen Geschwindigkeiten und nichtmenschlichen Rhythmen. Sie weisen auch lebensbedrohende Aspekte auf. Die Randbebauung im 19. Jahrhundert ließ die Bewohner teilhaben am Leben ihrer Straße, ließ deren Häuser zum Teil der Straße werden. Was könnte uns heute dazu bringen, uns an Verkehrsstraßen zu drängen, Teil des Betriebes in solchen Straßen werden zu wollen?

Die Wohnhäuser der Gründerjahre der Umgebung werden für die Deutsche Bibliothek Elemente sein, die respektiert werden. Nichts sollte jedoch die Deutsche Bibliothek dazu bringen, Phänomene dieser Bauformen des 19. Jahrhunderts, die der Deutschen Bibliothek fremd sind, zu übernehmen. Das bezieht sich auf Baufluchten, Fassadengliederungen, Bauhöhen usw. Wohnbau und Deutsche Bibliothek, das sind unterschiedliche Elemente unserer Gesellschaft und unserer Stadt. Entsprechend dem Idealbild unserer Gesellschaft sollten sie sich respektieren; wir sollten jedoch nicht versuchen, diese Unterschiede zu glätten, das eine dem anderen gar anzupassen.

Der Kreuzungspunkt zweier stark frequentierter Verkehrsstraßen ist nicht der Ort, an dem man sich gerne niederläßt. Vielleicht war das zur Kutschenzeit anders. Heute versucht man etwas Raum/Vorfeld zwischen sich und solche Verkehrsknoten zu bringen.

Das Grün der Umgebung ist in dieser Situation der Deutschen Bibliothek angenehm. Sie wird versuchen, sich diesen Situationen zuzuwenden. Sie wird versuchen, das vorhandene Grün weiterzuführen und zu ergänzen. Damit bleibt auch die Straßenkreuzung wie bisher »grün«. Was könnte uns bewegen, an dem Ort, an dem bisher von vier Ecken drei grün sind, nun aus einer der grünen Ecken eine steinerne zu machen?!

Was bringt die Deutsche Bibliothek in die neue Situation ein?

Zunächst ihre praktischen Funktionen. Und dadurch zahlreiche Mitarbeiter, ihre Besucher, ihren Restaurant- und ihren Tagungsbetrieb.

Und dann ihr Gebäude, die Gestalt ihres Gebäudes, die Anlagen der Deutschen Bibliothek.

Es ist gut, wenn Qualitäten und Potenz der Deutschen Bibliothek immer präsent, immer sichtbar sind – auch dann, wenn die eine oder andere Funktion gerade nicht »funktioniert«. D. h.: man sollte dem Gebäude ansehen, aus ihm herauslesen können, *was* in ihm geschieht und auch *wie* dies geschieht.

Die Deutsche Bibliothek

In der Deutschen Bibliothek wird Schrifttum gesammelt, geordnet und zugänglich gemacht. So bilden sich drei Bereiche heraus: Magazin, Dienst- und Nutzerbereich.

Das Magazin benötigt große, zusammenhängende, klimatisierte Flächen. Die Decken des Magazins müssen hohe Lasten aufnehmen können. Tageslicht ist nicht erforderlich. Es liegt nun nahe, diese großen Flächen in Untergeschossen anzuordnen, zumal auch dann noch das Volumen der Bibliothek – bezogen auf die Kapazität des Grundstückes – recht groß sein wird.

Ein zentraler Erschließungskern wird sinnvollerweise diese Magazingeschosse mit den Bürogeschossen des Dienstbereiches verbinden.

Arbeitsräume, die natürlich belichtet und belüftet werden sollten, sind am straffsten in mehreren, untereinander eng verbundenen, zweibündigen Trakten anzuordnen. Ihre Fensterfronten sollten nicht an den lauten und von Abgasen gefüllten Verkehrsstraßen liegen. Die Arbeitsräume sollten sich vielmehr öffnen hin zum Grün der Gärten.

Auch die Katalogräume und Lesesäle liegen am besten im ruhigen Teil des Grundstückes.

Der auch außerbetrieblich benutzte Teil der Bibliothek (Restaurant, Konferenzbereich usw.) wird hingegen sinnvollerweise in der Nähe des Haupteinganges und an der großen Eingangshalle liegen.

Die neuen Schriften durchlaufen in der Deutschen Bibliothek folgenden Weg: Von der Poststelle kommen sie zur Erwerbsabteilung, dann zur Formalerschließungsabteilung mit dem Dienstkatalog, der zentralen Einrichtung des Dienstbereiches, zur Sacherschließungsabteilung und dann in das Magazin.

Die Folge der Geschosse im Bibliotheksgebäude widerspiegeln diese Abfolge:

Unten liegt die Anlieferung, im 1. OG die Erwerbsabteilung, im 2. OG die Formalerschließungsabteilung mit Dienstkatalog und im 3. OG die Sacherschließungsabteilung. In dieser Folge nimmt auch die Zahl der Publikumskontakte ab.

Der Erwerbsabteilung zugeordnet ist der Raum für die Zeitschriftenablage. Dieser Raum wird auch als Zwischenlager von der Erwerbsstelle benutzt.

Diejenigen Abteilungen, die für die bibliographische Auskunft zuständig sind, sollten direkten Zugang zum Dienstkatalog haben. Deshalb liegen beide Raumgruppen auf gleicher Ebene.

Im Zusammenhang mit der Sacherschließung stehen die Verbundzentrale und die I. und D. Projekte. Sie liegen auf einem Geschoß.

Im 1. OG, mit Blick auf die Eingangshalle und in direkter Verbindung mit dieser, sind noch »halböffentliche« Funktionen angeordnet wie: zentrale Dienste, Öffentlichkeitsarbeit, Ausbildung, Allgemeine Verwaltung, Personalrat. Auch mit diesen Abteilungen arbeitet der Generaldirektor. Deshalb sind diese Räume den Räumen des Generaldirektors angeschlossen. Den vielseitigen Verbindungen entsprechend liegt der Bereich des Generaldirektors in der Nähe des Konferenzbereichs, mit Blick in die Eingangshalle, den Katalogbereich und die Lesesäle. Von diesem Punkt aus läßt sich der Aufbau der Bibliothek erkennen und erläutern. Hier ist ein informativer und auch repräsentativer Platz im Gesamtgefüge.

Der Benutzerbereich schiebt sich unter die Trakte der Büroeinheiten. Er öffnet sich zum Park und zu den privaten Gärten hin. Die Räume für die Buchausgabe sind eng verbunden mit der vertikalen Achse des Büchertransports.

Von der Eingangshalle aus nimmt man drei Ebenen wahr, EG, UG, OG. Von hier aus erkennt man leicht Information, Benutzerkatalog, Lesesäle, Ausstellung, Speiseraum, Verwaltung, Konferenzräume und den Bereich des Generaldirektors.

Die Räume der Stiftung Buchkunst und der Abteilung Exilliteratur liegen zwischen Benutzer- und Dienstbereich.

Der Eingang zur Eingangshalle richtet sich zur Straßenkreuzung hin aus. Zwischen Straßenkreuzung und Eingang selbst liegt ein ausreichend großer Vorplatz, stadtlandschaftlich gestaltet, der die Aufgabe hat, den Übergang von der Straßenkreuzung zur Eingangshalle hin deutlich zu machen und auch den Abstand beider voneinander zu klären. In diesem »Vorraum« werden die Besucher umgestimmt. (Die Bedeutung eines Gebäudes wird durch solch eine vorbereitende Übergangszone unterstrichen.)

Geht man derart behutsam an den Entwurf eines Gebäudes, indem man nach der Individualität seiner Teile, nach deren Zusammenhängen und nach den Bedingungen des Ortes, seiner Umgebung fragt, so ordnet sich vieles von sich aus. Solchen Entwürfen wird das Verklemmte, der Zwang willkürlich gestalteter Gebäude fehlen. Ihnen wird Gelöstheit und die Tendenz zur Freiheit zu eigen sein.

Der Versuch, Bibliothek mit bestimmten Zeichen zu signalisieren, muß platt und vordergründig enden. Überlieferte allgemeinverständliche bauliche Symbole gibt es für Bibliotheken nicht:

Das hohe Magazin der Universitätsbibliothek in Mexico City wurde schon lange durch Hochlager der Industrie überholt; und die (ohnehin nicht für Bibliotheken entwickelte) Kuppelform wurde schon im vorigen Jahrhundert von Banken, Börsen u. ä. Einrichtungen belegt.

Schon Henri Labrouste (1801–1875) hat bei seinen schönen Bibliotheken in Paris (Bibliothèque Sainte-Geneviève und Bibliothèque Nationale, 1843–1850 und 1858–1868) auf den Versuch, einen Bautyp Bibliothek mit vorgegebenen Formen zu schaffen, verzichtet. Es bleibt allerdings den immer wieder sich aufbauenden neokonservativen Strömungen in Architekturen vorbehalten, sich solchen bereits im Vergangenen überholten Ansätzen erneut zuzuwenden.

Der Versuch, eine Bibliothek oder Teile davon in Form eines Buches auszuformen, liegt auf der Ebene der Werbung. Sicher, man kann auch Teilen einer Fabrik für Strickwolle das Bild eines Wollknäuels geben; aufgemalt z. B. auf der Fassade. Hierbei handelt es sich jedoch nicht um ein Symbol, es handelt sich um ein (Waren-) Zeichen.

So vordergründig und oberflächlich funktionieren Symbole nicht. Der symbolische Wert sitzt *in* den Dingen. Er widerspiegelt die Art und Weise, wie wir mit uns, den Dingen, kurzum: mit unserer Welt umgehen.

Und hier ist auch der Ansatz für unsere Arbeit:

Wie geht die Deutsche Bibliothek mit dem Buch, mit ihrer kulturellen Aufgabe, mit ihren Menschen und Dingen um; wie wäre dies im Idealfalle?

Und wie gehen die an der Planung Beteiligten mit ihrer Aufgabe, mit den ihnen anvertrauten Menschen und Dingen um? Wie wäre dies im Idealfalle?

Sehen wir *deren* Individualität, *deren* Freiheit, *deren* besseres Ich? Oder reproduzieren wir vorwiegend die eigene Innenwelt, unseren Übermut?

In der »Frankfurter Allgemeinen Zeitung« hat Mathias Schreiber dieses Problem angedeutet, wenn er schrieb:

»Die legere Schwerelosigkeit solchen Neben- und Gegeneinanders, der Verzicht auf alles Aufgesetzte und Repräsentative, auf jegliche Bevormundung des Besuchers durch zwingende Portale oder Raumfolgen, der Mut zur offenen Anlage – das hat Behnisch der Eigenart des Buches, das ja auf die Mündigkeit des Lesers wie auf die potentielle Gleichrangigkeit aller Leser baut, sympathisch nachempfunden«.

In einer Zeit, in der man die letzte Wahrheit in *EINEM* fand, mag in *einem* Symbol, in *einer* geometrischen Form (z. B. Kuppel) diese Wahrheit gesehen worden sein. Heute erkennen wir unsere Welt differenziert in unzähligen Teilen, Kräften und Aspekten. Gleichermaßen müssen wir vorangehen, wenn wir uns eine neue Welt – z. B. eine neue Bibliothek – bauen. Behutsam und vielfältig, differenziert und differenzierend. Und gleichermaßen differenziert und vielfältig bildet sich der symbolische Wert dieser Welt, der dann letztlich durchaus wieder in *einem* Gesamtwert, *einer* Tendenz (wie fröhlich, bedrückend, offen, unmenschlich usw.) empfunden werden mag.

Kunst

»Es wird ein architektonischer Beitrag erwartet, der der kulturpolitischen Bedeutung einer Nationalbibliothek entspricht ...«.

Es handelt sich um die *Deutsche* Nationalbibliothek. Sicher wäre es sinnvoll, wenn das »Gehäuse« dieser Deutschen Bibliothek sich an den stetigen Tendenzen *deutscher* Architektur orientieren würde, wenn hierbei kurzlebige Strömungen vermieden werden könnten genauso wie Tendenzen, die ihre Quelle und ihren Kern z. B. in Oberitalien haben.

Guter Architektur liegt aber auch der Wunsch zugrunde, unsere Welt nicht ausdrücklich der empirischen Realität auszuliefern, Architektur steht, durch Architektur scheint das »Höhere« der jeweiligen Zeit.

Wollen wir uns in Architektur zurechtfinden, so müssen wir auch nach dem »Höheren« suchen, nach dem, was hinter, besser: über unserem Alltag steht.

Was kann dieses »Höhere« sein? Geschichtliche Formen, Geometrie, Technik ... Das sind sicher Ersatzgötter. So wichtig diese Teilaspekte sein mögen; sie müssen eingebunden werden in unser Streben, in unseren Wunsch nach Freiheit und Würde für jeden und jedes und unsere Hoffnung, uns solchen Zielen nähern zu können.

Diesen Weg ist die Moderne und ist das neue Bauen gegangen; in diesem Sinne sind Mays Wohnsiedlungen in Frankfurt und Scharouns Philharmonie in Berlin Landmarken unserer Kulturgeschichte und in *dieser* Tradition sollten wir stehen. Es wird wohl kein Versehen sein, daß die internationale renommierte Architekturzeitschrift l'architecture d'aujourd'hui vor einigen Jahren in einem Sonderheft über die deutsche Architektur der letzten Jahrzehnte nur Scharouns Architektur herausgestellt hat.

Freiheit und Würde für sich und für andere, für alle und für alles, auch für die Dinge. D. h.: Abbauen, zurückweisen der sich fortwährend neu aufbauenden Zwänge der empirischen Realität – Freiraum und Spielraum für alle und alles und die Möglichkeit für jeden und für jedes – auch das Kleine –, sich, seine Gestalt und seinen Platz im Gesamtgefüge, in der Gesellschaft finden zu können.

Aus diesem Ansatz ergeben sich die Lösungen der einzelnen Probleme: So erhält eben der Büroteil der Bibliothek die Erscheinung eines Büroteils. Ein Saal ist ein Saal, eine Verteilerebene eine Verteilerebene. Der Bereich des Generaldirektors entspricht in Ausbildung und in Lage über dem Schnittpunkt aller Funktionen und mit Blick über diese dessen praktischer und repräsentativer Bedeutung usw.

Das Ganze gleicht damit einer Landschaft, in der ja auch jedes für sich und in Verbindung zum anderen und zum Ganzen steht (ein Baum ist ein Baum, eine Rose ist eine Rose). Zusätzliche Harmonisierungsmaßnahmen, z. B.: Ausformen von Blockbebauung, geometrische oder formale Ordnungen usw., sind dann überflüssig. Sie würden die Vielfalt der Erscheinungen und deren Einheit stören, die darin zu sehen ist, daß alle und alles tendenziell gleichermaßen für sich selbst frei und tolerant dem anderen gegenüber sind; daß jeder und jedes seinen Platz gefunden hat, sich ausformen konnte ... und das in spielerischer Art.

Mit diesem Ansatz, der ja auch in der deutschen Literatur zu Hause ist, ist auch das Thema für die freie Kunst im Zusammenhang mit diesem Bauwerk gegeben. Zwei Maßnahmen-Ebenen sind erkennbar:

– Künstlerische Arbeiten, die diejenigen Teile der Architektur, die sich selbst nicht befreien konnten von übermächtigen Bindungen, im schönen Schein befreien können; Maßnahmen also, die Dunkles hell, Schweres leicht und Enges weit, die Einfältiges vielfältig, Licht sichtbar und Wasser erlebbar machen können usw.
– Nicht direkt an den Bau gebundene Werke (Plastiken, Bilder usw.), die den gleichen Zielen, dem gleichen Thema folgen sollten; Werke also in der Entwicklung zur Freiheit und Toleranz, die selbständig sind, inhaltlich jedoch zum Bauwerk gehören, die das »Gemeinsame« vielfältig machen.

Damit sind auch die Orte, in denen solche Kunstwerke sein werden, vorbestimmt:

– Orte, denen geholfen werden soll, die Mängel aufweisen und
– Orte, die thematisch gesteigert werden könnten.

Eine Stadt lebt auch von der Qualität, der Art und der Vielfalt ihrer Einzelgestalten. Hier muß auch der Neubau der Bibliothek seine Aufgabe übernehmen. Er kann sich nicht einfach verstecken.

Die meisten Positionen sind in einer solch großen Stadt wie Frankfurt vergeben: die repräsentative Architektur der Konzerne, die technokratische der Administrationen, die restaurative am Römer, die postmoderne und die neue amerikanische Architektur am Schaumainkai usw. Nicht vertreten in repräsentativen Gebäuden der letzten Jahrzehnte ist die hier angestrebte, aus den Funktionen und aus unseren Idealen entwickelte architektonische Gestalt.

Diese Lücke könnte geschlossen werden. Ein solches Vorhaben wäre verwurzelt in der deutschen Kultur und würde anknüpfen an die lange, spezielle, zugegebenermaßen nicht sehr breit entwickelte Tradition der *deutschen* Architektur.

F. Schuster-Pechtold, Rolf Gründel

Erläuterungsbericht zum Entwurf Deutsche Bibliothek, Frankfurt

Für den Neubau der Deutschen Bibliothek wurde ein architektonischer Beitrag erwartet, »der der kulturpolitischen Bedeutung einer Nationalbibliothek entspricht«.

Die Vorgaben der Ausschreibung zum Wettbewerb

Grundstücksgröße und städtebauliche Situation auf der einen – aus dem Bauprogramm resultierende Baumassen auf der anderen Seite, verlangen eine unterirdische Anlage der größten Baumasse, des Büchermagazines.

Eine allgemein verständliche Erscheinungsform einer Bibliothek, mit dem Büchermagazin als Mittelpunkt und architektonischer Dominante muß-

te so von vornherein aus den Entwurfsüberlegungen ausgeschlossen werden.

Grundsätzliche Erwägungen sprachen gegen die Möglichkeit, einen Teil des Büchermagazines – und es hätte nur ein Bruchteil mit Dekorationscharakter sein können – in die Architektur einzubeziehen.

Die Auseinandersetzung mit Inhalt und Bedeutung der Deutschen Bibliothek konzentriert sich auf die formale Ausformung und Zuordnung des öffentlichen Bereiches gegenüber einem überwiegenden Anteil von Verwaltung und Dienstleistung.

Gliederung und Gestaltung der Baukörper spiegelt die differenzierten funktionellen Belange wider:

- geschlossener, massiver Bürotrakt für Verwaltung
- transparenter, offener Benutzerbereich.

Die Transparenz der baulichen Anlage ermöglicht dem Besucher fast überall Ausblick nach außen und somit auch auf die jeweils übrigen Teile der Bibliothek; er kann seinen Standpunkt jederzeit einordnen.

Erschließung und räumliche Anordnung bieten dem unkundigen Besucher somit klare Orientierungsmöglichkeiten. Elemente, die für die Öffentlichkeit den Charakter der Bibliothek prägen, stehen eindeutig im Mittelpunkt: Katalog, Lesesaal, Ausgabe, Konferenz, Ausstellung.

Der ortskundige Bedienstete ordnet sich diesem Anliegen der Orientierbarkeit für den Unkundigen ein, ohne Nachteile und Umwege in Kauf nehmen zu müssen. Der Besucher muß sich nicht in einem Bausystem für Eingeweihte zurechtfinden; das gibt ihm Sicherheit und Selbstverständnis.

Der Bibliothekshof ist kein Bestandteil des Straßenraumes, über das Straßenniveau angehoben und durch Arkaden, die der Straßenflucht folgen, abgeschirmt, wird er zu einem klar definierten räumlichen Bestandteil der Bibliothek. Durch die zentrale Lage sind alle wichtigen Bauelemente erfaßbar, eine halböffentliche Zone zwischen Straße und Eingang muß durchmessen werden und bringt Einstimmung auf die Nationalbibliothek.

Kunst erhält hier die Chance, Bezug zu nehmen und Information zu schaffen über die Dokumentenquelle im Untergrund.

Durch die angestrebte architektonische Gestaltung mit umlaufenden Arkaden kann der Hof als Erweiterung des Foyers und des Restaurants im Freien dienen.

Städtebauliche Einbindung erscheint an der Eckenheimer Landstraße besonders wichtig.

Gegen eine konsequente Blockrandbebauung spricht die erwünschte Transparenz der baulichen Anlage, außerdem die Problematik eines Verwaltungsbaues auf langer Front gegenüber gewachsener, gegliederter Wohnbebauung.

Der Straßenraum wird wiederhergestellt durch Anbauten an das Eckhaus Cronstettenstraße in gleicher Struktur und Nutzung der Umgebung.

Der Verwaltungsblock setzt nach dem Intervall des Bibliothekshofes die Straßenflucht fort und schafft den Abschluß zur Kreuzung mit der Adickesallee.

Die Gliederung in Baublöcke und Freiräume im rechten Winkel verbietet hier das Einschwenken auf die schräganlaufende Bauflucht.

Gewicht der Deutschen Bibliothek und Logik der Baustruktur gestatten diese Abweichung unterstützt durch die gegenüberliegenden großen Freiflächen.

Anmerkungen zur Entwicklungsfähigkeit des Entwurfes

Die städtebauliche Situation an der Adickesallee kann durch Einschwenken des zweigeschossigen Vorbaues auf die Bauflucht verbessert werden, ohne das architektonische Gesamtkonzept zu stören.

Im Bibliothekshof können beidseitig umlaufende Arkaden eingeführt werden, dies steigert die angestrebte Wirkung als architektonischer Freiraum.

Durch eine Vorfahrtsbucht an der Eckenheimer Landstraße kann ein gedeckter Weg zum Eingang geschaffen werden, geeignet auch für repräsentative Anlässe.

Der Eingangsbereich mit Haupthalle, Treppe und Ausstellungsfläche erscheint im Rahmen der achsialen Anlage entwicklungsfähig.

Die Belastung der Cronstettenstraße durch Erschließung von Wirtschaftshof und Tiefgarage kann durch Verkehrsregelungen beschränkt werden, die zum Rückfluß zur Eckenheimer Landstraße zwingen. Eine direkte Zufahrt zur Tiefgarage von dort wäre möglich, würde jedoch den Charakter der Deutschen Bibliothek empfindlich stören; außerdem ergeben sich Probleme mit der notwendigen Staustrecke.

Die Notwendigkeit der unterirdischen Anlage des Büchermagazines schränkt die gewünschte Integration von Architektur und Kunst in einer großen Form ein. Ansatzpunkt für Kunst sind in erster Linie die Freiräume.

Im großen Bibliothekshof muß ein Hinweis auf den Kern der Deutschen Bibliothek, die Bücher- und Dokumentensammlung, geschaffen werden.

Der vorgeschlagene Obelisk als Hinweis auf den Ursprung der Schrift ist eine Möglichkeit, die im Maßstab des Wettbewerbes darstellbar war.

Egon Hölder

Die Entscheidung des Verwaltungsrats der Deutschen Bibliothek

Am 8. Februar 1983 fiel die Entscheidung des Verwaltungsrats der Deutschen Bibliothek über den auszuführenden Entwurf. Der Verwaltungsrat entschied sich für den vierten Preisträger, die Architekten Behnisch und Partner, Stuttgart. Die Entscheidung erregte erhebliches Aufsehen und setzte eine öffentliche Diskussion über städtebauliche, kulturelle, aber auch juristische Fragen in Gang.

Um die Entscheidung des Verwaltungsrates verstehen, ja schon um sie bewerten zu können, ist die Kenntnis der Rechtsgrundlagen, der organisatorischen und kulturellen Zusammenhänge und Voraussetzungen nötig.

Rechtsgrundlagen der Deutschen Bibliothek

Die Deutsche Bibliothek ist nach dem Gesetz vom 31. März 1969 (BGBl I S. 265) eine selbständige bundesunmittelbare Anstalt des öffentlichen Rechts. Sie ist also eine eigenständige juristische Person und unterliegt nur der *Rechts*aufsicht des Bundesministers des Innern. Ihre Willensbildung ist innerhalb der geltenden Gesetze autonom, der aufsichtsführende Bundesminister des Innern kann lediglich Rechtsverletzungen und Rechtsverstöße beanstanden, nicht aber Maßnahmen, die er nur für unzweckmäßig hält, durch eigene Entscheidungen ersetzen.

Wesentliches Willensbildungsorgan ist der Verwaltungsrat, in dem Vertreter der Bundesregierung und des Magistrats der Stadt Frankfurt a. M. mit Vertretern des Börsenvereins des Deutschen Buchhandels, des Deutschen Musikverlegerverbandes und des Bundesverbandes der Phonographischen Wirtschaft zusammenwirken und die Grundentscheidungen für die Arbeit der Deutschen Bibliothek treffen.

Rechtsgrundlagen des Bauwettbewerbs

Die Bundesrepublik Deutschland finanziert den erheblichen Zuwendungsbedarf der Deutschen Bibliothek allein. Sie trägt auch die Kosten des Neubaus. Es ist daher folgerichtig, daß sie mit den zuständigen Behörden die

Baumaßnahmen vorbereitet und möglichst auch durchführt, obwohl das Grundstück im Eigentum der Bundesanstalt Deutsche Bibliothek steht.
Die Auslobung des Wettbewerbs erfolgte nach den »Grundsätzen und Richtlinien für Wettbewerbe auf den Gebieten der Raumplanung, des Städtebaus und des Bauwesens« (GRW 1977), die am 20. April 1977 vom Bundesminister für Raumordnung, Bauwesen und Städtebau bekanntgegeben und für den Bereich der Bundesbauverwaltung eingeführt worden sind. Danach ist vorgesehen, daß der Auslober beabsichtigt, unter Würdigung der Empfehlungen der Jury einen der preisgekrönten Entwürfe ausführen zu lassen.

Es mag zwar üblich sein, jeweils den ersten Preis zu bauen, geboten ist dies jedoch nicht. Die Grundsätze lassen einen berechtigten Entscheidungsspielraum dem, für den der Entwurf, für den das fertige Bauwerk bestimmt ist. Gerade dieser Punkt ist in der Diskussion lebhaft umstritten. Insbesondere Architekten argumentieren, daß ein Entscheidungsgremium, dem kein Architekt angehöre, nicht über den ausreichenden Sachverstand verfüge. Dieses Argument trifft jedoch aus mehreren Gründen nicht zu. Zum einen wird verkannt, daß eine Jury, die eine Wettbewerbsarbeit mit einem Preis auszeichnet, damit zu erkennen gibt, daß sie ihn nicht nur als preiswürdig, sondern auch als ausführungsfähig erklärt. Gerade beim Wettbewerb um den Neubau für die Deutsche Bibliothek muß dieses Argument verstärkt gelten:

Wer unter 155 eingegangenen Wettbewerbsbeteiligungen unter den 5 Preisträgern steht, muß auch vom Standpunkt der Architekten her qualifiziert sein.

Zum anderen ist der Entscheidungsspielraum zwischen Jury und den Auswahlmöglichkeiten durch Bauherrn und Nutzer zweckmäßig und wünschenswert. Er beugt Einseitigkeiten, schwer überschaubaren Interessenverflechtungen vor und schafft Transparenz des Entscheidungsprozesses und Gerechtigkeit der Entscheidung.

Dieses allgemein notwendige Zusammenwirken zwischen der Jury, die das »Construatur« für mehrere Preisträger erteilt und dem jeweiligen Bauherrn/Nutzer, der die Auswahlentscheidung trifft, ist daher vergleichbar der Weisheit eines Vaters, der seinem ältesten Sohn die Teilung des Nachlasses, dem jüngsten aber die Auswahl des auf ihn entfallenden Teiles erlaubt. Dem Argument, nur Architekten seien auch in diesem Rahmen zur sachgerechten Entscheidung befugt, kann der Hinweis Lessings entgegengehalten werden, daß auch derjenige, der selbst keine Suppe kochen kann, zu sagen vermag, die ihm vorgesetzte Suppe sei versalzen.

Wer mit einem Gebäude leben, in ihm arbeiten, sich durch dieses Gebäude der Öffentlichkeit darstellen muß, kann aus diesen Zusammenhängen auch die Entscheidung unter mehreren vorgegebenen, nicht nur als ausführungsfähig, sondern sogar preiswürdig bezeichneten Entwürfen treffen.

Kulturelle und kulturpolitische Voraussetzungen

Die Deutsche Bibliothek sammelt die in Deutschland und im Ausland über Deutschland erscheinenden Druckwerke, d. h. alle Darstellungen in Schrift, Bild und Ton, die im Vervielfältigungsverfahren hergestellt und zur Verbreitung bestimmt sind. Sie hat innerhalb der Bundesrepublik Deutschland dazu ein sogenanntes Pflichtstückrecht. Danach ist ihr von allen in der Bundesrepublik Deutschland verlegten oder hergestellten Druckwerken ein Stück auf Grund gesetzlicher Verpflichtung im allgemeinen unentgeltlich abzuliefern.[1])

Sie ist nach dem Gesetz als die Nationalbibliothek der Bundesrepublik Deutschland zu verstehen. Durch ihre Verzeichnung und Bekanntmachung der erscheinenden und erschienenen Werke schafft sie eine wichtige Grundlage für die Verbreitung, das Bekanntwerden und die Möglichkeit des Auffindens von Veröffentlichungen. In einem Staat, der wie wenige andere dem Buch, der Literatur als Kunstform, der Wissenschaft, aber auch dem Buch als Medium für politische Ziele und für die Unterhaltung verpflichtet ist, muß eine solche Einrichtung mehr sein als ein nur technologisch verwaltetes Magazin. Tatsächlich nimmt die Deutsche Bibliothek ihren Kulturauftrag auch ernst. Ausstellungen zu literarischen Themen, Zusammenarbeit mit anderen Einrichtungen des Kulturgeschehens bestimmen schon bisher das Bild, das sich der kulturinteressierte Bürger von der Deutschen Bibliothek macht. Nicht ohne Grund ist die Deutsche Bibliothek in Frankfurt a. M., dem Sitz des Börsenvereins des Deutschen Buchhandels, gegründet worden, als sich in der Nachkriegszeit das Bedürfnis ergab, für den Bereich der damaligen westlichen Besatzungszonen, eine der Deutschen Bücherei in Leipzig entsprechende Einrichtung zu schaffen. Die Präsenz des Börsenvereins des Deutschen Buchhandels, die alljährlich stattfindende, weltweite Buchmesse und zahlreiche Verlage machen Frankfurt zu *der* Buchstadt der Bundesrepublik Deutschland. Hier muß die Deutsche Bibliothek auch durch ihre äußere Erscheinung und durch die Arbeitsbedingungen ihrer Mitarbeiter und ihrer Benutzer wirksam werden.

Zur Lage des Baugrundstücks

Das nach großen Mühen in der dicht besiedelten Stadt Frankfurt gefundene Grundstück hat eine hinreichende Stadtnähe, zugleich aber eine für eine Bibliothek dieser Größenordnung durchaus erwünschte Distanz zum Stadtkern. Es ist für die Raumbedürfnisse der Bibliothek verhältnismäßig klein und es besteht darüber hinaus aus zwei Teilen, die durch die Adickesallee getrennt sind, von denen zunächst allerdings nur der größere südliche Teil bebaut werden soll. Wohnbebauung, aber auch Oberfinanzdirektion und Hauptfriedhof mit historisch bedeutsamen Gräbern finden sich in der näheren und weiteren Umgebung. Die Deutsche Bibliothek will hier ein guter Nachbar sein, durch zeitentsprechende Architektur sich zugleich in die vorgefundene Gemeinschaft einfügen und mit Selbstbewußtsein ihrem Auftrag zur Repräsentation des deutschen Buches entsprechen.

Der Gang der Entscheidung

Auf Grund dieser Gegebenheiten war dem Verwaltungsrat die Entscheidung auferlegt, welchem der preisgekrönten Entwürfe der Jury er den Vorrang einräumen wollte.

Der Verwaltungsrat hat sich diese Entscheidung nicht leicht gemacht. Nachdem die meisten Verwaltungsratsmitglieder die Entscheidung der Jury durch individuelle Besichtigung der Ausstellung aller 155 Wettbewerbsarbeiten für sich nachvollzogen haben, wurden im September 1982 die preisgekrönten und angekauften Entwürfe besichtigt und durch den Leiter der Bauabteilung des Bundesministers für Raumordnung, Bauwesen und Städtebau, Ministerialdirektor Weiß, vorgestellt und erläutert. In nicht weniger als drei in Abständen erfolgten ganztägigen Sitzungen (28. 9./15. 12. 1982, 8. 2. 1983) hat sich der Verwaltungsrat mit den 5 preisgekrönten Arbeiten beschäftigt, also mit einem Zeitaufwand, der dem gleichzusetzen ist, den die Jury für die Auseinandersetzung mit allen 155 Wettbewerbsarbeiten aufgewandt hat.

Den ersten Preisträgern, den Architekten Färber/Hoechstetter wurde am 15. Dezember 1982 die Vorstellung und Erläuterung ihres Modells ermöglicht. Da der Verwaltungsrat sich mit den Grundvorstellungen dieses Entwurfs weder von der äußeren Wirkung noch von der inneren Funktionalität anfreunden konnte, beschloß er in dieser Sitzung, auch die übrigen vier Preisträger persönlich zu hören. Am 8. Februar 1983 haben sich die 2. bis 5. Preisträger dem Verwaltungsrat gestellt.

Nach einer eingehenden Diskussion und nach Auseinandersetzung mit den verschiedenen Entwürfen, mit den Motiven der Entwerfer, mit den Vorstellungen der Planungsbehörde in Frankfurt, mit den Interessen der Nachbarn, mit den Bedürfnissen der Mitarbeiter der Deutschen Bibliothek und ihrer Benutzer und auch mit ästhetischen Gesichtspunkten, entschied sich der Verwaltungsrat ohne Gegenstimme für die Realisierung des Entwurfs des vierten Preisträgers. Der Verwaltungsrat war sich dabei bewußt, welche Diskussion mit dieser Entscheidung ausgelöst würde, aber er handelte aus seiner Verpflichtung für die Deutsche Bibliothek und gegenüber dem deutschen Buch heraus nach seinen Überzeugungen und seinem Gewissen.

Nach drei ganztägigen Sitzungen . . .

. . . und Anhörung aller Preisträger . . .

. . . sowie nach besonders gründlicher Prüfung . . .

. . . und eingehender Diskussion . . .

. . . entschied sich der Verwaltungsrat ohne Gegenstimme . . .

. . . – auch zur Freude der Mitarbeiter – für den preisgekrönten Entwurf der Architekten Benisch und Partner (4. Preisträger).

Nach der Entscheidungsfindung . . .

. . . danken der Generaldirektor (stehend) und der Vorsitzende des Verwaltungsrates der Deutschen Bibliothek allen Beteiligten.

Davon ist noch etwas in der Pressemitteilung zu spüren, die anschließend über die Agenturen verbreitet wurde.[2])

Maßgebende Entscheidungskriterien des Verwaltungsrates

a) Wer ein Gebäude baut, muß zunächst darauf achten, daß der damit verfolgte Zweck möglichst rationell erreicht wird. Funktionalität, möglichst wirtschaftlicher Ablauf der erforderlichen Arbeiten, Übersichtlichkeit, Verhältnis von Nutzen und Kosten sind hier von Bedeutung. Der Verwaltungsrat sieht hier bei dem 4. Preis entscheidende Vorteile.
b) Der Entwurf verkörpert in seiner Offenheit ein Stück demokratischer Kulturgesinnung. Nicht der Abschluß durch ein dem Straßenrand folgendes Randgebäude, sondern die auch optische Öffnung gegenüber den Passanten bringt zum Ausdruck, daß das Buch für alle da ist, daß die Bibliothek einen Auftrag der ganzen Gesellschaft erfüllt.
c) Der Entwurf des 4. Preisträgers spricht die Sprache der Zeit. Er wird den Entstehungsjahren auch optisch immer zugeordnet bleiben, was richtiger erscheint, als das Anstreben einer Zeitlosigkeit, die letztlich den Verzicht auf ausgeprägte Eigenheiten bedeutet.
d) Der Entwurf des 4. Preisträgers erschien dem Verwaltungsrat nicht »antiurban«, weil Urbanität sich nicht durch Blockrandbebauung, durch fehlende Transparenz, durch Abweisung des Blicks nach innen zeigt, sondern weil Urbanität gerade die Einladung zum »Einblick« und damit zur Kommunikation bedeutet. Für jedes städtebauliche Argument gibt es freilich an dem nun einmal gegebenen Standort Ansatzpunkte. Der Verwaltungsrat glaubt, daß die von ihm gewählten Betrachtungen auch in städtebaulicher Hinsicht tragfähig sind.

Zum weiteren Gang des Verfahrens

Zwischen der Entscheidung für einen Bau und dessen Ausführung liegt die Notwendigkeit, die erforderlichen Finanzmittel zu beschaffen, die baurechtlichen Voraussetzungen zu klären und alle fachlichen und technischen Vorbereitungen zu treffen. Je größer ein Bauvorhaben, desto umfangreicher auch die erforderlichen Vorbereitungsarbeiten.

Der Verwaltungsrat hat entschieden. Nun ist die Bundesrepublik Deutschland gebeten, die Finanzierung zuzusagen und das Verfahren zur Realisierung einzuleiten. Viele Stellen wirken bei diesen Entscheidungen mit. Letztlich entscheidet der Haushaltsausschuß des Deutschen Bundestages, indem er die erforderlichen Baumittel genehmigt. Er hat allerdings schon durch die Bewilligung der Mittel für den Ankauf des Baugrundstücks zum Ausdruck gebracht, daß er den Neubau der Deutschen Bibliothek politisch und damit auch finanziell will.

Die Stadt Frankfurt ist gebeten, die baurechtlichen Voraussetzungen zu schaffen. Wie bei jedem Bauvorhaben größeren Umfangs ist die Diskussion nicht nur nicht zu vermeiden, sie ist sogar erwünscht. Es bleibt zu hoffen, daß die hier notwendigen Verfahren sich nicht zu lange hinziehen, da die Raumnot die Deutsche Bibliothek schon heute zu vielen unwirtschaftlichen Auswegen zwingt.

Die künftigen Nachbarn sind gebeten, der Deutschen Bibliothek mit Hoffnung und Anerkennung zu begegnen und die unvermeidlichen Störungen der Bauzeit mit Geduld hinzunehmen. Die Deutsche Bibliothek glaubt, daß ihr Neubau die Wohngegend keinesfalls stört, ihr im Gegenteil zusätzliche Möglichkeiten und Annehmlichkeiten bieten wird.

Sowohl die Arbeitssituation der Deutschen Bibliothek als auch die gegenwärtige Arbeitsmarktlage im Bereich der Bauwirtschaft lassen es als wünschenswert erscheinen, mit dem Neubau bald zu beginnen.

Der Verwaltungsrat dankt allen Teilnehmern am Wettbewerb, auch und gerade denen, die schon durch die Jury oder durch ihn in ihren Hoffnungen enttäuscht werden mußten. Nur *ein* Entwurf kann ausgeführt werden. Der Verwaltungsrat ist sich sicher, daß er nach Lage der Dinge die nach menschlichem Ermessen beste Entscheidung getroffen hat.

Anmerkungen

1 Einzelheiten vgl. § 18 ff des Gesetzes über die Deutsche Bibliothek.

2 Pressemitteilung des Verwaltungsrates der Deutschen Bibliothek vom 8. 2. 1983 (s. S. 375).

Zustimmung und Kritik
Berichte über den Neubau

Aus: Frankfurter Allgemeine Zeitung, 16. September 1982

Block oder offene Landschaft?

Zum Wettbewerb um den Neubau der Deutschen Bibliothek in Frankfurt

Charakteristisch für das gegenwärtige Bauen in der Bundesrepublik sei seine Charakterlosigkeit, seine »Gleichförmigkeit«, meinte 1977 der Architekturhistoriker und -polemiker Heinrich Klotz. Die 155 Wettbewerbsarbeiten, die für den Neubau der Deutschen Bibliothek in Frankfurt eingereicht wurden, bestätigen auf beklemmende Weise, daß dieses harte Urteil auch heute noch der Wahrheit nahekommt. Obwohl sich auch eine ganze Reihe allgemein hochgeschätzter und wohlbekannter Architekten am Wettbewerb beteiligt haben, vermitteln die Entwürfe das Bild einer seltsam ängstlichen Ratlosigkeit. Die Optimisten unter den neun Juroren nennen das »Stilpluralismus«. Auch unter den fünf preisgekrönten und acht angekauften Ideen-Skizzen sind Ansätze zu einer kühnen Akzentuierung und kraftvollen Modellierung allenfalls mit der Lupe auszumachen – und das angesichts der wahrlich nicht alltäglichen Aufgabe, der »zentralen Archivbibliothek der Bundesrepublik Deutschland« – so definiert ein Bundesgesetz von 1969 die Deutsche Bibliothek – ein bauliches Gesicht zu geben, das dem repräsentativen Anspruch wie dem Symbolwert dieser Institution einigermaßen gerecht wird. Ein Haus des Buches in der Stadt der Buchmesse, möglicherweise als Kontrapunkt zur City der strammen Banken-Türme – für einen Architekten die Herausforderung, auf die er schon lange gewartet hat? Offensichtlich doch nicht.

Den ersten Preis (100 000 Mark) gewann die Darmstädter Architekten-Gemeinschaft Färber/Hoechstetter; die Aussichten, daß ihr Modell vom Bauherrn, dem Bonner Ministerium für Raumordnung, Bauwesen und Städtebau, schließlich auch angenommen wird, stehen gut, wie man hört. Die Professoren Peter Färber und Rolf Hoechstetter, die 1975 beim Wettbewerb für die nordrhein-westfälische Landesgalerie Düsseldorf den vierten Preis gewannen und bisher vor allem Gaststätten, Reihenhäuser, Gemeindezentren, Bürger- und Rathäuser gebaut haben, komplettieren mit einem recht schmucklosen Gebäuderiegel die bestehende Blockbebauung an der Kreuzung von Ekkenheimer Landstraße und Adickesallee; sie erfüllen damit, so das Urteil der Jury, »in allen Gebäudeteilen die Erwartungen des Auslobers«, insbesondere das Ziel einer »Abrundung und Aufwertung des Baugebietes zum Nutzen der gesamtstädtischen Struktur wie auch der unmittelbaren Nachbarschaft«. Die Jury nennt den Entwurf der Gewinner überdies »einfach und problemlos«. Überschwenglich klingt das nicht gerade. Im Heer der grauen Mäuse, so scheint es, hat die am wenigsten graue Maus gesiegt.

Verwaltete Welt

Färber und Hoechstetter brillieren vor allem dadurch, daß sie funktionale Fehler – etwa die vom Auslober untersagte Vermischung von Verwaltungs- und Besuchertrakt – und formale Exzentrik vermeiden. Sie betonen den Eingang an der Ecke Ekkenheimer Landstraße/Adickesallee lediglich mit Arkaden, die auf einen kleinen Vorhof führen; und sie machen aus dem Foyer, das in einer solchen Riesenbibliothek ja die Orientierungs- und Verteilerzentrale ist, eine Rotunde, gekrönt – wahrscheinlich – von einer Kuppel mit Oberlicht. Von hier aus kann man entweder in die zu den beiden großen Straßen hin geschlossenen recht hohen Gebäuderiegel gelangen oder in den transparenten, teilweise flacheren Lesesaalbereich im Süden, der in einen parkähnlich gestalteten Platz übergeht. Von diesem Platz aus wirkt die Gebäudesilhouette durchaus lebendig, fast anmutig. Die Passanten auf der Eckenheimer Landstraße dagegen werden sich mit dem Anblick einer mehr oder weniger gleichförmigen, fünfgeschossigen Rasterfassade abfinden müssen, jenem Kainszeichen moderner Stahlbetonskelett-Architektur, das immer noch der massivste Bau-Ausdruck für unsere verwaltete Welt ist.

Passagenweise werden die schweren Gebäuderiegel auf Stützen gehoben, die kompakte Baumasse scheint zu schweben – das soll wohl irgend etwas mit dem Geist der Bücher zu tun haben, es ist der einzige sichtbare innere Bezug zum Symbolwert des Gebäudes. Der über den Eingangshof oder unter Arkaden flanierende Passant, den solche Architektur zum Buch lockt, benötigt zu seinem Glück freilich mehr als überdachte Gehsteige und eine Cafeteria – zumindest müßte der heute brüllende, stinkende Verkehr auf der Adickesallee in einen Tunnel verbannt werden. Was wird aus dem schönen Plan, wenn der Bund zwar den Neubau finanziert, die Stadt Frankfurt jedoch für diese entscheidende Stadtreparatur kein Geld mehr hat?

Obwohl Färber und Hoechstetter die harmonische Anbindung der Bibliothek an das bestehende große Gründerzeit-Wohnhaus in der Cronstettenstraße vernachlässigen: Die geradlinige Behutsamkeit, mit der sie rund 230000 Kubikmeter Raum – dazu gehören Büroräume für 350 Mitarbeiter und eine Magazinkapazität für vier Millionen Bücher – umbauen, verhüllen und da, wo es angebracht ist, öffnen, verdient Anerkennung. Doch ist die Stärke solcher streng aufgabenorientierten Biederkeit vor allem ein Resultat jener Schwächen, die bei der Konkurrenz sichtbar werden. Ziemlich gering nimmt sich der qualitative Abstand zum Gewinner des zweiten Preises aus (Kaiser/Arat aus Stuttgart). Mit der deutlichen Trennung von Verwaltung und Nutzung, mit einem »Bibliotheksgarten« im Inneren, mit der Glaskuppel über dem kreisförmigen Foyer zeigt der Stuttgarter Vorschlag eine frappierende Nähe zu dem aus Darmstadt. Wobei er durch das markante Vor und Zurück der Fassadengestaltung, durch eine freundlichere Unterbringung der Bibliotheksangestellten (das Siegermodell schiebt ihre Arbeitsplätze an die lauten Straßenfronten) noch Pluspunkte gegenüber Färber und Hoechstetter sammelt. Es war hier wohl nur die allzu pompös und kostenträchtig angelegte Großkuppel, die die Jury davon abhielt, dem Team Kaiser/Arat den ersten Preis zu geben.

Joachim Schürmann, dessen Arbeit angekauft wurde, besticht zwar durch die geschickte Zurücknahme des größten Gebäudekomplexes ins zweite Glied, also weg von der Eckenheimer Landstraße; der so entstehende Freiraum wirkt kommunikativer, offener als der Querblock von Färber und Hoechstetter. Aber Schürmann gehorcht bei der Verteilung der übrigen Baumassen allzu sklavisch dem Schema der einmal gewählten, funktional eher störenden (lange Wege!) Mittelachse. Außerdem trennt er nicht klar genug das, was die Auslober »Benutzerverkehr« und »Dienstbereich« nennen, und legt ausgerechnet Verwaltung und Magazinierung in jenen Südteil des Grundstücks, der sich doch als Benutzergarten geradezu aufdrängt. Konsequent und interessant ist der Plan von Behnisch (Stuttgart). Er skizziert eine aufgelokkerte, weiträumig gegliederte Landschaft von relativ flachen Gebäuden, die strahlenförmig auseinanderzustreben scheinen. Die legere Schwerelosigkeit solchen Neben- und Gegeneinanders, der Verzicht auf alles Aufgesetzte und Repräsentative, auf jegliche Bevormundung des Besuchers durch zwingende Portale oder Raumfolgen, der Mut zur offenen Anlage – das hat Behnisch der Eigenart des Buches, das ja auf die Mündigkeit des Lesers wie auf die potentielle Gleichrangigkeit aller Leser baut, sympathisch nachempfunden. Der vierte Preis für diesen einzigen Entwurf, der radikal aus dem Rahmen der Wettbewerbsnorm fällt, erinnert ruckartig an die Ministerialdirigenten in der Jury (aber vielleicht waren hier auch andere die Kleinmütigen). Der Einwand, diese »Landschaft für das Buch« benötige eine freie Lage, um als solche auch zu wirken, ist berechtigt, doch Einwände dieses Kalibers kann man gegen jeden anderen Entwurf auch vorbringen.

Busmann und Haberer, die gegenwärtig das neue Kölner Wallraf-Richartz-Museum/Museum Ludwig bauen, setzen auf einen gleichfalls landschaftlich offenen, parkartigen Übergang von der Bibliothek zur Straße. Auch sie pflanzen ins Zentrum der Anlage einen Kuppelraum mit kreisförmigem Grundriß. Doch haben sie versäumt, die Fassadenwirkung so zu formulieren, daß man qualifiziert zustimmen oder widersprechen kann. Ein Trick, zu dem bei diesem Wettbewerb ärgerlich oft gegriffen wurde. Lyrische Erläuterungen wie »Eine hörbare Quelle im Mittelpunkt als Symbol des fließenden Geistes« bieten für mangelnde Präzision eben nur schlechten Ersatz.

Indiskutabel mutet die futuristisch-schwulstige Gebäudeskulptur von Marino (München) ebenso an wie der allzu demonstrativ emporstrebende, achtgeschossige Bücherturm, den Ungers (Köln) einen im übrigen zweigeschossigen, bunkerartigen Flachbau überragen läßt. Dieser Versuch, die (einsame?) Höhe deutschen Geistes trotzig zu symbolisieren, ist ein reichlich verkrampfter Beitrag der »Postmoderne« zu einem Thema, das Traditionalisten eigentlich zugänglich sein müßte. Ist es Zufall, daß in den Erläuterungen dieses Architekten der Untertitel des Gebäudes (»Deutsche Nationalbibliothek«) den eigentlichen Titel verdrängt?

Kälte-Schock

Selbst die verbissene Logik, mit der Kraemer-Sieverts/Huth (Köln) auf alle Fenster zur Straße hin verzichten, lediglich den Eingang als Öffnung einer aalglatten, kühn geschwungenen Blockfassade erlauben, erscheint da noch angemessener als der Ungerssche Spätsymbolismus. Die schockierende Kälte der Kraemerschen Außenhaut paßt immerhin zu der nüchternen Tatsache, daß die Deutsche Bibliothek auch über eine riesige, computergesteuerte Informationsmaschinerie verfügt.

Die Architektur großer Bibliotheken war bis tief ins 19. Jahrhundert hinein geprägt von den Imponiergebärden der Tempel, Paläste, Schlösser und Kirchen – man denke etwa an die Pariser »Bibliothèque Sainte-Geneviève« (1843–1850) des Henri Labrouste, die ein modernes Eisenskelett noch im Stil eines Renaissance-Palastes drapiert. Auch in diesem Genre ist die Auflösung der Prunkfassade (die im Grunde das Buch als hehres, für die Masse der Nichtleser eher unzugängliches Bildungsgut feiert) in das nüchterne Neben- und Übereinander sichtbar gemachter Nutzung die wichtigste Leistung der Moderne, ablesbar hierzulande an Scharouns terrassenförmiger Staatsbibliothek in Berlin wie am einladenden Understatement des Marbacher Literaturarchivs von Kiefner/Lauber, das bescheiden der Geländemodellierung sich anschmiegt. Dennoch, eine funktional wie formal beispielhafte maßgebende architektonische Darstellung des Themas Bibliothek gibt es bis heute nicht. Auch die gelungenen Bauten erinnern meistens an Fabriken, Geschäfts- und Verwaltungszentren.

Die gegenwärtig vieldiskutierte Hauptbibliothek im dänischen Holstebro, eine nostalgisch mit Ziegelmauerwerk kostümierte Stahlbeton-Festung von Dall/Lindhardtsen, überzeugt allenfalls durch die exzessiv transparente, fast spielerische Wegführung im Inneren. Frankfurts neue »Deutsche Bibliothek« hat die Chance, für den Bibliotheksbau der Zukunft ein verbindliches Zeichen zu setzen, wohl jetzt schon versäumt. Die Resultate des Wettbewerbs jedenfalls erleichtern es kaum, trübsinnige Assoziationen zu unterdrücken, die von Bibliotheks-Nachbarn wie Hauptfriedhof und Oberfinanzdirektion inspiriert sind. Aber vielleicht wird die Frankfurter Bücherhülle wenigstens so diskutabel wie die von Holstebro. Das wäre nicht wenig.

Mathias Schreiber

Aus: Bauwelt + Stadtbauwelt, 8. Oktober 1982

Wettbewerb: Deutsche Bibliothek Frankfurt

Wenn man die zwei Bürogeschosse mit den 155 Wettbewerbsarbeiten durchstreift, fällt zunächst die Vielzahl völlig unterschiedlicher Entwurfskonzepte auf, so als wären in der Ausstellung Arbeiten aus verschiedenen Zeiten. Da findet sich die »utopische« Space-needle (als Büchermagazin) neben dem »demokratischen« Sechseckentwurf, das standfeste, klobig-klotzige Rationalismusvolumen neben dem spielerisch-leichten, fast fliegenden Scharounbaukörper, die unterkühlte Hightech-Struktur neben dem Nierentisch ... Bei soviel buntem Allerlei läuft man fast am 1. Preis vorbei, würde nicht ein Schild mit großen Lettern darauf hinweisen: Auf den Entwurf der Darmstädter Professoren Peter Färber und Rolf Hoechstetter, der durch seine Zurückhaltung in Form und Gestalt, seine fast simplen Lösungen für die geforderten Funktionsabläufe und die unbedingte Einordnung in die bestehende städtebauliche Situation besticht.

Das Baugebiet der neu zu errichtenden Deutschen Bibliothek in Frankfurt liegt an einer Nahtstelle von Villenbebauung auf der einen Seite und Blockrandbebauung auf der anderen Seite. Das Gelände ist auf der Eckenheimer Landstraße und der Adikkesallee vom Verkehr umtost und nach Süden und Nordwesten von ruhigen Wohnstraßen umgeben. Die vom Auslober geforderten 230000 Kubikmeter umbauten Raumes mußten auf einem unglücklich zugeschnittenen Grundstück untergebracht werden, auf dem zu allem Übel auch noch eine Restbebauung in Form eines Wohnhauses steht, das nicht abgerissen werden darf. Wie sich die Gebäudehöhen zu staffeln, wo der Haupteingang, die Tiefgarageneinfahrt und alle Funktionsabläufe des Gebäudes zu liegen hatten, war in einer Studie der Architekten Bartsch und Thürwächter (Frankfurt) untersucht worden und dem Wettbewerbsteilnehmer mit auf den Weg gegeben worden.

Der 1. Preis hat alle diese Bibliotheksfunktionen aufs beste gelöst und mit einer Blockrandbebauung an der Eckenheimer Landstraße und der Adickesallee die städtebauliche Struktur aufgenommen. »Die städtebauliche Integration ist vollständig«, schreibt die Jury folgerichtig ins Protokoll. Der Eingang liegt, ohne außen besonders akzentuiert zu sein, in einem Eingangshof, der wiederum von Arkaden aus erreicht wird. Die Erschließung der oberen Geschosse durch die Aufzüge in der etwas zu eng geratenen Rotunde ist nicht völlig befriedigend. Die Fassade dagegen ist geschickt in drei Zonen gegliedert. Alle Baukörper machen einen wohlproportionierten Eindruck und sind nach ihrer Lage verschieden in ihrem Charakter: Städtisch bei der geschlossenen Randbebauung und mit großzügigen Glasflächen zwischen leichten Stahlkonstruktionen im Lesesaal gegenüber. Der 1. Preis erfüllt »in allen Gebäudebereichen die Erwartungen des Auslobers, die besondere Aufgabe ›Deutsche Bibliothek‹ mit angemessenen architektonischen Mitteln zu verwirklichen«, schreibt denn auch die Jury.

Also endlich ein gekürter Entwurf, der die städtebaulichen Anforderungen über architekturideologisches Formgehabe stellt; eine Bereicherung für Frankfurts Stadtbild, weil er es behutsam ergänzt, ohne dabei langweilig zu werden?

Trotz dieser erfreulichen Tatsache gerät man ins Grübeln darüber, wie die Jury zu dieser einstimmigen Bewertung gefunden haben mag, wenn man sich die folgenden prämiierten Arbeiten ansieht. Der 2. Preis (Kaiser/Arat, Stuttgart) mit einer großen Glaskuppel überzeugt noch durch Bibliotheksfunktionen, der 3. Preis (Helmut Joos, Frankfurt, mit R. Schulze und K. Krüger-Heyden, Braunschweig) brilliert schon nur noch durch ein einheitliches Konstruktionsraster, »geeignet für ein wirtschaftliches Ausbauraster«, und einen »Magazinturm, der zu einer maßstäblich angenehmen Dominanz führt« und der an einer Ekke auf einer »Ehrensäule Deutscher Autoren« steht. Liest man, wie auf einer halben DIN-A-4-Seite »Die Funktion und Qualität der räumlichen Gestaltung« des Entwurfs schier zerrissen werden, und weiter, daß die Jury (außer bei der Säule) auch mit der architektonischen Qualität nicht zufrieden ist, so liegt nahe, daß der 3. Preis quasi postmodern von der »Ehrensäule Deutscher Autoren« gehalten wird.

Städtebaulich sind der 2. und der 3. Preis zumindest fragwürdig, da sie in ihrer Höhenausbildung entlang der Eckenheimer Landstraße als Blockrandbebauung verstanden werden wollen, durch Abrücken der Baumasse von der Straße aber den Blockrand eben doch nicht ganz schließen, und dann eine Brandwand notdürftig mit einem Grüngerüst bzw. einem sinnlosen Anbau kaschieren müssen.

Ebenso langweilig in der Architektur, wie »normal und nirgends außerhalb des Üblichen« in bezug auf den technischen Aufwand ist das Projekt, das mit dem 5. Preis versehen wurde (Schuster-Pechtold/Rolf Gründel, München). Charaktervoll umgeben drei Quadrate den Eingangshof. Alle Funktionen sind erfüllt, das Gebäude ist wirtschaftlich, »eine städtebauliche und architektonische Aufwertung für die Stadt und die unmittelbare Nachbarschaft« (Jury). Der Verfasser beschränkt sich in seinen Erläuterungen ausschließlich auf die Bibliotheksfunktionen; anders dagegen der 4. Preis (Behnisch und Partner, Stuttgart), der die kulturpolitische Bedeutung der Nationalbibliothek als Ausgangspunkt seiner Planung nimmt. In einer langen Abhandlung wird neben dem Entwurf die dazugehörige Architekturideologie mitgeliefert. Die Form (»Das Ganze gleicht einer Landschaft«) wird der Jury in gut formulierten Sätzen begreiflich gemacht.

Diese Eigenheit findet sich auch bei anderen Arbeiten: Was man mit der eigenen Architektur(zeichnung) nicht ausdrücken zu können glaubt, wurde zu lyrischen Erläuterungen: »Eine hörbare Quelle im Mittelpunkt als Symbol des fließenden Geistes« oder »Das Magazin als unterirdischer Kern ist geistiger Nährboden für die Idee des Literaturgartens«.

Angesichts der hervorragenden architektonischen Qualität, die Behnisch und Partner in vielen Bauten bewiesen hat, fällt es schwer, seine »Landschaftsarchitektur« zu verdammen. Man weiß, daß hinter diesen Zeichnungen hohe räumliche Qualitäten stehen, aber wie es einen Innenraum gibt, gibt es auch einen Außenraum, und der hier zu bearbeitende Außenraum ist in höchstem Maße städtisch; deshalb paßt die »Landschaftsarchitektur« nur schlecht auf das für diesen Entwurf zu klein erscheinende Grundstück. Ein »Behnisch-Entwurf« an dieser Stelle mit dieser Ignoranz gegenüber den vorgefundenen städtebaulichen Rahmenbedingungen wäre sicher immer noch eine Freude. Der Bau eines weniger begabten Kollegen aber, der »das Höhere in der Architektur nicht gefunden hat«, das der Preisträger für sich beansprucht, und einen in der Struktur gleichen Baukörper ohne die architektonische Qualität an dieser Stelle errichten würde, wäre eine mittlere Katastrophe. Allein die Ignoranz gegenüber dem noch bestehenden Eckbau (Cronstettenstraße/Eckenheimer Landstraße), der mit seiner hochragenden Brandwand geradezu auf einen Anschlußbau wartet, ist unbegreiflich, weiß man doch aus den Erfahrungen des Frankfurter Westends, daß solche »Eckzähne«, einmal übriggeblieben, schnell abgerissen sind.

Sieht man sich nun die Reihenfolge der Preise und Ankäufe an und vergleicht dazu einige weitere ideenreiche Entwürfe, so muß man sich die Frage stellen, ob bei einem derart bedeutenden Wettbewerb nicht zu viele Ministerialdirigenten im Preisgericht gesessen haben. Zumindest der 3. und 5. Preis scheinen doch sehr fragwürdig beurteilt worden zu sein. Einige der Ankäufe sind weitaus stärker in Form und Qualität. Es gibt aber auch Teilnehmer, die mit originellen Ideen aufwarten können. Einige der Ideen sind von Künstlern in den Wettbewerb eingebracht worden. (Der Auslober wollte ausdrücklich ihre Mitarbeit zur Symbolisierung des Bibliotheksgedankens: Kunst am Bau.) All diese Ideen sind deshalb nicht einmal unter die Ankäufe gekommen, weil die Jury vereinbart hat, daß »Arbeiten mit derartigen Qualitäten ausscheiden müssen, wenn sie nicht die grundlegenden Funktionsbedingungen erfüllen« ...

Bei allem bietet der Gedanke Trost, daß der 1. Preis in der Ausführung halten wird, was er schon heute verspricht ... das »Ministerialdirigenten-Huhn« hat sein Korn doch gefunden. *H. D. Löwe*

Aus: Frankfurter Neue Presse, 25. November 1982

Die Architektur muß wieder reden lernen

Ideen zum Gebäude einer deutschen Nationalbibliothek in Frankfurt

Als vor bald 135 Jahren der Gedanke einer Nationalbibliothek von den Parlamentariern in der Frankfurter Paulskirche so feurig begrüßt wurde, als die spontan zusammengekommenen 4500 Bände auf der Galerie aufgestellt waren, sollte »die Reichsbibliothek« der erste sichtbare Beweis vom gemeinsamen Geistesgut darstellen. – Das Pathos der nationalen Idee war ausschlaggebend für die praktischen Aufgaben, wie etwa eine bibliographische Erfassung des gesamten deutschen Schriftgutes.

Mit dem Auseinandergehen der Deutschen Nationalversammlung zerbrach auch die Idee von der Reichsbibliothek.

Wenn heute das Thema eines Neubaus für die deutsche Nationalbibliothek wieder auf den Tisch kommt, ist da kein Engagement mehr zu spüren; ja, die wenigsten Bürger unseres Landes werden wissen, daß es neben den Stadt-, Landes- und Universitätsbibliotheken ebendiese gemeinsame Deutsche Bibliothek gibt, in der die umfassende Sammlung des deutschen Schriftgutes zusammenkommt, archiviert und magaziniert wird und der Bevölkerung zur Verfügung steht. Sie befindet sich ebenfalls in Frankfurt.

Nun tun wir uns mit dem Begriff von der »Nation« ja immer schwer. Bis heute ließ sich für das Regierungsviertel in Bonn keine Architektursprache finden, die die Bundesrepublik repräsentieren könnte. Aber trotz aller Skrupel hatten die Auslober des bundesweiten Wettbewerbs für eine Deutsche Bibliothek, die Bundesregierung und der künftige Hausherr, auf das Besondere dieses Hauses hingewiesen, das auch seinen besonderen Ausdruck finden sollte.

Mehr Pathos bitte

Es ging um den endgültigen Sitz der Bibliothek in Frankfurt, die irgendwann – vielleicht in sechs Jahren – mit einem Gepäck von dann wohl fünf Millionen Druckeinheiten (Bücher, Zeitschriften, Dissertationen etc.), aus ihrem immer wieder erweiterten Haus am Palmengarten den Alleenring hinauf, zur Adickesallee/Ecke Ekkenheimer Landstraße, umziehen wird. Diese Bibliothek, als Schwester der Leipziger »Deutschen Bücherei« von 1912, wurde in Frankfurt 1946 neu gegründet und 1969 als bundesunmittelbare Anstalt sozusagen in den Adelsstand einer »Deutschen Nationalbibliothek« erhoben.

Wie sehen nun die Architekten ein solches Haus – wie wünscht der Bauherr die neue Repräsentanz?

»Etwas mehr Emphase hätte es schon sein können«, hört man aus der Umgebung des künftigen Hausherrn – »wenn es ja auch nicht gleich das Pathos von Boulées ›Bibliothèque Nationale‹ von 1785 sein muß.« Boulée hatte, kurz bevor die Französische Revolution die Fürstenbibliotheken zu nationalen Anstalten machte, mit diesem Entwurf einer überdimensionalen Tonne über der amphitheatralisch aufsteigenden Halle mit Bücherwänden die Metapher für die »Nationalbibliothek« schlechthin geschaffen, als Sinnbild der Republik des Geistes, in der das mündige Volk, als Lernende und Wissende, sich unter dem Gewölbe der Nation vereint.

Aber statt für eine »architecture parlante« entschied sich die Jury dann doch für einen eindeutigen, eher braven Entwurf aus der Fülle von 155 Entwürfen, originell bis eindrucksvoll darunter die Arbeiten fast der gesamten Zunft. Peter Färber und Rolf Hoechstetter (Darmstadt) erfüllten die drei Grundbedingungen von der stadträumlich richtig gelegten Erschließungssituation am Alleenring, der einfach zu realisierenden Konstruktion und dem bestmöglichen Funktionieren des vielfältigen Ablaufs in der Bibliothek. Aber das, was die Synthese aus Ethik und Ästhetik, die glückliche Vereinigung von Inhalt und Form, die Sichtbarmachung des Charakteristischen meint, blieb bei diesem Entwurf zurück. Ein gleichmäßiges System von Stützen und der höheren Last aus verglastem Mauerbau umzieht in fortlaufender Höhe als Blockbebauung die drei Straßenseiten. Eine runde Verteilerhalle verbindet die einzelnen Funktionsbereiche. Gen Süden, wo das Grundstück in das Stadtvillen-Quartier eingreift, wird, scheinbar lose, ein quadratischer Lesesaal im gleichen Stützensystem eingebunden. Die Säule als kulturelle Symbolisierung? Selbst die gelungenste Säulenordnung wäre an diesem Platz des brausenden Verkehrs, der dem Strip von Las Vegas gleichkommt, wo nur das Prägnante aus der Geschwindigkeit des Autofahrers wahrgenommen wird, zu wenig.

Dialog mit dem Friedhof

Der neue Standort liegt an der Peripherie der inneren Stadt und im Schnittpunkt städtebaulicher Entwicklung aus Mietshauszellen der Jahrhundertwende, villenartigem Wohnviertel und dem Alleenring, der, von Westen kommend, Messe, Universität, Institute und Bibliotheken aufreiht, und hier im nördlichen Teil Behördenbauten aus den frühen Nachkriegsjahren. Aber als unerwartete Pretiose bietet sich gegenüber ein seltenes Stück Frankfurter Baugeschichte, eine monumentale Tempelfassade aus Frankfurts klassizistischer Periode. Von Friedrich Rumpf 1826 als Portal für den Friedhof außerhalb der Stadt gebaut, steht diese dreiteilige Anlage aus geschlossenen Wänden, dem scharfen Ausschnitt im Mittelbau und dem mächtigen doppelten dorischen Säulenpaar noch ganz im Einfluß der Revolutionsarchitektur. Was Wunder also, daß dieser Baukörper zum Dialog von der Kontinuität – über den Strip hinweg – herausfordert.

O. M. Ungers, der in diesen Tagen ja schon an der Kontinuität von Frankfurts Klassizismus mit Architektur-Museum und Messe weiter webt, antwortet dann auch mit einem kompakten, niedrigen Bau aus fast geschlossenen, bossierten Wandflächen, streng um den ganzen Block erheitert nur durch die Reihung gestutzter Bäumchen als Attika, über den sich der monumentale Kubus des Magazinturms erhebt: als modifizierte Dramaturgie aus der Schule der Revolutionsarchitektur (2. Durchgang).

Kreis, Halbkreis, eine der klassischen

Grundformen, mit der mehrere Entwürfe auf das antikisierende Gegenüber antworten, paraphrasiert Rüdiger Findeisen, Hamburg, mit gestaffelten Kreissegmenten zu einer geschlossenen und beachtlichen Lösung (4. Ankauf). Die Partner von ABB, Frankfurt, wiederholen mit großer Geste die dreiteilige symmetrische Anlage. Und ein anderer Entwurf zitiert den Portikus der Alten Stadtbibliothek herbei.

Diese »Anspielungen« waren nicht das auffallendste Motiv, um das Besondere des Ortes auszudrücken, nur das sublimste.

Auffallend war, in wieviel Spielarten Cour d'Honneur und Kuppelsaal immer wieder auftauchten. Der Kuppelsaal als neu aufgenommenes Symbol; denn seit Sidney Smirke 1856 den ersten Kuppelbau als reine Eisenkonstruktion für den Lesesaal der Londoner Nationalbibliothek mit dem gewaltigen Durchmesser von 42,70 Meter in den Innenhof des Britischen Museums gesetzt hatte, wurde dieses Vorbild zum Stolz anderer großer Nationalbibliotheken. 1886 krönte eine Kuppel den Lesesaal der Washingtoner Bibliothek und noch 1914 den der preußischen königlichen Bibliothek in Berlin.

Jetzt legen die Architekten erneut ihr ganzes Engagement in den überwölbten, deutlich ablesbaren Rundsaal, als Lesesaal und selbst in der Reduzierung der Idee zum Katalogsaal oder Verteilersaal in die Tiefe des Hauses und in die Seitenflügel.

Die Cour d'Honneur leitet schon vom gestreckten Straßenraum das Erlebnis von gesteigerten Raumfolgen ein, von Außen- und Innenraum, von geschlossenen und geöffneten Räumen. Mit diesem dreiseitig umbauten Vorhof, axialer Halle und Innenhöfen gibt es eine Reihe pompöser Entwürfe. Aber die breitgelagerte Szenerie kann sich eben nur an der Eckenheimer Landstraße voll entwickeln und verfehlt damit von vornherein die eigentlich eindeutige städtebauliche Dominanz am Alleenring.

Einzig der Entwurf der Hamburger Architekten von Garkan und Marg bringt, unter Beibehaltung der großzügigen Raumfolge über die Cour d'Honneur, die gleichzeitige Öffnung des Vorhofes zum Alleenring zustande, durch raffinierte Drehung der Achse im Kuppelbau und Verschieben des einen Seitenflügels. Aber vor allem besticht diese Arbeit durch die klar definierten Baukörper, zwei Quadrate um ein Rund, als unabhängige und moderne Bauauffassung. Also die Synthese von Ethik und Ästhetik? Wegen einiger Mängel an der Belichtung der Büros kam es aber nur zu einem 1. Ankauf.

Entscheidung im Dezember

Es gab acht Ankäufe mit sehr unterschiedlichen Konzeptionen, die jedoch keine weiteren überzeugenden Ideen vorbrachten. Es gab fünf Preise, die mehr oder weniger vom Entwurfsprinzip des runden Verteilersaals ausgingen. Allerdings benutzte Behnisch, Stuttgart (Olympia-Zelt), die grundsätzlich andere Sprache des »dynamischen Raumes«, der fließend von außen nach innen leitet, in dem der Mensch sich frei bewegt. In diesem Fall hebt seine Erfindung von humanem Bauen nicht nur den urbanen Raum auf, sondern das Charakteristische der großen Bauaufgabe wird ebenfalls spielerisch aufgelöst (4. Preis).

Die große überzeugende Lösung für eine Nationalbibliothek konnte nicht gefunden werden. Ein Ideen-Wettbewerb, aus dem die besten Gedanken dann noch einmal in einem beschränkten Realisations-Wettbewerb überprüft worden wären, hätte hier das Optimale ergeben.

Die Entscheidung für den Bau soll nun erst im Dezember fallen, nachdem der 1. Preisträger überdacht hat, ob sich für seinen Entwurf nicht doch die Sprache vom besonderen Orte finden ließe.

Ist doch Frankfurt gerade dabei, die Umgebung der Paulskirche neu zu gestalten, um dem Monument von der Deutschen Nation wieder die notwendige Bedeutung zu geben, wo 1848 auch die Idee von der deutschen National-Bibliothek geboren war.

Doris Ottlitz

Aus: Hessischer Rundfunk, 2. Programm, »Prisma«, 21. Januar 1983

Zum Neubau der Deutschen Bibliothek, Frankfurt

Sollte der mit dem ersten Preis gekürte Entwurf der Darmstädter Architekten Peter Färber und Rolf Hoechstetter tatsächlich gebaut werden, so wird dem hochgestellten Kartonbau der Oberfinanzdirektion gegenüber, an der Ecke Eckenheimer Landstraße und Adickesallee, keine signifikante und innovative Baugestalt entstehen, wenn, wie geplant, der Neubau der Deutschen Bibliothek in den 90ern fertiggestellt sein wird. Verschenkt scheint die Chance, dem traditionsreichen bundesrepublikanischen Zentralarchiv, das seit 1947 in Frankfurt ansässig ist und seit dieser Zeit ständig mit Platzmangel und allerlei Provisorien zu kämpfen hatte, nicht nur den nötigen Raum, sondern auch ein ausdruckssicheres Gesicht zu geben. Die »widerspruchsfreie Einfügung« an die Hauptverkehrsstraßen, diese gleichlaufende Fluchtung, die das benachbarte Gründerzeithaus nicht einmal als Konkurrenz sieht, war, nach nun jahrzehntealter Bemäkelung ›unwirtlicher Städte‹, noch immer eins der vorgenannten, Form unterordnenden Kriterien für die Preisvergabe. Der 5geschossige, zaghaft gegliederte Baukörper, dessen Masse Färber/Hoechstetter auf ein stelzendes Kolonnadenrelief heben, riegelt sich rechtwinklig zur Straße hin ab und setzt seine gleichförmige Hülle – und das allerdings widerstands- und widerspruchslos – folgerichtig an den Straßenrand. Seine Hauptansicht wird, mit befremdlicher Gleichgültigkeit und Unschärfe einer solchen Bauaufgabe gegenüber, abstrakt verpackt sein.

Bibliothek, nicht nur als ein Zweck-Gehäuse des Archivierens und seiner Organisation, sondern auch als ein Ort, als Chiffre für das Kulturgut Buch – besteht nur ein kaum hinreichendes Interesse, einen Bau erkennbar zu gestalten? Eine Frage auch an die Juroren. Heißt die Alternative mit ruppiger Ausschließlichkeit denn nur und immer noch launig-pittoreskes Versatzstück – gerade Zweckmäßigkeit?

Erst zur Schlosserstraße, zur Gartenseite hin, sozusagen privatim, öffnen Färber/Hoechstetter die geschlossene Konzeption in eine vielgestaltigere Baulandschaft. Die hier unterschiedlich hohen, vor- und zurückspringenden Baukörper lassen ahnen, wie die Innenräume durchformt und gestaffelt werden. Quadrat, Kreis und Rechteck, über diese Primärformen erschließt sich der Grundriß. Ein durchaus stimulierendes Raumprogramm, das auch, wie verlangt war, die Funktionsbereiche der Bibliothek strikt trennt. Mit spielerischer Leichtigkeit entwickelt es sich aus dem Bildungszitat der großen Hallenrotunde, die sich an den offenen, kolonnadengesäumten Eingangshof, an der Ecke Adickesallee/Eckenheimer Landstraße angliedert. Sie ist die differenzierende Verteilerstelle, die zentrale Drehscheibe eines Drei-Weg-Systems, auf dem ihr der Verwaltungs- und Benutzertrakt und ein öffentlicher, für Ausstellungen und Konferenzen zulaufen. Nach Süden wird man in einen selbstbewußt quadratischen, auf tieferem Niveau gelegenen, verglasten und lichthellen Lesesaal gelangen, in den Park verlängert endet der Weg an den einladenden Sitzstufen eines Arena-Halbrunds. Hinter der Riegelfassade zur Eckenheimer Landstraße sind die Büroräume mit streng gewöhnlicher Einfachheit gereiht. Konferenzsaal und Ausstellungsfoyer arrangieren sich nicht ohne Sensibilität als Räume im Raum, füllen die Gebäudeseite zur Adickesallee. Schlichte freistehende Rundstützen tragen Decken, stählerne, abgehängte Gitterbänder, im Stil der ersten Eisenkonstruktionen der Jahrhundertwende, bilden wenige, disziplinierte Ornamente.

Die das Innere bestimmenden Bögen und Kanten, umlaufende Gänge und die selbständigen Raumformen werden jedoch hinter der formalistischen Fassade ängstlich versteckt und vereinheitlicht, sie dürfen das Ganze nicht begründen, als wären vorstellungsreichere Erlebnisse stets zwischen Buchdeckeln eingeklemmt zu halten. Erst die Vogelperspektive des Modells blättert das Buch auf, verstärkt den Kontrast des schmucklosen Einbandes zum Akzente setzenden Innen. »Nicht aufdringlich, aber durchaus selbstbewußt«, war die abschließende Wertung des Preisgerichts, da ist eingeschlossen, daß der Neubau der Deutschen Bibliothek es versäumt hat, eine überzeugende Lösung für den geschichtsträchtigen Bautyp Bibliothek zu finden.

Dieselbe Unsicherheit, eine Bauaufgabe explizit zu charakterisieren und nicht nur eine heikle Baumasse für beinahe 4 Millionen Bücher, 400 Mitarbeiter, projektiert auf 50 Jahre, in einen verwalteten Kubus zu ordnen, zeigen auch andere der fünf prämierten Entwürfe. Die Stuttgarter Arat/Kaiser (zweiter Preis) bevorzugen, überraschend ähnlich, ebenfalls eine attraktive, gläsern überkuppelte Eingangsrotunde und drappieren auf dem sehr großen dreieckigen Bauareal in zwei Blockbändern den Besucher- und Verwaltungsbereich brauchbar brav an den Hauptstraßen entlang. Die Fassaden lockern durch die vorgesetzten, breitflächig verglasten, terrassengetreppten Vorbauten ihre nobel zurückliegende Horizontalität und geben dem Blick einen zumindest höflichen Halt. Die Braunschweiger Joos/Schulze/Krüger-Heyden (dritter Preis) und die Münchner Schuster-Pechtold/Gründel (fünfter Preis) interpretieren das Programm ›Deutsche Bibliothek‹ als gekoppelte Einzelbauten. Der Entwurf der Münchner definiert die kompakte und klare Struktur dreier großer Quadratkuben mit eigenen Atrien, die sich um einen Vorhof als offenen Zwischenraum angenehm gruppieren. Eine einladende Reminiszenz dieses Entwurfs von sonst klassischer Strenge. Joos/Schulze überbauen mit einem herausgesonderten Hochmagazin – einem Turmblock, der sich am Eingang spekulierend auf eine »Ehrensäule« stützt – eine Kubatur mit Rondell verschieden hoher Baukörper, die aber bei der Innenraumgestaltung nicht überzeugen. Einzig der raumgreifende Entwurf der Stuttgarter Behnisch & Partner (vierter Preis) löst sich mit souveräner Dynamik aus der Reihe des prämierten Typus. Die gelängten Gebäude driften zentripetal über das Gelände. Mit schöner Selbstverständlichkeit fächert sich der Lesesaal zum Garten hin auf, ergeben sich offene Raumformen. Die unprätentiösen, zurückhaltenden, bewegungsfreien Formen betonen ansprechend die Komplexität des Gesamtkonzeptes.

Im Februar wird der Verwaltungsrat der Deutschen Bibliothek endlich über den zu bauenden Entwurf entscheiden. Es ist zu befürchten, daß zwischen dem bekannten, expressiv drängenden Formgebirge der 1978 fertiggestellten Berliner Staatsbibliothek und dem Muster des gewöhnlich kastenförmigen Magazinblocks auf Unterbau erneut ein weiterer, sprachloser Nachfahre der gebrauchstüchtigen, so oft schon gebrandmarkten »Rechnungshofarchitektur« entstehen könnte. *Petra Kölzer-Sobczak*

Aus: dpa-Meldung des Verwaltungsrates der Deutschen Bibliothek, 8. Februar 1983

Betr.: Neubau der Deutschen Bibliothek

Der Verwaltungsrat der Deutschen Bibliothek hat sich in seiner Sitzung am 8. Februar 1983 nach intensiver Diskussion und Anhörung aller Preisträger des Wettbewerbs einmütig dafür ausgesprochen, dem Entwurf von Professor Behnisch (und Partner), Stuttgart, der auch von der Jury mit einem Preis bedacht wurde, den Vorzug zu geben. Er bittet die Bundesregierung, auf der Grundlage dieses Entwurfs den Neubau der Deutschen Bibliothek baldmöglichst in Angriff zu nehmen.

Bei seiner Entscheidung ließ sich der Verwaltungsrat von der architektonischen Qualität, der städtebaulichen Konzeption und der Funktionserfüllung im Interesse der Benutzer und Mitarbeiter leiten.

Aus: Frankfurter Rundschau, 10. Februar 1983

Deutsche-Bibliothek-Bau: Zuschlag für den 4. Preis

Überraschende Entscheidung des Verwaltungsrates

Mit einer handfesten Überraschung endete am Dienstag eine Sitzung des Verwaltungsrates der Deutschen Bibliothek: Einstimmig entschied sich das elfköpfige Gremium, beim Neubau des Bibliotheksgebäudes nicht für den Entwurf des seinerzeitigen Preisträgers Färber/Hoechstetter, sondern den des Stuttgarter Architekturbüros Behnisch und Partner zu berücksichtigen. Noch im vergangenen Sommer war der Behnisch-Entwurf von der Fachjury des für den Neubau ausgeschriebenen Wettbewerbs nur mit dem vierten Preis bedacht worden.

Allerdings hatte die Entscheidung der Jury schon damals nicht allzuviel Begeisterung ausgelöst. Die Darmstädter Professoren Peter Färber und Rolf Hoechstetter hatten für das Gelände an der Kreuzung von Adickesallee und Eckenheimer Landstraße, auf dem der Neubau mit seinen rund 230000 Kubikmeter umbautem Raum entstehen soll, eine massive und wenig gegliederte Blockbebauung vorgesehen, mit einer langgestreckten und eher eintönigen Fassade zur Eckenheimer Landstraße hin.

Zwar waren dem Färber/Hoechstetter-Entwurf damals dennoch gute Aussichten eingeräumt worden, auch realisiert zu werden – beispielsweise vom Frankfurter Planungsdezernenten Dr. Küppers, der in der Jury mitgewirkt hatte. In der Zwischenzeit scheint sich jedoch erheblicher Widerstand gegen den Darmstädter Plan aufgebaut zu haben: So zeigten sich die Mitarbeiter der Deutschen Bibliothek wenig erbaut von der Aussicht, ihre Arbeitsplätze künftig unmittelbar an zwei Hauptverkehrsstraßen zu haben (im Gegensatz zu Färber/Hoechstetter sieht der Behnisch-Entwurf einen aufgefächerten und von der Straße stärker zurückgesetzten Baukörper vor). Dazu kam, daß sich niemand so recht mit dem Entwurf des ersten Preisträgers zu identifizieren vermochte: Der hätte, so wurde etwas böswillig kolportiert, genausogut für ein AOK-Verwaltungsgebäude konzipiert werden können. Und wenn man schon in der wenig anregenden Nachbarschaft des Hauptfriedhofs und einer Oberfinanzdirektion bauen müsse, so hieß es, dann wäre doch eine etwas »signifikantere« Architektur wünschenswert.

Jedenfalls wurde bereits zu Beginn der Sitzung des Verwaltungsrats am Dienstag deutlich, daß sich das Gremium – in dem die Vertreter der Bundesregierung und der Verlage dominierten – nur bedingt an das Votum der Fachjury gebunden fühlte. So berichtet der Frankfurter Kulturdezernent Hilmar Hoffmann, der die Stadt im Verwaltungsrat vertritt, er habe darauf gedrängt, daß »alle fünf Preisträger des Wettbewerbs die gleiche Chance bekommen«.

Tatsächlich wurde dann auch so verfahren, wobei Behnisch – auch am Dienstag noch nicht als Favorit gehandelt – die entscheidenden Punkte offenbar in der seinem Referat folgenden Diskussion hat holen können. Behnisch hatte zunächst erklärt, warum er eben keine Blockbebauung vorsehe: Es bestehe überhaupt kein Grund, unmittelbar an »Fahrbahnen mit Lärm, Gestank und nichtmenschlichen Rhythmen« zu bauen; viel sinnvoller sei es, »Raum und Vorfeld zwischen sich und solchen Verkehrsknoten zu bringen«.

Großen Wert legte Behnisch dann darauf, seine Konzeption aus der Funktion und Arbeitsweise eben einer Bibliothek heraus zu erklären, wobei sich dann freilich einige Bemerkungen grundsätzlicher Art anschlossen, mit der der Stuttgarter Stararchitekt doch sehr entschieden zur gegenwärtigen Frankfurter Architekturszene Stellung nahm. Mittlerweile sei nämlich in Frankfurt nahezu alles vertreten, sagte er, »die repräsentative Architektur der Konzerne, die technokratische der Administration, die restaurative am Römer, die postmoderne und die neue amerikanische am Schaumainkai ...« Was nicht vertreten sei, das sei die »aus den Funktionen und aus unseren (nämlich den deutschen) Traditionen entwickelte architektonische Gestalt«.

Dieser hier postulierte Anspruch hat freilich nicht den Ausschlag für Behnisch gegeben. Direktor Kurt Nowak – der die Entscheidung des Verwaltungsrats »persönlich begrüßt« – sieht zum Beispiel zwei wesentliche Faktoren: Behnischs Entwurf sei »mitarbeiterfreundlich« und zudem stelle er etwas vor, »was sich von der Umgebung abhebt«. Und warum, so fragte er, solle man das, was jeder Bank zugestanden werde, nicht auch der Deutschen Bibliothek zugestehen? *Ulrich Ritzel*

Aus: Frankfurter Allgemeine Zeitung, 16. Februar 1983

Deutsche Bibliothek in Frankfurt

Der Verwaltungsrat der Deutschen Bibliothek in Frankfurt hat sich überraschend dafür entschieden, nicht – wie allgemein erwartet – den ersten oder zweiten, sondern den vierten Preisträger des Wettbewerbs für den Bibliotheks-Neubau zum Zug kommen zu lassen: den Stuttgarter Architekten Günter Behnisch (siehe F. A. Z. vom 16. September 82). Gewonnen hatte diesen Wettbewerb im September 1982 die Darmstädter Architektengemeinschaft Färber/Hoechstetter. Behnisch, dessen bekannteste Arbeit das Münchner Olympiastadion ist, schlug als einziger Architekt eine konsequent offene, auf repräsentative Dominanz verzichtende Gebäudelandschaft vor, während etwa die Wettbewerbs-Sieger zur »Abrundung« des Baugebietes an der Ekkenheimer Landstraße eine recht schlichte, glatte Blockbebauung vorsahen. Die Entscheidung für Behnisch ist zweifellos ein Votum für die formal wie städtebaulich kühnere Lösung. Das desolate Areal kann von der Akzentuierung durch dieses futuristisch anmutende Licht- und Luftschiff für das Buch nur profitieren. Das letzte Wort in dieser Sache hat jetzt das Bonner Ministerium für Raumordnung, Bauwesen und Städtebau.

F. A. Z.

Aus: Frankfurter Rundschau, 17. Februar 1983

Behnischs Entwurf stößt auf erheblichen Widerstand

Ärger um den Neubau der Deutschen Bibliothek

Der geplante Neubau der Deutschen Bibliothek, nach Einschätzung von Bundesminister Oscar Schneider immerhin derzeit das größte Bauvorhaben des Bundes, beschäftigt nach wie vor Planer und Architekten. Die Entscheidung des Verwaltungsrates der Bibliothek, an Stelle des Entwurfes der ersten Preisträger, der Darmstädter Professoren Färber/Hoechstetter, den des vierten Preisträgers Behnisch/Stuttgart zu realisieren, stößt dabei keineswegs nur auf Zustimmung. Erheblicher Widerstand kündigt sich insbesondere aus dem Bonner Wohnungsbauministerium an, das für die technische Abwicklung des Projekts zuständig ist, aber auch aus dem Frankfurter Planungsdezernat.

Dessen Chef, Stadtrat Dr. Küppers, selbst Mitglied der Jury, die Färber/Hoechstetter den ersten Preis zuerkannt hatte, macht aus seiner Verärgerung über die Entscheidung erst gar kein Hehl. Er verstehe »das alles nicht«, sagt er und kündigt an, daß sein Dezernat »sehr sorgfältig« prüfen werde, »ob wir uns unter städtebaulichen Gesichtspunkten die Entscheidung des Verwaltungsrats zu eigen machen können«.

Küppers' Verärgerung ist verständlich, hat er doch eben erst einen Beitrag zu der Festschrift abgeliefert, die aus Anlaß des 60. Geburtstags von Professor Dr. Günter Pflug, dem Generaldirektor der Deutschen Bibliothek, im April herauskommen soll. Unter dem Titel »Einfügen oder hervorheben« hat Küppers darin den Färber/Hoechstetter-Entwurf als Aufhänger für grundsätzliche Ausführungen zu Stadtarchitektur aus seiner Sicht genommen – jenen Entwurf also, der jetzt zunächst zu den Akten gelegt ist. Dennoch: »Der Artikel bleibt drin«, sagt Dr. Küppers trotzig.

Natürlich hat der städtische Planungschef für seinen Widerstand ernstzunehmendere Gründe: Der aufgefächerte, stark gegliederte Behnisch-Entwurf gehöre auf freies Gelände, sagt er, und für das Areal an der Adickesallee brauche es aus stadtgestalterischen Gründen eine Blockrandbebauung, wie von Färber/Hoechstetter vorgeschlagen: »Gerade, weil die das vorgeschlagen haben, erhielten sie den ersten Preis.«

Rückenstärkung kann sich Küppers von einem seiner Mitjuroren erwarten, dem Ministerialdirektor Erhard Weiß, Abteilungsleiter im Wohnungsbauministerium und in Frankfurt ehedem als Leiter des städtischen Planungsamtes kein Unbekannter. Weiß will sich »hüten, etwas zu der Entscheidung des Verwaltungsrates zu sagen« – unüberhörbar ist aber, daß er ihr mit großer Zurückhaltung gegenübersteht. »Wir haben einen Wettbewerb ausgelobt, dann ist ein erster Preis vergeben worden – und das ist die Situation«, so lautet sein Lagebericht, und die Schlußfolgerung drängt sich auf, daß er das Votum des Verwaltungsrates am liebsten gar nicht zur Kenntnis nehmen würde.

Was allerdings an der Adickesallee gebaut wird, entscheidet nicht das Wohnungsbauministerium. Federführend ist vielmehr das Bundesinnenministerium, das sich freilich mit dem Bau- und dem Finanzministerium abstimmen muß (gelingt dies nicht, muß am Ende womöglich sogar ein Beschluß des Bundeskabinetts herbeigeführt werden). Der zuständige Abteilungsleiter im Innenministerium, Ministerialdirigent Hölder, ist nun aber zugleich der Verwaltungsratsvorsitzende der Deutschen Bibliothek und – nachdem er noch im vergangenen Jahr für den Färber/Hoechstetter-Entwurf votiert hatte – inzwischen ein geradezu begeisterter Vorkämpfer für Behnischs Konzept geworden, dessen ästhetischen und funktionalen Rang er nicht genug rühmen kann. Für Frankfurt und hier insbesondere für Oberbürgermeister Wallmann hat Hölders Urteil großes Gewicht, schon deswegen, weil der Bonner Ministerialbeamte wesentlichen Anteil daran hat, daß der Neubau der Deutschen Bibliothek in den letzten Jahren vorangetrieben wurde – und vor allem, daß diese in Frankfurt bleibt.

So darf man denn davon ausgehen, daß die Stadt sich keinesfalls sperren wird, wenn der Behnisch-Entwurf in Bonn abgesegnet werden sollte. Natürlich seien die von Küppers angemeldeten Bedenken ernst zu nehmen, und gegebenenfalls werde man sich damit auseinandersetzen müssen, sagt dazu Wallmann-Referent Dr. Gauland. Aber mehr als ein Trostpflaster für den frustrierten städtischen Planungschef ist dies wohl nicht, zumal durchaus Zweifel bestehen, ob die Argumentation des Dr. Küppers hier wirklich zwingend ist. Dafür gibt es einen unverdächtigen Zeugen, den Leiter der Architekturklasse des Städels, Professor Bock – unverdächtig deshalb, weil ihn die Berücksichtigung des ersten Preisträgers nach wie vor befremdet. In der Sache selbst aber will auch er nicht einsehen, warum an der Adickesallee, am Rande des Holzhausenviertels, ausgerechnet kernstädtische Blockrandbebauung vorgeschrieben sein solle – gerade für dieses Quartier sei das keineswegs typisch.

Ulrich Ritzel

Aus: Frankfurter Rundschau, 22. Februar 1983

Deutsche Bibliothek: Architekten-Protest

In einem offenen Brief haben jetzt die Darmstädter Architekten Peter Färber und Rolf Hoechstetter gegen die Entscheidung des Verwaltungsrats der Deutschen Bibliothek protestiert, für den Neubau der Bibliothek nicht ihren, seinerzeit mit dem ersten Preis eines bundesweit ausgeschriebenen Wettbewerbs ausgezeichneten Entwurf zu wählen, sondern den des vierten Preisträgers, des Stuttgarter Architekturbüros Behnisch und Partner.

Die Entscheidung des Verwaltungsrats stelle, so heißt es in dem Brief, »die Arbeit und die Kompetenz des Preisgerichts sowie das Wettbewerbswesen überhaupt in Frage«. Außerdem werde das Büro Behnisch in Konflikte gebracht, »die mit berufsethischen Grundsätzen nicht mehr in Einklang zu bringen sind«.

Demgegenüber erklärte Behnisch-Partner Gerhard Tränkner gestern auf Anfrage, er verstehe zwar die Betroffenheit seiner

Darmstädter Kollegen; die Entscheidung des Verwaltungsrates entspreche aber exakt der Ausschreibung. Dort sei festgehalten, daß der Auftrag an »einen der Preisträger« gegeben werden solle. Außerdem habe das Preisgericht davon abgesehen, eine Empfehlung für einen der Entwürfe abzugeben – »vermutlich aus guten Gründen«. Im übrigen habe auch Behnisch schon erste Preise bekommen, »und dann doch nicht den Auftrag«.

umr

Aus: Frankfurter Allgemeine Zeitung, 24. Februar 1983

Späte Einsicht

Streit um »Deutsche Bibliothek«

Freiheit, zumal die des Wettbewerbs, kann weh tun. Ein Berufsstand, dem diese Erfahrung zur Zeit besonders viel Stehvermögen abfordert, ist die deutsche Architektenschaft. Einerseits gibt die öffentliche Hand immer weniger Geld für bauliche Großprojekte aus, andererseits wächst die Zahl der Architekturbüros, die auf solche Projekte angewiesen sind. Der Verteilungskampf wird immer härter.

Anläßlich des Wettbewerbs um das neue Technische Landesmuseum Mannheim klagte einer von 105 beteiligten Architekten, der Heidelberger H. P. Hornstein: Kriterium, Ausmaß und Umstände jener Architektur-Wettbewerbe, die von Städten, Ministerien oder öffentlichen Institutionen ausgeschrieben würden, könnten auf die Dauer den gesamten Berufsstand »zum Ausbluten verdammen«. Immer mehr Kollegen müßten zu einem angesichts der wachsenden Zahl der Mitbewerber fast aussichtslosen Rennen mit Entwürfen und Modellen antreten, die jeweils bis zu vierzigtausend Mark kosten.

Um den Neubau der Deutschen Bibliothek in Frankfurt ist jetzt eine ähnliche Kontroverse entbrannt. 155 Entwürfe wurden eingereicht, nur fünf davon wurden preisgekrönt, acht zusätzlich angekauft. Die Jury gab den ersten Preis (100000 Mark) den Darmstädter Architekten Färber und Hoechstetter; für einen Entwurf, der den Passanten an der Eckenheimer Landstraße einen mächtigen, fünfgeschossigen Gebäuderiegel mit Rasterfassade zumutet, jedoch durch das Konzept einer einfachen Blockrandbebauung »zu einer städtebaulichen Abrundung und Aufwertung des Baugebietes«, so die Jury, beiträgt. Außen glatt, innen »problemlos« (Jury-Text) – der typische Verwaltungsbau, mit Innenhof, Kuppel und anderen Zutaten mäßig aufgelokkert, so daß wohl das Wettbewerbsmodell, kaum aber das Stadtbild davon sichtbar profitiert.

Nun hat, wie berichtet, der Verwaltungsrat entschieden, den vierten Preisträger – das Stuttgarter Büro Behnisch und Partner – zum Zug kommen zu lassen. Färber und Hoechstetter sind nicht nur traurig – jeder könnte das verstehen und billigen –, sie zeigen sich auch empört. In einem offenen Brief sehen sie durch die Entscheidung des Verwaltungsrats »das Wettbewerbswesen überhaupt« in Frage gestellt. Der Verwaltungsrat sei fachlich gar nicht kompetent, habe in der letzten Phase der »Entscheidungsfindung« den ersten Preisträger nicht angehört, außerdem könne man die »Irrationalität« des Verfahrens daran ablesen, daß der Präsident des Verwaltungsrats als Jury-Mitglied für die Darmstädter, als oberster Verwalter dann aber für die Stuttgarter plädiert habe. Damit bringe der Verwaltungsrat nicht zuletzt »das Büro Behnisch in Konflikte, die mit berufsethischen Grundsätzen nicht mehr in Einklang zu bringen sind«. Einen wortmächtigen Verbündeten haben Färber und Hoechstetter im Frankfurter Stadtplanungschef Küppers.

Das Büro Behnisch weist die »berufsethische« Argumentation der Darmstädter Kollegen zurück. Das Verfahren sei makellos, die Jury habe wohl aus gutem Grund zwar den ersten Preis nach Darmstadt vergeben, doch keine Bauempfehlung hinzugefügt – wie üblich, wenn eine Jury von der eigenen Entscheidung besonders überzeugt ist. In den »Grundsätzen und Richtlinien für den Wettbewerb«, die auch Färber und Hoechstetter vorliegen, wird ausdrücklich festgehalten, der Bauherr sei verpflichtet, »einen der Preisträger« – also nicht unbedingt den Wettbewerbssieger – bauen zu lassen.

In ihrem bitterbösen Brief verschweigen die Darmstädter zwei delikate Details: Jener attackierte Präsident des Verwaltungsrats hat auch als Jurymitglied gegen den späteren Wettbewerbssieger und für Behnisch votiert, sich dort aber nicht durchsetzen können; außerdem hatten Färber und Hoechstetter schon im Dezember 1982 Gelegenheit, dem Verwaltungsrat – und das »exklusiv« – ihre Pläne ausführlich zu erläutern.

Und was die »Kompetenz« des Bauherrn betrifft: Gottlob hat hierzulande immer noch der, der das Gebäude bezahlt und später bewohnt, das letzte Wort. Bauherren irren häufig – das haben sie mit den Architekten gemeinsam. Färber und Hoechstetter fordern im Grunde die endgültige Entthronung des Bauherrn durch die »Kompetenz« der Planenden, zumindest im öffentlichen Bereich. Auch sie verweisen anklagend auf die »Architektenleistungen im Wert von rund 10 Millionen Mark«, die alle Wettbewerbsteilnehmer »auf Risiko« eingebracht hätten. Entdeckt hier ein Berufsstand, dessen Existenz immerhin bis zu einem gewissen Grad durch eine großzügige Gebührenordnung gestützt wird, jene Sehnsucht nach Sicherheit, nach Abnahme-Garantien auf öffentliche Kosten, die der Anfang vom Ende der Freiheit ist?

Die Deutsche Bibliothek ist die zentrale Archiv-Bücherei der Bundesrepublik, eine nationale Institution. Der Neubau, der zwischen 150 Millionen und 200 Millionen Mark kosten wird, sollte mehr sein als solide, fehlerfreie Verwaltungsarchitektur. Immerhin geht es um eine der ehrgeizigsten Kulturinvestitionen dieser Jahre. Bücher haben nicht selten die Welt verändert. Ihrem kühnen, auf die Gleichrangigkeit und Mündigkeit der lesenden Menschen erpichten Geist entspricht nur ein Bau, der Funktionstüchtigkeit mit souveräner Phantasie inszeniert. Behnischs interessant gefächerte, konsequent offene Gebäude-Landschaft wird solchen Kriterien eher gerecht als jeglicher Fluchtlinien-Gehorsam. Ein intelligenter Kontrast zur Umgebung steht dem Widerspruchsgeist des Buches näher als die Anpassung an die – in diesem ausgefransten Areal ohnehin desolate – Block-Einheit. Mag sein, daß Auslober und einige Jury-Mitglieder dies zu spät erkannt haben: Färber und Hoechstetter ärgern sich darüber wohl zu Recht. Aber es wäre doch absurd, der richtigen Einsicht nur darum nicht zu folgen, weil man sie erst in letzter Minute gewonnen hat. *Mathias Schreiber*

Anhang

Alphabetisches Teilnehmerverzeichnis

Teilnehmerverzeichnis nach den Hängezahlen der Arbeiten

1 Schuster-Pechtold/Gründel, München
2 Stollbert, Schramberg
3 Ungers, Köln
4 Selldorf, Köln
5 Dörfler, Berlin
6 v. Steinbüchel, Frankfurt
7 See, Offenbach
8 Wisniewski, Berlin
9 Schmidt, Eschborn
10 Gallon, Wiesbaden
11 Millhagen, Wedel
12 Joos/Schulze/Krüger-Heyden, Frankfurt, Braunschweig
13 Schroth, Berlin
14 Kessler, Kaiserslautern
15 Musso, Rhöndorf
16 Braun & Schlockermann, Frankfurt
17 Kierig, Gifhorn
18 Golla, Wiesbaden
19 Gutbrod, Berlin
20 G. Müller, Bremen
21 Benter, Berlin
22 Kutschera, Hamburg
23 Ritzmann, München
24 Kulisch, Kamp-Lintfort
25 Titze, Kronberg
26 Färber/Hoechstetter, Darmstadt
27 Rüdiger, Braunschweig
28 Ostertag, Isernhagen
29 Beisert/Findeisen/Großmann-Hensel/Wilkens, Hamburg
30 Bertram + Partner, Aachen
31 Wolf, Au bei Freiburg
32 Sievers u. Partner, Braunschweig
33 Beyer, Berlin
34 Seemüller, Stuttgart
35 Grünberg + Krohn, Berlin
36 Kücker, München
37 Werner, München
38 Mathbout, Aachen
39 Raddatz, Braunschweig
40 Architekten LKT, Dortmund
41 Ingenhoven, Neuss
42 Lindemann/Thamm, Braunschweig, Wolfsburg
43 Reda, Frankfurt
44 Kälberer, München
45 Berghof/Landes/Rang, Frankfurt
46 Schanty + Partner, Bremen, Frankfurt
47 Marino, München
48 Mäckler, Frankfurt
49 Schmitz, Ühlingen-Berau
50 Müller-Sykor, Braunschweig
51 Bondenache, Karlsruhe
52 Graff, Stade
53 Henze + Vahjen, Braunschweig
54 Rohde, Hannover
55 Haag, Stuttgart
56 Novotny/Mähner, Offenbach
57 Speer, Alfeld
58 Hühnerschulte, Münster
59 Kolb, Bremen
60 Altenstein/Dahms, Bremen
61 Hanig/Scheid/Schmidt, Frankfurt
62 Busmann & Haberer, Köln
63 AG horizont, Hamburg
64 Trint, Köln
65 Lindemann/Lindner/Kopp, Mannheim
66 Deilmann, Münster
67 Eilingsfeld/Kleinert/Utzmann/Wissenbach, Frankfurt
68 Dirichlet, Berlin
69 Heinrich + Wörner, Dortmund

70 Kersten/Martinoff/Struhk, Braunschweig
71 von Gerkan/Marg + Partner, Hamburg
72 Arlt + Philipp + Partner, Kreuztal
73 Parade, Düsseldorf
74 Böhnke, Reutlingen
75 Behnisch & Partner, Stuttgart
76 Krausen, Waldburg
77 Gerber + Partner, Dortmund-Kley
78 Michels, Babenhausen
79 Arat/Kaiser/Kaiser, Stuttgart
80 Pysall/Jensen/Stahrenberg, Braunschweig
81 Strehle, München
82 Schuster, Duisburg
83 Sedlacek, München
84 Schock-Gradenecker/Stickler, Stuttgart
85 Schiffer, Bad Honeff
86 Haslob/Hartlich/Schütz, Bremen
87 Kornfeld/Willmünder, Gütersloh
88 Hägel, München
89 Schneider, Dortmund
90 Wittek, Alzey
91 Kaplan + Diekötter, Gütersloh
92 Rogalla/Veit, Berlin
93 Dersch/Düsterhöft, Stuttgart
94 Hiegel, Karlsruhe
95 Langwagen, Celle
96 von Törne, Fränkisch Crumbach
97 Kreitz u. Maurer, Düsseldorf
98 Goldapp + Klumpp, Bremen
99 Walter, Frankfurt
100 Sack/Böttger, München
101 Pluimers/Franzen, Bergisch-Gladbach
102 Grüttner/Dreckhoff, Soest
103 Drees/Albus, Düsseldorf
104 Herdel, Darmstadt
105 Heinemann, Freiburg
106 Springer, Hannover
107 Garten/Kahl/Hoyer, Hamburg
108 Vrus, Köln
109 Höfler/Kandel/Gesswein, Stuttgart
110 Winter, Ense-Parsit
111 Hacker/Daniel, Duisburg
112 Sepin/Rummel, Fellbach
113 Grochla + Wiese, Göttingen
114 Fuss/Trögl, Frankfurt
115 Schönhagen/Stamatakis, Bonn
116 Jacobus, Lübeck
117 Geller + Müller, Euskirchen
118 Becker/Stauß, Worms
119 Marx, Frankfurt
120 Roemmich + Ott + Zehentner, München
121 Rümelin/Zabel, Stuttgart
122 Kaiser, Walsrode
123 Peters/Peters, Hamburg
124 Jaekel/Püschel, Berlin
125 Wagner/Frings, Köln
126 Wandres, Lienen
127 Storch/Ehlers, Hannover
128 Werkfabrik, Berlin
129 Siepmann + Partner, Wiesbaden
130 Steuernthal, Berlin
131 Haupt/Haupt, Berlin
132 Kohlleppel, Sandhausen
133 Rupprecht, Karlsruhe
134 Kresing, Münster
135 Wacker, Würzburg
136 Fritz/Stukowski, Darmstadt
137 Deeken/Hoffmann, Lingen
138 Matyas/Matyas, Köln
139 Wurlitzer, Köln
140 Coulin/Nekola, Stuttgart
141 Kraemer/Sieverts + Partner, Köln
142 Thiels, Düsseldorf
143 Schäfer/Ferdinand/Ehlers, Hamburg
144 Cadez, Köln
145 Schürmann, Köln
146 Skrivanek/Wirth, München
147 Schulten, Aachen
148 Od 205, Delft
149 Groll, Aschaffenburg
150 Chlumsky/Peters, Lübeck
151 Guggenberger, Bochum
152 Hornstein, Heidelberg
153 Seifert, Darmstadt
154 Voss-Schiffmann/Schiffmann, Dortmund
155 Pook + Saalmann, Braunschweig

Mitarbeiter der Dokumentation

Professor Walter Belz, Vorsitzender des Preisgerichts, Technische Hochschule Darmstadt

Ministerialdirigent Egon Hölder, Bundesministerium des Innern, Bonn. Vorsitzender der Verwaltungsrates der Deutschen Bibliothek

Stadtrat Hilmar Hoffmann, Magistrat der Stadt Frankfurt am Main, Amt für Wissenschaft und Kunst. Mitglied des Verwaltungsrates der Deutschen Bibliothek

Dipl.-Ing. Thomas Klose, Architektur und Photographie, Bad Homburg

Stadtrat Dr. Hans Küppers, Magistrat der Stadt Frankfurt am Main, Amt für kommunale Gesamtentwicklung und Stadtplanung

Dr. Wulf D. v. Lucius, Gustav Fischer Verlag, Stuttgart. Mitglied des Verwaltungsrates der Deutschen Bibliothek

Direktor bei der Deutschen Bibliothek Kurt Nowak, Ständiger Vertreter des Generaldirektors der Deutschen Bibliothek

Bibliotheksrat Reinhard Rinn, Neubaureferent der Deutschen Bibliothek

Leitender Bibliotheksdirektor Dr.-Ing. Gerhard Schlitt, Universitätsbibliothek Hannover und Technische Informationsbibliothek. Mitglied des Beirates des Deutschen Bibliothek

Ministerialdirektor Erhard Weiß, Bundesministerium für Raumordnung, Bauwesen und Städtebau, Bonn

Fotonachweis

Porträtfoto Professor Dr. Günther Pflug: Wolf Mucke, Frankfurt am Main

Seite 17: Aus: Die Deutsche Bibliothek 1945–1965. Frankfurt am Main 1966
Repro: Thomas Klose

Seite 18: H. G. Göllner, Frankfurt am Main

Seite 23: Kirstein & Co, Leipzig 1916

Seite 39: Aus: Idealstadtplan Frankfurt. Verlag Haupka & Co., Bad Soden.
Repro: Thomas Klose

Seite 40: Aero-Lux Frankfurt am Main; freigegeben vom Reg.-Präs. Darmstadt unter der Nr. 1050/81

Seiten 355–359: R. Rinn

Alle weiteren Fotos wurden von Thomas Klose, Bad Homburg, angefertigt.

Schriftenverzeichnis Günther Pflug
1950–1982

zum 60. Geburtstag am 20. April 1983

Bearbeitet von Christine Boßmeyer, Mechthild Hahner und Christiane Kraft
unter Mitarbeit von Miriam Munteanu

Schriftenverzeichnis Günther Pflug

Bibliothekswesen

1956

Gardin, Jean-Claude: Probleme der Dokumentation. Übers. aus d. Franz. von Günther Pflug.
In: Diogenes : Internationale Zeitschrift für d. Wissenschaften vom Menschen. 3 (1956), 11/12, S. 498–519.

1957

Jahrestagung des Verbandes der Bibliotheken des Landes Nordrhein-Westfalen.
In: ZfBB. 4 (1957), 3, S. 232–234.

Die Photostelle in der Universitätsbibliothek.
In: Mitteilungsblatt. N.F. 7 (1957), 4, S. 79–84.

1958

Arbeitsgemeinschaft der Großstadtbüchereien : 11. 2. 1958 (Herten).
In: Mitteilungsblatt. N.F. 8 (1958), 2, S. 149–151.

Das »Haus der Bibliotheken« in Dortmund.
In: Mitteilungsblatt. N.F. 8 (1958), 3, S. 159–160.

Jahresversammlung des Verbandes der Bibliotheken des Landes Nordrhein-Westfalen.
In: ZfBB. 5 (1958), 4, S. 346–347.

Die Xeroxkopie : Erfahrungen in d. Photostelle d. Universität Köln.
In: Mitteilungsblatt. N.F. 8 (1958), 3, S. 194–197.

1959

Arbeitsgemeinschaft der Großstadtbüchereien : 4. 12. 1958 (Duisburg) u. 19. 2. 1959 (Bochum).
In: Mitteilungsblatt. N.F. 9 (1959), 1, S. 46–49.

Arbeitsgemeinschaft der Großstadtbüchereien : 3. 12. 1959 (Düsseldorf).
In: Mitteilungsblatt. N.F. 9 (1959), 4, S. 119–120.

Bericht über die eingegangenen Stellungnahmen zu den „Regeln für den alphabetischen Katalog".
In: Mitteilungsblatt. N.F. 9 (1959), 1, S. 10–19.

Der Bibliotheks- und Büchereirabatt.
In: Mitteilungsblatt. N.F. 9 (1959), 3, S. 55–62.

Erfahrungsbericht über die Verwendung der Copyflo-Anlage zur Kopie von Büchern.
In: Nachrichten für Dokumentation. 10 (1959), 4, S. 194–195.

Zum Abschluß der Verhandlungen über die tarifliche Einstufung der Diplom-Bibliothekare im Angestelltenverhältnis / Heinz Kaspers u. Günther Pflug.
In: Mitteilungsblatt. N.F. 9 (1959), 4, S. 97–108.

Zweiter Ministerialentwurf zu einem Gesetz über Urheberrecht und verwandte Schutzrechte.
In: Mitteilungsblatt. N.F. 9 (1959), 4, S. 129–130.

1960

Arbeitsgemeinschaft der Großstadtbüchereien : 11. 2. 1960 (Bochum).
In: Mitteilungsblatt. N.F. 10 (1960), 1, S. 55–56.

Arbeitsgemeinschaft der Großstadtbüchereien : 31. 3. 1960 (Mülheim/Ruhr) u. 5. 5. 1960 (Essen).
In: Mitteilungsblatt. N.F. 10 (1960), 3, S. 114–115.

Arbeitsgemeinschaft der Großstadtbüchereien : 24. 11. 1960 (Wuppertal).
In: Mitteilungsblatt. N.F. 10 (1960), 4, S. 158–159.

Aus der Rechtsprechung : Gesetz gegen Wettbewerbsbeschränkung, § 16.
In: Mitteilungsblatt. N.F. 10 (1960), 4, S. 168–170.

Der Bibliotheks- und Büchereirabatt : Bericht über d. derzeitigen Stand d. Verhandlungen / Günther Pflug u. Heinz Kaspers.
In: Mitteilungsblatt. N.F. 10 (1960), 3, S. 115–118.

D[okto]r Walther Stoetzer 70 Jahre.
In: VDI-Nachrichten. 14 (1960), 39, S. 11.

Grundprobleme der Literaturauswahl im Rahmen der Sondersammelgebiete der kommunalen Bibliotheken.
In: Mitteilungsblatt. N.F. 10 (1960), 3, S. 100–105.

Der Kommunale Leihring im Lande Nordrhein-Westfalen.
In: Mitteilungsblatt. N.F. 10 (1960), 3, S. 97–99.

Die Universitätsbibliotheken und die technische Literatur : Vortrag.
In: Mitteilungsblatt. N.F. 10 (1960), 1, S. 23–29.

Verwaltungsverordnung über die Ausbildungserfordernisse für die Einstellung bibliothekarischer Fachkräfte / Günther Pflug u. Heinz Kaspers.
In: Mitteilungsblatt. N.F. 10 (1960), 2, S. 65–71.

1961

Arbeitsgemeinschaft der Großstadtbüchereien : 28. 3. 1961 (Köln).
In: Mitteilungsblatt. N.F. 11 (1961), 1, S. 32.

Deutsch-englischer Leihverkehr.
In: Mitteilungsblatt. N.F. 11 (1961), 2, S. 77.

Der Druckzwang für Dissertationen an den deutschen Hochschulen.
In: Mitteilungsblatt. N.F. 11 (1961), 2, S. 62–70.

Jugendbuch-Sparmarken-Ring : Bericht über e. Konferenz am 21. Juni 1961 in Düsseldorf.
In: Mitteilungsblatt. N.F. 11 (1961), 3, S. 106–107.

Die Stellung der Hochschulbibliotheken in den neuen Hochschulverfassungen.
In: Mitteilungsblatt. N.F. 11 (1961), 4, S. 144–158.

Versicherungsfreiheit von Praktikanten an Ausbildungsbibliotheken und Ausbildungsbüchereien / Pk [i. e. Günther Pflug u. Heinz Kaspers].
In: Mitteilungsblatt. N.F. 11 (1961), 2, S. 75–77.

Verwaltungsverordnung über die Einstellung bibliothekarischer Fachkräfte : Bericht über d. zu d. Entwurf eingegangenen Stellungnahmen.
In: Mitteilungsblatt. N.F. 11 (1961), 2, S. 45–62.

Wissenschaftsrat und Hochschulverwaltung : Probleme d. Wissenschaftsorganisation in d. Bundesrepublik.
In: Forschungen und Fortschritte. 35 (1961), 7, S. 203–208.

Die Xerox-Kopie : Erfahrungen in d. Photostelle d. Universität Köln.
In: Der Archivar. 14 (1961), 1, Sp. 29–32.

1962

Arbeitsgemeinschaft der Großstadtbüchereien : 22. 2. 1962 (Bochum).
In: Mitteilungsblatt. N.F. 12 (1962), 1, S. 52–53.

Erlaß von Studiengebühren für Angehörige des Bibliothekspersonals an den Hochschulen der Bundesrepublik.
In: Mitteilungsblatt. N.F. 12 (1962), 1, S. 58.

Der Kommunale Leihring in Nordrhein-Westfalen.
In: Kulturarbeit. 14 (1962), 9, S. 177–180.

Mikrofilm und Xerographie.
In: Nachrichten für Dokumentation. 13 (1962), 2, S. 83–85.

Der neue Tarifvertrag für Arbeiter und seine Auswirkung auf die Bibliotheken.
In: Mitteilungsblatt. N.F. 12 (1962), 3, S. 117–128.

Versicherungsfreiheit von Bibliotheks- und Büchereipraktikanten.
In: Mitteilungsblatt. N.F. 12 (1962), 3, S. 135–136.

Walter Bauhuis (1905–1961) / Wilhelm Bayer u. Günther Pflug.
In: Mitteilungsblatt. N.F. 12 (1962), 3, S. 113–117.

1963

Behandlung von Angehörigen der Universitätsbibliotheken in den Universitätskliniken.
In: Mitteilungsblatt. N.F. 13 (1963), 1, S. 66.

Die bibliothekarischen Einrichtungen der Ruhr-Universität.
In: Die Ruhr-Universität. 4 (Juni 1963), S. 5–17.

Deutscher Buch-Spar-Ring der Jugend : Bericht über e. Besprechung im Ministerium für Landesplanung u. Öffentliche Arbeiten am 26. Nov. 1962.
In: Mitteilungsblatt. N.F. 13 (1963), 1, S. 63–64.

Der Dritte Tarifvertrag zur Änderung des BAT vom 8. November 1962.
In: Mitteilungsblatt. N.F. 13 (1963), 2, S. 94–101.

Die Entwicklung des Kommunalen Leihrings.
In: Der Kommunale Leihring in Nordrhein-Westfalen : Richtlinien, Sammelgebiete, teilnehmende Büchereien ; mit e. Einf. in d. Probleme u. d. Entwicklung d. Kommunalen Leihrings von Günther Pflug. – 2. Aufl. – Köln : Bibliothekar-Lehrinstitut : Verband d. Bibliotheken d. Landes Nordrhein-Westfalen, 1963, S. 9–16.

Erstes Hochschulseminar des Verbandes Deutscher Studentenschaft.
In: Mitteilungsblatt. N.F. 13 (1963), 3, S. 181–182.

Der Leihverkehr in Nordrhein-Westfalen in den Jahren 1961 und 1962.
In: Mitteilungsblatt. N.F. 13 (1963), 4, S. 205–222.

1964

Abschiedsfeier des Bibliothekar-Lehrinstituts für Frau Dr. Maria Steinhoff.
In: Mitteilungsblatt. N.F. 14 (1964), 2, S. 106–107.

Arbeitsgemeinschaft der Großstadtbüchereien : 23. 1. 1964 (Bochum).
In: Mitteilungblatt. N.F. 14 (1964), 2, S. 109–110.

Arbeitsgemeinschaft der Großstadtbüchereien : 29. 9. 1964 (Düsseldorf).
In: Mitteilungsblatt. N.F. 14 (1964), 4, S. 201.

Aus deutschen Bibliotheken : Bochum, UB.
In: ZfBB. 11 (1964), 4, S. 236–237.

Die Bibliotheken und die bildungspolitischen Leitsätze der Sozialdemokratischen Partei Deutschlands.
In: Mitteilungsblatt. N.F. 14 (1964), 3, S. 125–132.

Der Neubau der Stadtbibliothek Mönchengladbach.
In: Mitteilungsblatt. N.F. 14 (1964), 2, S. 81–84.

Probleme der Bibliothekspolitik.
In: Bücherei und Bildung. 16 (1964), 7/8, A, S. 288–297.

Prüfungen am Bibliothekar-Lehrinstitut im Frühjahr 1964.
In: Mitteilungsblatt. N.F. 14 (1964), 2, S. 99–106.

Prüfungen am Bibliothekar-Lehrinstitut im Herbst 1964.

In: Mitteilungsblatt. N.F. 14 (1964), 4, S. 197–199.

Die Stellung der Bibliothek in der neuen Satzung der Universität zu Köln.
In: Mitteilungsblatt. N.F. 14 (1964), 4, S. 187–191.

Die Veröffentlichungen von Wilhelm Bayer.
In: Mitteilungsblatt. N.F. 14 (1964), 1, S. 9–15.

Wilhelm Bayer : 1902–1964.
In: ZfBB. 11 (1964), 3, S. 177–178.

Wilhelm Bayer zum Gedächtnis.
In: Mitteilungsblatt. N.F. 14 (1964), 1, S. 2–8.

1965

Bericht über eine Amerika-Reise.
In: ZfBB. 12 (1965), 4, S. 259–260.

Das bibliothekarische System einer Universität.
In: Festschrift zur Eröffnung der Universität Bochum / hrsg. von Hans Wenke u. Joachim Heinrich Knoll. – Bochum : Kamp, 1965, S. 91–100.

Das 3. [Dritte] Gesetz zur Änderung des Besoldungsgesetzes für das Land Nordrhein-Westfalen.
In: Mitteilungsblatt. N.F. 15 (1965), 4, S. 200–204.

Die Empfehlungen des Wissenschaftsrates.
In: Mitteilungsblatt. N.F. 15 (1965), 1, S. 30–35.

Klassische deutsche Anonyma.
In: Regeln für die alphabetische Katalogisierung : Teilentwurf ; Jan. 1965 / Verein Deutscher Bibliothekare, Kommission für Alphabetische Katalogisierung. – Frankfurt/Main : Klostermann, 1965, S. 71–74. (Zeitschrift für Bibliothekswesen und Bibliographie : Sonderh. ; 2)

Ordnung der Eintragungen / Günther Pflug u. Rudolf Blum.
In: Regeln für die alphabetische Katalogisierung. – Frankfurt/Main : Klostermann, 1965, S. 47–50.

Probleme der elektronischen Datenverarbeitung in Bibliotheken : [Vortrag auf d. IATUL Working Conference on Modern Library Buildings and Equipment, Stuttgart, 21. – 24. Sept. 1964].
In: Libri. 15 (1965), 1, S. 35–49.

Die Universitätsbibliothek Bochum.
In: ZfBB. 12 (1965), 5/6, S. 292–297.

Versuche zur Automatisierung einer Bibliothek.
In: Bibliotheekleven. Rotterdam. 50 (1965), 3, S. 89–95.
Russ. Übers. u.d.T.: Popytka provesti avtomatizaciju biblioteki. 1966.

Vorwort.
In: Regeln für die alphabetische Katalogisierung. – Frankfurt/Main : Klostermann, 1965, S. 5–6.

1966

Automatisierungsbestrebungen im deutschen Dokumentations- und Bibliothekswesen.
In: Mitteilungsblatt. N.F. 16 (1966), 2, S. 75–103.

Der Einfluß der elektronischen Datenverarbeitung auf die Katalogisierungspraxis.
In: Aktuelle Probleme der Bibliotheksverwaltung : Festgabe Hermann Fuchs zum 70. Geburtstag am 13. März 1966 von Freunden u. Schülern dargebracht / hrsg. von Ewald Wagner. – Wiesbaden : Harrassowitz, 1966, S. 111–124.
Rezension: Harro Heim, in: Mitteilungsblatt N.F. 17 (1967), 3, S. 194–200.

Die fünfte und sechste Verordnung zur Änderung der Allgemeinen Zollordnung.
In: Mitteilungsblatt. N.F. 16 (1966), 1, S. 48–50.

Der neue Tarifvertrag und seine Auswirkungen auf Bibliotheken und Büchereien.
In: Mitteilungsblatt. N.F. 16 (1966), 3, S. 138–141.

Popytka provesti avtomatizaciju biblioteki.
In: Informacija o bibliotečnom dele i biblio-

grafii za rubežom. Moskva. 1966, 2 (13), S. 31–34.
Dt. Ausg. u.d.T.: Versuche zur Automatisierung einer Bibliothek. 1965.

1967

Air Force Cambridge Research Laboratories Library, Bedford (Mass.).
In: Mechanisierung und Automatisierung in amerikanischen Bibliotheken : Eindrücke e. Studienreise dt. Bibliothekare im Frühjahr 1965 / hrsg. von Günther Pflug. – Frankfurt/Main : Klostermann, 1967, S. 30–32. (Zeitschrift für Bibliothekswesen und Bibliographie : Sonderh. ; 6)

Allgemeine Planung der elektronischen Datenverarbeitung in Bibliotheken.
In: Mechanisierung und Automatisierung in amerikanischen Bibliotheken. – Frankfurt/Main : Klostermann, 1967, S. 123–155.

Columbia University Library, New York (N.Y.).
In: Mechanisierung und Automatisierung in amerikanischen Bibliotheken. – Frankfurt/Main : Klostermann, 1967, S. 100–101.

Columbia University Medical Library, New York (N.Y.).
In: Mechanisierung und Automatisierung in amerikanischen Bibliotheken. – Frankfurt/Main : Klostermann, 1967, S. 102.

Datenerfassung für automatische Ausleiheverbuchung.
In: Die automatisierte Buchausleihe : Erfahrungen in d. Universitätsbibliothek Bochum / mit Beitr. von Christine Boßmeyer . . . – Bochum : Universitätsbibliothek, 1967, S. 36–59.

Florida Atlantic University Library, Boca Raton (Fla.).
In: Mechanisierung und Automatisierung in amerikanischen Bibliotheken. – Frankfurt/Main : Klostermann, 1967, S. 41–45.

Integrierte Systeme.
In: Mechanisierung und Automatisierung in amerikanischen Bibliotheken. – Frankfurt/Main : Klostermann, 1967, S. 156–262.

Itek Corporation, Lexington (Mass.).
In: Mechanisierung und Automatisierung in amerikanischen Bibliotheken. – Frankfurt/Main : Klostermann, 1967, S. 81–83.

Die Kommission für Alphabetische Katalogisierung.
In: ZfBB. 14 (1967), 1, S. 58–59.

Neubearbeitung der ASB.
In: Bücherei und Bildung. 19 (1967), 3, A, S. 153–154.

Ontario New Universities Library Project, Toronto (Kanada).
In: Mechanisierung und Automatisierung in amerikanischen Bibliotheken. – Frankfurt/Main : Klostermann, 1967, S. 115–117.

Systematische Darstellung der Automatisierungsbestrebungen.
In: Mechanisierung und Automatisierung in amerikanischen Bibliotheken. – Frankfurt/Main : Klostermann, 1967, S. 123–162.

University of California at Los Angeles Libraries, Los Angeles (Cal.).
In: Mechanisierung und Automatisierung in amerikanischen Bibliotheken. – Frankfurt/Main : Klostermann, 1967, S. 87–91.

University of California at San Diego Library, San Diego (Cal.).
In: Mechanisierung und Automatisierung in amerikanischen Bibliotheken. – Frankfurt/Main : Klostermann, 1967, S. 109–111.

Das Verhältnis der Universitätsbibliotheken zu den Institutsbibliotheken an den neubegründeten Universitäten : [Vortrag auf d. Sitzung d. Arbeitsgemeinschaft d. Hochschulbibliotheken am 14. März 1967 in Stuttgart]. [Nebst Anh.:] Strukturentwurf für Bielefeld.
In: Mitteilungsblatt. N.F. 17 (1967), 3, S. 141–157.

1968

Erfahrungen und Probleme der elektronischen Datenverarbeitung.
In: Elektronische Datenverarbeitung in der Universitätsbibliothek Bochum : Ergebnisse, Erfah-

rungen, Pläne / hrsg. in Verbindung mit d. Pressestelle d. Ruhr-Universität von Günther Pflug u. Bernhard Adams. – Bochum : Universitätsbibliothek, 1968, S. 3–5, 9–23, 133–134.
Slowak. Übers. in: Ponžitie Počitača v Univerzitnej knižnici v Bochume. Bratislava 1970, S. 12–23. (Buch lag nicht vor.)

Experiences and problems of electronic data processing encountered by the University of Bochum library.
In: Aslib proceedings. 20 (1968), 11, S. 492–495.
Russ. Übers. in: Ėkspress-informacija teorija i praktika naučnoj informacii. Moskva. 1969, 4, S. 10–12. (Zeitschrift lag nicht vor.)

Hans Thiekötter : 1906–1967.
In: Mitteilungsblatt. N.F. 18 (1968), 1, S. 1–3.

Personalrechtliche Neuerungen. [Nebst:] Ergänzungen.
In: Mitteilungsblatt. N.F. 18 (1968), 3, S. 209–215.

Sondersammelgebiete und kommunaler Leihring : e. Beitr. zur regionalen Literaturversorgung.
In: Die öffentliche Bibliothek : Auftrag u. Verwirklichung ; Beitr. zu e. Diskussion ; [Wilhelm Schmitz-Veltin, d. Direktor d. Stadtbücherei Duisburg, zum 60. Geburtstag] / zsgest. von Franz Rakowski. – Berlin : Dt. Büchereiverband, 1968, S. 147–158.

Wilhelm Schmitz-Veltin : 1907–1968.
In: Mitteilungsblatt. N.F. 18 (1968), 3, S. 181–184.

1969

Aus der Rechtsprechung : fortgesetzter Bücherdiebstahl gemäß §§ 242, 73 StGB.
In: Mitteilungsblatt. N.F. 19 (1969), 2, S. 150–151.

Einfuhrumsatzsteuer.
In: Mitteilungsblatt. N.F. 19 (1969), 3, S. 183–185.

Erfahrungen bei der Ausnutzung von Fremdleistungen für die Erwerbung und Katalogisierung.
In: Mitteilungsblatt. N.F. 19 (1969), 4, S. 269–278.

Die Finanzreform und ihre Auswirkungen auf die Bibliotheken / Valentin Wehefritz u. Günther Pflug.
In: Mitteilungsblatt. N.F. 19 (1969), 3, S. 188–190.

Fragebogen über Automatisierungsprojekte an deutschen Bibliotheken : Anlage 1 [zu]: Computereinsatz in Bibliotheken der Bundesrepublik Deutschland / Walter Lingenberg.
In: ZfBB. 16 (1969), 1, S. 15–16.

Internationale Beachtung der Universitätsbibliothek Bochum.
In: Universität ⟨Bochum⟩: Jahrbuch / Ruhr-Universität, Bochum. 1969, S. 113–115.

Die neuen Regeln für die alphabetische Katalogisierung : Bericht über d. Stand ihrer Bearbeitung / Anneliese Budach u. Günther Pflug.
In: ZfBB. 16 (1969), 5/6, S. 374–380.

New steps in library automation in the Federal Republic of Germany : paper presented at the 35th session of the IFLA General Council (Committee on Mechanization), Copenhagen, Denmark, August 1969.
In: Libri. 19 (1969), 4, S. 304–312.

Nouvelles tendances de la participation de l'informatique à l'organisation des bibliothèques scientifiques en République Fédérale Allemande.
In: Bulletin d'informations / Association des Bibliothécaires Français. N.S. 65 (1969), 4, S. 243–251.

Nya tendenser inom ADB-samarbetet mellan vetenskapliga bibliotek i Västtyskland.
In: Biblioteksbladet. Stockholm. 54 (1969), 7/8 S. 718–724.

Die Stellung der Hochschulbibliothek in den Gesetzen, Entwürfen und Empfehlungen zur Hochschulreform.
In: ZfBB. 16 (1969), 4, S. 245–262.

Tödlicher Unfall in einer Kompaktus-Anlage.
In: Mitteilungsblatt. N.F. 19 (1969), 2, S. 145–146.

Die Universitätsbibliothek Bochum als Beispiel für die Möglichkeiten und Probleme einer neuen Bibliothekskonzeption der Universitäten.
In: Das wissenschaftliche Buch : Verhandlungen auf d. 1. Öffentl. Tagung d. Wissenschaftl. Arbeitskreises Buch in d. Ruhr-Universität Bochum am 17./18. Jan. 1969 / zsgest. u. hrsg. von Peter Meyer-Dohm. – Hamburg : Verlag für Buchmarkt-Forschung, 1969, S. 62–67. (Schriften zur Buchmarkt-Forschung ; 16)

Vorläufige Grundordnung der Universität Dortmund.
In: Mitteilungsblatt. N.F. 19 (1969), 2, S. 153–154.

Die ZMD aus bibliothekarischer Sicht.
In: Die ZMD in Frankfurt am Main / hrsg. von Klaus Schneider. – Berlin [u. a.] : Beuth-Vertrieb, 1969, S. 52–55.

1970

Kolloquium über Bibliothekswissenschaft.
In: Mitteilungsblatt. N.F. 20 (1970), 3, S. 251–253.

Das neue Postgesetz und seine Auswirkungen auf die Bibliotheken.
In: Mitteilungsblatt. N.F. 20 (1970), 2, S. 167–168.

Die Stellung der Bibliothek in den Tendenzen zur Neuordnung des Hochschulwesens.
In: Mitteilungsblatt. N.F. 20 (1970), 4, S. 321–334.

1971

Das allgemeine Informationsbankensystem und die Bibliotheken.
In: Das Informationsbankensystem. – Köln [u. a.] : Heymann.
Bd. 2. Vorschläge für die Planung und den Aufbau eines allgemeinen arbeitsteiligen Informationsbankensystems für die Bundesrepublik Deutschland : Materialienband (Gutachten, Empfehlungen, Stellungnahmen). – 1971, S. 133–156.

Allgemeine Organisations- und Kostenprobleme in Bibliotheken.
In: Seminar Electronic Data Processing in Libraries ⟨1970, Regensburg⟩: UNESCO-Seminar Elektronische Datenverarbeitung in Bibliotheken : Tagungsort: Universitätsbibliothek Regensburg, 13.–18. April 1970 = UNESCO-Seminar Electronic Data Processing in Libraries / Dt. Unesco-Komm. in Zusammenarbeit mit Unesco. – Copenhagen : Munksgaard, 1971, S. 1–14. (Libri ; Vol. 21, Nr. 1/3)

Die Bibliothek der Zukunft als Ausbildungsaufgabe der Gegenwart.
In: ZfBB. 18 (1971), 4/5, S. 221–235.

Die Deutsche Bibliothekskonferenz.
In: Dokumentation deutschsprachiger Verlage / hrsg. von Curt Vinz u. Günter Olzog. – 4. Ausg. – München ; Wien : Olzog, 1971, S. 31–32.

Endloslochkarten und Port-a-Punch-Karten : Erfahrungen mit zwei speziellen Datenträgern in d. Universitätsbibliothek Bochum / Christine Boßmeyer u. Günther Pflug.
In: Mitteilungsblatt. N.F. 21 (1971), 4, S. 280–287.

Die Kommission für Alphabetische Katalogisierung.
In: ZfBB. 18 (1971), 1, S. 62.

Nordrhein-Westfalen : e. Auswahlverz. d. Literatur über d. Land, seine Landschaften, Verwaltungsglieder, Städte u. Gemeinden / bearb. im Auftr. d. Kultusministers d. Landes Nordrhein-Westfalen von Christa Erpf u. Günther Pflug. – Bochum : Verband d. Bibliotheken d. Landes Nordrhein-Westfalen, 1971. – 186 S.

Regionale und überregionale Literaturversorgung in Nordrhein-Westfalen : [Einl. zu d. Referaten, gehalten auf d. Jahrestagung 1970 d. Verbandes d. Bibliotheken d. Landes Nordrhein-Westfalen in Neuss].
In: Mitteilungsblatt. N.F. 21 (1971), 1, S. 16–19.

Richtlinien für die Berechnung des Flächenbedarfs von Bibliotheken im Hochschulbereich.
In: Mitteilungsblatt. N.F. 21 (1971), 4, S. 307–310.

Die Tätigkeit des Verbandes der Bibliotheken des Landes Nordrhein-Westfalen im Jahre 1970.
In: Mitteilungsblatt. N.F. 21 (1971), 1, S. 10–15.

1972

Audio-visuelle Zentren und Hochschulbibliotheken.
In: Audio-visuelle Medien in Hochschulbibliotheken : Seminar in d. Universitätsbibliothek Bochum vom 6. bis 8. März 1972 / hrsg. von Eckhard Franzen u. Günther Pflug. – Pullach : Verlag Dokumentation, 1972, S. 11–19. (Bibliothekspraxis ; Bd. 7)

Das Gesetz über die Gebühren an den Hochschulbibliotheken des Landes Nordrhein-Westfalen.
In: Mitteilungsblatt. N.F. 22 (1972), 1, S. 39–47.

Information retrieval system : Vortrag, gehalten auf d. 37. IFLA-Tagung, Liverpool 1971.
In: Libri. 22 (1972), 1, S. 85–92.

Materialbeschaffung in audio-visuellen Zentren.
In: Audio-visuelle Medien in Hochschulbibliotheken. – Pullach : Verlag Dokumentation, 1972, S. 53–59.

Survey on magnetic tape services.
In: The exchange of bibliographic data and the MARC format = Austausch bibliographischer Daten und das MARC-Format : proceedings of the International Seminar on the MARC Format and the Exchange of Bibliographic Data in Machine Readable Form, sponsored by the Volkswagen Foundation, Berlin, June 14th–16th 1971 / Arbeitsstelle für Bibliothekstechnik bei d. Staatsbibliothek Preußischer Kulturbesitz. – München-Pullach : Verlag Dokumentation, 1972, S. 107–112. (Bibliothekspraxis ; Bd. 6)

Die Tätigkeit des Verbandes der Bibliotheken des Landes Nordrhein-Westfalen im Jahre 1971.
In: Mitteilungsblatt. N.F. 22 (1972), 1, S. 5–12.

Universitätsbibliothek : Rohbau wurde gerichtet.
In: Universität ⟨Bochum⟩: RUB intern. 1972, 33, S. 6–8.

Vorwort.
In: Audio-visuelle Medien in Hochschulbibliotheken. – Pullach : Verlag Dokumentation, 1972, S. 5–7.

1973

Die Auswirkungen einiger haushaltsrechtlicher Neuregelungen auf die Literaturversorgung der nordrhein-westfälischen Hochschulen.
In: Mitteilungsblatt. N.F. 23 (1973), 4, S. 326–338.

Bibliothekswissenschaft?
In: Bibliotheksarbeit heute : Beitr. zur Theorie u. Praxis ; Festschrift für Werner Krieg zum 65. Geburtstag am 13. Juni 1973 / hrsg. von Gerhart Lohse u. Günther Pflug. – Frankfurt/Main : Klostermann, 1973, S. 74–80. (Zeitschrift für Bibliothekswesen und Bibliographie : Sonderh. ; 16)

Grundsätzliche Gedanken zur Bibliothekstantieme.
In: Dienst an Büchern, Lesern und Autoren : Festschrift für Fritz Hüser [zum 65. Geburtstag am 4. Oktober 1973] / hrsg. von Hedwig Bieber [u. a. im Auftrag d. Arbeitsgemeinschaft Großstadtbibliotheken im Verband d. Bibliotheken d. Landes Nordrhein-Westfalen]. – Berlin : Dt. Bibliotheksverband, Publikationsabt., 1973, S. 40–47.

Möglichkeiten des COM-Verfahrens bei seiner Anwendung im Bibliotheksbereich.
In: Neue Verfahren für die Dateneingabe und Datenausgabe in Bibliotheken : Berichte e. Symposiums, veranstaltet von d. Arbeitsstelle für Bibliothekstechnik am 22. u. 23. März 1973 / Arbeitsstelle für Bibliotheks-Technik bei d. Staatsbibliothek Preußischer Kulturbesitz . – Pullach : Verlag Dokumentation, 1973, S. 45–61.

Die neue Laufbahnverordnung und der Bibliotheksdienst.
In: Mitteilungsblatt. N.F. 23 (1973), 2, S. 140–142.

Die Tätigkeit des Verbandes der Bibliotheken des Landes Nordrhein-Westfalen im Jahre 1972.
In: Mitteilungsblatt. N.F. 23 (1973), 1, S. 5–10.

Universitätsbibliothek.
In: Universität ⟨Bochum⟩: Jahrbuch / Ruhr-Universität, Bochum. 1973, S. 231–248.
Jahrbuch 1973 u.d.T.: Das Gründungskonzept 1962 und was daraus geworden ist.

Werner Krieg im Ruhestand : zu seinem Abschied aus d. Bibliothekar-Lehrinstitut Köln.
In: Buch und Bibliothek. 25 (1973), 9, S. 803–804.

Zur Analyse der Mahrenholtz-Formel / Günther Pflug u. Rolf Niggemeier.
In: ZfBB. 20 (1973), 3, S. 156–189.

1974

Änderung des Schulverwaltungsgesetzes.
In: Mitteilungsblatt. N.F. 24 (1974), 2, S. 141–143.

Beleuchtungsnormen für Bibliotheksräume.
In: Mitteilungsblatt. N.F. 24 (1974), 2, S. 172–174.

Die Eingliederung von audio-visuellen Zentren in Hochschulbibliotheken.
In: Bibliothekarische Kooperation : Aspekte u. Möglichkeiten ; Vortr., gehalten auf d. Bibliothekskongreß 1973 vom 12. bis 16. Juni in Hamburg / hrsg. im Auftr. d. Dt. Bibliothekskonferenz von Paul Kaegbein [u. a.] – Frankfurt/Main : Klostermann, 1974, S. 187–192. (Zeitschrift für Bibliothekswesen und Bibliographie : Sonderh. ; 18)

Englische Bibliothekare an nordrhein-westfälischen Bibliotheken.
In: Mitteilungsblatt. N.F. 24 (1974), 3, S. 238–240.

IFLA: Der 39. Kongreß der IFLA in Grenoble. [1973].
In: ZfBB. 21 (1974), 2, S. 161–167.

Verbundsysteme der Datenverarbeitung im Bibliothekswesen.
In: Bibliotheksforum Bayern. 2 (1974), 3, S. 246–254.

1975

The effects of automation on library administration.
In: IFLA-Journal. 1 (1975), 4, S. 267–275.

Die Neuordnung des Bibliothekswesens in den nordrhein-westfälischen Hochschulen.
In: Universität ⟨Bochum⟩: Jahrbuch / Ruhr-Universität, Bochum. 1975, S. 13–17.

Regionale EDV-Planung in Nordrhein-Westfalen.
In: Organisation und Technik in Bibliotheken : Vortr., gehalten auf d. 64. Dt. Bibliothekartag 1974 vom 4. bis 8. Juni 1974 in Braunschweig / hrsg. von Hans-Peter Geh [u. a.] – Frankfurt/Main : Klostermann, 1975, S. 72–77. (Zeitschrift für Bibliothekswesen und Bibliographie : Sonderh. ; 21)

Some remarks on INTERMARC.
In: Neuere Formate für Verarbeitung und Austausch bibliographischer Daten : Bericht e. Symposiums, veranstaltet von d. Arbeitsstelle für Bibliothekstechnik am 30. April 1974 / Arbeitsstelle für Bibliothekstechnik bei d. Staatsbibliothek Preußischer Kulturbesitz. – Pullach : Verlag Dokumentation, 1975, S. 43–44.

1976

Aus der Rechtsprechung : Tarifrecht ; BAT §§ 22, 23, Anl. 1a VergGr. Vc u. VIb, Fallgruppe 1.
In: Mitteilungsblatt. N.F. 26 (1976), 1, S. 59–64.

Ausnutzung von Fremdleistungen — Datentausch — Verbundsysteme.
In: Zur Theorie und Praxis des modernen Bibliothekswesens / hrsg. von Wolfgang Kehr [u. a.] – München : Verlag Dokumentation. Bd. 2. Technologische Aspekte. – 1976, S. 313–353.
Rezensionen: Werner Dube, in: Zentralblatt für Bibliothekswesen. 92 (1978), 9, S. 440–443. – Serge Guérout, in: Bulletin des bibliothèques de France. 22 (1977), 8, S. *677–*678. – Franz

Georg Kaltwasser, in: Bibliothek : Forschung u. Praxis. 1 (1977), 3, S. 189–197. – Heinz Steinberg, in: Börsenblatt. 33 (1977), 29, S. 58–61. – Gregory Walker, in: International journal of law libraries. 6 (1978), 1, S. 113–115.

Die Auswirkungen der Automatisierung auf die Bibliotheksverwaltung : Gedanken über Nebeneffekte u. ihre Ursachen.
In: Mitteilungsblatt. N.F. 26 (1976), 3, S. 201–211.

Die Bibliothek als Mittler in der auswärtigen Kulturpolitik.
In: Zeitschrift für Kulturaustausch. 26 (1976), 3, S. 46–50.

Deutsche Bibliothek: Neue Akzente setzen : Zusammenarbeit mit d. Börsenverein weiter entwickeln ; Ansprache d. neuen Direktors d. Dt. Bibliothek.
In: Börsenblatt. 32 (1976), 11, S. 166–168.

Deutsche Bibliothek: Wechsel in der Leitung : Abschied von Professor Dr. Kurt Köster.
In: Börsenblatt. 32 (1976), 43, S. 781–783.

Hardware-Ausstattung der deutschen Bibliotheken.
In: ABT-Informationen. 22 (Dez. 1976), S. 2–10.

Heinrich Kaspers : 1917–1975.
In: Mitteilungsblatt. N.F. 26 (1976), 2, S. 85–90.

Das Hochschulbibliothekszentrum.
In: Bibliotheksverbund in Nordrhein-Westfalen : Planung u. Aufbau d. Gesamthochschulbibliotheken u. d. Hochschulbibliothekszentrums 1972–1975 / hrsg. von Klaus Barckow [u. a.] – München : Verlag Dokumentation, 1976, S. 55–81. (Bibliothekspraxis ; Bd. 19)
Rezensionen: Serge Guérout, in: Bulletin des bibliothèques de France. 22 (1977), 7. S. *576. – Gottfried Mälzer, in: Mitteilungsblatt. N.F. 28 (1978), 2, S. 175–180.

IFLA: Das 41. General Council Meeting der IFLA vom 11.–16. 8. 1975 in Oslo ; Allgemeines.
In: ZfBB. 23 (1976), 1, S. 40–42.

Der Tarifvertrag vom 19. Juni 1975 zur Änderung und Ergänzung der Anlage Ia zum BAT.
In: Mitteilungsblatt. N.F. 26 (1976), 1, S. 48–49.

Viktor Burr : 1906–1975 / Hartwig Lohse u. Günther Pflug.
In: Mitteilungsblatt. N.F. 26 (1976), 1, S. 1–3.

1977

Aus der Rechtsprechung : Beamtenrecht ; BRRG § 14 Abs. 1, BBG § 5 Abs. 2 Nr. 1, BLV § 5 Abs. 1 ; Rückzahlung allgemeiner Ausbildungskosten bei vorzeitigem Ausscheiden.
In: Mitteilungsblatt. N.F. 27 (1977), 3, S. 291–292.

Aus der Rechtsprechung : Tarifrecht ; BAT Anl. 1a Teil I VergGr. IXb, Fallgruppe 5.
In: Mitteilungsblatt. N.F. 27 (1977), 2, S. 182–188.

Aus der Rechtsprechung : Verfassungsrecht ; Promotion als Einstellungsvoraussetzung für den höheren Bibliotheksdienst.
In: Mitteilungsblatt. N.F. 27 (1977), 4, S. 421–427.

Aus der Rechtsprechung : Wettbewerbsrecht ; GWB § 26, Belieferung von Einkaufszentralen für öffentliche Bibliotheken durch Verlage.
In: Mitteilungsblatt. N.F. 27 (1977), 3, S. 284–292.

... dann können wir zufrieden sein. In: Stehvermögen & [und] Disziplin : Börsenblatt-Umfrage: Das war 1977, so wird 1978.
In: Börsenblatt. 33 (1977), 103/104, S. 47.

Deutsche Bibliothek: Generelle Nachlässigkeit : Verlage teilen häufig Preise nicht mit ; höhere Kosten, Verzögerungen, unzufriedene Kunden.
In: Börsenblatt. 33 (1977), 90, S. 18.

Deutsche Bibliothek: Weitere Verbesserung der Automation : Mißverhältnis zwischen Arbeitsvolumen u. Personalstand ; d. Dt. Bibliothek im Jahre 1976.
In: Börsenblatt. 33 (1977), 41, S. 73–76.

Formen der Information.

In: Information und Gesellschaft : Bedingungen wissenschaftl. Publikationen / Marburger Forum Philippinum. Hrsg. von Franz Heinrich Philipp. – Stuttgart : Wissenschaftliche Verlagsgesellschaft; Frankfurt/[Main] : Umwelt-und-Medizin-Verlagsgesellschaft, 1977, S. 159–165.

Hardware-Ausstattung der deutschen Bibliotheken.

In: Die Zukunft automatisierter Bibliotheksnetze in der Bundesrepublik Deutschland : Möglichkeiten u. Grenzen aus techn. u. bibliothekar. Sicht ; Bericht e. Symposiums, veranstaltet von d. Arbeitsstelle für Bibliothekstechnik am 1., 2. Dezember 1976 / Arbeitsstelle für Bibliothekstechnik bei d. Staatsbibliothek Preußischer Kulturbesitz. – München : Verlag Dokumentation, 1977, S. 11–19.

Micro-Editionen von Tageszeitungen an nordrhein-westfälischen Hochschulen : Bericht zu e. Erhebungsaktion.

In: Mikroformen und Bibliothek / hrsg. von Gert Hagelweide. – München : Verlag Dokumentation, 1977, S. 107–115.

Rezension: Jürgen Freytag, in: Zentralblatt für Bibliothekswesen. 92 (1978), 11, S. 529–530.

Probleme des Einsatzes der Programmiersprache COBOL bei der Verarbeitung bibliographischer Daten / Christine Boßmeyer u. Günther Pflug.

In: Mitteilungsblatt. N.F. 27 (1977), 2, S. 137–141.

Stage of development of automation in libraries.

In: On-line library and network systems : symposium held at Dortmund University, March 22–24, 1976 ... / ed. by E. Edelhoff and K.-D. Lehmann. – Frankfurt/Main : Klostermann, 1977, S. 11–21. (Zeitschrift für Bibliothekswesen und Bibliographie : Sonderh. ; 23)

Zentrale Dienstleistungen bei der Sacherschließung.

In: Gesamthochschulbibliothek ⟨Siegen⟩: Vom neuen Standort der Gesamthochschulbibliothek : Festschrift d. Gesamthochschulbibliothek Siegen anläßl. d. Bezugs ihres Neubaus. Hrsg. von Walter Barton. – Siegen : Gesamthochschulbibliothek, 1977, S. 142–147.

Rezensionen: Klaus Bock, in: Buch und Bibliothek. 30 (1978), 4, S. 290. – Kurt Shimon Wallach, in: Mitteilungsblatt. N.F. 28 (1978), 2, S. 155–199.

1978

Aus der Rechtsprechung : Beurteilung von Beamten in Bibliotheken.

In: Mitteilungsblatt. N.F. 28 (1978), 3, S. 259–261.

Aus der Rechtsprechung : Presserecht ; Ablieferung von Pflichtexemplaren an Landesbibliotheken.

In: Mitteilungsblatt. N.F. 28 (1978), 3, S. 262–265.

Aus der Rechtsprechung : Verfassungsrecht ; Pflichtablieferung der Verleger.

In: Mitteilungsblatt. N.F. 28 (1978), 2, S. 165–170.

Bibliothekarische Kooperation und zentrale Dienstleistungen.

In: Die Hochschulbibliothek : Beitr. u. Berichte ; [d. Direktor d. Stadt- u. Universitätsbibliothek Frankfurt a. M. Prof. Dr. Clemens Köttelwesch aus Anlaß seines 40jährigen Dienstjubiläums gewidmet] / hrsg. von Klaus-Dieter Lehmann u. Hildegard Hüttermann. – Frankfurt/Main : Klostermann, 1978, S. 197–216. (Zeitschrift für Bibliothekswesen und Bibliographie : Sonderh. ; 27)

Rezension: Gerhart Lohse, in: Mitteilungsblatt. N.F. 29 (1979), 1, S. 94–96.

Deutsche Bibliothek: Neubau statt Ausbau : Schlagwörter auch im Wöchentlichen Verzeichnis ; d. Dt. Bibliothek im Jahre 1977.

In: Börsenblatt. 34 (1978), 40, S. 979–981.

IFLA: 1977 ; Kurzberichte ; Allgemeines.

In: ZfBB. 25 (1978), 1, S. 134–154.

1979

Aus der Rechtsprechung : Beamtenrecht ; Einstellungsvoraussetzungen für Bibliotheksreferendare.

In: Mitteilungsblatt. N.F. 29 (1979), 4, S. 402–405.

Aus der Rechtsprechung : Beamtenrecht ; Versetzung von Beamten des höheren Bibliotheksdienstes ; Beamtengesetz für d. Land Nordrhein-Westfalen § 28, Abs. 1 u. 3.
In: Mitteilungsblatt. N.F. 29 (1979), 1, S. 193–196.

Aus der Rechtsprechung : Verfassungsrecht ; Pflichtablieferung der Verleger.
In: Mitteilungsblatt. N.F. 29 (1979), 3, S. 311–315.

Die automatisierten Dienstleistungen der Deutschen Bibliothek und ihre Voraussetzungen in den deutschen Bibliotheken.
In: Bibliotheken als Informationsvermittler : Probleme u. Modelle ; Vortr., gehalten auf d. Bibliothekskongreß 1978 vom 16.–20. Mai in Stuttgart / hrsg. im Auftrag d. Dt. Bibliothekskonferenz von Paul Kaegbein. – Frankfurt/Main : Klostermann, 1979, S. 76–87. (Zeitschrift für Bibliothekswesen und Bibliographie : Sonderh. ; 28)
Rezension: Albert Labarre, in: Bulletin des bibliothèques de France. 25 (1980), 3, S. 134.

Die bibliothekarischen Konsequenzen der Neuordnung des Hochschulwesens in Nordrhein-Westfalen.
In: Mitteilungsblatt. N.F. 29 (1979), 2, S. 113–124.

Die Bibliotheken und die wissenschaftliche Literatur. – Stuttgart : AWL, Arbeitsgemeinschaft Wissenschaftl. Literatur e. V., 1979. – 36 S. (AWL ; 5)
Rezension: Clemens Köttelwesch, in: ZfBB. 27 (1980), 2, S. 152.

Deutsche Bibliothek: Erste eigene EDV-Anlage : neues Bibliographie-Konzept in Vorbereitung.
In: Börsenblatt. 35 (1979), 40, S. 953–954.

Deutsche Bibliothek: Was war 1978 wichtig? Was soll 1979 bringen? : im ganzen positive Einstellung ; [Interview].
In: Börsenblatt. 35 (1979), 1, S. 12–13.

Erinnerungen an Klosterbusch.
In: Bibliothekszeitung der Ruhr-Universität Bochum. 2 (1979), 4, S. 11–13.

Preispolitik für IuD-Dienstleistungen aus der Sicht der Bibliotheken.
In: Deutscher Dokumentartag 1978, Frankfurt am Main : vom 02. 10. bis 07. 10. 1978 / Deutsche Gesellschaft für Dokumentation e. V. (DGD). – München [u. a.] : Saur, 1979, S. 181–193.

Sammlung der gesamten deutschsprachigen Literatur : d. Dt. Bibliothek in Frankfurt.
In: Das Parlament. 29 (1979), 40, S. 9.

Die Stellung der Deutschen Bibliothek im neuen Informationssystem : aangeboden ter herinnering aan de Bibliothecarissendag gehouden op 11 oktober 1978, ter gelegenheid van de viering van het 125-jarig bestaan van Martinus Nijhoff. Met een introd. van W. R. H. Koops. – 's-Gravenhage : Nijhoff, 1979. – 20 S.

1980

Anneliese Budach : 1922–1980.
In: ZfBB. 27 (1980), 5, S. 469–470.

Aus der Rechtsprechung : Tarifrecht ; Bewährungszeiten für d. Bewährungsaufstieg.
In: Mitteilungsblatt. N.F. 30 (1980), 4, S. 569–572.

Deutsche Bibliothek: An Leipzig kommt man kaum vorbei : d. Westdeutschen auf d. Internationalen Leipziger Buchmesse ; Verleger, Vertriebschefs, Grossisten u. Prof. Dr. Günther Pflug über d. Messe ; [Interview].
In: Börsenblatt. 36 (1980), 23, S. 609–613.

Deutsche Bibliothek: 180.000 bibliografische Einheiten — eine Rekordmarke : Neubau endlich in Sicht.
In: Börsenblatt. 36 (1980), 41, S. 1252–1254.

Engpässe in der Literaturversorgung : d. Situation d. Bibliotheken fordert Verbesserungen.
In: Frankfurter Allgemeine Zeitung. 1980, Nr. 57 (7.3.), S. 25.

Das Fachhochschulgesetz und die bibliothekarische Ausbildung.
In: Mitteilungsblatt. N.F. 30 (1980), 1, S. 35–42.

Germany, Federal Republic.
In: ALA world encyclopedia of library and information services / ed.: Robert Wedgeworth. – Chicago: American Library Association, 1980, S. 216–218.

IFLA: 1979 : Kurzberichte ; Konferenz der Direktoren der Nationalbibliotheken und Round Table für Klassifikation.
In: ZfBB. 27 (1980), 2, S. 175–177.

Information und Dokumentation, was denken Bibliotheken darüber.
In: Information für Kunden und Mitarbeiter der Unternehmensgruppe Brönner-Umschau. Frankfurt. 1980, April, S. 1.

Nemeckaja Biblioteka vo Frankfurte-na-Majne. [Perevod s nemeckogo N. B. Vlasovoj.]
In: Bibliotekovedenie i bibliografija za rubežom. 79 (1980), S. 60–64.

Sammlung der gesamten deutschsprachigen Literatur : d. Dt. Bibliothek in Frankfurt.
In: Der Bund und die Künste / Hrsg.: Bundeszentrale für Polit. Bildung, Bonn. Zusammenstellung: Ute Reichert-Flögel. – Bonn : Bundeszentrale für Polit. Bildung, 1980, S. 55–57. (Schriftenreihe der Bundeszentrale für Politische Bildung ; 162)

Transkriptionsdepots in Bibliotheken.
In: Allgemeine Zeitschrift für Philosophie. 1980, 3, S. 45–50.

Zum Nebeneinander von wissenschaftlichen und öffentlichen Bibliotheken.
In: Buch und Bibliothek. 32 (1980), 2, S. 159–162.

1981

Aus der Rechtsprechung : Tarifrecht ; BAT § 22, VergO Anl. 1a VergGr. II.
In: Mitteilungsblatt. N.F. 31 (1981), 3, S. 342–348.

Aus der Rechtsprechung : Tarifrecht ; Eingruppierung von Diplom-Bibliothekaren an öffentlichen Bibliotheken in d. Vergütungsgruppe II.
In: Mitteilungsblatt. N.F. 31 (1981), 2, S. 194–200.

Deutsche Bibliothek: Gesamtzuwachs um 13,8 Prozent gestiegen : Grundstück für Neubau erworben.
In: Börsenblatt. 37 (1981), 40, S. 1272–1275.

IFLA: Die 46. Generalkonferenz der IFLA in Manila [1980].
In: ZfBB. 28 (1981), 2, S. 147–151.

Der internationale Datentausch und seine Auswirkung auf das nationale Bibliographiekonzept.
In: Symposium on Automation of National Bibliographies : Prague, October 14–16, 1980 = Simposium o avtomatizacii nacional'nych bibliografij, Praga 14–16 oktjabrja 1980g. – Prague : The State Library of the Czech Socialist Republic, 1981, S. 84–97.

Praktische Erfahrungen mit dem regionalen Leihverkehr für Musikalien in Nordrhein-Westfalen und grundsätzliche Überlegungen über die Ausführbarkeit eines bundesweiten Leihverkehrs.
In: Forum Musikbibliothek. 1981, 4, S. 259–277.

Werner Schmitz : 1894–1979.
In: ZfBB. 28 (1981), 1, S. 81–82.

Die Zukunft der Behördenbibliotheken.
In: Parlaments- und Behördenbibliotheken : Wirklichkeit u. Anspruch ; Fachtagung anläßl. d. 25jährigen Bestehens d. Arbeitsgemeinschaft d. Parlaments- und Behördenbibliotheken am 9. u. 10. Oktober 1980 / [Red.: Heinz-Ottmar Schmidt]. – Bonn : Arbeitsgemeinschaft d. Parlaments- u. Behördenbibliotheken, 1981, S. 57–67. (Arbeitshefte / Arbeitsgemeinschaft der Parlaments- und Behördenbibliotheken ; Nr. 34)

1982

Änderungen in den Bibliographien der Deutschen Bibliothek.
In: ZfBB. 29 (1982), 1, S. 54–55.

Am Ende des Buchzeitalters? : auch Bibliotheken werden mehr u. mehr zu Datenbanken.
In: Frankfurter Allgemeine Zeitung. 1982, Nr. 41 (18.2.), S. 21.

Aus der Rechtsprechung : Spezielles Verwaltungsrecht ; Übereinstimmung einer Pflichtabgaberegelung mit dem Eigentumsgrundrecht nach Art. 14 GG.
In: Mitteilungsblatt. N.F. 32 (1982), 1, S. 72–81.

Der Bibliotheksbau als Symbol : Gedanken zum Bauwettbewerb d. Dt. Bibliothek.
In: ZfBB. 29 (1982), 6, S. 449–461.

Classification in the libraries of the German Federal Republic.
In: International classification. 9 (1982), 1, S. 27–29.

Dank an Clemens Köttelwesch.
In: ZfBB. 29 (1982), 1, S. 1–2.

Deutsche Bibliothek: Zentrale Dienstleistungen immer wichtiger : neuer Rekordzuwachs zu verzeichnen.
In: Börsenblatt. 38 (1982), 19, S. 571–572.

Die Einweihung des Neubaus der Königlichen Bibliothek in Den Haag.
In: ZfBB. 29 (1982), 6, S. 532–533.

Gutenbergs Erbe heute : d. bibliographische Situation.
In: Gutenberg-Jahrbuch. 57 (1982), S. 47–50.

IFLA: Die 47. Generalkonferenz der IFLA in Leipzig [1981] ; Allgemeines ; Sektion für Nationalbibliotheken.
In: ZfBB. 29 (1982), 1, S. 63–64, 72.

Philosophie, Literaturwissenschaft

1950

Der Aufbau des Bewußtseins bei Wilhelm Dilthey. – Köln-Marienburg, 1950. – 257 Bl.
In Maschinenschrift.
Bonn, Univ., Philos. Fak., Diss., 1950
Abstract in: Jahrbuch der Philosophischen Fakultät der Rheinischen Friedrich-Wilhelms-Universität. 1950, S. 13–14.

1953

Julien Offray de Lamettrie und die biologischen Theorien des 18. Jahrhunderts.
In: Deutsche Vierteljahrsschrift für Literaturwissenschaft und Geistesgeschichte. 27 (1953), 4, S. 509–527.

1954

Die Entwicklung der historischen Methode im 18. Jahrhundert.
In: Deutsche Vierteljahrsschrift für Literaturwissenschaft und Geistesgeschichte. 28 (1954), S. 447–471.
Engl. Übers. u.d.T.: The development of historical method in the eighteenth century. 1971.

1955

Felix Ravaisson-Mollien : zur geisteswissenschaftl. Bewertung d. franz. Spiritualismus.
In: Forschungen und Fortschritte. 29 (1955), 11, S. 347–350.

Die Kritik Hippolyte Taines an der spiritualistischen Philosophie.
In: Deutsche Vierteljahrsschrift für Literaturwissenschaft und Geistesgeschichte. 29 (1955), 3, S. 350–364.

Moderne und Antike.
In: Kant-Studien. 46 (1954/1955), 4, S. 344–353.

1956

Roger Daval und seine Rezensenten.
In: Kant-Studien. 48 (1956/1957), 1, S. 86–93.

1957

Um einen realistischen Kant.
In: Forschungen und Fortschritte. 31 (1957), 5, S. 139–146.

1958

Jules Vuillemin und Kant.
In: Kant-Studien. 49 (1957/1958), 4, S. 311–319.

1959

Henri Bergson : Quellen u. Konsequenzen e. induktiven Metaphysik. – Berlin : de Gruyter, 1959. – 393 S.

Literaturverz. u. Bibliographie H. Bergson S. 359–389.

Rezensionen: A. Agúndez, in Estudios de Deusto. Bilbao. 9 (1961), S. 511–512. – Timotheus Barth, in: Franziskanische Studien. 44 (1962), 2/3, S. 335–336. – Timotheus Barth, in: Wissenschaft und Weisheit. 26 (1964), S. 63–64. – Charles Favarger, in: Revue de théologie et de philosophie. Lausanne. 10 (1960), S. 257–258. – H. Groot, in: Mens en kosmos. Deventer. 15 (1959), 6, S. 283–284. – L. van Haecht, in: Revue philosophique de Louvain. 57 (1959), S. 694. – Max Ladner, in: Die Einsicht : Zeitschrift für Buddhismus. 13 (1960), 1, S. 29–30. – E. Landolt, in: Rivista Rosminiana di filosofia e cultura. Domodossola, Milano. 55 (1961), S. 68–70. – Vittorio Mathieu, in: Philosophische Rundschau. 7 (1959), 3/4, S. 242–246. – P. Mn., in: The personalist. Los Angeles. 42 (1961), S. 97. – Rose-Marie Mosse-Bastide, in: Les études philosophiques. Paris. 14 (1959), S. 556. – C. Nink, in: Scholastik. 3 (1960), S. 123. – J. Nota, in: Bijdragen : tijdschrift voor filosofie en theologie. Maastricht, Leuven. 23 (1962), S. 95. – Mieczyslaw Pieczýnski, in: Ruch filoszoficzny. Torún [Thorn]. 19 (1959/1960), S. 3–4. – Erich Christian Schröder, in: Bibliographie de la philosophie. Paris 6 (1959), 2/3, S. 170. (Franz. Übers.: S. 185–186.) – Jules Vuillemin, in: Archiv für Geschichte der Philosophie. 43 (1961), 3, S. 323–324. – Anonym, in: Literarischer Ratgeber. 46 (1959/1960), S. 124. – The modern schoolman. St. Louis, Missouri. 37 (1959/1960), S. 332–333. – Neue Welt. Wien. 13 (1961), 17/18. – Review of metaphysics. New Haven. 14 (1960). – Salesianum. Roma. 25 (1963), 1, S. 194. – Sophia. Padova. 29 (1961), 4, S. 515. – De tijd. Amsterdam. 1960, 4.

1971

The development of historical method in the eighteenth century.

In: Enlightenment historiography : three German studies. – Middletown, Connecticut : Wesleyan University Press, 1971, S. 1–23. (History and theory : studies in the philosophy of history : Beih. ; 11)

Dt. Ausg. u.d.T.: Die Entwicklung der historischen Methode im 18. Jahrhundert. 1954.

1972

Elan vital.

In: Historisches Wörterbuch der Philosophie / hrsg. von Joachim Ritter u. Karlfried Gründer. – Basel, Stuttgart : Schwabe. Bd. 2. – 1972, Sp. 437.

Entwicklung, schöpferische (évolution créatrice).

In: Historisches Wörterbuch der Philosophie / hrsg. von Joachim Ritter u. Karlfried Gründer. – Basel, Stuttgart : Schwabe. Bd. 2. – 1972, Sp. 560–561.

1974

Sprache und Informationstheorie.

In: Perspektiven der Linguistik / hrsg. von Walter A. Koch. – Stuttgart : Kröner. 2. – 1974, S. 61–87. (Kröners Taschenausgabe ; Bd. 447)

1975

Hermeneutik und Kritik : August Boeckh in d. Tradition d. Begriffspaars.

In: Archiv für Begriffsgeschichte. 19 (1975), 2, S. 138–196.

1976

Intuitionismus.

In: Historisches Wörterbuch der Philosophie / hrsg. von Joachim Ritter u. Karlfried Gründer. – Basel, Stuttgart : Schwabe. Bd. 4. – 1976, Sp. 540–541.

1977

Bibliothekarische Lesefrüchte im Rasenden Roland.

In: Bibliothekswelt und Kulturgeschichte: e. internationale Festgabe für Joachim Wieder zum 65. Geburtstag, dargebracht von seinen Freunden / hrsg. von Peter Schweigler. – München : Verlag Dokumentation, 1977, S. 49–72.

Rezensionen: Wolfgang Hillen, in: Mitteilungsblatt. N.F. 28 (1978), 3, S. 270–272. – Marietta

Kleiß, in: Börsenblatt. 35 (1979), 18, Beil., S. b 52–b 54. – Albert Labarre, in: Bulletin des bibliothèques de France. 23 (1978), 2, S. *145–*146. – Winfried Löschburg, in: Zentralblatt für Bibliothekswesen. 92 (1978), 4, S. 199–200.

Philosophiegeschichte als Geschichtstheorie : d. franz. Methodendiskussion im ausgehenden 18. Jahrhundert.
In: Bibliothek, Buch, Geschichte : Kurt Köster zum 65. Geburtstag / hrsg. von Günther Pflug, Brita Eckert u. Heinz Friesenhahn. – Frankfurt/Main : Klostermann, 1977, S. 445–455. (Sonderveröffentlichungen der Deutschen Bibliothek ; 5)

1979

Marginalien zur Metamorphosen-Übersetzung Albrechts von Halberstadt.
In: Studien zur deutschen Literatur des Mittelalters / in Verbindung mit Ulrich Fellmann hrsg. von Rudolf Schützeichel. – Bonn : Bouvier, 1979, S. 423–464.
Rezension: Heinrich Tiefenbach, in: Beiträge zur Namensforschung. 15 (1980), 1, S. 72–73.

Methodik und Hermeneutik bei Karl Otfried Müller.
In: Philologie und Hermeneutik im 19. Jahrhundert : zur Geschichte u. Methodologie d. Geisteswissenschaften / hrsg. von Hellmut Flashar ; Karlfried Gründer ; Axel Horstmann. – Göttingen : Vandenhoeck & Ruprecht, 1979, S. 122–140.

Die totale Vermarktung der Literatur.
In: Die Begegnung. 15 (1979/1980), S. 100–104.

1980

Eve Noé-Darmstaedter : 1938–1979 ; 17 Bilder / mit Texten von Günther Pflug. – Frankfurt/Main : Buchhändler-Vereinigung, 1980. – 21 S., 17 Bl. (Kleine Schriften der Deutschen Bibliothek ; Nr. 9)

Lebensphilosophie.
In: Historisches Wörterbuch der Philosophie / hrsg. von Joachim Ritter u. Karlfried Gründer. – Basel, Stuttgart : Schwabe.
Bd. 5. – 1980, Sp. 135–140.

1981

Albert Einstein als Publizist : 1913–1933. – Frankfurt/Main : Buchhändler-Vereinigung, 1981. – 57 S. : Ill. (Kleine Schriften der Deutschen Bibliothek ; Nr. 11)

Der deutsche PEN-Club im Exil : Rede zur Eröffnung d. Ausstellung „Der deusche PEN-Club im Exil 1933–1948“ am 8. Dez. 1980 in d. Dt. Bibliothek, Frankfurt a. M.
In: So viele Bücher, so viele Verbote. – Frankfurt/Main : Buchhändler-Vereinigung, 1981, S. 17–26. (Kleine Schriften der Deutschen Bibliothek ; Nr. 13)
Rezension: Ulrich Weinzierl, in: Mitteilungen / Dokumentationsarchiv des Österreichischen Widerstandes. 54 (Dez. 1981), S. 9.

Henri Bergson : (1859–1941).
In: Klassiker der Philosophie / hrsg. von Otfried Höffe. – München : Beck.
Bd. 2. Von Immanuel Kant bis Jean-Paul Sartre. – 1981, S. 298–314.

1982

Descartes und das mechanistische Menschenbild.
In: Medizinhistorisches Journal. 17 (1982), 1/2, S. 3–19.

Rezensionen, Literaturhinweise

ABI-Technik : Zeitschrift für Automation, Bau u. Technik im Archiv-, Bibliotheks- u. Informationswesen. – Wiesbaden : Holz, 1981 ff.
In: ZfBB. 28 (1981), 6, S. 490–491.

Accessionskatalog över utländsk litteratur i svenska forskningsbibliotek = Union catalogue of foreign literature in Swedish research libraries. – Stockholm : Kungl. Biblioteket, Bibliografiska Institut, 1966–1967.
In: Mitteilungsblatt. N.F. 17 (1967), 3, S. 201–202.

Analyse der Referatorgane und anderer Sekundärquellen über Umweltschutz / Bundesanstalt für Vegetationskunde, Naturschutz u. Landschaftspflege. [Durchgeführt von M. Kämpfer.] – [Bonn-] Bad Godesberg : Bundesanstalt für Vegetationskunde, Naturschutz u. Landschaftspflege, 1972. – 141 S.
In: Mitteilungsblatt. N.F. 23 (1973), 2, S. 185.

Arbeitsgemeinschaft Pädagogischer Bibliotheken: Mitteilungsblatt der Arbeitsgemeinschaft Pädagogischer Bibliotheken. Bd. 1, Nr. 1. – Dortmund : Pädagogische Zentralbücherei d. Landes Nordrhein-Westfalen, 1959. – 18 S.
In: Mitteilungsblatt. N.F. 9 (1959), 4, S. 131.

Arimond, Heinrich: Handbuch der akademischen Studiengebiete und Berufe. Ausg. 1964/65. – Bonn : Hochschuldienst Dr. Josef Raabe, 1963. – 264 S. (Allgemeiner Studienführer)
In: Mitteilungsblatt. N.F. 14 (1964), 4, S. 230–231.

Aus der Welt des Bibliothekars : Festschrift für Rudolf Juchhoff zum 65. Geburtstag / hrsg. von Kurt Ohly u. Werner Krieg. – Köln : Greven, 1961. – 478 S.
In: Mitteilungsblatt. N.F. 11 (1961), 3, S. 115–116.

Ausfahrt und Landung : Festgabe für Bibliotheksdirektor Dr. Wolfgang van der Briele zum 65. Geburtstag am 16. Mai 1959 / hrsg. von d. Stadtbibliothek Wuppertal. – Wuppertal : Born, 1960. – 156 S.
In: Mitteilungsblatt. N.F. 10 (1960), 4, S. 171–172.

Automatisierung der Ausleihverbuchung in Bibliotheken : Materialien d. internationalen Arbeitstagung, Berlin, 10. u. 11. Nov. 1970. – Berlin : Method. Zentrum für Wissenschaftl. Bibliotheken beim Ministerium für Hoch- u. Fachschulwesen, 1971. – 127 S.
In: Mitteilungsblatt. N.F. 23 (1973), 1, S. 81–82.

Automatisierung der Zeitschriftenstelle in wissenschaftlichen Bibliotheken : Ergebnisse e. Kolloquiums in Göttingen am 7. u. 8. Nov. 1968. – Bad Godesberg : Dt. Forschungsgemeinschaft, 1970. – 65 S. : 20 Anl.
In: ZfBB. 17 (1970), 4/5, S. 339–341.

Bauhuis, Walter: Die Universitätsbibliothek Münster in den Jahren 1957/58 und 1958/59. – Münster : Universitätsbibliothek, 1959. – 129 S.
In: Mitteilungsblatt. N.F. 9 (1959), 4, S. 130–131.

Bauhuis, Walter: Zur Frage der Ausbildung für den Dienst an wissenschaftlichen Bibliotheken. – Münster : Universitätsbibliothek, 1960. – 40 Bl.
In: Mitteilungsblatt. N.F. 10 (1960), 4, S. 172–173.

Beer, Rüdiger Robert: Städte und Bibliotheken. In: Der Städtetag. N.F. 17 (1964), S. 154–156.
In: Mitteilungsblatt. N.F. 14 (1964), 2, S. 119.

Bibliothekarische Nebenstunden : Joseph Gießler zum 65. Geburtstag gewidmet. – Düsseldorf : Landes- u. Stadtbibliothek, 1964. – 67 S. (Veröffentlichungen der Landes- und Stadtbibliothek Düsseldorf ; 5)
In: Mitteilungsblatt. N.F. 15 (1965), 3, S. 161–162.

Bibliotheksneubauten in der Bundesrepublik Deutschland / hrsg. von Gerhard Liebers. – Frankfurt/Main : Klostermann, 1968. – XII, 343 S. : Ill. (Zeitschrift für Bibliothekswesen und Bibliographie : Sonderh. ; 9)
In: Mitteilungsblatt. N.F. 18 (1968), 4, S. 338–340.

Les bibliothèques des universités de Paris : guide à l'intention des étudiants et des chercheurs. – Paris : Réunion des Bibliothèques Universitaires.
T. 1. Lettres et arts, droit et science économique, sciences de l'homme et de la société. – 1981. – 211 S.
In: ZfBB. 28 (1981), 6, S. 487–489.

Bieberstein, Johannes Rogalla von: Literarische Nachlässe in Nordrhein-Westfalen : Erhebung u. Gutachten, durchgeführt im Jahre 1978 im Auftrag d. Kultusministeriums d. Landes Nordrhein-Westfalen. – Köln : Greven, 1979. – 68 S. (Kulturförderung in Nordrhein-Westfalen ; 1)
In: Mitteilungsblatt. N.F. 30 (1980), 2, S. 248–249.

Bildungsbericht '70 : Bericht d. Bundesregierung zur Bildungspolitik. – Bonn : Der Bundes-

minister für Bildung u. Wissenschaft, 1970. – 156 S.
In: Mitteilungsblatt. N.F. 21 (1971), 1, S. 74.

Bildungspolitik 1966 in Nordrhein-Westfalen. – Düsseldorf : SPD-Landesvorstand, 1966. – 32 S.
In: Mitteilungsblatt. N.F. 17 (1967), 1, S. 49–50.

Bildungspolitische Leitsätze der Sozialdemokratischen Partei Deutschlands. – Bonn : Vorstand d. SPD, 1964. – 56 S.
In: Mitteilungsblatt. N.F. 14 (1964), 4, S. 231–232.

Bläsing, Rudolf, Heinz Dross u. Johann Schubert: Anwendungshandbuch für die Automation der Buchausleihen in den Bibliotheken des Landes Hessen. Hrsg. vom Kommunalen Gebietsrechenzentrum Frankfurt/Main. – Frankfurt/Main : Klostermann, 1973. – 56 S. : 42 Anl. (Zeitschrift für Bibliothekswesen und Bibliographie : Sonderh. ; 15)
In: Mitteilungsblatt. N.F. 23 (1973), 5, S. 460–462.

Bleek, Wilhelm Heinrich Imanuel: The natal diaries / of W. H. I. Bleek. Transl. with notes by O. H. Spohr. – Kapstadt : Balkemar, 1966. – 112 S.
In: Mitteilungsblatt. N.F. 16 (1966), S. 254.

Borovkov, Aleksandr A.: Stochastic processes in queuing theory. Transl. by K. Wickwire. – New York, Heidelberg, Berlin : Springer, 1976. – XI, 280 S. (Applications of mathematics ; 4)
In: Monatshefte für Mathematik. 87 (1979), 1, S. 91.

Buch und Text im 15. [fünfzehnten] Jahrhundert : Arbeitsgespräch in d. Herzog-August-Bibliothek Wolfenbüttel vom 1.–3. März 1978 ; Vorträge = Book and text in the fifteenth century / hrsg. von Lotte Hellinga u. Helmar Härtel. – Hamburg : Hauswedell, 1981. – 251 S. (Wolfenbütteler Abhandlungen zur Renaissanceforschung ; Bd. 2)
und
Die Rezeption der Antike : zum Problem d. Kontinuität zwischen Mittelalter u. Renaissance ; in d. Herzog-August-Bibliothek Wolfenbüttel vom 2.–5. September 1978 / hrsg. von August Buck. – Hamburg : Hauswedell, 1981. – 280 S. (Vorträge, gehalten anläßlich des . . . Kongresses des Wolfenbütteler Arbeitskreises für Renaissanceforschung ; 1) (Wolfenbütteler Abhandlungen zur Renaissanceforschung ; Bd. 1)
In: ZfBB. 29 (1982), 6, S. 491–493.

Bücher zur Judenfrage / Germania Judaica, Kölner Bibliothek zur Geschichte d. Dt. Judentums. – Köln : Germania Judaica, 1961. – 48 S.
In: Mitteilungsblatt. N.F. 12 (1962), 3, S. 160.

Burgelin, Pierre: Kant et les fins de la raison. In: Revue de métaphysique et de morale. 58 (1953), S. 130–152.
In: Kant-Studien. 47 (1955/1956), 2, S. 223–224.

Burr, Viktor : Der Neubau der Universitätsbibliothek Bonn. – Wien : Gesellschaft d. Freunde d. Österr. Nationalbibliothek, 1961. – 19 S. (Vorabdruck aus Biblos. 10. 1961, H. 1)
In: Mitteilungsblatt. N.F. 11 (1961), 1, S. 41–42.

Burr, Viktor, u. Otto Wenig: Universitätsbibliothek Bonn : erfüllte Bauaufgaben ; e. Bericht. – Bonn : Universitätsbibliothek, 1962. – 56 S.
In: Mitteilungsblatt. N.F. 12 (1962), 4, S. 207–208.

Busch, Jürgen, u. Eva Thorsten: Schlagwortverzeichnis für Öffentliche Büchereien. – Berlin : Amerika-Gedenkbibliothek, Berliner Zentralkatalog, 1961. – XII, 144 S.
In: Mitteilungsblatt. N.F. 11 (1961), 2, S. 83.

Busse, Gisela von, Horst Ernestus: Libraries in the Federal Republic of Germany. – Rev. and enl. Engl. ed. – Wiesbaden : Harrassowitz, 1972. – 308 S.
In: Mitteilungsblatt. N.F. 23 (1973), 3, S. 281–282.

Cataldi, Giuseppe: Lineamenti generali di scienza dell' amministrazione pubblica. – Milano : Giuffrè, 1969. – VIII, 691 S.
In: Die Verwaltung. 4 (1971), 1, S. 111–119.

Catalogue général des publications de l'UNESCO. – Paris : UNESCO, 1962. – XVI, 217 S.
In: Mitteilungsblatt. N.F. 12 (1962), 3, S. 160.

Childs, James B.: Spanish government publications. Vol. 5.6. – Washington : Library of Congress, 1969.
In: Mitteilungsblatt. N.F. 20 (1970), 2, S. 180–181.

Cimelia Monacensia : wertvolle Handschriften u. frühe Drucke d. Bayerischen Staatsbibliothek München. – Wiesbaden : Reichert, 1970. – 112 S. : Ill.
In: Mitteilungsblatt. N.F. 20 (1970), 4, S. 393–394.

Clason, Willem Elbertus: Elsevier's dictionary of library science, information and documentation : in 6 languages. – Amsterdam, London, New York : Elsevier, 1973. – 597 S.
In: Mitteilungsblatt. N.F. 23 (1973), 4, S. 387–388.

Dambauer, Josef: Bibliographie der deutschsprachigen psychologischen Literatur. Bd. 1. 1971. – Frankfurt/Main : Klostermann, 1972. – XVIII, 376 S.
In: Mitteilungsblatt. N.F. 23 (1973), 2, S. 185–186.

Deumeland, Klaus-Dieter: Hochschulgesetz Nordrhein-Westfalen. – Opladen : Heggen, 1970. – 113 S. (Heggen-Gesetzestext)
In: Die Verwaltung. 4 (1971), 1, S. 117–119.

Diekamp, Busso, Dolores Horoba u. Ernst Manfred Wermter: Bibliotheksplan der Stadt Mönchengladbach. – Mönchengladbach : [s. n.], 1974. – X, 47 S. (Schriften zum Bildungswesen in Mönchengladbach ; 1)
In: Mitteilungsblatt. N.F. 25 (1975), 2, S. 184–185.

Dittrich, Günther: 1000 [Tausend] technische Fachbücher für Handwerker und Ingenieure aus der Öffentlichen Bücherei. – Köln : Verband d. Bibliotheken d. Landes Nordrhein-Westfalen, 1962. – X, 75 S.
In: Mitteilungsblatt. N.F. 13 (1963), 1, S. 71–72.

Ebbinghaus, Julius: Kants Ableitung des Verbotes der Lüge aus dem Rechte der Menschheit. In: Revue internationale de philosophie. 8 (1954), 4/30, S. 409–422.
In: Kant-Studien. 48 (1956/1957), 1, S. 110.

Elektronische Datenverarbeitung in Bibliotheken : Leitfaden für d. Einsatzvorbereitung. – Berlin : Method. Zentrum für Wissenschaftl. Bibliotheken beim Minister für Hoch- u. Fachschulwesen, 1971. – VI, 168 S.
In: Mitteilungsblatt. N.F. 21 (1971), 4, S. 327–329.

Empfehlung des Wissenschaftsrates zur Aufstellung von Raumprogrammen für Bauvorhaben der wissenschaftlichen Hochschulen. – Bonn : Wissenschaftsrat, 1963. – 54 S.
In: Mitteilungsblatt. N.F. 14 (1964), 3, S. 158–160.

Empfehlungen des Wissenschaftsrates zur Struktur und Verwaltungsorganisation der Universitäten. – Bonn : Wissenschaftsrat, 1968. – 43 S.
In: Mitteilungsblatt. N.F. 19 (1969), 2, S. 168–169.

Empfehlungen für das Bibliothekswesen an den Fachhochschulen des Landes Nordrhein-Westfalen : Zwischenbericht ; Stand 1. 12. 1971. – Düsseldorf : Arbeitsgruppe Fachhochschulbibliotheken beim Minister für Wissenschaft u. Forschung d. Landes Nordrhein-Westfalen, 1971. – 38 S.
In: Mitteilungsblatt. N.F. 22 (1972), 1, S. 89–92.

Empfehlungen für das Bibliothekswesen an den Fachhochschulen des Landes Nordrhein-Westfalen. – Düsseldorf : Arbeitsgruppe Fachhochschulbibliotheken beim Minister für Wissenschaft u. Forschung d. Landes Nordrhein-Westfalen, 1972. – 58 S.
In: Mitteilungsblatt. N.F. 22 (1972), 3, S. 286–287.

Ewing, A. C.: Kant's attack on metaphysics. In: Revue internationale de philosophie. 8 (1954), 4/30, S. 371–391.
In: Kant-Studien. 48 (1956/1957), 1, S. 109.

Fichera, G.: Numerical quantitative analysis. – London : Pitman, 1978. – X, 208, 14 S.
In: Zeitschrift für Nationalökonomie. 39 (1979), 1/2, S. 212–213.

Flasche, Hans, u. Utta Wawrzinek: Materialien zur Begriffsgeschichte : e. Bibliographie deut-

scher Hochschulschriften von 1880 bis 1955. – Bonn : Bouvier, 1960. – XIX, 718 S. (Archiv für Begriffsgeschichte ; 5)
In: ZfBB. 7 (1960), 4, S. 361–363.

Fohrbeck, Karla, u. Andreas Johannes Wiesand: Bibliotheken und Bibliothekstantieme : Materialbericht u. Erhebungen zu Bestand, Ausleihe u. Entwicklungstendenzen in d. Bibliothekssystemen d. BRD. – Pullach : Verlag Dokumentation, 1974. – 152 S.
In: Mitteilungsblatt. N.F. 25 (1975), 2, S. 185–186.

Franzen, Hans, u. Gustav Schwartz: Preisbindungsfibel für den Buchhandel. – München, Berlin : Beck, 1966. – XII, 98 S.
In: Mitteilungsblatt. N.F. 16 (1966), 3, S. 197–198.

Fuchs, Hermann : Bibliotheksverwaltung. – 2., verb. u. verm. Aufl. – Wiesbaden : Harrassowitz, 1968. – XI, 275 S.
In: Mitteilungsblatt. N.F. 18 (1968) 3, S. 236–237.

Geldsetzer, Lutz: Bibliography of the international congresses of philosophy : proceedings 1900–1978 = Bibliographie der internationalen Philosophie-Kongresse : Beiträge 1900–1978. – München [u. a.] : Saur, 1981. – 207 S. (Kleine philosophische Bibliographien aus dem Philosophischen Institut der Universität Düsseldorf ; 5)
In: ZfBB. 29 (1982), 1, S. 37–38.

Glaeser, Georg: Politische Bildung : e. Bücherkunde. – Düsseldorf : Staatsbürgerliche Bildungsstelle d. Landes Nordrhein-Westfalen, 1961. – X, 160 S.
In: Mitteilungsblatt. N.F. 11 (1961), 2, S. 82–83.

Götz von Olenhusen, Albrecht, u. Christa Gnirss: Handbuch der Raubdrucke. – Pullach : Verlag Dokumentation.
Bd. 2. Theorie und Klassenkampf : sozialisierte Drucke u. proletar. Reprints ; e. Bibliographie. – 1973. – 509 S. : 50 Ill.
In: Mitteilungsblatt. N.F. 23 (1973), 2, S. 192.

Guéroult, Martial: Canon de la raison pure et critique de la raison practique. In: Revue internationale de philosophie. 8 (1954), 4/30, S. 331–357.
In: Kant-Studien. 48 (1956/1957), 1, S. 107–108.

Gutenmacher, L. I.: Informations-logische Automaten : Automatisierung im Informations- u. Bibliothekswesen. Übers. von Georg Müller u. Wolfgang Ritzert. – München : Oldenbourg, 1966. – 179 S.
Einheitssacht.: Ėlektronnye informacionnologičeskie mašiny ⟨dt.⟩
In: ZfBB. 14 (1967), 3, S. 182–184.

Handbuch der Öffentlichen Büchereien. 1962. – Berlin : Dt. Büchereiverband, 1962. – 202 S.
In: Mitteilungsblatt. N.F. 13 (1963), 1, S. 73.

Hayen, André: Un interprète thomiste du kantisme : le P. Joseph Maréchal. In: Revue internationale de philosophie. 8 (1954), 4/30, S. 449–469.
In: Kant-Studien. 48 (1956/1957), 1, S. 111.

Hirsch, Hans-Joachim: Programmstrukturen komplexer Informationssysteme. – Pullach : Verlag Dokumentation, 1973, V, 39 S. (Bericht / Studiengruppe für Systemforschung e. V. Heidelberg ; Nr. 112)
In: Mitteilungsblatt. N.F. 24 (1974), 1, S. 97.

Hochschulverwaltung in Nordrhein-Westfalen : Rechtsvorschriften u. Erlasse ; Textausg. / hrsg. von Kurt Becker [u. a.] – Göttingen : Schwartz, 1970. – 248 S. (Schwartz-Gesetzestexte ; 54)
In: Wissenschaftsrecht, Wissenschaftsverwaltung, Wissenschaftsförderung. 3 (1970), 3, S. 283–284.

Höhl, Martha: Büchereiwerbung. – Berlin : Dt. Büchereiverband, Arbeitsstelle für d. Büchereiwesen, 1964. – 63 S. (Druckschriften der Arbeitsstelle für das Büchereiwesen ; Nr. 4)
In: Mitteilungsblatt. N.F. 14 (1964), 4, S. 235–236.

Hüser, Fritz, u. Ferdinand Oppenberg [Hrsg.]: Erlebtes Land, unser Revier : d. Ruhrgebiet in Literatur, Grafik, Malerei. – Duisburg : Mercator-Verlag, 1966. – 72 S.
In: Mitteilungsblatt. N.F. 17 (1967), 2, S. 117.

Hüser, Fritz, u. Walter Köpping [Hrsg.]: Wir tragen ein Licht durch die Nacht : Gedichte aus d. Welt d. Bergmanns. – Bochum : Verlagsgesellschaft d. Industriegewerkschaft Bergbau, 1960. – 124 S.
In: Mitteilungsblatt. N.F. 10 (1960), 4, S. 174.

Intrex : report of a planning conference on information transfer experiments. – Cambridge (Mass.) : MIT Press, 1965. – XVIII, 276 S.
In: Mitteilungsblatt. N.F. 16 (1966), 4, S. 252–253.

Isaye, Gaston: La finalité de l'intelligence et l'objection kantienne. In: Revue philosophique de Louvain. 51 (1953), S. 42–100.
In: Kant-Studien. 47 (1955/1956), 1, S. 111–112.

Kent, Allen: Einführung in die Informationswiedergewinnung. – München, Wien : Oldenbourg, 1966. – 270 S.
Einheitssacht.: Textbook on mechanized information retrieval ⟨dt.⟩
In: ZfBB. 14 (1967), 4, S. 239–242.

Khodoss, Florence: Le poème de la critique. In: Revue de métaphysique et de morale. 57 (1952), S. 215–242.
In: Kant-Studien. 47 (1955/1956), 1, S. 109.

Kluth, Rolf : Lehrbuch der Bibliothekspraxis. – Wiesbaden : Harrassowitz, 1979. – X, 391 S.
In: ZfBB. 28 (1981), 6, S. 481–484.

Koch, Nikolaus: Einführung in das pädagogische Bibliothekswesen. – München [u. a.] : List, 1962. – 30 S. (Das pädagogische Bibliothekswesen in Deutschland ; T. 1,1) (Harms' pädagogische Reihe ; H. 91)
In: Mitteilungsblatt. N.F. 12 (1962), 3, S. 162–163.

Der Kommunale Leihring in Nordrhein-Westfalen : Richtlinien, Sammelgebiete, teilnehmende Büchereien. – Köln : Bibliothekar-Lehrinstitut : Verband d. Bibliotheken d. Landes Nordrhein-Westfalen, 1962. – 8 S.
In: Mitteilungsblatt. N.F. 12 (1962), 1, S. 71.

Krieg, Werner: Bibliothekar : (höherer Dienst an wissenschaftl. Bibliotheken). – Bielefeld : Bertelsmann, 1964. – 21 S. (Blätter für Berufskunde : Bd. 3 ; [Lfg. 53])
In: Mitteilungsblatt. N.F. 15 (1965), 2, S. 112.

Krieg, Werner: Bibliothekar : (höherer Dienst an wissenschaftl. Bibliotheken). – 3. Aufl. – Bielefeld : Bertelsmann, 1968. – 22 S. (Blätter für Berufskunde : Bd. 3 ; X B, 01)
In: Mitteilungsblatt. N.F. 19 (1969), 2, S. 162–164.

Krieg, Werner: Landesbibliotheksaufgaben in Nordrhein-Westfalen : Gutachten, d. Kultusminister d. Landes Nordrhein-Westfalen erstattet. – Köln : Greven, 1979. – 64 S. (Kulturförderung in Nordrhein-Westfalen ; 2)
In: Mitteilungsblatt. N.F. 29 (1979), 4, S. 430–434.

Kuhlmann, Hans Joachim : Anfänge des Richtungsstreites : Arthur Heidenhain als Vermittler in d. Auseinandersetzungen d. Jahre 1909 bis 1914. – Reutlingen : Verlag Bücherei u. Bildung, 1961. – 134 S. (Bücherei und Bildung ; Beih.)
In: Mitteilungsblatt. N.F. 11 (1961), 4, S. 172–173.

Kulturpolitik der Länder : 1973 u. 1974 / Ständige Konferenz d. Kultusminister. Bearb.: Armida d'Hone u. Peter Fränz. – Bonn : Ständige Konferenz d. Kultusminister, 1975. – 333 S.
In: Mitteilungsblatt. N.F. 26 (1976), 1, S. 74.

Kulturpolitik und Menschenbildung : Beitr. zur Situation d. Gegenwart ; Festschrift für Paul Luchtenberg. – Neustadt/Aisch : Schmidt, 1965. – 458 S.
In: Mitteilungsblatt. N.F. 16 (1966), 2, S. 119–120.

Kunz, Werner, u. Horst Rittel: Die Informationswissenschaften : ihre Ansätze, Probleme, Methoden u. ihr Ausbau in d. Bundesrepublik Deutschland. – München, Wien : Oldenbourg, 1972. – 136 S.
In: Mitteilungsblatt. N.F. 23 (1973), 3, S. 286–288.

Kurzgefaßte Regeln für die alphabetische Katalogisierung an den Institutsbibliotheken der

Rheinischen Friedrich-Wilhelms-Universität. – Bonn : Universitätsbibliothek, 1961. – 52 S.
In: Mitteilungsblatt. N.F. 12 (1962), 1, S. 72.

Lachièze-Rey, Pierre: Réflexions historiques et critiques sur la possibilité des jugements synthétiques a priori. In: Revue internationale de philosophie. 8 (1954), 4/30, S. 358–370.
In: Kant-Studien. 48 (1956/1957), 1, S. 108–109.

Lachièze-Rey, Pierre: Les trois étapes fondamentales de la philosophie critique de Kant. In: Revue de métaphysique et de morale. 57 (1952), S. 414–421.
In: Kant-Studien. 47 (1955/1956), 1, S. 101–110.

Laisiepen, Klaus, Ernst Lutterbeck u. Karl-Heinrich Meyer-Uhlenried: Grundlagen der praktischen Information und Dokumentation. – München-Pullach, Berlin : Verlag Dokumentation, 1972. – XVIII, 652 S. (DGD-Schriftenreihe ; 1)
In: Mitteilungsblatt. N.F. 22 (1972), 3, S. 287–289.

Landes- und Stadtbibliothek ⟨Düsseldorf⟩: 200 [Zweihundert] Jahre Landes- und Stadtbibliothek Düsseldorf : 1770–1970. – Düsseldorf : Landes- u. Stadtbibliothek, 1970. – 152 S. (Veröffentlichungen der Landes- und Stadtbibliothek Düsseldorf ; 6)
In: Mitteilungsblatt. N.F. 22 (1972), 1, S. 99–100.

Langer, Gottfried: Vom Lenkkatalog und von der Lenkkatalogisierung. – Halle : Universitäts- u. Landesbibliothek Sachsen-Anhalt, 1956. – 84 S. (Schriften zum Bibliotheks- und Büchereiwesen in Sachsen-Anhalt ; 14)
In: ZfBB. 6 (1959), 2, S. 145–149.

Lansky, Ralph: Bibliographie zum Bibliotheksrecht. – Frankfurt/Main : Klostermann, 1970. – X, 227 S. (Zeitschrift für Bibliothekswesen und Bibliographie : Sonderh. ; 10)
In: Mitteilungsblatt. N.F. 20 (1970), 3, S. 284–286.

Lansky, Ralph: Bibliotheksrechtliche Vorschriften. – Frankfurt/Main : Klostermann, 1967. – XIX, 312 S. (Zeitschrift für Bibliothekswesen und Bibliographie : Sonderh. ; 5)
In: Mitteilungsblatt. N.F. 17 (1967), 4, S. 291–293.

Lansky, Ralph: Bibliotheksrechtliche Vorschriften. – 2., neubearb. u. erw. Aufl. – Frankfurt/Main : Klostermann, 1969. – XXIV, 432 S.
In: Mitteilungsblatt. N.F. 19 (1969), 4, S. 296–299.

Library planning for automation / ed. by Allen Kent. – Washington : Spartan Books Inc. ; London : Macmillan, 1965. – 195 S.
In: Mitteilungsblatt. N.F. 17 (1967), 3, S. 205–206.

Liste des Associations des bibliothécaires et documentalistes = List of library and documentation associations. – Paris : UNESCO, 1972. – 28 S. (COM/MD/12 ; Rev. 1)
In: Mitteilungsblatt. N.F. 22 (1972), 4, S. 371.

Literary lectures : presented at the Library of Congress Washington. – Washington : Library of Congress, 1973. – IX, 602 S.
In: Mitteilungsblatt. N.F. 24 (1974), 1, S. 98–99.

Lohse, Gerhart: Das Bibliothekswesen an den Universitäten und an der Technischen Hochschule des Landes Nordrhein-Westfalen : Bestandsaufnahme u. Vorschläge zur Neuordnung ; Gutachten, erstellt im Auftrag d. Kultusministers d. Landes Nordrhein-Westfalen. – Wuppertal [u. a.] : Henn, 1970. – 90 S. (Strukturförderung im Bildungswesen des Landes Nordrhein-Westfalen ; 12)
In: Mitteilungsblatt. N.F. 21 (1971), 4, S. 324–326.

Lullies, Hildegard: Verzeichnis der Bibliotheken in Berlin (West). – Berlin : Spitzing, 1966. – IX, 301 S.
In: Mitteilungsblatt. N.F. 16 (1966), 2, S. 120.

Lyrik unserer Zeit : Sondersammelgebiet d. kommunalen Bibliotheken u. Büchereien ; Lyrik-Neuerwerbungen d. Jahres 1970 / Zusammenstellung: Hansjürgen Bulkowski. – Dortmund : Stadtbücherei, 1971. – 28 S. (PRO : Beih.)
In: Mitteilungsblatt. N.F. 22 (1972), 1, S. 97.

Mäding, Erhard: Landespflege : Grünplanung u. Landschaftspflege ; Literaturverz. – Dortmund : Städtische Volksbüchereien, 1964. – 32 S. (Dortmunder Sonderverzeichnisse)
In: Mitteilungsblatt. N.F. 14 (1964), 4, S. 236.

Martin, Gottfried: Immanuel Kant : Ontologie u. Wissenschaftstheorie. – Köln : Kölner Universitätsverlag, 1951. – 244 S.
In: Mindener Tageblatt. 97 (1951), 277.

Martin, Gottfried: Immanuel Kant : Ontologie u. Wissenschaftstheorie. – Köln : Kölner Universitätsverlag, 1951. – 244 S.
In: Philosophischer Literaturanzeiger. 3 (1951), 6, S. 247–250.

Martin, Gottfried: Une métaphysique aporétique et dialectique. In: métaphysique et de morale. 59 (1954), S. 157–163.
In: Kant-Studien. 49 (1957/1958), 2, S. 219–220.

Merlan, Philip: Hamann et les dialogues de Hume. In: Revue de métaphysique et de morale. 59 (1954), S. 285–289.
In: Kant-Studien. 49 (1957/1958), 2, S. 220–221.

Meyen, Fritz : Verzeichnis der Spezialbibliotheken in der Bundesrepublik Deutschland einschließlich West-Berlin. – 2., erw. Aufl. – Braunschweig : Vieweg, 1970. – VIII, 207 S.
In: Mitteilungsblatt. N.F. 21 (1971), 1, S. 79–80.

Meyer, Hans Moritz: Stadt- und Landesbibliothek Dortmund : Bericht über d. Jahre 1958/59 u. 1959/60 ; mit e. Rückblick auf d. Jahre 1943 bis 1958. – Dortmund : Stadt- u. Landesbibliothek, 1960. – 77 S.
In: Mitteilungsblatt. N.F. 11 (1961), 1, S. 42.

Meyer, Hans M[oritz]: Die Stadt- und Landesbibliothek Dortmund. In: Mitteilungen der Industrie- und Handelskammer zu Dortmund. 1961, S. 401–405.
In: Mitteilungsblatt. N.F. 11 (1961), 4, S. 173.

Neuaufbau des kommunalen Büchereiwesens in Nordrhein-Westfalen : e. Bericht d. staatl. Büchereistellen. – Köln : Arbeitsgemeinschaft d. Staatl. Büchereistellen, 1959. – 122 S. (Die Gemeindebücherei in Nordrhein-Westfalen ; Jg. 7. 1958/1959, H. 5/6)
In: Mitteilungsblatt. N.F. 9 (1959), 4, S. 131.

Neumüller, Otto-Albrecht: Rationalisierung im chemischen Publikationswesen : automatische Erstellung vollständiger Register aus Manuskripten mittels Lochstreifen-Schreibmaschine u. Computer. – Göttingen, 1969. – VII, 253 S. : Ill. Göttingen, Univ., Math.-Naturwissenschaftl. Fak., Diss., 1969
In: ZfBB. 17 (1970), 3, S. 180–184.

Niewalda, Paul: Die elektronische Datenverarbeitung im Bibliothekswesen. – München-Pullach, Berlin : Verlag Dokumentation, 1971. – 135 S. (Bibliothekspraxis ; Bd. 1)
In: Journal de documentation. London. 28 (1972), 2, S. 190–191. [Engl.]

Nordrhein-Westfalen: Halbzeitbericht Nordrhein-Westfalen-Programm 1975. – Düsseldorf : Landesregierung Nordrhein-Westfalen, 1973. – 71 S.
In: Mitteilungsblatt. N.F. 24 (1974), 1, S. 97–98.

Nordrhein-Westfalen: Nordrhein-Westfalen-Programm 1975. – Düsseldorf : Landesregierung Nordrhein-Westfalen, 1970. – 161 S.
In: Mitteilungsblatt. N.F. 20 (1970), 3, S. 287–288.

Öffentliche Bibliothek : Gutachten / d. Kommunalen Gemeinschaftsstelle für Verwaltungsvereinfachung (KGST).
Allgemeine Ausg.
– Bonn : Bundesminister für Bildung u. Wissenschaft, 1973. – 108 S. : 7 Anl.
Bibliothekssonderaufl.
– Berlin : Dt. Bibliotheksverband, Arbeitsstelle für d. Bibliothekswesen, 1973. 108 S. : 7 Anl. (Schriftenreihe Bildungsplanung ; 2)
In: Mitteilungsblatt. N.F. 23 (1973), 5, S. 466–468.

PRO-Verzeichnis sämtlicher Lyrik-Neuerscheinungen in deutscher Sprache : Beilage zur Zeitschrift PRO, Folge 2 ff. – Krefeld : Verlag PRO, 1966 ff.
In: Mitteilungsblatt. N.F. 16 (1966), S. 255–256.

Pucelle, Jean: Coleridge philosophe.
In: Études philosophiques. N.S. 8 (1953), S. 46–67.
In: Kant-Studien. 47 (1955/1956), 1, S. 112.

Racionalizace práce ve Státní Technické Knihovne v Praze. – Praha : Státní Technická Knihovna, 1965. – 139 S. (Výmena zkuseností ; 3)
In: Mitteilungsblatt. N.F. 15 (1965), 2, S. 115.

Röttcher, Günter u. Ilse Seiler: Dramen, Spiele, Stücke : von d. Antike bis zur Gegenwart ; Texte, Erl., Untersuchungen ; e. Bücherverz. – Rheydt : Stadtbücherei, 1962. – 47 S.
In: Mitteilungsblatt. N.F. 13 (1963), 1, S. 70–71.

Roloff, Heinrich : Sachkatalogisierung auf neuen Wegen : von d. Facettenklassifikation zu Deskriptor u. Thesaurus. – Berlin : Method. Zentrum für Wissenschaftl. Bibliotheken beim Ministerium für Hoch- u. Fachschulwesen, 1966. – 54 S.
In: Mitteilungsblatt. N.F. 17 (1967), 4, S. 296–297.

Roloff, Heinrich: Sachkatalogisierung auf neuen Wegen : von d. Facettenklassifikation zu Deskriptor u. Thesaurus. – 3., überarb. u. erw. Aufl. – München-Pullach, Berlin : Verlag Dokumentation, 1972. – 48 S.
In: Mitteilungsblatt. N.F. 23 (1973), 4, S. 394–395.

Der Romanführer / hrsg. von Wilhelm Olbrich [u. a.]. Bd. 1–14. – Stuttgart : Hiersemann, 1950–1969.
In: Mitteilungsblatt. N.F. 20 (1970), 2, S. 182–184.

Rotenstreich, Nathan: Kant's concept of metaphysics. In: Revue internationale de philosophie. 8 (1954), 4/30, S. 392–408.
In: Kant-Studien. 48 (1956/1957), 1, S. 109–110.

Rüpke, Ursula Irene: Liturgische Zeitschriften und Reihen des deutschen Sprachgebietes im 20. Jahrhundert. – Paderborn : Arbeitsgemeinschaft Katholisch-Theologischer Bibliotheken, 1974. – XVII, 166 S. (Veröffentlichungen der Arbeitsgemeinschaft Katholisch-Theologischer Bibliotheken ; 2)
In: Mitteilungsblatt. N.F. 24 (1974), 3, S. 273.

Ruymgaart, F. H.: Asymptotic theory of rank tests for independence. – Amsterdam : Mathematisch Centrum, 1973. – III, 115 S.
In: Monatshefte für Mathematik. 83 (1977), 2, S. 174–175.

Schischkoff, Georgi: Erschöpfte Kunst oder Kunstformalismus? : e. anthropolog. Studie unter besonderer Berücksichtigung d. gegenstandslosen Malerei. – Schlehdorf : Bronnen-Verlag, 1952. – 86 S. (Bronnen-Bücherei ; Bd. 4)
In: Deutsche Literaturzeitung. 74 (1953), 4, Sp. 232–234.

Schneider, Klaus: Computer aided subject index system for the life sciences. – Frankfurt/Main : Zentralstelle für Maschinelle Dokumentation, ZMD ; München : Verlag Dokumentation [in Komm.], 1976. – XIII, 205 S.
In: Mitteilungsblatt. N.F. 26 (1976), 3, S. 241.

Schriftenverzeichnis Joseph Höffner : 1933–1973. – Köln : Presseamt d. Erzbistums Köln, 1974. – X, 89 S.
In: Mitteilungsblatt. N.F. 25 (1975), 2, S. 193.

Schröder, Käthe: Verzeichnis und Bestände westfälischer Zeitungen / . . . Hrsg. von Kurt Koszyk. – München : Verlag Dokumentation, 1976. – 112 S. (Dortmunder Beiträge zur Zeitungsforschung ; Bd. 21)
In: Mitteilungsblatt. N.F. 26 (1976), 1, S. 74–75.

Schütz, Werner: Brennpunkte der Kulturpolitik. – Stuttgart : Seewald-Verlag, 1960. – 158 S.
In: Mitteilungsblatt. N.F. 10 (1960), 4, S. 174.

Schultheiss, Louis A., Don S. Culbertson u. Edward M. Heiliger : Advanced data processing in the university library. – New York : Scarecrow Press, 1962. – XIV, 388 S.
In: Mitteilungsblatt. N.F. 13 (1963), 3, S. 192–196.

Schwebbach, Werner: Bücher im Wettbewerb : Untersuchungen zum festen Ladenpreis. – Bonn : Bouvier, 1965. – 134 S. (Bonner Beiträge zur Bibliotheks- und Bücherkunde ; Bd. 10) (Veröffentlichungen der Forschungsstelle für Buchwissenschaft an der Universitätsbibliothek Bonn ; 1)
In: Mitteilungsblatt. N.F. 17 (1967), 2, S. 114–116.

Science, government, and information : genehmigte dt. Übers. d. Weinberg-Berichtes vom 10. Jan. 1963. Mit e. Vorw. von Erich Pietsch. – Als Ms. gedruckt. – Frankfurt/Main : Deutsche Gesellschaft für Dokumentation e. V., 1964. – 11, III, 94 S. (Nachrichten für Dokumentation : Beih. ; Nr. 12)
In: Mitteilungsblatt. N.F. 15 (1965), 1, S. 56–58.

Soffke, Günther: Deutsches Schrifttum im Exil : (1933–1950); e. Bestandsverz. – Bonn : Bouvier, 1965. – 64 S. (Veröffentlichungen aus den Beständen der Universitätsbibliothek Bonn ; 2) (Bonner Beiträge zur Bibliotheks- und Bücherkunde ; Bd. 11)
In: Mitteilungsblatt. N.F. 16 (1966), 1, S. 55–56.

Sondersammelgebiete der kommunalen Bibliotheken und Büchereien. – Köln : Verband d. Bibliotheken d. Landes Nordrhein-Westfalen. Sachgruppe Geschichte der Stadtbücherei Bielefeld. – 1962. – 512 S.
In: Mitteilungsblatt. N.F. 12 (1962), 1, S. 73.

Spohr, Otto H.: Wilhelm Heinrich Immanuel Bleek : a bio-bibliographical sketch. – Kapstadt : University of Cape Town Libraries, 1962. – VIII, 78 S. (University of Cape Town Libraries varia series ; 6)
In: ZfBB. 11 (1964), 1, S. 56–57.

Staatliche Büchereistelle für den Regierungsbezirk Arnsberg: Zum fünfzigjährigen Bestehen der Staatlichen Büchereistelle für den Regierungsbezirk Arnsberg in Hagen 1910–1960 : e. halbes Jahrhundert Büchereistellenarbeit in Deutschland 1910–1960. – Hagen : Staatl. Büchereistelle für d. Regierungsbezirk Arnsberg, 1960. – 43 S. (Die Gemeindebücherei in Nordrhein-Westfalen : Sonderh.)
In: Mitteilungsblatt. N.F. 10 (1960), 4, S. 175.

Stadtbibliothek ⟨Essen⟩: Systematischer Katalog der Musikbibliothek : Verz. d. Gesamtbestandes 1973. T. 1. Bücher. – Essen : Stadtbibliothek, 1974. – 372 S.
In: Mitteilungsblatt. N.F. 25 (1975), 2, S. 195.

Stadtbücherei ⟨Bielefeld⟩: Systematik der Buchaufstellung der Stadtbücherei in Bielefeld. – Bielefeld : Stadtbücherei, 1965. – 233 Bl.
und
Stadtbücherei ⟨Duisburg⟩: Systematik : Buchaufstellung und Ordnung des systemat. Kataloges. – Duisburg : Stadtbücherei, 1966. – 137 Bl.
In: Mitteilungsblatt. N.F. 16 (1966), 4, S. 258–260.

Stark, Edwin: Bibliographie zur Universitätsgeschichte : Verz. d. im Gebiet d. Bundesrepublik Deutschland 1945–1971 veröffentlichten Literatur. – Freiburg, München : Alber, 1974. – 316 S. (Freiburger Beiträge zur Wissenschafts- und Universitätsgeschichte ; 1)
In: Mitteilungsblatt. N.F. 24 (1974), 3, S. 262–263.

Stellenpläne und Personalbedarf an wissenschaftlichen Bibliotheken : Ergebnisse e. Fragebogenaktion / hrsg. vom Verein d. Diplombibliothekare an Wissenschaftlichen Bibliotheken u. vom Verein Deutscher Bibliothekare. Bearb. von W. Jütte [u. a.]. – Bochum : Verein d. Diplombibliothekare an Wissenschaftl. Bibliotheken ; Stuttgart : Verein Deutscher Bibliothekare, 1981. – 304 S.
In: ZfBB. 29 (1982), 4, S. 313–315.

Stoyan, Dietrich: Qualitative Eigenschaften und Abschätzungen stochastischer Modelle. – Berlin : Akademie-Verlag, 1977. – X, 198 S.
In: Monatshefte für Mathematik. 87 (1979), 1, S. 90.

Strauch, Hans: Der reine Geist und die bloße Seele. – Passau : Verlag d. Bücherstube am Paulsbogen, 1953. – 32 S.
In: Kant-Studien. 47 (1955/1956), 1, S. 91–92.

Studien- und Berufswahl : Entscheidungshilfen f. Abiturienten u. Absolventen von Fachoberschulen / Hrsg.: Bund-Länder-Kommission für Bildungsplanung u. Bundesanstalt für Arbeit. – Bad Honnef : Bock, 1975. – 397 S.
In: Mitteilungsblatt. N.F. 25 (1975), 4, S. 399–400.

Stummvoll, Josef: Die Bibliothek der Zukunft : Automationsprobleme im Bibliothekswesen. – Wien : Österreichische Nationalbibliothek, 1965. – VIII, 28 S. (Biblos-Schriften ; Bd. 42)
In: Mitteilungsblatt. N.F. 16 (1966), 1, S. 56–59.
Rezension: Josef Stummvoll, in: Biblos. 18 (1969), 3, S. 159–169.

Süle, Tibor: Bücherei und Ideologie : polit. Aspekte im „Richtungsstreit" deutscher Volksbibliothekare 1910–1930. – Köln : Greven, 1972. – IV, 87 S. (Arbeiten aus dem Bibliothekar-Lehrinstitut des Landes Nordrhein-Westfalen ; H. 42)
In: Mitteilungsblatt. N.F. 24 (1974), 1, S. 99–101.

Systematik für Kinder- und Jugendbüchereien. – Reutlingen : Arbeitsstelle für d. Büchereiwesen, 1964. – 18. S. (Bücherei und Bildung : Beih.)
In: Mitteilungsblatt. N.F. 15 (1965), 3, S. 164–165.

Technische Hochschule ⟨Aachen⟩ / Bibliothek: Verzeichnis der laufenden Zeitschriften : Stand: 1. Jan. 1963. – Aachen : Bibliothek d. Rheinisch-Westfälischen Techn. Hochschule, 1963. – 240 S.
In: Mitteilungsblatt. N.F. 13 (1963), 2, S. 136.

Technische Universität ⟨Berlin, West⟩ / Bibliothek: Laufend gehaltene Zeitschriften. – 2. Aufl. Stand vom 1. Juni 1961. – Berlin-Charlottenburg : Bibliothek d. Techn. Universität, 1961. – VIII, 251 S.
In: Mitteilungsblatt. N.F. 11 (1961), 4, S. 174–175.

Technische Zentralbücherei für die Kommunalen Bibliotheken in Nordrhein-Westfalen ⟨Duisburg⟩: Neuerwerbungen Technik / Technische Zentralbücherei für Nordrhein-Westfalen bei d. Stadtbücherei Duisburg. – Stadtbücherei, 1963. – 54 S.
In: Mitteilungsblatt. N.F. 13 (1963), 4, S. 250.

Tonelli, Giorgio: La formazione del testo della Kritik der Urteilskraft. In: Revue internationale de philosophie. 8 (1954), 4/30, S. 423–448.
In: Kant-Studien. 48 (1956/1957), 1, S. 111.

Ulitz, Otto: Ein Leben für Volksbildung und Ostkunde : Viktor Kauder wird Weihnachten 65 Jahre alt. In: Herne – unsere Stadt. 1 (1964), 7, S. 11–12.
In: Mitteilungsblatt. N.F. 15 (1965), 1, S. 58.

Universitätsbibliothek ⟨Münster⟩: Zeitschriftenverzeichnis. – Münster : Aschendorff, 1958. – 684 S.
In: Mitteilungsblatt. N.F. 9 (1959), 1, S. 27–28.

Universitätsbibliothek : Beitr. zur feierlichen Übergabe d. Neubaus am 26. November 1979. / ... [Red.: Günter Gattermann u. Hans Marwald.] – Düsseldorf : Pressestelle d. Universität, 1980. – 113 S. (Düsseldorfer Uni-Mosaik ; 2)
In: ZfBB. 28 (1981), 2, S. 125–127.

Verein Deutscher Eisenhüttenleute / Bücherei: Verzeichnis der an der Bücherei des Vereins Deutscher Eisenhüttenleute vorhandenen Übersetzungen. – Düsseldorf : Verein Deutscher Eisenhüttenleute, Bücherei, 1965. – 58 S.
In: Mitteilungsblatt. N.F. 16 (1966), 1, S. 59.

Verneaux, Roger: La notion kantienne d'analyse transcendantale. In: Revue philosophique de Louvain. 50 (1952), S. 394–428.
In: Kant-Studien. 47 (1955/1956), 1, S. 110–111.

Verzeichnis der Spezialbibliotheken / hrsg. von d. Arbeitsgemeinschaft d. Spezialbibliotheken, Jülich. – Aachen : J. A. Mayer, 1965. – X, 228 S.
In: Mitteilungsblatt. N.F. 16 (1966), 1, S. 59–60.

Verzeichnis deutscher wissenschaftlicher Zeitschriften : 1965 / begr. von Bernhard Sticker. Im Auftrag d. Dt. Forschungsgemeinschaft hrsg. von d. Dt. Bibliothek, Frankfurt a. M. – 6., neubearb. Aufl. – Wiesbaden : Steiner, 1965. – VIII, 98 S.
In: Mitteilungsblatt. N.F. 15 (1965), 4, S. 259–260.

Verzeichnis deutscher wissenschaftlicher Zeitschriften : 1968 / begr. von Bernhard Sticker. Im Auftrag d. Dt. Forschungsgemeinschaft hrsg. von d. Dt. Bibliothek, Frankfurt a. M. – 7., mit e. Nachtr. vers. Aufl. – Wiesbaden : Steiner, 1968. – VIII, 113 S.
In: Mitteilungsblatt. N.F. 19 (1969), 1, S. 107–108.

Volksbüchereiarbeit einer Industriegroßstadt. In: Hier : Dortmunder Kulturarbeit. 4 (April 1965), S. [3–18].
In: Mitteilungsblatt. N.F. (1965), 4, S. 260.

Volksbüchereien in Düsseldorf : e. Bilderbericht aus d. Wiederaufbau 1950–1960. – Düsseldorf : Kulturamt d. Stadtverwaltung, 1961. – 21 Bl.
In: Mitteilungsblatt. N.F. 11 (1961), 4, S. 174.

Vom Umsturz der Werte in unserer Zeit : e. Bücherspiegel aus d. Jahre 1961. – Essen : Bücherhalle Krupp, 1961. – 31 S.
In: Mitteilungsblatt. N.F. 12 (1962), 1, S. 74–75.

Wagner, Walter: Sigelverzeichnis für die Bibliotheken der Bundesrepublik Deutschland einschließlich Berlin (West) / im Auftrag d. Staatsbibliothek Preußischer Kulturbesitz bearb. – 2., verb. u. erw. Aufl. – Wiesbaden : Harrassowitz, 1974. – XI, 276 S.
In: Mitteilungsblatt. N.F. 25 (1975), 1, S. 82–83.

Weizsäcker, Viktor von: Der kranke Mensch : e. Einf. in d. medizin. Anthropologie. – Stuttgart : Koehler, 1951. – 372 S.
In: Philosophischer Literaturanzeiger. 7 (1954/1955), 1, S. 26–29.

Welt und Wissen : Sachbuchverz. d. Stadtbücherei Witten. – Witten : Stadtbücherei, 1961. – 242 S.
In: Mitteilungsblatt. N.F. 12 (1962), 1, S. 75.

Wersig, Gernot: Information, Kommunikation, Dokumentation : e. Beitr. zur Orientierung d. Informations- u. Dokumentationswissenschaften. – München-Pullach, Berlin : Verlag Dokumentation, 1971. – 351 S. (Beiträge zur Informations- und Dokumentationswissenschaft ; Folge 5)
In: Mitteilungsblatt. N.F. 22 (1972), 3, S. 296–298.

Wirtschaftlichkeit in Bibliotheken und IuD-Einrichtungen : Bibliographie 1970–1979 / hrsg. von Hans Joachim Bergmann u. Robert Funk. – München [u. a.] : Saur, 1981. – 271 S. (Informationsmanagement ; 5)
In: ZfBB. 29 (1982), 4, S. 318–319.

Woitschach, Max, u. Horst C. Körner: Automatische Bibliothek. In: Taschenbuch der Nachrichtenverarbeitung. – Berlin : Springer, 1962, S. 1273–1313.
In: Mitteilungsblatt. N.F. 13 (1963), 3, S. 196–198.

10 [Zehn] Jahre Universitätsbibliothek Dortmund : zum 1. Juni 1975 / hrsg. von Valentin Wehefritz. – Dortmund : Gesellschaft d. Freunde d. Universität Dortmund, 1975. – 44 S.
In: Mitteilungsblatt. N.F. 25 (1975), 4, S. 400–401.

Zeitschriftenverzeichnis der kommunalen Bibliotheken und Büchereien in Nordrhein-Westfalen (ZVNW). – Köln : Verband d. Bibliotheken d. Landes Nordrhein-Westfalen, 1962. – 343 S.
In: Mitteilungsblatt. N.F. 13 (1963), 1, S. 76.

Die zentralen Pädagogischen Bibliotheken. – München [u. a.] : List, 1963. – 64 S. (Das pädagogische Bildungswesen in Deutschland ; T. 2) (Harms' pädagogische Reihe ; H. 92)
und
Koch, Nikolaus: Die Bibliotheken an Pädagogischen Hochschulen. – München [u. a.] : List, 1963. – 52 S. (Das pädagogische Bildungswesen in Deutschland : T. 3) (Harms' pädagogische Reihe ; H. 93)
In: Mitteilungsblatt. N.F. 14 (1964), 2, S. 120–121.

Herausgeber, Redakteur

Audio-visuelle Medien in Hochschulbibliotheken : Seminar in d. Universitätsbibliothek Bochum vom 6. bis 8. März 1972 / hrsg. von Eckhard Franzen u. Günther Pflug. – Pullach : Verlag Dokumentation, 1972. – 103 S. (Bibliothekspraxis ; Bd. 7)
Rezensionen: H. J. Dörpinghaus, in: ZfBB. 20 (1973), 4, S. 303. – Norman Higham, in: Journal de documentation. London. 29 (1973), 3, S. 344–348. [Engl.]

Die automatisierte Buchausleihe : Erfahrungen in d. Universitätsbibliothek Bochum / mit Beitr. von Christine Boßmeyer ; Bernhard Adams ; Harro Heim u. Günther Pflug. – Bochum : Universitätsbibliothek, 1967. – 165, 10, 11 S.
Rezensionen: Ahmed Helmi Helal, in: Mitteilungsblatt. N.F. 17 (1967), 3, S. 200–201. – Walter Lingenberg, in: ZfBB. 15 (1968), 1, S. 45–48.

Bibliographie des Ruhrgebietes : d. Schrifttum über Wirtschaft u. Verwaltung / hrsg. von Günther Pflug. – [Baden-Baden : Nomos-Verlagsgesellschaft in Komm.]
Bd. 5. 1964/1967. – 1976. – XI, 123 S. (Schriften der Volks- und Betriebswirtschaftlichen Vereinigung im Rheinisch-Westfälischen Industriegebiet : N.F., Hauptreihe ; H. 26)

Bibliothek, Buch, Geschichte : Kurt Köster zum 65. Geburtstag / hrsg. von Günther Pflug, Brita Eckert u. Heinz Friesenhahn. – Frankfurt am Main : Klostermann, 1977. – 596 S. (Sonderveröffentlichungen der Deutschen Bibliothek ; 5)

Rezensionen: Albert Labarre, in: Bulletin des bibliothèques de France. 23 (1978), 5, S. *382–*383. – Erwin Marks, in: Zentralblatt für Bibliothekswesen. 92 (1978), 11, S. 535–536.

Bibliotheksarbeit heute : Beitr. zur Theorie u. Praxis ; Festschrift für Werner Krieg zum 65. Geburtstag am 13. Juni 1973 / hrsg. von Gerhart Lohse u. Günther Pflug. – Frankfurt/Main : Klostermann, 1973. – VIII, 361 S. (Zeitschrift für Bibliothekswesen und Bibliographie : Sonderh. ; 16)

Rezensionen: Helmut Bender, in: Börsenblatt. 29 (1973), 74, S. 1440. – Dietrich Roeßler, in: Mitteilungsblatt. N.F. 23 (1973), 5, S. 459–460. – Peter Vodosek, in: Buch und Bibliothek. 25 (1973), 12, S. 1084–1986.

Bibliothekspraxis. – Bd. 1–18: Pullach bei München : Verlag Dokumentation, 1971–1975 ; Bd. 19–22: München : Verlag Dokumentation, 1976–1978 ; Bd. 23 ff.: München [u. a.] : Saur.
Mithrsg. seit 1971.

Deutsche Bibliothek ⟨Frankfurt, Main⟩ : Kleine Schriften der Deutschen Bibliothek / hrsg. von Brita Eckert u. Günther Pflug. Nr. 1 ff. – Frankfurt/Main : Buchhändler-Vereinigung, 1978 ff.

Deutsche Bibliothek ⟨Frankfurt, Main⟩: Sonderveröffentlichungen der Deutschen Bibliothek. Nr. 3 ff. – Wechselnde Erscheinungsorte : Wechselnde Verlage, 1977 ff.

Deutsche Fernostbibliographie = German Far East bibliography : deutschsprachige Veröffentlichungen über Ost-, Zentral- u. Südostasien / hrsg. von Helmut Martin u. Günther Pflug in Zusammenarbeit mit Rainer Krempien u. Hartmut Walravens. – München [u. a.] : Saur.
1979. – 1981. – XIX, 41, 46, 12 S. (Schriftenreihe des Landesinstituts für Arabische, Chinesische und Japanische Sprache Nordrhein-Westfalen, Bochum ; Bd. 1)
1980. – 1982. – XVI, 96, 87 S. (Schriftenreihe des Landesinstituts für Arabische, Chinesische und Japanische Sprache Nordrhein-Westfalen, Bochum ; Bd. 6)
1981. – 1982. – XIII, 62, 75, 75 S. (Schriftenreihe des Landesinstituts für Arabische, Chinesische und Japanische Sprache Nordrhein-Westfalen, Bochum ; Bd. 7)

Elektronische Datenverarbeitung in der Universitätsbibliothek Bochum : Ergebnisse, Erfahrungen, Pläne / hrsg. in Verbindung mit d. Pressestelle d. Ruhr-Universität Bochum von Günther Pflug u. Bernhard Adams. – Bochum : Universitätsbibliothek, 1968. – 147 S. : Ill.

Rezensionen: Franz Rakowski, in Buch und Bibliothek. 23 (1971), 9, S. 885–886. – Gertraud Stein, in: Zentralblatt für Bibliothekswesen. 84 (1970), 1, S. 38–41.

Library acquisitions : practice and theory. – New York [u. a.] : Pergamon Press.
Mithrsg. 1977–1982.

Mechanisierung und Automatisierung in amerikanischen Bibliotheken : Eindrücke e. Studienreise deutscher Bibliothekare im Frühjahr 1965 / im Auftrag d. Dt. Forschungsgemeinschaft hrsg. von Günther Pflug. – Frankfurt/Main : Klostermann, 1967. – 323 S. (Zeitschrift für Bibliothekswesen und Bibliographie : Sonderh. ; 6)

Rezensionen: Anonym, in: Nachrichten für Dokumentation. 18 (1967), 5, S. 215–216. – Francis Lévy, in: Bulletin des bibliothèques de France. 13 (1968), 6, S. *454. – Josef Stummvoll, in: Biblos. 17 (1968), 3, S. 196–215.

Muttersprache : Zeitschrift zur Pflege u. Erforschung d. dt. Sprache / hrsg. im Auftrag d. Gesellschaft für Dt. Sprache. – Wiesbaden : Gesellschaft für Dt. Sprache.
Mithrsg. seit 1981.

Sondersammelgebiete der kommunalen Bibliotheken und Büchereien / hrsg. vom Verband d. Bibliotheken d. Landes Nordrhein-Westfalen. Katalog 1958/1959 – 1973/1974. – Köln : Verband d. Bibliotheken d. Landes Nordrhein-Westfalen, 1960–1975.
Redaktionelle Bearbeitung.

Verband der Bibliotheken des Landes Nordrhein-Westfalen: Mitteilungsblatt. N.F. 14 (1964), 2 – N.F. 25 (1975), 4: Zusammengestellt in d. Universitätsbibliothek Bochum. Schriftleitung: Günther Pflug; N.F. 18 (1968), 1 ff.: Schriftleitung: Günther Pflug u. Eberhard Herf. – Bochum 1964–1975.

Zeitschrift für Bibliothekswesen und Bibliographie : Organ d. Vereins Deutscher Bibliothekare e. V. u. d. Vereins d. Diplombibliothekare an Wissenschaftl. Bibliotheken e. V. – Frankfurt/Main : Klostermann.
Mithrsg. 1968–1981; Hrsg. 1982 ff.

Zusammenstellung der Stellungnahmen zu den Regeln für den alphabetischen Katalog / Verband d. Bibliotheken d. Landes Nordrhein-Westfalen. – Köln : Verband d. Bibliotheken d. Landes Nordrhein-Westfalen, 1959. – 85 S.
Zusammenstellung u. Vorbemerkung, S. 1–2.

Abkürzungen: Börsenblatt = Börsenblatt für den Deutschen Buchhandel, Frankfurter Ausgabe; Mitteilungsblatt = Verband der Bibliotheken des Landes Nordrhein-Westfalen e. V. Mitteilungsblatt; ZfBB = Zeitschrift für Bibliothekswesen und Bibliographie.